기독교문서선교회 (Christian Literature Center: 약칭 CLC)는 1941년 영국 콜체스터에서 켄 아담스에 의해 시작되었으며 국제 본부는 미국 필라델피아에 있습니다.
국제 CLC는 59개 나라에서 180개의 본부를 두고, 약 650여 명의 선교사들이 이동 도서차량 40대를 이용하여 문서 보급에 힘쓰고 있으며 이메일 주문을 통해 130여 국으로 책을 공급하고 있습니다. 한국 CLC는 청교도적 복음주의 신학과 신앙 서적을 출판하는 문서선교기관으로서, 한 영혼이라도 구원되길 소망하면서 주님이 오시는 그날까지 최선을 다할 것입니다.

추천사

이 상 화 박사
서현교회 담임목사, 한국소그룹목회연구원 대표

소그룹 사역은 성경적으로, 사회 현상적으로 교회 사역의 역동성을 위해 절대적인 필요성을 가지고 있는 사역이다. 일찍이 저자는 한국 교회에서 소그룹 목회와 사역의 중요성을 신학적으로 정리해 낸 뛰어난 신학자다. 이 책은 코로나 팬데믹이라는 전대미문의 사건을 경험한 후에 교회의 진정한 공동체성 회복을 위해 중심에 서 있는 소그룹 목회와 사역을 위해 반드시 읽어야 할 필수 지침서다.

박 찬 호 박사
백석대학교 기독교학부 조직신학 교수

권문상 교수님은 조직신학자다. 그런데 소그룹을 향한 열정은 실천신학자인 것 같은 착각을 하게 한다. 이상한 것이 아니라 당연한 것이어야 하는데 그렇지 않다.
여기에 우리나라 신학의 문제가 있는 것은 아닐까?
신학이 보다 현장 지향적으로 되어야 하는데 상아탑에만 갇혀 있는 것이 오늘의 현실은 아닌지 돌아보게 된다. 신학 초년생일 때 청년들과 동고동락까지는 아니지만 함께 뒹굴었던 그 시절이 그립기만 하다. 함께 삶을 나누고 하나님 나라를 꿈꾸던 그런 소그룹이 더 많이 이 땅 가운데 일어나기를 소망하며 이 책의 일독을 권하는 바이다. 소그룹의 실제를 다룬 책은 많다. 하지만, 이 책은 소그룹의 원리를 저자의 신학적인 안목에서 깊이 있게 제시하고 있다는 점에서 그 의의가 크다. 실천 없는 이론은 아무 소용이 없다. 하지만, 이론 없는 실천 또한 오래 가지 못한다는 점을 명심한다면 이 책의 가치는 아무리 강조해도 지나치지 않을 것이다.

최 상 태 박사
흩어진화평교회 담임목사, 웨스트민스터신학대학원대학교 소그룹목회학과 겸임교수

많은 학우에게 존경과 사랑을 받는 권문상 교수께서 학문과 경건, 이론과 실제가 있는 균형 있는 책을 출간하게 됨을 매우 기쁘게 생각한다. 또 하나의 소그룹에 관한 책이 아니라 성경 신학적, 교회사적 측면에서 깊이 있게 소그룹을 다루고 있으며, 소그룹의 장애요인과 극복 등을 잘 가르쳐 주고 있으니 많은 목회자에게 소그룹 사역의 교과서처럼 사용되기를 소망한다.

코로나 팬데믹을 겪으면서 소그룹의 목회가 최고의 목회 대안이라고 말하지만, 소그룹 사역의 실제가 사라지고 있다. AI가 제4차 산업혁명과 더불어 온 세상을 지배하는 시대에 소그룹 사역의 이론과 실제를 통해서 바른 목회를 갈망하는 목회자에게 큰 도움이 되기를 바라면서 자신 있게 추천한다.

김 선 일 박사
웨스트민스터신학대학원대학교 실천신학 교수

최근 소그룹 사역이 지속 가능한 교회사역을 위한 솔루션이 된다는 결과가 속속 보고되었다. 그에 따라 소그룹에 대한 교계의 관심이 부쩍 높아졌다. 그러나 그에 반해 소그룹 사역을 위한 신학적, 실천적 가이드는 부족한 것이 현실이다. 건강한 소그룹 사역을 위해서는 실천적 방법론뿐 아니라 견고한 신학적 토대가 필요하다. 게다가, 한국적 상황에서 소그룹 사역을 신학적으로 통찰해 주는 안내서는 더욱 필요하다. 저자는 일찍이 한국에서 소그룹 사역을 학문적으로 정립하여 오랫동안 일선 목회자들에게 소그룹의 중요성을 일깨워 주었다. 저자의 선견지명은 이제 현실이 되었다. 이 책은 소그룹 사역 선구자의 소중한 옥고라 할 수 있다.

이 수 훈 목사
당진동일교회 담임

평신도를 깨워 동역자로 세우는 꿈을 품어 보지 않는 목회자는 없을 것이다. 목회 동역의 핵심을 짚어 보면 전도, 정착과 지속성, 봉사자로 세우는 일일 것이다. 그래서 교회는 '구역'이라는 조직을 통해 성도 관리에 집중했던 시절이 있었다. 그 후 셀 운동으로 소그룹 운동이 다양한 변화의 과정을 겪었다. 그러나 여러 형태의 소그룹이 있어

도 갈등이 끊이지 않았고, 연약한 지체를 온전케 하거나 영적으로 성장시키고 봉사자로, 동역자로 세워가는 소그룹 운영은 쉽지 않았다.

권 박사는 교의학 전문가로 웨스트민스터신학대학원대학교에서 소그룹에 대한 강의를 오랫동안 해 오면서 연구와 경험을 통해 소그룹 활동의 관리적 기능, 부흥 전략의 기능적인 기구로 곡해된 문제를 지적하고 있다. 그뿐만 아니라 이 책을 통해 성경적 원리로 세워지는 소그룹을 통한 건강하고 역동적인 교회 부흥의 본질에 대해 잘 안내하고 있다.

권 박사의 강의실과 현장에서 온몸으로 체화된 원리가 책으로 살아나게 됨을 반가운 마음으로 아낌없는 응원을 보내며 실효적이지 않았던 소그룹을 성경적 원리로 돌이키므로 초대 교회 같은 살아 있는 현장으로 바꿀 수 있는 좋은 책이라 생각되어 기쁜 마음으로 추천한다.

강 정 원 박사
만남의교회 담임목사, CAL-NET 광주·전남 대표, 장로교(통합) 전남노회장

이 책은 소그룹의 성경적 원리와 실제를 오랜 세월 동안 연구하고 축적된 소그룹의 신학적 철학과 원리까지 다루고 있어 건강하고 살아 있는 소그룹을 원하는 한국 교회 앞에 매우 유익한 지침서가 될 것을 확신하며 흔들림 없는 교회와 생동하는 교회를 원하시는 분들께 기꺼이 추천하는 바이다.

김 장 교 목사
서성로교회 담임

성숙한 인간관계를 맺기 위해서는 민감성을 개발해야 한다. 민감함이 없이는 마음과 마음이 이어질 수 없다. 서로가 관계를 맺는다는 것은 그저 피상적인 관계를 의미하는 것이 아니라 친밀한 관계를 의미한다. 친밀한 관계를 맺기 위해서는 마음과 마음이 이어져야 하는데 마음과 마음이 열리고 마음과 마음이 맺어져야 하는 친밀한 관계로 들어가게 됨은 단순히 '인간관계'를 넘어 '성숙한 인간관계'를 지향한다.

이 책은 그러한 관계를 맺기 위한 만남의 진정성을 신학과 이론으로서 만남의 이너써클(inner circle)을 위한 자습서와 같다. 좋은 사람은 나 자신뿐 아니라 다른 사람을 생각하는 사람, 다른 사람의 필요에 민감한 사람이다. 그런 면에서 이 책은 성숙한 인간관계를 맺기 위해서 '민감성의 원리'를 잘 알게 해 준다. 이러한 원리에 민감한 목회자와 소그룹 리더들에게 이 책의 일독을 적극 추천한다.

박 용 규 목사
대한예수교장로회(합동) 총회 총무

저자는 이 책을 통해 호화 유람선을 타고 종교의 바다를 항해하고 있는 한국 교회를 향해 교회의 본질에 대해서 길을 묻고 있다. 소그룹이 단순한 교회 성장을 위한 프로그램이 아니라 하나님 나라의 영적 가족으로서 섬김과 나눔, 하나님 나라의 통치를 맛보는 실천적 삶을 위한 영혼의 내비게이션이 되기를 기대한다.

박 태 수 박사
한국성서대학교 조직신학 교수, 한국복음주의조직신학회 회장

이 책은 기독교의 심장이라고 할 수 있는 삼위일체 하나님을 소그룹 사역의 신학 원리로 제시하는 탁월함을 보여 주고 있다. 소그룹을 통해 삼위일체 하나님과 깊은 사귐으로 초대하고, 상호 간 존중과 배려, 사랑으로써 일치를 통한 관계성이 강조된 가족 공동체를 지향하므로 한국 교회에 꼭 필요한 소그룹 사역의 적용과 실제를 제공한다. 소그룹 사역을 통해 참된 영적 생명력을 추구하는 모든 목회자와 사역자에게 이 책을 적극 추천한다.

신 문 철 박사
한세대학교 조직신학 교수

현대교회는 분열과 침체 그리고 미래 목회에 대한 확실한 전략의 부재로 방향을 잃어버리고 떠도는 난파선과 같다. 이 책은 초대 교회와 기독교 역사 안에 나타났던 부흥을 소그룹 운동을 통해 조명하고 있다.

이 책을 통해 교회는 미래 목회에 대한 뚜렷한 부흥 전략과 방향을 찾을 수 있다고 확신한다. 교회의 부흥을 사모하는 모든 목회자와 평신도에게 이 책을 적극 추천한다.

양 찬 호 박사
웨스트민스터신학대학원대학교 조직신학 교수

"왜, 소그룹을 교회 사역의 중심에 두어야 하는가?"
이러한 질문에 오늘날 모든 목회자와 신학자는 의문을 품지 않을 것이다. 하지만, 그 원리와 실제에 대한 고민을 학문적으로 이끌어 가면서 실제화하는 것은 쉽지 않은 작업이다.

권문상 교수님은 이러한 학문적, 실제적 작업을 조직신학적 사유를 기반으로 소그룹 신학과 연계해서 학제 간 연구를 지속해 온 국내의 유일한 조직신학자이며, 이 책은 그의 신학적 사유의 결과물이라 볼 수 있다.

특히, 이 책에서는 한국 교회가 가진 수직적 직계구조를 유교식 수직 문화의 영향이라 바로 논하면서 이제는 소그룹을 통한 수평적 직계구조로의 변화가 교회에 절실히 필요함을 삼위일체 신학을 기반으로 제시한다. 그리고 이러한 한국 교회의 변화는 다름 아닌 일종의 종교개혁임을 피력한다.

저자의 견실한 조직신학적 사고와 한국 교회를 향한 회복의 목소리는 '소그룹 신학'이라는 실천적 학문을 이루는 기반이며, 이 책은 한국 교회를 향해 소그룹 목회의 바른 이론과 실제를 제시하는 시의적절한 책이 틀림없기에 모든 사역자에게 추천한다.

오 태 균 박사
총신대학교 실천신학 교수

소그룹에 대한 서적은 넘쳐나지만 정작 소그룹 사역의 진정한 핵심과 본질에 대해 제대로 파악한 도서를 접해 본 기억이 없다. 마침 소그룹에 대한 바른 신학적, 역사적 이해와 교회 현장에 바로 적용할 수 있는 통찰을 제공하는 이 책은 많은 이에게 큰 울림이 있을 것이다. 주님이 기뻐하시는 초대 교회의 모습을 꿈꾸는 사역자들과 신자들이라면 반드시 정독해야 할 필독서이다.

윤 형 철 박사
총신대학교 신학대학원 조직신학 교수

이 책은 오랫동안 교회 소그룹에 천착해 온 저자가 깊은 사색과 다양한 신학적 접근을 통해 소그룹 운동의 활력을 되찾고자 애써온 기록이다. 교회의 구조로 정착하면서 정작 박력을 잃은 소그룹을 하나님 나라의 삶을 반영하는 공동체의 핵심 원리로 재설정하려는 저자의 열정과 비전은 확고하다.

삼위일체 신학, 종교개혁 역사, 가족교회, 유대인의 하브루타 교육 등 다양한 주제를 농밀한 사유로 엮어서 소그룹의 원리와 본질과 역할을 새롭게 조명하는 원숙한 역량도 돋보인다. 담임 목회자, 소그룹 리더와 참여자 그리고 가정과 공동체의 변화를 갈망하는 모든 그리스도인에게 '신학의 만찬'과 같은 이 책을 강력히 추천한다.

장 남 혁 박사
서울장신대학교 선교학 교수

  이 책은 오늘날 한국의 사회·문화적 토양 속에서 '소그룹' 모임을 갖는다는 것이 무엇을 의미하는지를 삼위일체론과 교회론 그리고 교회 개혁적 차원에서 입체적으로 조명함으로써 '어떻게'에 대한 이야기뿐 아니라 '왜'라는 질문에 대한 답변까지 제공해 준다.
  그뿐만 아니라 한국이라는 문화의 토양 속에서 단순히 실천적 입장에서 어떻게 '소그룹'을 운영해야 하는지를 설명하는 것만으로는 교회의 공동체성과 주 안에서 하나 됨을 실현하기 어렵다는 점을 잘 보여 준다. 조직신학과 성서신학, 교회사와 선교신학 그리고 실천신학이 잘 통합된 접근법을 보여 주면서 새로운 교회 갱신과 부흥의 이정표를 제시하고 안내하는 책이다.

정 재 영 박사
실천신학대학원대학교 종교사회학 교수

  80년대 이후에 평신도 신학을 바탕으로 교계에 확산했던 소그룹이 최근 재조명되고 있다. 코로나 사태 이후에 소그룹이 탄탄한 교회들이 크게 흔들리지 않을 뿐만 아니라 지속 가능한 목회의 모델로서의 가능성을 보여 주고 있기 때문이다.
  그러나 소그룹은 유행에 따라 관심을 받을 단순한 프로그램이 아니다. 종교개혁 이후부터 소그룹은 교회의 본질적인 형태의 하나로 여겨져 왔다. 이 책은 바로 이 부분에 주목한다. 칼빈과 웨슬리를 통해 소그룹의 신학적 원리를 정립하고 이 시대에 적용할 수 있는 소그룹의 실제를 보여 준다. 위기에 처한 한국 교회가 존재 목적을 확인하고 본질적인 사명을 감당하기 위해 반드시 숙지해야 할 내용을 제시한다.

소그룹의 원리와 실제

"소그룹은 교회의 직제 혁신 프로그램이다"

The Principle and Practice of Small Group: The Small Group is a Church's Office Disruption Program
Written by Moon Sang Kwon
All rights reserved.
Korean Edition Copyright © 2024 by Christian Literature Center, Seoul, Korea.

소그룹의 원리와 실제
소그룹은 교회의 직제 혁신 프로그램이다

2024년 8월 20일 초판 발행

지 은 이	|	권문상
편 집	|	추미현
디 자 인	|	박성준, 이보래
펴 낸 곳	|	(사)기독교문서선교회
등 록	|	제16-25호(1980.1.18.)
주 소	|	서울특별시 동대문구 천호대로71길 39
전 화	|	02-586-8761~3(본사) 031-942-8761(영업부)
팩 스	|	02-523-0131(본사) 031-942-8763(영업부)
이 메 일	|	clckor@gmail.com
홈페이지	|	www.clcbook.com
송금계좌	|	기업은행 073-000308-04-020 (사)기독교문서선교회
일련번호	|	2024-90

ISBN 978-89-341-2728-4(03230)

이 한국어판 출판권은 (사)기독교문서선교회가 소유합니다.
신저작권법에 의하여 한국 내에서 보호를 받는 저작물이므로 무단 전재와 무단 복제를 금합니다.

소그룹의 원리와 실제

소그룹은 교회의 직제 혁신 프로그램이다

CLC

목차

추천사   1

이상화 박사	서현교회 담임목사, 한국소그룹목회연구원 대표	1
박찬호 박사	백석대학교 기독교학부 조직신학 교수	1
최상태 박사	흩어진화평교회 담임목사, 웨스트민스터신학대학원대학교 소그룹목회학과 겸임교수	2
김선일 박사	웨스트민스터신학대학원대학교 실천신학 교수	2
이수훈 목사	당진동일교회 담임	2
강정원 박사	만남의교회 담임목사, CAL-NET 광주·전남 대표, 장로교(통합) 전남노회장	3
김장교 목사	서성로교회 담임	3
박용규 목사	대한예수교장로회(합동) 총회 총무	4
박태수 박사	한국성서대학교 조직신학 교수, 한국복음주의조직신학회 회장	4
신문철 박사	한세대학교 조직신학 교수	4
양찬호 박사	웨스트민스터신학대학원대학교 조직신학 교수	4
오태균 박사	총신대학교 실천신학 교수	5
윤형철 박사	총신대학교 신학대학원 조직신학 교수	5
장남혁 박사	서울장신대학교 선교학 교수	6
정재영 박사	실천신학대학원대학교 종교사회학 교수	6

프롤로그   15

제1장
소그룹의 신학적 원리 19

1. 소그룹이란 무엇인가?	20
2. 소그룹의 원리는 무엇인가?	23
3. 필요한 삼위일체 하나님 지식 그러나 우리의 한계	24
4. 삼위일체 하나님의 성경적 '평면화'	29
5. 그림으로 보는 삼위일체 하나님	34
6. 삼위일체 하나님과 '같은' 인간공동체	38
7. 삼위일체 하나님을 닮은 소그룹	42
8. 나가는 말	50

제2장
소그룹을 통한 수평적 직제 구조의 실제화 52

1. 수직적 직제 구조 개혁	54
2. 소그룹을 통한 교회 갱신	61
3. 수평적 직제 구조 설립	64
4. 교회 학교를 통한 전교인 교육	72
5. 현대의 개방적 문화와 소그룹	79
6. 나가는 말	87

제3장
칼빈의 교회 개혁과 소그룹화된 교회 91

1. 소그룹화된 교회   92
2. 유기체적 공동체와 제도적 교회   94
3. 지배-계급 구조와 섬김-평등 구조   99
4. 수평적 공동체를 회복하게 하는 소그룹   107
5. 나가는 말   114

제4장
소그룹 형식의 실제:
존 웨슬리가 제시한 교회 개혁의 기초로서의 소그룹 교회 구조 117

1. 선행은총에 기초한 구원론   118
2. 구원론적 교회 구조론   126
3. 교회 개혁 실천과 소그룹 교회 구조   134
4. 나가는 말   145

제5장
소그룹의 목표: '가족' 의식에 기초한 '연합' 147

1. 가족의식이 아닌 '가족주의'   148
2. 신학적 기초의 결여   155
3. 가족신학의 성경적·신학적 기초   156
4. '조직'(system)으로서의 가족   168
5. 가족의 실존과 일방적 사랑   173
6. 나가는 말   181

제6장
가정교회 혹은 가족교회 소그룹 유형 184

1. 개혁교회의 교회 정치 원리   186
2. 장로교 교단이 제기한 가정교회 소그룹 논란   192
3. 나가는 말   209

제7장
공동체 교육에의 기여:
소그룹을 통한 상호 존중과 이해 훈련 211

1. 공동체 세계관을 상실한 교회   214
2. 성경적 공동체 교회와 공동체 교육   221
3. 공동체 교육의 실제: 소그룹 구조의 교회   232
4. 나가는 말   240

제8장
공동체의 결속력 강화를 위한 소그룹 운영 방법 242

1. 성경적·신학적 근거   243
2. 결속력 강화의 실제   248
3. 나가는 말   268

제9장
소그룹의 실력 발휘:
재난 중의 교회와 평신도 리더십 269

1. 소그룹 평신도 리더십의 약화 270
2. 소그룹 평신도 리더십 신학 274
3. 평신도 리더십 강화 방법 277
4. 나가는 말 283

제10장
악조건 시대와 소그룹 목회 능력:
세이비어교회의 '소그룹 사역공동체' 284

1. 팬데믹 시대와 제4차 산업혁명 286
2. 온라인 시대의 현대교회의 대응 290
3. 교회의 공동체성과 영적 생명력 회복: 예수처럼 살기와 세이비어교회의 실례 296
4. 나가는 말 321

에필로그 323

참고문헌 325

프롤로그

권 문 상 박사

　지금은 대부분의 한국 교회 어디에서든 소그룹 형태를 도입하고 있어서 다음과 같이 다소 도발적인 질문을 해 본다.
　우리 교회 안의 소그룹은 과연 안녕한가?
　어떤 교회는 전통적인 구역 제도에 만족하기도 하고 어떤 교회는 속회, 다락방, 순, 셀 또는 가정교회 소그룹 등의 조직으로 전환해 활용한다. 이러한 소그룹을 교회 설립 초기부터 도입하든 아니면 기존 교회에서 다른 유명한 소그룹 운영 체계를 그대로 복사하든 지금은 소그룹이 없는 교회는 거의 없다. 그런데 소그룹이 있어도 교회 안에 여전히 불협화음이 끊이지 않고 교회를 떠나려는 사람이 생기며, 영적 성장이 이루어지지 않고, 봉사와 헌신도가 약화한다면 문제다.
　이런 소그룹은 소그룹의 모양만 있을 가능성이 크다. 이런 경우, 아마도 유명한 교회의 소그룹 운영 형태만 그대로 따라 해서이거나 아니면 아예 교회 성장에 목적을 두고 성급하게 소그룹을 조직한 경우다. 결국, 이런 교회의 소그룹은 거의 교인 관리 프로그램으로 전락하고 있을 것이다.
　그런 교회의 문제는 '소그룹 원리' 혹은 '소그룹 철학'에 대한 이해 부족에 있다. 소그룹을 도입하면서 초대 교회와 같이 성도 사이의 역동적 교제가 일어나는 교회, 전도와 헌신의 열기로 가득하고 약자를 위한 섬김의 사역이 활발한 교회를 누구나 기대한다. 그런데 기대를 현실화할 길을 선택하지 못했다. 소그룹 만드는 '기술'에 관심을 집중한 탓이다. 소그룹의 어떤 '원리'가 우리가 기대하는 교회를 만들어 낼 수 있는지에 대한 탐구가 상대적으로 적었다.

우선, 소그룹의 신학적 원리로서의 삼위일체 하나님에 대한 깊은 이해도 부족, 나아가 이 원리에 근거한 소그룹의 실제 조직 체계와 운영 형식에 관한 연구가 부족했다. 이런 이유로 소그룹의 원리보다는 소그룹의 높은 실천적 효율성에 더 초점을 맞추게 되었다. '왜' 소그룹을 교회 사역의 '중심에 두어야 하는지'에 대한 깊은 성찰보다는 '어떻게' 교회 사역에 소그룹을 '사용할 것 인지'에만 관심이 있었다. 그 결과, 소그룹이 교회에 '있기'만 할 뿐, 실제로는 소그룹이 교회의 '중심에 서는 일'이 없다. 즉, '소그룹이 교회 자체'라는 의식이 없었다.

그래서 소그룹이 있을 때나 없을 때나 별 차이가 없고, 오히려 교회가 분란만 가득하기도 했다. 소그룹이 중심에 있는 교회, 소그룹이 교회 그 자체인 교회란, 교회 지도부는 소그룹을 '섬기는' 기관이며 각 소그룹은 자율성을 얻되 교회 지도부 권위를 존중하는 곳, 즉 각 존재의 구별을 유지하면서 유기체적으로 즉시 하나를 이루는 삼위일체 하나님을 닮은 공동체적 상호 존중과 상호 의존의 지체이다.

그리고 이러한 교회를 만든다는 것은 곧 우리 안에 수직적 직제를 혁신하여 실제로 교회의 모든 지체가 서로 섬기는 자가 되어 비로소 소그룹이 '중심이 되는' 교회 구조를 만들어 공동체적 교회를 완성하는 것이다.

내가 여기서 주장하는 방식의 소그룹 원리를 강조하는 것은 어떤 의미에서는 한국 교회를 위한 도전이다. 그만큼 위에서 말하는 소그룹 구조가 중심이 된 교회를 만드는 것은 우리에게는 문화적 충돌을 의미할 수도 있어서이다. 그것은 아마도 우리 안에 무의식적으로 내재 된 유교식 수직 문화에 기초한 한국 교회 안에 내재한 경직된 직분 구조 인식 때문이다. 그래서 우리는 아무런 죄책감도 느끼지 못한 채, 우리의 화석화된 권위주의적 신분제 문화를 의식하지 못하거나 아니면 적극적으로 즐기고 있었는지도 모른다.

이런 방식의 교회 직분 구조는 당연히 성경이 제시하는 직분 곧 디아코니아라는 섬김 의식 아래, 주어진 성도들 사이의 평등한 직제 구조와 정반대이다. 그래서 소그룹 문화가 갖는 개방성과 상호 평등 관계를 우리에게 이식하는 것이 한국 교회의 정서적 한계를 유발할 것이다. 이는 서로 DNA 구조가 다른 신체의 장기를 이식하는 것과 같아서이다. 그러나 건강한 장기라도 이식된 몸이 정상적으로 작동한다는 게 쉽지 않다.

이런 의미에서 기껏해야 소그룹이 '있는' 교회에 그칠 뿐, 소그룹으로 '이루어진' 교회를 만들어 내는 일은 매우 어렵다. 우리는 소그룹을 교회에 도입하는 데 너무 안이하게 생각하지 않았는지 반성하길 원한다. 소그룹을 교회 구조의 본질적 차원에서 접근하지 않고 실용주의적으로 대하지는 않았는지 되돌아보기를 기대한다.

이 책은 소그룹의 신학적 본질 구조를 제안하고, 이 구조에 기초하여 교회 지도부와 소그룹 사이 그리고 소그룹원 사이의 개방적인 소통이 작동해 신약 교회의 수평적 직제 구조를 완성함으로써 역동적인 소그룹 사역이 활발하게 이루어지는 교회다운 교회를 지향할 것을 제시한다. 소그룹에 관한 기존의 실용주의적 접근과 달리, 그것은 유교화된 반성경적 교회 직제 문화에 대한 반성과 혁신이다. 이런 의미에서 여기서 제시하는 소그룹은 한국 교회를 '위한' 일종의 '종교개혁'이다(교회 직제 일반에 관한 '종교개혁'은 칼빈에게서 확인이 가능하며, 이것에 대해서는 제3장에서 밝힌다).

왜냐하면, 유교의 수직적 직제 구조에서 성경적인 수평적 직제 구조로 전환하는 데 있어서, 우리가 말하는 소그룹이 문화적 도전을 요구할 것이기 때문이다. 이 요구에 적극적으로 응한다면 기존의 소그룹 형식만 갖춘 무기력한 교회로부터 새롭게 개혁된 소그룹 구조를 갖는 능력 있는 교회로 거듭날 것이다.

소그룹은 양날의 검일 수 있다. 소그룹을 활성화함으로써 교회가 갱신되고 외적으로도 성장을 이룰 수 있다. 하지만, 앞으로 언급할 소그룹의 원리와 목적에 대한 신학적 이해가 부족하면 교회가 내적인 유기체를 유지하지 못하고 무기력한 영적 침체 상태가 지속되며, 나아가 교인들 안에 불협화음과 분리, 분란을 초래하게 할 수도 있다. 약이 될 수도, 독이 될 수도 있는 것이다. 어떤 방식의 소그룹 철학을 가지고 소그룹을 운영하느냐가 그만큼 중요하다.

나는 이 책에서 소그룹이 교회 직분 구조의 혁신 소프트웨어임을 말하고자 한다. 이를 통해 교회가 신약 교회의 역동성을 회복하길 기원한다.

여기에 있는 글은 몇 개의 주제(제1장과 제2장)를 제외하면 이미 여러 논문집 또는 단행본에 발표된 것으로서 이 책의 논지를 밝히기 위해 각 논문을 (일부는 상당 부분) 수정해 다시 한 권의 책으로 내놓은 것이다. 여러 개의 독립된 글을 묶다 보니 많이 수정했음에도 몇 군데에서 특정한 주제에 관해 종종 반복해서 언급하기도 한다. 각 장의 주제를 밝히는 데 논거 제시가 불가피했기 때문이다. 이 점에 대해 독자의 양해를 구한다.

이 책을 완성하면서 아쉬운 점이 있다. 소그룹의 원리적 접근과 한국 교회 개혁을 구현하기 위한 실제를 더 구체적으로 다룰 여유를 갖지 못한 것이다. 예를 들어, 수평적 직제에 의한 리더십 세우기의 실제, 소그룹 토착화 구조의 실제(서방 국가와 차별화된 문화 구조에 따른 소그룹 구조), 소그룹의 성공적 정착 방법(단계적 소그룹화하기, 시범 소그룹, 소그룹 거부자를 '위한' 소그룹), 참여도 높이는 소그룹 그리고 특화된 소그룹 개발(예를 들어 농어촌, 다문화, 이혼 가정, 미혼 중년 남자와 여자, 각종 스포츠, 어린이, 장애인, 노인, 중독자 소그룹 등), 소그룹 중심의 대표적인 한국 교회 사례 그리고 소그룹 중심의 교회 건물 구조 등이다. 이에 관한 연구는 다음 과제로 넘긴다.

2024년 5월 용인 연구실에서

제1장

소그룹의 신학적 원리

소그룹이 없는 교회는 거의 없지만, 소그룹의 능력을 체험한 곳은 많지 않다. 소그룹은 이미 21세기를 사는 우리에게는 대중화된 개념이어서, 교회 안에 어떤 형식이든지 소그룹 구조를 지니지 않고는 현대적인 교회가 아닐 것이다. 당연히 모두가 소그룹 시스템 도입 후 가져올 변화에 대해 기대했을 것이다.

그러나 원하는 만큼 우리의 현장에서는 소그룹의 능력이 잘 발휘되지 못하고 있다. 우리는 그 원인을 이곳에서 찾아보고자 한다. 그것은 바로, 소그룹 교회 구조는 어떤 기초 위에 세워야 하는지 그 원리 곧 '소그룹 신학'에 대해 심각하게 생각하지 않아서이다.

그 결과 외형은 어딘가에서 본 모습을 본뜬 것이어서 소그룹이라는 이름만 있지 역동적인 교제와 사역은 잘 이루어지지 않는다. 수학과 과학적 지식이 없이 큰 교량을 만드는 것과 같다. 외형은 그럴듯한 다리이지만, 얼마 지나지 않아 수많은 차량이 왕래하면 큰 사고가 일어날 가능성이 높다. 마찬가지로 소그룹이라는 겉모습은 그럴듯하지만, 그것의 원리 곧 기초적 이론이 부실할 경우 그 결과는 기대 이하일 것이다.

그런데 그 기초적 이론에 대해 이미 들었거나 얼핏 본 사람이라면 다음 장으로 급하게 넘어가려 할지 모르겠다. 실제로 소그룹의 원리에 관한 관련 정보를 접한 자라면 소그룹의 기초 원리에 관한 지식이 조금이라도 없지는 않을 것이다. 그러나 이미 알고 있을 것이라 믿었던 정보라도 대부분 그것을 충분하게 자기의 것으로 소화하지 못한다. 왜냐하면, 그 원리의 진면모를 알기에는 상당한 신학적 전문성을 요하기 때문이다. 그래서 이 글을 읽을 때 좀 어렵게 느끼지는 않을지 염려된다.

하지만, 모쪼록 인내심을 가지고 정독하기를 바란다. 왜냐하면, 진짜 소그룹을 만드는 것, 다시 말하면 이 원리에 충실한 교회다운 참 교회 만드는 것이 원리에 대한 이해도만큼이나 만만치 않기 때문이다.

소그룹이 어떤 원리에 근거하는지를 다음의 글을 통해 알고 진정성 있게 소그룹 만들기에 매진한다면 원리에 충실한 실제를 만들게 되고, 그것은 하나님과 세상이 인정할 이상적인 소그룹 구조의 교회가 되리라 믿는다.

1. 소그룹이란 무엇인가?

우선, 소그룹(Small Group)이란 무엇인지 그 정의를 내려 보자. 흔히 소그룹을 '작은 무리의 모임 안에서의 교제'라고 생각하기 쉽다. 물론, 이 말이 전적으로 틀린 것은 아니다. '그룹'(Group)은 직역하면, 여러 사람이 모인 무리 혹은 집단이란 뜻이고, 교회에서 이 말을 사용한다면, 이 무리 안에서 교회의 성도가 서로 신앙 안에서 교제하는 것이라고 말할 수 있다.

하지만, 여기서 우리가 제시하는 '소그룹'은 이러한 기술적 개념이라기보다는 실천적 의미를 선호한다. 왜냐하면, 전자의 경우, 대부분의 현대교회는 소그룹을 교회 성장과 복음 전도 나아가 개인적 필요에 부응하는 사적인 교제의 장으로 활용하려는 실용주의적 관점에 치우치고 있기 때문이다. 그러나 우리는 여기에서 기독교인의 영적 쇄신과 삶의 실천을 강조하는 후자에 더 관심을 둔다.

우리가 여기서 말하는 소그룹이란 슈페너(Philipp Jacob Spener, 1635-1705)가 제시한 바와 같이 '교회 안에 작은 교회'(ecclesiola in ecclesia)[1]가 되어, 영적 변화를 이루고 봉사와 헌신을 통한 경건의 외적 실천을 도모하는 소수의(약 5~10명 내외)[2] 공동체다.

교회가 무기력하게 된 것을 바로 잡아 전적인 헌신과 역동적인 전도사역 및 책임 있는 이웃 봉사를 생활화하여 교회 내외적으로 인정받는 교회로 개혁한다는 의미에서 그것은 일종의 교회 갱신 소프트웨어이다. 이런 의미에서 소그룹은 원래의 '교회 됨'으로 나아가게 하는 원동력이라고 말할 수 있겠다.

따라서 우리가 추구하는 소그룹은 단순히 교회의 부속 프로그램이 아니다. 교회 됨을 이루게 하는 '본질'이다. 노스포인트커뮤니티교회(North Point Community Church)의 앤디 스탠리(Andy Stanley)는 자기 교회가 "소그룹 문화를 가지고 있다"라고 확신하면서도 그렇다고 소그룹 프로그램은

---

[1] Williston Walker, *A History of the Christian Church*, 3rd ed., (NY: Charles Schribner's Sons, 1970), 451. 채이석, 『소그룹의 역사』 (서울: 소그룹하우스, 2010), 84. 채이석, "필립 야콥 슈페너의 'Collegium Pietatis'에 대한 교회사적 의미 고찰", 「개혁논총」 26 (2013), 364.
[2] 소그룹은 작은 수의 무리로 구성하지만, 그 숫자를 제한할 뿐 특정한 수를 절대화하지는 않는다. 일반적으로 예수님의 제자 12명을 본보기로 하여 12 숫자 이하로 제한하는데, 이는 12명 이상의 경우, 상호 긴밀한 교제와 소통이 실제로 어렵기 때문이다(정재영, 『소그룹의 사회학』 (서울: 한들출판사, 2010), 17). 반대로 2~3명의 경우에는 비록 최초의 모임으로서는 가능할지 모르나 모임의 지속을 기대하기에는 너무 적어서 교제의 동력을 발휘하는 데 제한적일 수 있다. 그래서 어떤 사람은 (헤스테네스, Roberta Hestenes) 3~12명으로 제안하기도 하고(정재영, 『소그룹의 사회학』, 17) 또 다른 사람은 (팻 시코라, Pat Sikora) 실제 교제 시간의 효율성을 고려할 때 6~8명을 제안하기도 한다(Pat Sikora, *Small Group Bible Studies: How to lead them*, 한국소그룹목회연구원 역, 『소그룹 성경공부, 어떻게 인도할 것인가?』 (서울: 소그룹하우스, 2003), 31. 나는 팻 시코라의 견해가 실제적이고 효과적이라 생각한다. 그러나 모임의 숫자는 각 교회의 처한 상황에 따라 정하되, 역동성을 결여할 만큼 매우 작은 숫자는 제외하고 어느 정도 작은 수로부터 출발할 수도 있다는 점과 8명 이상의 활성화된 모임도 소그룹 리더의 능력에 따라 유지될 수 있음을 고려할 때 최소 5명 내외에서 최대 10명 내외로 제한하는 것이 적절하다고 생각한다.

부속물이 아닌, 즉 기존 체계에 덧붙여진 프로그램이 절대 아니라고 했다.[3] 우리는 이 선언을 중요하게 여겨야 한다. 교회의 소그룹은 교회 안에 변방도, 부속도 아닌 '중심'이 되는 것을 의미하는 것이기 때문이다.

우리가 목표하는 소그룹은 구성원들이 하나가 되어 성경적인 가족공동체로서의 삶을 이루는 것이다. 교회는 공동체가 되지 않는 한 그 존재 목적을 잃게 된다. 만일 그렇지 않게 된다면 그리고 아쉽게도 오늘날 우리나라 곳곳에 이런 불행한 교회가 있다면, 그 교회는 거룩과 경건으로 위장할 뿐 실제로는 탐욕과 부패와 위선의 현장이 되어 있을 것이다. 이런 곳에는 어떤 이는 왕이나 군주, 관료와 같은 세속적 권력을 즐기게 되고 나머지는 그러한 지위와 신분의 상승을 앙망하는 자나 구경꾼이 된다.

이러한 수직적 교회 구조는 교회 안에 하나됨을 이룰 수 없을 뿐만 아니라 교회 밖 세상에 선한 영향력도 행사하지 못한다. 당연히 영적 침체가 교회 안에 가득할 것이다. 이런 교회는 무기력한 공간이 되어 그곳에 머무는 성도는 영적 상실을 겪게 된다.

소그룹은 단순히 소수의 무리가 먹고 마시며 즐겁게 담소나 나누는 여기에 기껏해야 말씀 나눔을 형식적으로 끼어 놓는 방식의 사회적 교제는 아니다. 말씀을 실천하여 상호 의존의 삶을 생활화하여 한 가족이 되는 곳이다. 이런 형식의 소그룹으로 구성된 교회 전체는 자연스럽게 교회 전 구성원의 일치와 공동체를 현실화하여 성도의 개인 경건 회복은 물론 세상의 빛과 소금 역할을 하는 '교회다운' 교회가 되도록 한다. 이러한 의미를 지닌 소그룹은 앞으로 우리가 살펴볼 삼위일체 하나님의 존재론적 구조에서 그 원리를 찾는다.

---

3   Andy Stanley, Bill Willits, 『소그룹으로 변화되는 역동적인 교회: 노스포인트 교회의 성장 비결』(*Creating Community*), 이중순 역 (서울: 디모데, 2006), 13.

2. 소그룹의 원리는 무엇인가?

소그룹의 원리를 알기 위해서는 먼저, 삼위일체론을 제대로 알아야 한다. 우리가 교회 안에 속해 있든 사회의 어느 조직 안에 있든, 소그룹에 관심이 있다면, 그 원리에 대해 궁금한 것은 당연하다. 여기에서 우리는 신앙인이든 그렇지 않든 기독교 신학의 삼위일체론에 귀 기울일 필요가 있다. 그러나 이 신학에 대해 잘 알고 있다고 해도 소그룹을 만들고 운영하는 데 무슨 큰 도움이 될지 생각할 자들도 있을지 모르겠다.

하지만, 소그룹이 삼위일체의 존재론적 구조를 지니고 있다고 확실하게 믿는다면 '실제의' 소그룹은 영적 쇄신이 성공적으로 이루어진 최상의 헌신공동체로 부각할 것이다. 어떤 종류의 소그룹이든지, 그것이 교회 안이든 일반 사회 집단에서든, 소그룹은 삼위일체 하나님의 존재를 모델로 만들어야겠다는 마음이 강하게 일어나기 때문이다.

그러나 소그룹의 원리를 삼위일체 하나님에게서 찾는 일은 실제로 그렇게 녹록지 않다. 왜냐하면, 가장 난해한 신학 주제 중의 하나가 바로 삼위일체론 이기 때문이다. 삼위일체 하나님은 우리의(공간 3차원과 1차원 시간을 더한) 4차원, 시공간으로는 상상을 초월하는(이론 물리학에서 현재까지 발견했다는) 11차원 이상의 존재이므로, 현실적으로 이러한 하나님은 완벽하게 이해될 수 없는 신비의 세계이다.

마치 2차원만 이해하는 개미가 4차원 시공간의 인간세계를 이해하지 못하는 것과 유사하다. 이런 이유로 삼위일체론을 우리의 제한된 감각과 이해력으로 온전하게 파악하기란 불가능할지도 모른다. 다만, 유비로는 그분에 대해 이해할 수 있다. 앞으로 우리가 보여 주게 될 예시와 비유가 여기에 속한다. 물론, 그런 방식으로 우리가 하나님을 설명할 수 있다고 해도 그것은 제한적일 것이다. 그런데도 일정한 한계 안에서라도 설명할 수 있다니 얼마나 다행인지 모른다.

왜냐하면, 삼위일체로 계시는 하나님을 이해하기 어렵다고 하나님의 존재론적 구조에 관한 연구를 포기한다면 인간의 존재론적 실체 규명과 소그룹의 심오한 원리를 제대로 발견하기란 요원하기 때문이다.

이런 의미에서 우리가 그 이해에 도달하려는 노력을 기울이는 것은 의미가 있다. 삼위일체론은 소그룹을 제대로 만들어 교회와 사회 조직에 효과적으로 적용하는 데 매우 유용하기 때문이다. 따라서 삼위일체 하나님에 관한 지식을 우리 것으로 만드는 것은 절대적으로 필요하다.

나는 삼위일체 하나님을 모르면 소그룹을 포기하라고 말하고 싶다. 삼위일체 하나님에 대해 무지하거나 아예 이 지식을 무시하고 소그룹을 만든다면, 그 결과는 비성경적이고 권위주의적 인본주의 '소집단' 혹은 '집단주의적인 사교 모임' 형태로 나타나기 때문이다. 이러한 조직의 집단과 여기서 우리가 말하는 소그룹은 다르다.

전자가 수직적 위계를 기초로 하는 전체주의적 형태라면 후자는 수평적 관계를 기초로 하는 공동체적 형태이기 때문이다. 전자가 개성을 무시하고 동질성만 추구하여 다른 구성원과 인격적 융합을 어렵게 한다면, 후자는 개성이 존중되면서도 전체의 가치를 공유하여 그룹 내의 다른 구성원과의 개방적 교류를 가능하게 한다. 삼위일체 하나님의 구조는 후자의 종류에 속한다. 이제 그분의 존재론적 구조에 한 걸음씩 들어가 보자.

3. 필요한 삼위일체 하나님 지식 그러나 우리의 한계

소그룹의 원리는 삼위일체 하나님의 존재론적 구조 안에 숨어 있다. 따라서 이 지식을 어느 정도 습득하는 순간, 소그룹이 왜 삼위일체 하나님을 모형으로 삼아야 하는지 확신하게 된다. 왜냐하면, 우리는 소그룹에서 어떻게 사람이 모여 사회적 교제를 잘 나눌 수 있는지에 관심을 두기보다는 왜 우리는 소그룹으로 모여야 하는지에 더 집중하려고 하기 때문이다. 우리는 기능적 구조로서의 소그룹이 아닌 존재론적 구조로서의 소그룹을 파악하기를 원한다는 말이다. 이런 이유로 우리는 삼위일체 하나님에 관한 논의부터 다루려고 하는 것이다.

삼위일체 하나님에 대한 학문적 논의가 필요하다고 해도 학술적 깊이를 다루는 일은 최소화하려고 한다. 이미 내가 17페이지에 걸쳐 간략하게 설명한 바가 있기도 하고,[4] 이 난해한 주제를 보다 더 학문적으로 다룬 책은 시중에 차고도 넘치기 때문이다. 다만, 여기에서는 이해하기 쉽도록, 도형과 여러 그림을 동원하면서 직관적으로 삼위일체 하나님에 대한 지식을 얻을 수 있게 하겠다. 이런 시도에도 불구하고 완벽하게 독자를 이해시킨다고 말하면 교만일 것이다. 합리주의와 경험, 특히 과학과 수학에 기준을 두고 보려 해서는 쉽게 이해될 수 없기 때문이다.

'왜, 나는 이해하기 어렵다고 알려진 삼위일체론을 구태여 소그룹의 원리로 제시하는 데 열심인가?'

제대로 소그룹을 우리 가운데 정착시키기가 마치 삼위일체론이 난해한 교리인 것과 마찬가지로 그렇게 녹록지 않다는 점을 말하고 싶어서다. 그래서 앞에서 말한 바와 같이 삼위일체론을 정확하게 알지 못하면, 소그룹을 포기하라고 말했던 이유가 바로 여기에 있다. 우선 이 교리가 왜 어려운지 말해보려 한다.

하나님이 어떤 존재인지 상상해 보라.

앞에서 언급한 바와 같이 아마도 2차원만 아는 벌레가 인간의 3차원 공간과 1차원 시간을 이해하려는 것과 유사하지 않을까?

---

[4] 권문상, 『성경적 공동체: 삼위일체 하나님을 닮은 가족교회』 (용인: 킹덤북스, 2013), 236-252.

따라서 4차원 시공간의 인간이 11차원을 넘어 그 이상의 초월적 존재인 하나님의 삼위일체 삶을 우리의 차원 안에서 쉽게 이해되지 않는다고 불평하는 것은, 자신을 하나님과 동격화시키는 오만한 태도일 것이다. 우리 차원에서 삼위일체 하나님이 이해가 안 된다고 말하면서, 그러니 그런 신이 없다고 말한다면, 이는 곧 인간 자신이 얼마나 교만한 존재인지, 혹은 자신의 무지를 고백하는 자임을 자인하는 것과 다름없다. 그 이유를 다음과 같이 설명해 보고자 한다.

우리는 3차원 공간 안에 존재한다(주지하는 바와 같이, 점은 0차원, 선은 1차원, 면은 2차원이다). 그러나 3차원 공간을 완전하게 인식할 수는 없다. 비록 우리는 한 공간 안에 있는 우리 자신을 파악한다고 해도, 우리가 있는 3차원 공간 전체를 인식할 수는 없다. 기껏해야 2차원 '면'만을 인식할 뿐이다. 예를 들어 보자. 우리는 주사위가 가로+세로+높이를 갖는 3차원 공간을 지니고 있음을 알 수 있다. 그렇다고 주사위의 3차원 공간 전체를 인식할 수 없다.

다음 그림을 보면 이를 확인할 수 있다.

〈그림1: 3차원 공간을 지닌 주사위〉

위의 그림에서 우리는 주사위 6개의 모든 면을 관찰할 수 없다. 3차원 공간을 인지하지만 같은 3차원 공간에 있는 우리는 우리와 같은 3차원 공간의 주사위 전체를 파악할 수는 없는 것이다. 우리가 거주하는 건물도 전체를 동시에 인식할 수 없다. 건물의 앞, 뒤, 아래, 위 등 모든 건물 전체를 한눈에 파악할 수는 없는 것이다. 그러나 주사위 6개 모든 면을 2차원의 한 평면으로 펼쳐 보면, 우리는 주사위 6면 전체를 쉽게 파악할 수 있다.

다음의 그림을 보라.

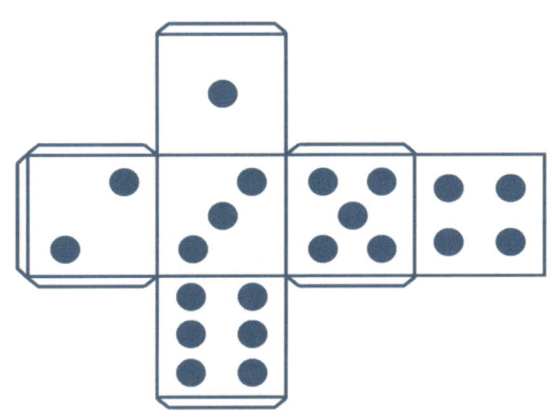

〈그림2: 2차원 평면을 지닌 주사위〉

위의 그림과 같이 원래의 주사위 3차원 공간은 2차원의 평면으로 펼쳐야 비로소 우리는 주사위 6개의 모든 숫자를 파악할 수 있다. 다시 말해 3차원 공간에 속한 우리는 그보다 낮은 2차원 이하만을 온전히 파악할 수 있다는 것이다.

그렇다면 우리는 우리 자신과 3차원 공간을 완전하게 파악하려면, 1차원 이상을 더한 4차원 이상의 공간으로 옮겨야 가능하다. 우리는 이러한 실례를 영화 〈인터스텔라〉에서 생각해 볼 수 있다. 이 영화는 주인공 쿠퍼가 지구를 떠나 4차원 이상의 공간인 테서랙트(Tesseract)에서 지구를 떠나기 전의 자신의 3차원 공간과 1차원 시간의 모든 세계를 동시에 온전하게 볼 수 있었던 장면을 연출했다.

이런 의미에서 3차원 공간도 파악하지 못하는 우리가 4차원 공간 이상, 아니 11차원 이상의 하나님의 존재에 대해 명료하게 이해 안 된다고 해서 절망할 필요는 없다. 정상이다. 그러나 이해가 확실하게 되지 않는다고 해서 그의 존재를 부정하는 건 결코 정상이 아니다. '아니 그런 존재가 어디 있는가'라고 질문하는 것 자체가 잘못된 것이다. 이것은 김상욱 교수가 양자 역학이 우리의 이해력을 얼마나 뛰어넘는지에 대해 익살 좋게 재미를 덧붙여 말한 바와 같이, 원자가 두 상태에 동시에 있는데 왜 그런지, 궁극적으로 원자가 실제 어디에 있는지 질문하는 것은 잘못된 질문이라고 한 말과 유사하다.[5]

아인슈타인(Albert Einstein, 1879-1955) 이래 현존하는 최고의 물리학자 중 한 사람이라고 일컬었던 리처드 파인먼(Richard Phillips Feynman, 1918-1988)이 고백한 바와 같이, 양자 역학을 아는 사람은 아무도 없다고 말한 것과도 같다.[6] 미시 세계 안에 있는 '양자 얽힘'이라든지 '양자 중첩', '불확정성의 원리' 등이 그것이다. 그만큼 미시 세계를 다루는 양자 역학의 영역 역시 이해하고 설명하기란 극히 어렵다는 뜻이다. 물리적 세계도 이처럼 난해하다면, 하나님의 세계는 영적인 차원에서 다루어야 하기에 더욱 우리의 물리적 이해 영역을 넘어선다.

삼위일체 하나님은 양자 역학보다 인간이 범접할 수 없으리만치 더 멀리 있다. 물리학도 인간의 이해력으로 도달하기 힘든데, 우리가 '과학적' 방법 혹은 '수학적' 방법으로 삼위일체 하나님을 이해하려는 것은 어불성설이다. 따라서 '삼위일체 하나님, 곧 성부, 성자, 성령 등 삼위 하나님이

---

5 김상욱, 『김상욱의 양자 공부』 (서울: 사이언스북스, 2017), 258, 263-64.
6 Richard P. Feynman, *Six Easy Pieces*, 박병철 역, 『파인만의 여섯 가지 물리 이야기』 (서울: 승산, 2003), 206-207.

어떻게 한 하나님으로 계신다는 말인가?'라는 질문은, 마치 양자 역학에 관한 질문이 '잘못된 질문'인 것과 같이, '잘못된 질문'일 수 있다.

그러므로 그의 존재론적 구조에 관해 완전하게 다 안다고 말하는 것은 자기기만일 것이다. 여기서 신학과 무관한 과학 이야기를 하는 이유는, 그만큼 소그룹의 원형이 삼위일체 하나님 구조라고 할 때, 여간해서는 우리 안에 삼위일체 하나님의 존재와 같은 소그룹의 실제 구조를 갖기란 매우 어렵다는 점을 말하려는 것이다. 소그룹을 만만하게 보고 접근하거나 시도하려고 하지 말라는 말이다. 여간 노력하지 않고는 소그룹의 본질은 갖추지 않은 채 소그룹의 겉모양만 만드는 것에 그치게 될 것이기 때문이다.

그러나 우리가 이러한 하나님을 '전혀' 모르지는 않는다. 성경이 말해 주고 있기 때문이다. 그래서 어느 정도는 우리가 성경에서 이 지식을 얻을 뿐만 아니라 나아가 다른 사람에게 설명할 수도 있다. 왜냐하면, 우리는 일정 부분 그러한 하나님의 존재 구조의 삶과 비슷한 구조를 이상화하면서 이 사회에 살고 있기 때문이다. 이런 의미에서 우리는 이러한 삼위일체 하나님의 존재 구조에 어느 정도 '익숙할 수' 있을 만큼, 실제로 이 구조는 우리에게 낯설지 않다. 예를 들어, 우리의 사회 구조가 상호 의존적이듯이 삼위일체 하나님도 그러하기 때문이다.

4. 삼위일체 하나님의 성경적 '평면화'

삼위일체 하나님이 갖는 '고차원'의 구도 전체를 억지로 파악하는 것보다 성경의 내용을 모두 모아서('평면화'하여) 종합적으로 한눈에 보려고 노력해 보자. 과학적, 수학적 방법으로는 고차원 존재를 4차원 시공간의 각도에서는 파악하기에 불가능하기 때문이다. 물리적으로도 앞에서 말한 바와 같이 하나님의 차원을 이해하려면 우리가 그 이상의 신적 차원의 존재여야 하는데, 이는 불가능하다.

그러나 우리는 하나님의 초역사로부터 지상 역사의 삶까지 녹아져 있는 성경의 내용을 평면화할 수 있다면, 어느 정도 우리는 하나님의 존재 구도를 파악할 수 있다. 마치 앞의 그림에서 보는 바와 같이 3차원 공간의 주사위를 2차원 평면으로 펼쳐 보려는 것처럼 말이다. 11차원 이상의 하나님을 2차원 평면으로 펼쳐 보면, 우리는 기독교의 하나님이 삼위일체의 존재 방식을 갖고 계심을 발견할 수 있기 때문이다.

성경은 하나님이 삼위로 계시면서 하나로 존재하신다고 말한다. 성부, 성자, 성령이라는 인격적인 존재로 계시는 하나님을 우리는 다음의 대표적인 말씀에서 찾을 수 있다.

> 그러므로 너희는 가서 모든 민족을 제자로 삼아 아버지와 아들과 성령의 이름으로 세례를 베풀고(마 28:19).

> 주 예수 그리스도의 은혜와 하나님의 사랑과 성령의 교통하심이 너희 무리와 함께 있을지어다(고후 13:13).

이 외에도 신적 존재의 풍성함을 말하는 구절들, 예를 들어 구약에 하나님 자신이 '우리'라고 말한 말씀들(창 1:26; 11:7), 이미 성부 외에 성자 하나님을 지칭하는 구절들(사 9:6; 시 110:1), 성령 하나님을 지칭하는 구절(사 63:10) 그리고 신약에서는 성부 하나님을 지칭하는 말씀들(마 7:11; 요 4:21; 고전 8:6), 성자 하나님에 대해서 언급하는 말씀들(눅 1:35; 마 11:27; 요 1:14; 10:30 등) 그리고 성령 하나님에 대해서 말하는 구절들(막 1:12; 눅 4:1; 벧전 1:2 등)을 확인할 수 있다.

즉, 하나님은 삼위, 곧 성부, 성자, 성령으로 계신다는 말이다. 반면에 하나님은 하나로 계신다고도 말한다.

> 이스라엘아 들으라 우리 하나님 여호와는 오직 유일한(하나인) 여호와이시니 (신 6:4).

> 주도 한 분이시요 믿음도 하나요 세례도 하나요 하나님도 한 분이시니 … (엡 4:5-6).

이 외에도 하나님이 하나로 계심을 말하는 구절은 많다.

> 하나님 한 분 외에는(눅 18:19).

> 하나님 한 분밖에 없는 줄 아노라(고전 8:4).

> 홀로 하나이신 하나님께(딤전 1:17).

> 하나님은 복되시고 홀로 한 분이신(딤전 6:15).

물론, 성경 어디에서도 하나님이 삼위일체로 계신다고 명시적으로 정의하지는 않는다. 하지만, 이상의 대표적인 여러 성경 구절을 평면적으로 바라볼 때 전통적인 교회는 삼위로 계시면서 일체로도 존재하시는 하나님을 고백하지 않을 수 없었다. 여기서 많은 사람은 어떻게 1+1+1=1이 되는지 질문할 것이다. 기독교 초기 이래 지금까지도 학자들 사이에 이 질문에 대한 답을 찾기 위해 논쟁을 지속하고 있다.

정통 교회에는 하나로 계시면서 셋의 인격으로 하나님이 존재하는데, 삼위를 더 강조하느냐, 일체를 더 강조하느냐에 따라 신학적 경향이 나뉘고 있다. 그렇지만 어느 것을 더 강조한다고 해서 그것이 곧 다른 면을 포기하게 하지는 않는다. 역사적으로 한쪽, 즉 '삼위' 하나님이든 '일체'

하나님이든, 하나만 말하고 다른 하나는 버린 경우, 교회는 이를 이단으로 정죄했다.

이 두 측면 중 하나만 말하는 이러한 이단은 앞에 제시된 '평면화'한 성경의 자료에 일치하지 않기 때문에, 이러한 주장은 기독교와 교회의 존립을 불가능하게 한다. 그래서 교회가 비록 삼위와 일체 중 어느 하나를 서로 달리 강조해도 성경적 증언, 곧 삼위의 실재와 하나의 하나님, 이 둘 모두를 포기할 수 없었다.

삼위의 실재를 버리고 한 하나님만 있다고(단일신론, monotheism) 말해 보자. 이를테면 이미 언급한 질문, 곧 1+1+1=1이 어떻게 이루어지는지에 대한 긍정적인 답이 그것이다. 수학적으로는 틀렸지만, 어떤 의미에서는 옳다는 것이다. 단일신론은 하나님이 '숫자상'으로 '하나'의 존재라고 믿어서 생긴 논리이다.

첫 번째 유형의 단일신론은 인격체는 단일하나 세 양태로 존재한다는 것이다.

원래 하나님은 하나인데 그의 모양이나 양태만 달리해서 성부와 성자, 성령으로 나타났다는 것이다. 마치 한 남자가 집에서는 아버지의 모습으로, 직장에서는 과장의 모습으로, 교회에서는 집사의 모습으로 지낼 뿐, 실제로는 한 남자일 뿐인 것과 같다는 말이다. 이럴 경우의 문제는, 둘 혹은 셋의 구별된 남자가 동시에 같은 장소와 시간에 나타날 수 없다는 점이다. 남자 '한 사람'은 확보하지만 동시에 '세 존재'의 구별된 인격과 상호 교제는 불가능하게 된다. 그래서 우리는 숫자상으로 하나님 한 분을 확보하려는 데 집중한다면, 성부 하나님과 성자 하나님 사이의 인격적인 교제가 불가능하게 할 위험이 있다고 말한다.

성경에 기록된 바와 같이, 예수께서 세례를 받으실 때 성령이 강림하시고 성부 하나님이 "너는 내 사랑하는 아들이라 내가 너를 기뻐하노라"라고 말씀하시는 장면(마 3:13-17; 막 1:9-11; 눅 3:21-22), 예수께서 겟세마네 동산에서 성부께 기도하는 모습(눅 22:42-44)과 십자가에 달려 고통을 겪으시면서 "엘리 엘리 라마 사박다니"(나의 하나님, 나의 하나님 어찌하여 나를 버리셨나이까, 막 15:34)라고 성부 하나님께 부르짖은 절규의 상태를 설명할 길이 없게 된다.

두 번째의 유형은 같은 단일신론이지만 성자와 성령에 대해서는 성부 하나님과 비교하여 신적 지위를 상대적으로 낮추어 말한 예이다.

성자와 성령은 성부보다 훨씬 격이 낮은 존재라고 본다(종속론). 예를 들어, 하나님은 '하나'이시고(단일신론) 이미 구약에 나타나신 분이기에, 예수 그리스도는 영원히 계시던 하나님이 아니다. 원래 인간인데 신적 존재로 '승격'되었거나 하나님의 아들이 '되었다'라고 보기 때문이다. 한 하나님을 확보하기 위해 예수님의 신적인 본체 곧 성자 하나님의 실재를 피조물로 격하시키는 것이다. 당연히 이 주장은 비성경적이다.

예수 그리스도는 구약에서 예언된 바와 같이 "그의 근본은 상고에 영원에 있느니라"(미 5:2), 곧 태초부터 있던 존재요, "아브라함이 나기 전부터" 계시던 초시간적 존재(요 8:58)이며 "근본 하나님의 본체"(빌 2:6)이시며, 창조주이시다(고전 8:6 "한 주 예수 그리스도께서 계시니 만물이 그로 말미암고 우리도 그로 말미암아 있느니라"). 그는 영원부터 영원까지 하나님 '이시다'(is). 사람으로 살다가 하나님이 '되신'(became) 자가 아니다. 숫자상으로 '한' 하나님만 계신다고 믿는 자는 종교인으로 살기는 하지만 진정한 기독교인으로 살지는 못한다. 이런 종교인의 신앙이 결과적으로 예수 그리스도를 원래부터 피조물이라고 그 격을 낮추게 했다.

성경에 나타난 예수님이 본래 하나님이신 하나님의 아들 곧 성자 하나님(God the Son)이심을 처음부터 인정하지 못하게 만든 것이다. 따라서 이런 방식으로 '한 분' 하나님만을 고집하면 삼위 하나님의 존재론적 혹은 영원한 실재를 확보하지 못하게 하여 예수의 권위 있는 신적인 말씀과 행동의 진정성, 특히 그의 속죄 사역의 능력을 심각하게 훼손하므로 기독교 신앙의 근간을 흔들게 한다. 그래서 교회 역사에서 이러한 종속론적 견해를 이단으로 규정한 바 있다.

반대로 하나의 하나님을 버리고 '삼위 하나님만' 고집하면, 소위 독립적인 셋 하나님 구조를 만든다. 성부, 성자, 성령 하나님이 서로 배타적 존재로서 각각 경쟁적 지배자가 되어 의식적으로나 실제로 하나가 될 수 없도록 만들게 한다. 각각 모두 서로에게서 독립적으로 존재하고 행동하기 때문이다. 이러한 삼신론 또한 비성경적이다. "우리 하나님 여호와는 오직 유일한(혹은 하나의) 여호와이시니"(신 6:4)의 '한 하나님'을 말하는 말씀과 배치되기 때문이다. "아버지와 나는 하나이니라"(요 10:30)라는 구절과 "나를 본 자는 아버지를 보았느니라"(요 14:9)의 말씀을 보더라도, 삼신론은 예수께서 하나님의 아들이시지만 성부 하나님과 늘 하나라는 사실에 부합하지 않는다. 삼위 하나님은 각각 서로에게서 독립하지 않고 늘 연합하여 하나를 이루신다. 하나님은 '하나'이시다.

5. 그림으로 보는 삼위일체 하나님

그러면 하나로 계시면서도 셋의 인격체로 각각 계시는 하나님을 우리는 어떻게 이해할 수 있는지 다음의 그림으로 확인해 보자.

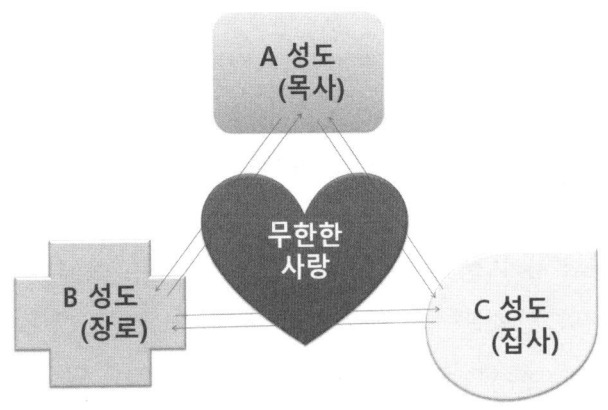

〈그림3: 도형으로 보는 삼위일체 하나님〉

위의 그림에서와 같이 삼위 하나님, 곧 성부, 성자, 성령 하나님이 인격적으로 구별되어 존재하면서(각 위 하나님의 모습을 각각 다른 형태의 도형으로 표시), 영원한 사랑 안에서 상호 교통하며 교제하는 상호 내주적으로(삼위 하나님의 상호 교류와 상호 내주를 쌍방향의 화살표 그림으로 표시) 삼위 하나님이 '하나'를 이룬다. 각 위의 하나님이 다른 위의 하나님과 신적 권위와 능력에 있어 동일한 것은 물론이다.

그래서 각 위 하나님은 서로 평등하기에 상하의 수직적 위계 관계를 맺지 않는다. 따라서 여기서 우리가 주목해야 할 것은 삼위의 하나님이 하나로 계시는 방식일 것이다. 동등한 삼위 하나님이 어떻게 하나로 계실 수 있는가이다. 삼위 하나님이 각각 영원히 혹은 빛의 속도 이상으로 서로 사랑하면서 상호 이해, 상호 의존, 상호 관통 혹은 순환(페리코레시스, περιχώρησις)의 방식으로 상호 내주하며 하나를 이룬다는 것이다.

이런 의미에서 '하나'는 숫자상으로 단일한 존재(one 혹은 single)라기보다는 '연합하여 하나'(united one)인 존재이다. 1+1+1=1의 의미는 바로 셋이 '연합하여 하나'라는 것이다. 이를 확인하기 위해 우리는 두 개의 성경 구절인, 신명기 6:4과 창세기 2:24에 주목할 필요가 있다. 신명기 6:4("우리 하나님 여호와는 오직 유일한(혹은 하나의) 여호와이시니)"의 '하나인' 혹은 '유일한'이란 단어와 창세기 2:24("남자가 부모를 떠나 그의 아내와 합하여 둘이 한 몸을 이룰지로다")의 "한"이란 단어는 모두 같은 '합하여 하나'의 의미를 지닌 에하드(אֶחָד)이다.

따라서 삼위 하나님이 일체라는 말은 물리적인 하나라기보다는 공동체적 의미에서의 '연합된 하나'인 것이다. 창세기 2:24의 '한 몸'은 남자와 여자가 물리적으로 하나가 될 수 없음을 의미하는 것은 당연하다. 실제로 같은 의미에서, 예수님은 겟세마네 동산에서 "할 만하시거든 이 잔을 내게서 지나가게" 해 달라고 말씀하시면서, 곧이어 "그러나 나의 원대로 마시옵고 아버지의 원대로 되길 원하나이다"라고 삼위일체 하나님의 '연합된 마음'을 고백하신 것이다(마 26:39). 왜냐하면, 삼위 하나님은 '영원한' 사랑으로 하나이시기 때문이다.

그래서 구별된 인격체를 지니시면서도 **즉시** 연합하여 하나됨을 유지하는 모습이 삼위일체 하나님의 하나 되는 존재 방식이다. 그래서 어느 교부는(나지안주스의 그레고리, Gregory of Nazianzus, 329-389) 다음과 같이 말했다.

> 나는 하나의 하나님을 생각하는 즉시 삼위 하나님의 광채가 나를 비추며, 삼위 하나님을 구별하는 즉시 하나의 하나님으로 되돌아간다.[7]

---

7   Gregory of Nazianzus, *The Oration on Holy Baptism*, XL, Lxi. "Οὐ φθάνω τὸ ἓν νοῆσαι, καὶ τοῖς τρισὶ περιλάμπομαι: οὐ φθάνω τὰ τρία διελεῖν, καὶ εἰς τὸ ἓν ἀναφέρομαι.": "No sooner do I conceive of the One than I am illumined by the Splendour of the Three; no sooner do I distinguish Them than I am carried back to the One." https://catholiclibrary.org/library/view?docId=/Synchronized-EN/npnf.000377.SaintGregoryNazianzen.TheOrationonHolyBaptism.html;chunk.id=00000085 (2024년 2월 10일 접속).

칼빈도 삼위일체 하나님이 계시는 형식을 표현하는 적절한 설명으로 이 교부의 말을 인용한 바 있다.[8]

이러한 방식의 삼위일체 하나님에 대한 이해가 가능한 이유는, 삼위 하나님은 관계적 존재로 계신다는 것에 있다. 성부 없는 성자가 없고 성자 없는 성부도 없다는 것이 그 실례이다. 이 세상에 특별한 경우를 제외하고 일반적인 가정에서 아버지 없는 아들, 아들(딸) 없는 아버지가 없는 것과 같다. 같은 원리에 따라 성령 없는 성부, 성자도 없다. 따라서 삼위 하나님은 상호 의존의 관계적 존재이다. 이것은 바로 앞에서 말한 '연합하여 하나' 혹은 공동체로 계시는 하나님을 의미한다.

그래서 이러한 삼위일체 하나님의 형상으로 지음을 받은 우리 인간은 (창 1:26, "하나님이 이르시되 우리의 형상을 따라 우리의 모양대로 우리가 사람을 만들고") 자연스럽게 삼위일체 하나님의 상호 의존적 공동체를 지향한다.

"우리도 그런 수준의 관계 속에서 존재하도록 창조되었다. 의미 있는 관계에 대한 욕구는 우리가 지닌 유전적 기질의 중요한 부분이다."[9]

부부가 그렇게 살아가듯이 말이다. 이 사회도 역시 마찬가지다. 인간은 사회적 동물이라는 말이 괜히 나온 게 아니다. 이런 의미에서 우리가 삼위일체 하나님을 '전혀' 이해할 수 없게 되지는 않는다. 우리가 더 적극적으로 이러한 삼위일체 하나님과 사귄다면 그것은 곧 우리가 "신앙 속에서 자신의 실존을 동일한 하나님에게 굴복시킨 다른 모든 인간과의 사귐이다. 따라서 삼위일체적 신앙은 공동체가 되는 것을 의미한다."[10]

---

8   Calvin, *Institutes of the Christian Religion*, 김종흡 외 3인 공역, 『기독교 강요』(서울: 생명의말씀사, 1986), xiii 17.
9   Andy Stanley, Bill Willits, 『소그룹으로 변화되는 역동적인 교회』, 36.
10 Miroslav Volf, *After Our Likeness: The Church as the Image of the Trinity*, 황은영 역, 『삼위일체와 교회』(서울: 새물결플러스, 2012), 70.

6. 삼위일체 하나님과 '같은' 인간공동체

원래 하나님은 인간이 공동체로 살아가도록 만드셨다. 하나님은 인간을 창조할 때 아담 혼자만 살도록 하지 않으셨다. 한 사람만 창조하여 무성 생식하도록 하게 하지 않으셨다.

> 여호와 하나님이 가라사대 사람의 독처하는 것이 좋지 못하니 내가 그를 위하여 돕는 배필을 지으리라 하시니라(창 2:18).

이 말씀에서 알 수 있듯이 인간은 홀로 존재하는 것보다 둘을 창조하여 서로 '돕는', 상부상조의 삶을 살도록 하셨다. 인류는 존재론적으로 공동체적이다. 인간은 누군가로부터 도움을 받아야 사는 상호 의존적 존재이다. 위의 말씀에서 '돕는'은 히브리어 에제르(עֵזֶר), 곧 돕는 자(helper), '배필'은 케네그도(כְּנֶגְדּוֹ), 곧 어울리는 또는 적합한(suitable) 이라는 뜻이고, 이를 의역하면 '그에게 꼭 맞는 돕는 사람'이라 하겠다.

여기서 에제르는 당연히 종속적 개념이 아니다. 오히려 하와 없는 아담은 아직 완성되지 못한 인격적 존재임을 암시하게 한다. 하나님의 '부부 창조'는 인간이 관계적 상호 작용을 통해 인격적 성숙을 이룰 수 있음을 말해 준다. 남자는 우등하고 여자는 열등하게 창조된 것이 아니다. 거꾸로도 마찬가지다.

위의 말씀은 인간론적으로 보아 하와 역시 아담이 '필요한' 불완전한 인격체라고도 말할 수 있는 것이다. 이러한 인간은 아담이 고백한 "이는 내 뼈 중의 뼈요 살 중의 살이라"(창 2:23)의 말씀에서와 같이 상대는 곧 자신이며, 자기의 생존 조건이 된다는 것을 말해 준다. 이처럼 서로를 '필요로 하는' 존재인 인간은 상호 불평등을 상정하고 교제할 수 없다. 에제르가 불평등 또는 종속의 의미가 아님은, 이 단어는 보통 하나님을 지칭할 때 사용되거나 혹은 하나님의 군사적 도움을 의미하기 때문이다. "엘리에셀" 곧 '나를 도우시는 하나님'(출 18:4), '하나님은 이스라엘의 도움'(신 33:7; 시 20:2)이라는 말씀이 그 실례다.[11] 따라서 창세기 2:18의 "배필"(에제르)은 열등한 존재의 의미를 담은 것이 아니다. 인간의 자아실현과 인격적 완성은 이러한 상호 평등한 관계 안에서 교제하는 공동체 의식에서 시작된다.

앞에서 이미 기술한 바와 같이, 하나님이 인간을 둘로 창조하시되 '부부'로 창조하셨다는 점에 한 번 더 주목해 보자(창 2:24, "이러므로 남자가 부모를 떠나 그 아내와 연합하여 둘이 한 몸을 이룰지로다"). 서로 성이 '다른' 존재로 구성하게 하여 "한 몸"이 되게 하셨다. 이것은 단순히 '두 사람'을 창조하셨다는 것보다 더 큰 의미를 던져 준다. 생리적으로는 물론 정서적으로도 서로 배타적 특성을 갖는 '남녀'로 창조하고, 이 둘이 한 몸을 이룰 것을 말해 주기 때문이다. 이 둘은 각각 고유한 주체적 인격자여서 물리적으로 하나가 될 수 없을 뿐만 아니라 정서적으로도 하나를 이루기가 쉽지 않다. 이 둘이 서로 하나가 되기 위해서는 상호 간에 이 근본적 차이를 인정하고 상호 헌신과 사랑과 희생이 동반되지 않으면 안 된다는 것을 암시한다.

여기서 우리는 이 창세기 말씀이 단순히 아담과 하와의 부부 창조의 의미를 넘어선다고 볼 필요가 있다. 이들은 인류의 대표이기 때문이다. 이런 의미에서 이 둘 각각의 존재는 단순한 남녀 이야기가 아닌 보편적 인류의 특성을 말한다. 다시 말해 인류의 생존은 상호 존중과 양보와 협력 그리고 희생을 통해 확보되는 것이다. 이러한 방식의 공동체적 존재를 하나님이 계획하셨음을 위의 말씀이 선포해 주는 것이라 하겠다.

하나님이 인류를 공동체적 존재로 창조하셨다는 사실은 위의 창세기 말씀 외에 다른 신약성경에서도 우리는 확인할 수 있다. 앞에서 이미 언

---

11 최영숙, "함께 어울리는 '네게드'", 「성경과 이스라엘」 8 (2020, 여름), 80.

급한 요한복음 17장의 예수님이 유언 형식의 기도에서 우리가 하나 된 것 같이 저희도 하나가 되게 해 달라는 말씀이 그 대표적인 실례이다.

여기서 우리는 삼위일체적 하나님의 존재론적 구조가 인류의 공동체적 창조의 근간이 됨을 배운다. "우리가 하나가 된 것 같이"라는 말씀이 그것이다. 예수님의 기도 대상은 좁게는 그의 제자요, 신약 초기 교회, 나아가 오늘날의 현대교회와 성도들을 가리키는 것이다.

"오직 교회공동체만이 그런 종류의 관계적 하나 됨(relational oneness)을 보여 줄 수 있다."[12]

그러나 넓게는 앞에서 초기의 아담과 하와의 부부 창조를 다루면서 간헐적으로 언급한 바와 같이 인간의 실존 방식을 희망하는 것이기도 하다. 삼위일체 하나님 안에서 교회는 하나가 되어야 하고, 나아가 인류 사회가 그렇게 공동체적 삶을 만들어야 한다는 것이다.

그래서 인류는 상호 의존의 공동체적 체제를 만들어 자신의 안위를 지키고 사회의 안전을 도모했다. 이러한 공동체 의식은 인류가 지속해서 생존하는 원동력이었다. 그러나 근본적으로 인간은 이기적이어서 안정적이고 영속적인 사회와 국가 구조를 만드는 데 한계를 드러냈다. 실제로 미국과 서유럽에서 수천 개의 공동체를 만들어 실험한 결과 인간의 이기적인 편향성과 집단 사이의 갈등을 해소하기 힘들어 종종 많은 곳에서 공동체를 문 닫지 않을 수 없었다.

하지만, 기독교공동체는 달랐다. "기독교공동체는 궁극적으로 공동체 내부의 이기적 충돌을 권위 있게 통제할 수 있는 제3의 초월적인 카리스마에 의존할 수 있다는, 일반공동체가 결코 모방할 수 없는 고귀한 자신을 지니고 있었다"라는 것이다.[13] 인간에게 공동체적 유전 인자가 있어도

---

12 Andy Stanley, Bill Willits, 『소그룹으로 변화되는 역동적인 교회』, 45.
13 박호성, 『공동체론: 화해와 통합의 사회·정치적 기초』(파주: 효형출판, 2009), 270.

기독교만큼 안정적인 공동체 유지 능력은 없는 것이다.

안정적으로 공동체적 교제의 삶을 이루게 하는 데 소그룹 모임이 가장 효과적이다. 인간은 대그룹에서보다 소그룹 안에서 훨씬 더 친밀성을 강하게 느끼기도 하지만, 고립과 외로움 그리고 심지어 이기적 본능 억제를 위해서도 소그룹이 유일한 대안이다. 그래서 "미국의 보수적 사회학자인 로버트 니스벳도 '작은 규모와 안정된 구조의 공동체'야말로 확산되는 사회적 소외에 대한 유일한 대안이라 역설하고 있다."[14]

사회와 교회 안에서 공동체를 성공적으로 구현하는 것은 이미 앞에서 언급한 바와 같이 현실적으로 대그룹이 아닌 소그룹의 구조를 통해서 가능함을 확인할 수 있다. 이런 의미에서 "요한복음 17장은 소그룹을 위한 신학적 변호에서 결정적 증거가 될 수 있다"라고 말하는 것은 옳다.[15] 그리고 이런 확신에 근거한 소그룹은 성도들이 하나가 되어 삶이 변화되는 관계를 이루고, "하나님과 친밀한 교제를 나누며, 성도들과 공동체를 형성하고, 믿지 않는 사람들에게 영향력을 끼치는 것을 지속적으로 추구하는 그리스도인"을 만들어 낸다.[16]

요한복음 17장의 "우리가 하나가 된 것 같이"라는 말씀에서 우리는 삼위일체 하나님이 우리가 공동체적 인류가 되기를 원하셨다고 말할 수 있다. 사실 이러한 주장은 창세기 1:26-27의 "우리의 형상을 따라 … 우리의 모양대로 … 우리가 사람을 만들고"라는 말씀과 함께할 때 더 분명해진다. 삼위일체 하나님이 자신을 따라 인류를 만들었고, 그 인류는 공동체적으로 살아야 할 것을 명령하셨다면, 자신이 공동체적 존재임은 당연하다. 이런

---

14 박호성, 『공동체론: 화해와 통합의 사회·정치적 기초』, 603.
15 Bill Donahue & Russ Robinson, *Building a Church of Small Group*, 오태균 역, 『소그룹 중심의 교회를 세우라』 (서울: 국제제자훈련원, 2004), 42.
16 Andy Stanley, Bill Willits, 『소그룹으로 변화되는 역동적인 교회』, 87.

의미에서 하나님은 우리 안에 공동체 DNA를 심어 주신 것이다.[17]

나아가 이 말씀은 또한 인간에게 소그룹 안에서 이러한 공동체적 삶을 희망하게 하는 소그룹 열망 유전인자도 주셨다. 삼위일체 하나님의 공동체적 삶이 소그룹 교제의 삶에서와 같이 친밀도를 극대화하고 상호 안정적인 관계를 유지하는 모범적인 사회 구조를 갖추고 있기 때문이다. 우리는 경험적으로 늘 누군가를 필요로 하며 누군가와 관계 맺기를 원한다는 것을 느끼고 있는데, 바로 위의 본문 말씀에서 그 단서를 찾을 수 있는 것이다. 이런 의미에서 완벽한 공동체로 계시는 삼위일체 하나님은 소그룹의 원형이 되신다고 하겠다.

7. 삼위일체 하나님을 닮은 소그룹

우리가 생각해야 하는 소그룹 개념을 삼위일체 하나님의 존재론적 구조에서 근간을 찾는 것은 어렵지 않다. 왜냐하면, 우리 인간의 삶이 건설적인 사회 구조를 원하고 상호 의존의 삶을 원하기 때문이다. 인간은 사회적 동물이다. 그런데 놀라운 것은, 이러한 인간의 존재론적 사회성을 인정하는 것이 앞에서 이미 밝힌 바와 같이 성경에서 이미 제시했다는 사실이다. 성경은 인류가 사회적 혹은 공동체적 존재로 살아가도록 창조되었다는 것을 증명하고 있다.

성경이 제시한 아담과 하와 창조의(창 1:26-27; 2:24) 더 중요한 의미는, 이러한 상호 의존의 삶을 극대화하여 인류 사회의 평화가 이루어지기 위한 최소의 사회적 단위로서 소그룹을 제시한 것이라 말할 수 있어야 한다는 점이다. 부부와 자녀로 구성된 사랑의 공동체인 '소그룹 가족'이 이러

---

17 Bill Donahue & Russ Robinson, 『소그룹 중심의 교회를 세우라』, 34.

한 사회를 유지하는 최소 집단이다. 당연히 그러한 가족과 그것을 넘어선 전체 인간 사회의 건전한 유지를 위한 원동력은 삼위일체 하나님의 영원한 사랑 안에서의 교제로부터 그 원형을 갖는다.

같은 의미에서 우리는 교회 안에 소그룹을 중요한 핵심 구성 인자로 여긴다. 소그룹은 건강한 신앙을 유지하도록 영적인 수직적 관계와 성도 사이의 수평적 교제를 강화하고 사회적 연대 의식을 부여하여 교회다운 교회로 만들어 가게 한다. 물론, 교회라는 공간을 넘어 사회 전반에, 예를 들어, 학교, 심지어 일반 회사에 이르기까지 이 사회를 건강한 공동체로 만드는 것으로서 소그룹은 중요한 역할을 한다. 여기에 삼위일체 하나님의 존재 방식이 그 모범을 가진다고 생각하는 것이다.

이런 의미에서 삼위일체 하나님은 사랑의 공동체 전형으로서의 "최초의 소그룹"[18]이라고 할 수 있다. 인류가 이러한 공동체를 지향한다는 점에서 인간은 하나님을 닮았다고 말할 수 있다. 이는 곧 인류가 하나님의 형상을 닮은 피조물이기 때문에(창 1:26-27) 자연스러운 모습이다. 그래서 우리는 고독한 외로운 존재가 되기보다는 좀 시끄럽더라도 다른 존재와의 유대 관계를 원한다. 이를 통해 자신의 존재감도 드러내고 다른 사람의 존재도 빛나게 하고 싶은 것이다.

삼위일체 하나님이 사랑으로 하나 된 공동체적 존재로서 무한한 상호 신뢰의 관계 아래, 각 위가 온전한 자유 안에 고유성을 지니면서도 상호 의존의 관계적 삶을 누림으로써, 삼위의 평등한 관계 안에 상호 구별됨을 확보하는 동시에 영원한 하나의 하나님으로 존재하듯이, 우리가 여기서 제시하는 소그룹 개념 역시 유사하다. 우리가 세워 가는 소그룹은 각 구성원이 상호 평등한 관계 안에서 자유와 고유함 그리고 서로 사랑 안에서 신뢰를 구축하고 상호 의존적 하나 됨을 즐기는 것이다.

---

18 Bill Donahue & Russ Robinson, 『소그룹 중심의 교회를 세우라』, 32

이를 통해 삼신론의 개별주의를 부정하듯이 소그룹은 이기주의와 배타주의 등 개인주의적 신앙생활을 배격하고, 단일신론적 오류의 신학을 회피하듯이 개인의 주장과 의견 등 각 구성원의 인격을 존중하여, 궁극적으로 '다양성 속의 통일성', '통일성 속의 다양성'을 추구한다. 이를 통해 삼위일체 하나님을 닮은 교회공동체를 구성한다.

물론, 삼위일체 하나님이 영원히 존재론적으로 공동체이신 것만큼 인간의 사회는 늘 그렇지는 않다. 일시적으로 삼위일체 하나님을 닮은 소그룹이 존재하지만, 그것을 지속하기란 여간 힘들지 않다. 왜냐하면, 죄가 들어온 이후 인류에게는 반공동체성이 만연하게 되었기 때문이다. 교회 역시 반공동체적 삶을 원하는 죄인으로 구성되어 있기에 긴장과 분쟁 그리고 분열의 인자가 늘 잠재해 있다. 따라서 소그룹을 이상주의적으로 제시하여 삼위일체 하나님과 같이 완전한 실체가 항상 가능하다고는 상상할 수 없다. 완전한 공동체란 지상에 존재할 수는 없을 것이다.

그러나 참 성도가 공동체성 회복의 삶을 사는 것은, 자신의 진정한 정체성을 담보하는 실존적 과제이다. 그러한 삶이란 참 신앙의 구체적 표현이기 때문이다. 정직, 봉사, 헌신, 감사, 상호 의존, 상호 이해, 상호 내주(페리코레시스)는 신앙의 장신구나 액세서리와 같이 있으면 더 좋은 게 아닌, 반드시 있어야 할 신앙의 본질이다. 따라서, 비록 죄인 사이에 '갈등'이 불가피하게 일어날 수 있다고 해도, 교회 안에서는 평화와 화해를 회복하게 하는 자연적 치유가 일어날 수 있다.

다만, 공동체적 존재로의 회복은 대가 없이 주어지지 않는다. 죄 사함을 위해 십자가 희생이 필요했듯이, 공동체적 소그룹의 완성을 위해 구성원들에게는 자기희생이 요구된다. 그것은 절제, 용납, 양보이다. 자기와의 싸움, 자기를 쳐서 복종시키는 것, 나아가 예수님처럼 자기 비움 혹은 자

기 제한(케노시스, kenosis)의 삶을(빌 2:7) 사는 것이 그것이다.¹⁹

이러한 삶의 결과는 '우리 안에 개인'이, '개인 안에 우리'가 가능하게 하여 상호 의존적 공동체를 구현하는 등 실질적으로 개방형 가족공동체를 구성할 것이다. 유대인이나 이방인이나 남자나 여자나 지위가 높거나 낮거나 가난하거나 부유하거나, 서로 같은 믿음을 갖고 있으면, 상대와 어떤 종류의 다른 면이 있다고 해도 믿음의 조상인 아브라함을 '아버지'로 하는 한 가족이 되는 방식이 그것이다(갈 3:28-29).

이것이 바로 구별된 삼위 하나님과 상호 의존적으로 하나를 이루는 하나님을 동시에 여기듯이, 우리의 소그룹은 구별된 자아, 개별 인격, 고유한 존재, 자유로운 존재로 인정하면서 즉시 사랑 안에서 상호 내주적으로 상호 의존적 하나를 이루는 가족이 되어, 상호 다름의 삶과 실제적 연합의 삶을 동시에 누리며 살게 한다. 이러한 모습을 앞의 삼위일체 하나님을 평면으로 이해하듯이, 다음의 그림을 통해 확인할 수 있다.

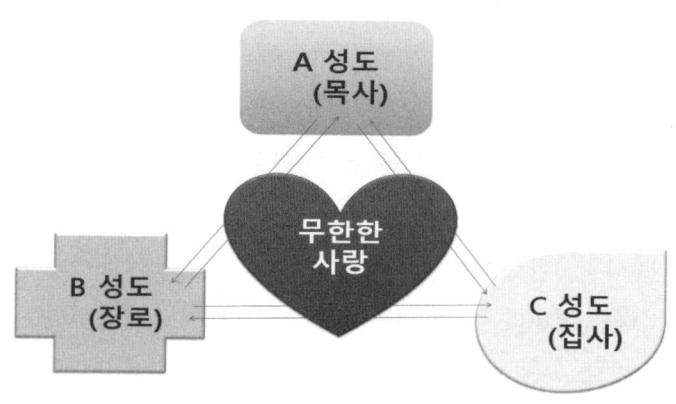

〈그림4: 도형으로 보는 소그룹〉

---

19 cf. 권문상, 『비움의 모범을 보이신 예수 그리스도를 세우라』 (서울: 새물결플러스, 2008).

위의 〈그림4〉에서 우리는 삼위일체 하나님을 닮은 소그룹의 구조를 확인할 수 있다. 성부, 성자, 성령 하나님이 구별된 인격으로 존재하여 각 위는 자유와 고유성 그리고 온전한 신성을 소유하면서도 영원한 사랑 안에서 상호 내주적으로(페리코레시스) 연합하여 하나를 이루듯이, 우리가 말하는 소그룹 역시 같은 구조를 지닌다. 위의 그림에서와 같이 각기 다른 모양의 성도가 구별된 자유로운 존재로 소그룹 안에 있듯이, 각 소그룹 구성원은 고유한 인격체로서 존재한다.

당연히 모든 사람은 각기 직분 혹은 맡은 일이 다르지만, 수직적 위계 구조를 지니지 않는다. 각 성도와 각각의 목사, 장로, 집사 모두는 다른 존재의 머리가 아니다. 주님만이 세 주체의 유일한 머리일 뿐이다. 왜냐하면, 삼위 하나님이 서로 평등한 관계를 맺고 교제하듯이, 그리스도 안에 한 형제자매로서 서로 평등한 관계를 맺고 있기 때문이다.

그러므로 각 성도는 사랑 안에 연합하여 한 소그룹 안에서 서로에게서 존중받는다. 인간이 본능적으로 공동체를 추구하지만, 서로 각 구성원의 자유를 보장하면서 모두가 평등한 관계임을 확신할 때 비로소 온전한 연대가 이루어진다.[20] 소그룹은 이것을 가능하게 한다. 우리가 살펴본 성경과 신학에 근거해서 소그룹을 만들기 때문이다.

동시에 소그룹 안에 있는 성도들은 이 무한한 사랑 안에 삼위일체 하나님과 같이 서로 빛의 속도 이상으로(!) 상호 존중과 이해를 가지고 관통, 순환(페리코레시스)함으로써 (위 그림의 쌍방 화살표 참고) 서로 소통하면서 용납하고 하나를 이룬다. 참된 성도 혹은 제자라면 서로 사랑하는 존재이기에("너희가 서로 사랑하면 이로써 모든 사람이 너희가 내 제자인 줄 알리라", 요 13:35) 무한한 사랑 안에서 상호 내주적으로 하나가 되는 것이다. 각 존재가 자유를 갖는 고유한 실체이기는 하지만 한 믿음 안에 있기에 그는 또

---

20 박호성, 『공동체론: 화해와 통합의 사회·정치적 기초』, 593-602.

한 하나를 이루어야 하는 책임도 갖고 있다. 하나를 이루는 공동체적 삶은 각 위의 하나님이 하나를 이루어야 한다는 책임의식 아래 자기희생과 비움을 통해 가능했다.

마찬가지로 교회 안에 혹은 소그룹 안에 다른 직분을 갖는 구성원이 있을 때도(위 그림에서는 실례로 목사, 장로, 집사로 표시함), 각기 다른 존재가 직분의 구별됨, 다름을 인정하고 자율성을 존중하면서, 모든 소그룹의 주체는 하나를 이루려는 책임감을 느끼고 무한한 사랑 안에서 수평적 교제를 만들어 냄으로써 공동체적 삶을 이룬다. 각 직분자는 독자적 권위를 지니지만 다른 직분자를 배제한 채 '따로' 존재하지는 않는다. 서로 독립적으로 있으면서 대결하거나, 서로 무시하는 자가 아니다. 자유로우나 책임 있는 존재이다.

따라서 한 소그룹 안에서는 어느 한 존재만 드러나지 않는다. 예를 들어, 한 소그룹 혹은 교회 안에는 어느 한 직분자(목사, 장로, 집사 등)만 떠올려져서는 안 된다. 여러 다른 직분자가 동시에 떠올려져야 한다. 마치 예수님께서 "나를 본 자는 아버지를 보았거늘"(요 14:9)이라고 말씀하신 것처럼, 소그룹 혹은 교회 안의 다른 직분자를 보면 목사와 본질적으로 동일한 영적 수준으로 여겨져야 한다(이러한 방식의 소그룹을 구성하려고 노력한 교회가 미국의 세이비어교회이다. 자세한 내용은 이 책 마지막 장에서 논의한다). 왜냐하면, 무한한 사랑 안에서 상호 내주함으로써 영적으로나 실체적으로 하나를 이루기 때문이다. 이런 의미에서 하나 안에서 전부 같은 수준의 존재로 드러나는 것이다. 그리하여 한 사람은 한 소그룹 혹은 교회 전체의 얼굴이 된다.

우리가 말하는 삼위일체 하나님이나 삼위일체 하나님을 닮은 소그룹이나 모두, '한 존재이면서 동시에 다른 존재'로 살아가는 것이다. 성부, 성자, 성령 하나님이 각각 고유의 인격적 실체를 지닌 구별된 '한 존재'이면서 페리코레시스적으로(상호 내주적으로) 자신을 내어주고 상대를 용인하는 '다른 존재'로 계신다. 예수님이 "나의 원대로 마시옵고 아버지의 원대로 하옵소서"라고(막 14:26) 겟세마네 동산에서 기도하는 모습이 그 실례이다. 성자 하나님이 인성을 취하여 인간으로 살면서 신적 자의식을 지니고 있었기에, 십자가의 고통을 회피하려는 고유한 의지를 지니면서도 성자 하나님으로서 영원한 사랑 안에서 성부의 의지를 받아들여 하나 된 하나님을 만드시는 모습이 그것이다.

우리의 소그룹도 마찬가지이다. 각 구성원이 구별된 고유한 존중받는 인격체로 존재(한 존재)이면서도 즉시(!) 그는 상대를 용인하고, 포용하고 인정하면서 하나를 이루어 살아가는 존재(다른 존재)다.

그러나 삼위 하나님과 일체 하나님이 분리되어 따로 존재하는 '두 개의' 존재가 아닌 빛의 속도 이상으로 영원히 이러한 삶들을 동시에 영위하시기에 실제로는 '하나의' 존재이다. 이러한 삶을 비유로 제시한다면, 영화 인터스텔라에서 주인공 쿠퍼가 4차원 시공간의 지상과 5차원의 테서랙트(Tesseract)의 두 개의 삶을 사는 구별된 존재로 나타나지만, 실제로는 쿠퍼라는 한 인격체의 '하나의' 삶인 것과 같다. 양자 역학에서의 양자 중첩 현상이 이러한 물리 세계에서도 가능하다면, 초 물리 세계에 계신 전능하신 하나님에게는 이러한 두 존재이면서 하나의 존재로 사는 것이, 절대로 불가능하지 않다.

마찬가지로 소그룹도 역시 한 구성원의 고유한 삶을 살지만, 동시에 자신을 부인함으로써 한 소그룹 전체의 '다른 삶'을 살아갈 수 있다. 두 영역에 존재하지만, 실제로는 하나의 삶인 것이다. 서로 구별된 '개별의' 존재로 사는, 동시에 빛의 속도 이상으로 즉시 사랑 안에서 하나를 이루는 삶을 영위하기에 '하나의' 존재이다. 물론, 하나님에게는 11차원 이상의 존재이기에 삼위일체의 삶이 자연스럽지만, 인간은 4차원 시공간 안에 있기에 불가능하다고 말할지 모르겠다.

그러나 앞에서 말한 바와 같이 이것은 절대적으로 옳지는 않다. 앞의 예에서와 같이 물리 세계도 이러한 신비한 중첩의 삶이 불가능한 것은 아니기 때문이다. 물론, 우리는 완전히 하나님과 같지는 않다. 그러나 최고의 경지에 이르는 경건의 삶을 영위한다면, 즉 여기서는 우리가 말하는 소그룹의 삶을 산다면, '또 다른' 천국 그림자의 삶이라도 충분히 영위할 수 있다.

소그룹은 교회를 참되게 만든다. 내가 말하고자 하는 것은 물리적으로 모양은 두 개의 삶을, 실제로는 하나의 삶으로 산다는 것이 불가능하다고 회의적으로 생각하는 사람들에게 도전하려는 것이다. 소그룹이 이 도전의 선봉이 됨은 물론이다.

이러한 삶이 가능하게 하는 방법은 다음과 같다. 각 구성원 혹은 소그룹 안의 '나'의 존재는 결코 무시될 존재가 아닌, 존중받아야 할 자유로운 존재로 본다. 하지만, 동시에 하나의 소그룹공동체를 유지하기 위해 '나' 스스로 무시되기를 각오해야 하는 책임 있는 존재이기도 하다. 그래서 겉으로는 '두 자아'가 존재하는 듯 보인다. 그러나 '나'의 고유한 존재는 곧 '우리'라는 소그룹공동체 안에서 그 정체성을 갖기에, 공동체 안에만 머문다면 스스로 무시한다고 해서 '나'의 고유성이 사라지는 것은 아니다. 우리가 말하는 소그룹은 '모두를 존중하면서 모두가 비우는 것'이다. 그것이 실제로는 '모두를 살리는 길'이기에 그렇다.

이처럼 소그룹 안에서는 모든 구성원 성도가 자유를 지닌 존재임을 느끼게 하는 동시에, 하나의 소그룹을 유지하도록 기꺼이 스스로 손해를 감수하는 책임 있는 존재다. 이러한 소그룹과 그러한 소그룹으로 구성된 교회는 진정한 의미에서 교회다운 참 공동체가 된다. 5차원 이상의 '천국의' 삶을 영위하게 되는 것이다. 이때에야 비로소 소그룹이 삼위일체 하나님을 닮은 완성체를 이룬다.

8. 나가는 말

지금까지 우리는 소그룹의 신학적 원리를 살펴보았다. 여기서 우리가 강조하고 싶은 것은, 소그룹을 내가 속한 어느 곳에서든 제대로 작동시키려 한다면, '근원'으로 돌아가자는 종교개혁자들이 교회 개혁의 출발점으로 삼은 '*ad fontes*'(back to the sources, 원전으로 돌아가자) 정신의 마음을 갖자는 것이다. 소그룹의 '원전'과 '근원'은 삼위일체 하나님의 심오한 실체다.

삼위 하나님이 각각 자기의 고유한 인격과 특성이 존중되면서 **즉시** 사랑하는 마음으로 모두를 이해하고 포용하여 하나를 이루듯이, 소그룹은 각 구성원이 각각 인정되면서 **즉시** 서로를 사랑의 대상으로 삼고 모두를 받아들이고 용납하여 하나를 이루는 것이다. 예수님이 기대하신 바로 그의 참 제자, 참 그리스도인, 참 성도의 삶을 이루는 것을 말한다.

이런 의미에서 우리가 말하는 소그룹이란 교회 성장의 도구가 아닌 그리스도인의 자연적인 삶의 구조이다. 소그룹은 교회 성장 수단이 아닌 그리스도인의 삶을 표현하는 방식이며, 가장 교회다운 교회를 경험하게 하는 삶을 살게 한다.[21]

그런데 이 방식은 철저하게 모두 '손해' 본다는 자세를 전제한다. 성자 하나님이신 예수님처럼 십자가를 기꺼이 받아들여 고통을 감수하는 것처럼 말이다. 그러나 궁극적으로는 이런 태도가 모두에게 '이익'이 된다. 다른 어떤 것도 이것만큼 본질적이지 않다. 소그룹 인도법, 소그룹 구조 세우는 방법, 리더 교육, 커뮤니케이션 능력, 소그룹 구성원 심리 이해, 소그룹 교재 만들기 등 여러 소그룹 '기술'은 부차적이다. 소그룹을 성공적으로 안착시키고 활성화하려면, 본질에 충실해야 한다. 그러면 조금 모자란

---

21 김한옥, "디이트리히 본훼퍼의 「신도의 공동생활」에서 발견하는 소그룹 목회의 원리", 「신학과 실천」 제26호 2권 (2011년 2월), 163.

기술이라도 봐줄 만한 애교가 된다. 물론, 우리는 죄인이어서 이 본질에 충실하지 않으려는 다른 마음이 있다. 그래서 우리는 억지로라도 본질에 충실하게 만드는 어떤 물리적인 '장치'가 필요하다.

　이제 우리는 우리의 조직체 안에 어떤 구조를 가져야 시스템적으로 모두에게 '유익한' 삶이 될 것인지에 관심을 가질 필요가 있다. 인간은 연약하기에 선한 마음은 삼위일체 하나님을 닮은 소그룹을 원하지만, 실제로는 여전히 내가 주인이 되려고, 손해 안 보려고, 왕이 되려고 하는 악한 마음이 있기에 성공적인 소그룹을 만들지 못한다. 소그룹이 있더라도 그것은 병든 소그룹이어서 안 만드니 만 못할, 과유불급의 몸짓일 수 있다. 괜히 남이 소그룹 만든다고 거창하게 사역하지만, 모양만 예쁜 겉치레는 빈 수레가 요란한 것처럼 교회를 시끄럽게 할 뿐이다. 다음 글에서는 이 주제에 집중하고자 한다. 어떤 시스템이어야 손해 안 보고 싶어도 그렇게 할 수 없고, 왕이 되고 싶어도 그렇게 될 수 없는 체제가 되는지 확인해 보자.

제2장

소그룹을 통한 수평적 직제 구조의 실제화

앞에서 살펴본 삼위일체 하나님의 구조를 닮은 소그룹은 개교회와 소그룹이 수평적 직제 구조를 어떻게 현실화하느냐에 달려 있다. 그런데 이 일이 얼마나 쉽지 않은지 우리는 알고 있다. 우리 민족에게는 수직적 직제 의식이 있어서이다. 누군가는 머리가 되고, 나머지는 그 아래에 계단식으로 존재한다는 위계적 신분 구조가 그것이다. 따라서 한국 교회 안에 이러한 수직적 위계 구조가 세워진 것은 우연이 아니다. 물론, 유럽의 교회라고 예외는 아니다. 종교개혁자 칼빈은 바로 유럽 대륙의 이러한 수직적 직제를 기초로 하는 교황제를 신랄하게 비판했었다. 이 주제는 다음 장에서 구체적으로 다룬다.

여기서는 우리의 주제인 수평적 직제 구조를 세워 나가는 일에 방해가 되는 우리 문화의 수직적 신분제 의식에 대해 그리고 그것이 기초가 된 한국 교회의 수직적 직제, 즉 유교 문화가 가정과 사회, 국가 체제를 상하의 계급적 관계로 규정하고 그러한 신분제 의식이 교회 안에 뿌리를 내리게 된 것에 대해 비판적으로 접근한다. 물론, 이 내용에 대해서는 자세하게 내가 이미 언급한 바가 있고[1] 이 책 몇 군데에서 비교적 상세하게 다루기에 여기에서는 약간만 언급하려 한다. 이 외에 우리는 교회가 어떤 방식과 행정 체제 아래에서 수평적 직제 구조를 갖게 할 수 있는지 자세하

---

[1] 권문상, 『성경적 공동체: 삼위일체 하나님을 닮은 가족교회』, 123-173.

게 논의하고자 한다.

교회 안에 공고하게 세워진 수직적 직제 구조는 많은 부작용을 만들어 냈다. 교회가 긴장과 갈등, 나아가 분열과 분리를 빈번하게 경험한 것이 그 실례다. 어느 집단에서든지 내 맘에 다 드는 사람들로만 구성하지 않기에 누군가를 싫어할 수도, 미워할 수도 있다. 이것은 자기 혼자 대접받고 싶은 마음 혹은 우두머리가 되고 싶은 태도에서 비롯된다. 이렇게 해서는 어느 집단도 하나가 되지 못한다.

어차피 인간이 속한 어느 곳이든 죄가 들어온 이후, 이렇게 서로 고슴도치처럼 날을 세워 공격적으로 자기를 방어하는 게 일반적이라고 치부할 때, 누군가는 양보하고 져 주면 된다는 마음이 없으면 결코 하나가 될 수 없다. 그래서 앞 장 결론에서 말한 바와 같이 모두가 '내가 손해 보는' 자세를 갖는 길이 곧 교회가 서로 보고 싶고, 만나고 싶은 건강한 공동체가 되는 비결이다. 교회에 이런 소그룹이 많을수록, 그곳은 이미 '서로 손해 보는' 마음으로 구성된 수평적 직제 구조가 자연스럽게 정착된 공간일 것이다.

이 구조의 기초는 성경에 있다. 우리는 남녀, 신분, 인종의 차이를 넘어 믿음 안에서 하나를 이루는 평등한 공동체이다(갈 3:28-29). 그러므로 소그룹은 교회가 수평적 교제의 공동체라는 원리로부터 설립될 수 있다. 따라서 성경적인 소그룹은 자연스럽게 삼위일체 하나님의 구조와 같이 상호 간에 존중하고 배려하며 인정하는 평등한 공동체를 만들게 된다. 이는 곧 수평적 직제 구조를 새로운 교회의 문화로 정착하게 한다. 우리가 추구하는 교회의 소그룹 시스템은 한국 교회의 수직적 권위주의 직제 구조를 혁신하여 상호 의존적 지체 의식을 갖고 서로 용납하는 하나 된 마음과 행동하는 성경적인 교회다운 교회로 만드는 것이다(엡 4:1-32).

1. 수직적 직제 구조 개혁

한국 교회의 수직적 직제 구조는 그것의 구체적 형식과 내용을 우리의 전통적인 유교적 수직 윤리 체계로부터 이어받고 있다. 물론, 이 구조는 죄가 들어온 이래 만연한 인간의 보편적 악의 결과이기는 하다. 하지만, 우리의 이기주의에 기초한 수직적 위계 구조의 구체적 실체는 중국에서 유래한 삼라만상의 생성과 변화라는 자연적 질서의 기초 철학인 '도'(道) 사상과 그것의 실제로서의 가정과 사회의 질서 유지 체계로서의 '효'(孝) 와 '제'(悌) 개념으로 구체화 되었다. 이에 따라 삼강오륜(三綱五倫), 즉 군위신강(君爲臣綱), 부위자강(父爲子綱), 부위부강(夫爲婦綱) 그리고 부자유친(父子有親), 군신유의(君臣有義), 부부유별(夫婦有別), 장유유서(長幼有序), 붕우유신(朋友有信) 등은 우리의 선조가 따라 살아야 할 '법'이 되었다.

삼강오륜의 기본 사상은 가정과 어느 사회 조직체에서나 높은 자와 낮은 자로 구성되는 위계적 사회 체제 인식에 기초하고 있다. 그 체계란 지극히 '정상적'이고 조화로운 인간 사회의 질서이기에 누구도 예외 없이 지켜야 할 도덕이요 사회법인 것이다. 이로써 가부장적 권위주의 그리고 왕도주의 또는 봉건적 전제군주제 사회가 이루어졌다. 이제 위계질서 체계의 안정적 유지를 위한 신분제적 사회는 불문율이 되었다. 그 결과, 특권을 누리고 존중받아야 할 소수와 인권의 열외에 속한 다수가 서로 주종 관계를 이루는 사회가 형성되었다.

이에 따라 우리 사회는 닫힌 소통의 문화가 정착되었다. 상호 존중과 이해 그리고 이를 바탕으로 하는 열린 소통의 관계가 우리 사이에는 없었다. 따라서 가정, 학교, 직장, 정부 등 어느 조직에서든 수직적 위계 구조는 정상적이라고 여겨야 했고, 이에 맞서는 것은 늘 비정상이요 더 나아가 조직의 안정을 훼손하는 반역이 되었다. 한국(인) 사회에서 사는 자에게는 이것은 상식이 되어서, 그 누구도 한국 안에서 사회인이 되기를 포기하지 않는 한, 경직된 우리의 조직 문화를 바꾸려는 시도는 무모한 일이다. 그래서 이러한 한국(인) 사회 '안에' 교회가 있기에, 교회라는 조직 '안에도' 예외 없이 수직적 위계 조직 문화가 자리를 잡을 수밖에 없었다.

그러나 우리는 달라야 한다. 왜냐하면, 성경은 하나님이 원래 인간을 평등하게 창조했다는 사실과 죄의 산물로서의 이러한 수직적 위계 조직 문화, 이를테면 군주제도와 남자의 여자에 대한 지배 의식이 만들어졌음을 서술하고 있기 때문이다. 그 모범적인 사례가 우리의 삶이라 할 유교의 수직적 위계 문화라고 볼 수 있다는 점에서 유쾌하지는 않다.

그런데 성경이 말하는 직임은 계급 조직이 아니다. 직분이란 "고정된 계급 조직이라기보다는 하나님께서 세우신 남자와 여자들에 의해 수행되는 지도적인 기능"이며, "은사적 지도력"이다.[2] 각 성도가 서로 다른 직분을 갖는다고 해도 그것은 모두 은사에 따른 구분일뿐 본질적으로는 계급이 아닌 평등한 지도 체계이다. 목사, 장로, 권사, 집사, 권찰, 소그룹 지도자는 위계적으로 주어진 직분이 아니다. 오히려 모두가 디아코니아(διακονία, 식탁에서 섬김)를 행하는 '섬김' 곧 봉사의 직분을 의미한다. 집사직(deacon)이 디아코니아에 어원을 두고 있다고 해서 이 직분만 섬기는 직책이 아니다.

목사직 혹은 목회, 초대 교회의 사도직까지 모두 원어로는 같은 디아코니아라는 점은 무엇을 의미하는가?

교회의 모든 직임이 디아코니아라는 사실에 있다. 다음의 실례에서 이를 확인할 수 있다. "우리는 기도하는 것과 말씀 전하는 것을 전무하리라"(행 6:4)에서 사도의 이러한 설교 사역 곧 "말씀 전하는 것"을 디아코니아라고 표현하여, '말씀의 봉사'라고 직역할 수 있고, "주 예수께 받은 사

2　Howard Snyder, *Community of the King*, 김영국 역, 『그리스도의 공동체』(서울: 생명의 말씀사, 1987), 107-8.

명"(행 20:24)에서도 "사명"은 텐 디아코니안(τὴν διακονίαν), 즉 '섬김'의 사역이라고 말할 수 있다. "화목하게 하는 직책을 주셨으니"(고후 5:18)에서 "직책" 역시 텐 디아코니안(τὴν διακονίαν) 곧 '섬김'이다.[3]

이런 의미에서 교회에서의 권세는 철저하게 봉사적 인식 아래 사용되어야 한다. 그 권세는 독립적이거나 주권적인 것이 아니라, 대리적 성격을 지니기 때문이다(마 20:25, 16; 23:8, 10; 고후 10:4, 5; 벧전 5:8).[4]

그러나 우리의 전통적 교회에서는 직분들이 자연스럽게 높낮이가 있는 '신분'의 개념을 지니는 것으로 보았다. 그래서 장로가 된다는 것은 집사에서 '승진'한다고 생각할 수 있었다. 그러나 성경적 직제는 "다른 직급으로 '진급'하는 것과 같은 '사다리'"를[5] 전제하지 않는다. 신약성경적 시각에서 보면 장로 역시 하는 일만 구별될 뿐 집사와 같은 섬기는 자이다. 은사가 다를 뿐이다.

"여러 가지 은사의 가치를 계급 조직화하려는 시도에 대해서 경고하고 있는 고린도전서 12장을 우리는 매우 심각하게 받아들여야 한다."[6]

그러나 우리의 수직적 신분제 인식은 '혼합주의'(Syncretism) 성격을 지닌다. 전혀 성경적이지 않다. 기독교의 직제를 유교화한 것, 혹은 유교적 위계 구조에 기초한 교회 직제이다.

이러한 교회의 전통적인 수직적 위계 직제 구조 아래에서는 소그룹이 있다고 해도 생산적인 개방적 상호 교제가 이루어지기 힘들다. 그래서 대표적인 한국의 소그룹이라 할 속회나 구역에서는 기껏해야 교인 관리 수준을 넘어서기 힘든 것이다. 왜냐하면, 이러한 전통적인 방식의 모임은

---

3   최홍석, 『교회론: 자기피로 사신 교회』(서울: 도서출판 솔로몬, 1998), 139-140, 각주 85-87.
4   최홍석, 『교회론: 자기피로 사신 교회』, 148.
5   Howard Snyder, 『그리스도의 공동체』, 109. 재인용. John Howard Yoder, "The Fullness of Christ, Perspectives on Ministries in Renewal," *Concern*, No. 17(February, 1969), 38-39.
6   Howard Snyder, 『그리스도의 공동체』, 109.

수직적 직제 구조 '안에서' 운용되기 때문이다. 여기서 우리가 고려하는 소그룹과는 근본적인 차이가 있다. 우리가 지향하는 소그룹이란 수평적이며 개방적인 적극적 소통이 가능한 형식이다.

"기존의 속회나 구역 제도는 교회 지도자를 정점으로 위계 서열이 중시되는 피라미드형 구조인 반면에(여기서 살펴볼) 소그룹 운동의 구조는 각각의 소그룹이 자율성을 갖는 연결망형 구조에 가깝다."[7]

소그룹 형식을 교회가 도입한다고 해도 그것은 일반적으로 교회의 전반적인 운영에 필요한 형식적 행정의 유용한 도구에 만족하지 각 소그룹이 상호 헌신의 미덕을 보이며 내적인 영적 성숙과 외적인 사회적 책임을 수행하는 역동적인 '자율적' 사역의 구조를 만들지 못한다.

그런데 여간 노력하지 않으면 현실적으로 이러한 이상적인 소그룹이 만들어지기는 쉽지 않다. 그 이유는 철학적으로는 이미 우리가 살펴본 우리의 수직적 위계 문화에 있지만, 실질적으로는(이러한 유교적 전통 문화와 관련이 있을 수도 있는) 우리의 독특한 경어체와 직위 동반 호칭 문화에 있다. 우리는 서로를 호칭할 때 이름만 부르지 않는다. 우선 상호 공식적인 관계 안에서뿐만 아니라 자신보다 나이나 직급이 높다고 판단하거나, 서로 초면일 경우, 존칭 어미인 '님'을 덧붙여 부르는 것이 상례다. 은행에서 직원이 '3번 고객'이라고 말하지 않고 '3번 고객님'이라고 부른다든지, 차로의 사고 현장에 걸린 '목격자님'을 찾는 현수막에서 그 실례를 찾을 수 있다.

이 외에 우리는 수백 년 동안 수직적 위계 구조의 사회에서 살아왔기 때문에, 무의식적으로 신분 표시의 호칭을 듣고자 하는 마음이 거의 모두에게 있다. 그래서 이름에 '님' 자 붙이는 것으로도 부족해, 신분을 상징

---

[7] 정재영, "한국 교회 소그룹 운동의 필요성과 그 역할: 종교사회학의 관점", 「교육교회」 382 (2009), 16.

하는 어떤 호칭도 함께 듣고자 한다. 그래서 이름이나 성에 직함을 덧붙여 호칭하기를 즐겨한다. 그래서 우리는 종종 선생님, 사장님, 사모님 호칭을 서로 쉽게 한다. 심지어 직위나 직책을 상실한 후에도 이전의 '신분'을 기꺼이 넣어 부른다. 사회에서는 홍길동 의원님, 김 이사장님이라고 하고, 교회에서는 은퇴하신 분이라도 김갑돌 집사님, 이 장로님이라고 호칭한다.

문제는 이 호칭이 '신분'의 개념을 직간접적으로 서로 의식하도록 만든다는 점이다. 그래서 소위 '높은' 신분을 가지고 있다고 생각하는 자는 죽을 때까지 그 자신이 영예로운 신분의 위치에 있었음을 모두 알아 주기를 원해서, 그와 대화하려는 자들은 그가 죽는 날까지 그 사람과 수평적 소통의 관계를 맺을 수 없다. 이것이 현실적으로 우리 교회 안에 각 사람의 자율성과 고유한 인격을 인정하면서 개방적 소통의 관계를 만들어 역동적이고, 생산적인 교회 됨을 구현하기 어렵게 만든다.

그래서 나는 다소 무리한 시도처럼 보이고 무모한 도전으로 치부될지도 모르겠지만 신분 개념을 없애는 호칭 문화를 제안하고자 한다. 억지로라도 전통적인 수직적 위계의 직제 구조를 타파하려는 의도에서다. 교회 안에 모든 직분을 그대로 유지하게 하면서도, 직분 대신 형제, 자매로 서로 호칭할 것을 제안한다. 우리는 그리스도 안에서 실제로 형제와 자매이기에 어색할 일은 아니다. 사실 이러한 형제의식은 매우 성경적이다. 유대인도 신약 교회도 이러한 형제의식을 가졌다.[8] 그래서 예수님도 "그러므로 예물을 제단에 드리려다가 거기서 네 형제에게 원망들을 만한 일이 있는 것이 생각나거든"(마 5:23)이라고 말씀하실 수 있었다.

바울이 신약 교회 성도들을 형제라고 부른 예는 바울 서신에 많이 등장한다. 처음에야 어렵지, 몇 번 서로 직분을 부르지 않고 김갑돌 형제, 이

---

8 권문상, 『성경적 공동체』, 218-228.

갑순 자매 등으로 부르기 시작하고 몇 년을 지내면 이 호칭이 자연스러울 수 있다. 영미 국가의 경우, 우리나라와 달리 평등한 사회 구조가 뿌리 내리게 된 것은 아마도 이 호칭 문화도 한몫했겠다고 생각한다. 왜냐하면, 이들은 서로 격식이 있는 공식 모임이나 초면의 경우와 같은 특별한 경우를 제외하고는 이름(first name)만 부른다. 여기에 우리처럼 '님'에 해당하는 존칭 어미가 없고, 직책이나 직분을 덧붙여서 부르는 경우는 더더욱 거의 없다. 그래서 소통이 개방적일 수밖에 없다.

미국의 활발한 소그룹은 일정 부분 이러한 미국의 개방적 소통의 언어 문화가 기초를 이룬 것이라고 말하는 게 과장은 아닐 것이다. 미국의 역동적인 소그룹 운동을 분석한 사회학자 로버트 우쓰노우(Robert Wuthnow)가 말한 것과 같이 "이런 의미에서 (미국의) 소그룹 운동은 조직을 갖춘 종교에서 미국의 (개방적) 사회 안에서 늘 해오던 역할의 연장"이다.[9] 이 말은 우리에게도 설득력이 있다. 고봉 기대승은 나이 차이가 28세나 되는 아버지뻘의 퇴계 이황과 한자로 서로 서신을 주고받으며 논쟁했기에 기죽지 않고 자신의 주장을 대등하게 펼칠 수 있었기 때문이다.[10] 한문에는 존비법이 없어서 '님' 자와 같은 경어체 사용 부담 없이 서로 격론을 벌일 수 있었다.

교회가 이러한 파격적 호칭 개혁 운동을 수용하면 수평적 직제 구조를 자연스럽게 확립할 수 있다. 교회 안에 이런 개방적 소통의 구조를 만들 때, 소그룹 운동이 훨씬 더 활성화될 수 있고 생산적인 사역을 창출할 수 있다. 교회가 소그룹을 낳지, 소그룹이 교회를 새롭게 하기란 어렵다. 기본적으로는 교회 전체가 개방적 소통의 구조를 갖추어 내적 성장을 강하

---

9   Robert Wuthnow, "How Small Groups Are Transforming," *Christianity Today* 38 no 2 (Feb. 07, 1994), 23.
10 최봉영, 『한국사회의 차별과 억압: 존비어체계와 형식적 권위주의』 (서울: 지식산업사, 2005), 96.

게 이룬 후에 비로소 소그룹이 활성화되는 것이지, 소그룹이 먼저 활성화된 다음에 교회에 영적 성장이 이루어지는 것이 아니다.[11] 우쓰노우가 이렇게 말한 것을 우리는 매우 유념할 필요가 있다. 개방적 소통의 '문화'가 성공적인 소그룹을 낳기 쉬운 것이다.

그러므로 우리의 수직적 위계에 기초한 호칭 문화로는 교회와 구역, 속회, 다락방, 셀, 가정교회 등 소그룹 모임이 상호 신앙과 인격의 성숙 그리고 역동적인 상호 간 혹은 사회적 영향력 행사 등을 만들게 하는 데에는 근본적인 한계가 있다. 교회가 전체적으로 직제 구조 개혁이 일어나고 그런 교회 안에 소그룹이 열려 있는 수평적 소통의 문화가 가능하다. 이런 다음에라야 비로소 교회는 소그룹을 통해 성도들의 영적 성장과 섬김과 봉사의 사역이 역동적으로 일어날 수 있다.

그러나 현실적으로 교회 전체가 전면적으로 개방적 소통 어법을 시행하기가 어렵다면, 적어도 소그룹에서부터 호칭 개혁을 허락하여 교회 전체에 영향을 주도록 노력할 수밖에 없다. 이렇게라도 해서 소그룹이 더욱더 적극적으로 이러한 수평적 소통의 구조를 만들어 나간다면, 교회 전체에 선한 나비효과를 기대할 수 있을 것이다. 이를 통해 모든 직분자가 수평적 직제 의식을 확고하게 다질 수 있도록 해야겠다. 어떤 면에서 우리가 추구하는 소그룹은 '기독교 문화 개혁'이다. 영적으로는 죄로 인한 개인(나, 우리)의 탐욕에서 해방하는 것이고, 우리의 사회적 집단(이기)주의와 수직적 위계 문화를 공동체주의와 상호 평등 관계의 문화로 탈바꿈하는 것이다.

---

11 Robert Wuthnow, "How Small Groups Are Transforming," 23.

2. 소그룹을 통한 교회 갱신

우리 안에 만들어진 수직적 위계 문화의 전통은 이미 관습화 또는 제도화되었다. 앞에서 살펴본 교회의 직분 역시 위계적 제도가 되었다. 그런데 그것이 성경적이지 않고 기독교 정신과 역행하는 것이라면, 그러한 종류의 "제도화는 때가 되면 치명적인 것이 될 것이다. 주기적으로 제도적인 갱신에 의해 뒤집히지 않을 경우, 결국 제도화는 모든 교회나 운동에 영적인 죽음을 초래할 것이다."[12] 우리가 말하는 소그룹을 통한 갱신은 진정한 의미에서 한국 기독교 안에서의 '한국인 삶의 변화'를 의미한다. 그리고 이런 운동이 교회 안에서 조직적으로 움직일 때, 우리는 그것을 한국적 '교회 갱신'이라 부를 수 있다.

우리는 교회 갱신을 경건주의자 슈페너(Philipp Jacob Spener, 1635-1705)에게서 배울 수 있다. 그는 정부의 부당한 교회 간섭, 세속화된 목회 환경과 지성주의적 신학 추구, 평신도가 알코올 중독에 빠지고 부도덕한 행위를 일삼는 삶 나아가 자기중심적인 이기적 행태 등 이러한 교회 안팎의 악한 습관을 개혁하기 위해 '교회 안의 작은 교회들'(ecclesiolae in ecclesia)을 만들어 상호 감독하고 도움을 주고받는 신앙의 실천을 강조했다.[13]

종교개혁 이후 150년 지난 17세기 중후반기에 교회가 '오직 성경으로'라는 구호가 무색하게 성경을 멀리하며 신앙의 실천이 퇴색하면서 종교개혁의 기운이 무력해질 때, 슈페너는 1675년에 '경건한 모임'(Collegium Pietatis)을 만들었던 것이고, 이것이 바로 현대 소그룹 운동의 기원이 되었다.[14] 슈페너의 소그룹은 성경을 읽고 주일 설교 말씀을 다시 나누며 때로

12　Howard Snyder, 『그리스도의 공동체』, 81.
13　Williston Walker, *A History of the Christian Church*, 446.
14　채이석, "필립 야콥 슈페너의 "Collegium Pietatis"에 대한 교회사적 의미 고찰", 「개혁논총」 26 (2013), 339-361.

는 토론하는 모임이었다.

슈페너는 『경건한 소망』(*Pia Desideria*) 이라는 책에서 소그룹 모임(*Collegium Pietatis*)이 침체에 빠진 독일 교회 갱신에 있어서 아주 중요한 역할을 하게 될 것을 확신하고 다음과 같이 말했다.

> 소그룹 모임(*Collegium Pietatis*)은 초대 교회와 사도적 전통을 가지고 있는 교회 모임이다. 이런 모임은 설교 순서가 있는 전통적 예배를 제외하고 바울이 고린도전서 14:26-40에서 밝힌 바와 같이 따로 모일 수 있다. … 이런 모임은(한마을에서 살고 있는 여러 명의 교역자의 집에서) 교역자들의 인도로 모일 수 있다. 혹은 성경에 대한 상당한 지식이 있는 몇몇 성도의 인도로 함께 모일 수 있다. 혹은 그들의 성경적 지식을 향상시킬 목적으로 목회자의 지도 아래 함께 모여서 성경을 큰 소리로 함께 읽고 성경 구절의 뜻이 무엇인지 찾아내기 위해서 각 구절을 형제 우애의 마음을 가지고 함께 토의할 수 있다. 이뿐만 아니라 함께 모여서 토의하는 것은 또한 성도들을 온전하게 세우는 일에 유익이 되는 것은 무엇이든지 발견하게 하려는 것이다.[15]

슈페너는 이러한 소그룹 구조의 교회가 교회 갱신의 중심 역할을 한다고 보았다.[16] 그는 성도의 영적인 나태함에서 벗어나고 무너진 기독교적 정신과 문화를 다시 회복하기 위해 '교회 안의 작은 교회들' 곧 대그룹 안에 '소그룹들'을 만들어 무기력한 성도들이 영적으로 새롭게 변화하는 운동을 시작했다.[17] 물론 이 '작은 교회' 소그룹이 제도적 교회와 다른 궤를

---

15 채이석, "필립 야콥 슈페너의 "Collegium Pietatis"에 대한 교회사적 의미 고찰", 346. 재인용. Philipp Jacob Spener, *Pia Desideria*, 89.
16 채이석, 『소그룹의 역사』 (서울: 소그룹하우스, 2010), 84.
17 채이석, 『소그룹의 역사』, 84. 채이석, "필립 야콥 슈페너의 "Collegium Pietatis"에 대

걷는 '반대 세력'도 아니어서 교회 분리를 의도하지도 않았다. 오히려 이것은 소그룹을 통한 교회 갱신의 목적을 둔 것이나 다름없었다.[18] 영적 쇄신을 위한 효과적 방식을 도모하는 중에 만든 일종의 '비공식적' 성도들의 교제 공간이었다. 기존에 정해진 교회의 틀에서 벗어나 효과적인 영적 성숙을 위한 창조적인 조직 개편이었다. 한국 교회에도 소그룹 자체가 슈페너가 기대했던 방식의 '작은 교회'로서의 역할을 갖는다면 한국의 새로운 기독교적 문화를 낳는 교회 갱신의 촉매제 역할을 할 수 있을 것이다.

따라서 우리가 여기서 말하는 '소그룹 운동'은 단순히 교인을 붙들어 매는 '교인 관리 프로그램'도 아니고, 교인을 불리는 '교회 성장 프로그램'도 아니다. 오히려 그것은 참된 기독교적 삶의 문화 회복이 가능하게 하는 경건 실천 운동이다. 더 구체적으로는 한국 교회 안에 그릇된 반기독교적 수직적 관료주의 문화와 계급주의적 직분 구조 문화 그리고 반공동체적 자기중심적 세속주의 문화를 개혁하는, 다른 나라와 민족이 아닌 특히 우리 한국 교회에 필요한 '실질적' 교회 갱신 운동이다.

왜냐하면, 우리가 주장하는 소그룹 구조의 교회는 결국 수평적 가족주의 문화(갈 3:28-29)와 상호 의존적 하나됨과(엡 4:3) 지체 의식을 가진(엡 4:16, 25) 열린 소통과 토론이 원활하게 이루어지는 공동체 문화를 만드는 것을 의미하기 때문이다. 이를 통해 상호 존중과 인정 그리고 양보와 용인의 영적 성숙의 정신 아래 상호 의존적 영적인 '형제', '자매'라는 수평적 직제 구조를 이루어 궁극적으로 교회의 통일성을 견고하게 다지고 우리 안에 참된 영적 변화를 일으킬 수 있을 것이다.

한 교회사적 의미 고찰", 364.
18 채이석, "필립 야콥 슈페너의 "Collegium Pietatis"에 대한 교회사적 의미 고찰", 359-364.

3. 수평적 직제 구조 설립

이제 우리는 교회 갱신에 이바지할 수 있는 수평적 직제 구조의 실제는 어떤 모습일지에 대해 생각할 차례가 되었다. 여기서는 앞에서 언급한 호칭 문화 개혁이라는 소프트웨어적인 것과는 다른 하드웨어적인 것, 곧 실제적인 교회의 소그룹 구조를 만드는 내용에 관심을 기울인다. 이를 통해 왜 소그룹이 교회를 갱신해 교회다운 교회로 만들게 할 수 있는지 확인하도록 한다.

교회 전체의 조직은 물론 소그룹을 중시하는 조직구조의 기준은 "교회가 교회답게 되도록 도우며 그 사역을 수행하는 데 도움을 주느냐"에 달려 있으며, "공동체를 고무시키고 제자를 양육하며, 지속적인 증거의 삶을 살도록" 하는 데에 있다.[19] 그것은 곧 앞에서 이미 언급한 슈페너의 '교회 안의 작은 교회'로서 소그룹을 만들겠다는 목회 철학에서 시작한다.

소그룹은 그 자체가 진정한 교회 역할을 하는 '작은 교회'가 되는 것 말이다. 단순히 담소나 나누고 함께 먹고 마시는 친목 모임이 아니기에 그렇다. 교회가 하나님의 백성이 함께 모여 경건을 실천해 성도의 영적 교제를 심화시켜 구제와 전도, 사회적 책임을 완수하도록 하는 것이라면, 우리가 말하는 소그룹 역시 그러하다는 뜻이다. 아니 그래야 한다.

왜냐하면, 대그룹에서는 친밀도의 극대화를 기대하기 힘들고 또한 영적 쇄신과 사회적 책임 완수를 역동적으로 이루어 내기란 현실적으로 어렵지만 소그룹에서는 훨씬 더 성도의 영적 성숙을 위한 효율을 극대화하는 데 최상의 조건을 제공하기 때문이다. 이러한 형식의 소그룹은 어떤 구조 아래에서 그 능력을 잘 발휘할 수 있는지 다음의 그림을 통해 확인해 보자.

19　Howard Snyder, 『그리스도의 공동체』, 188.

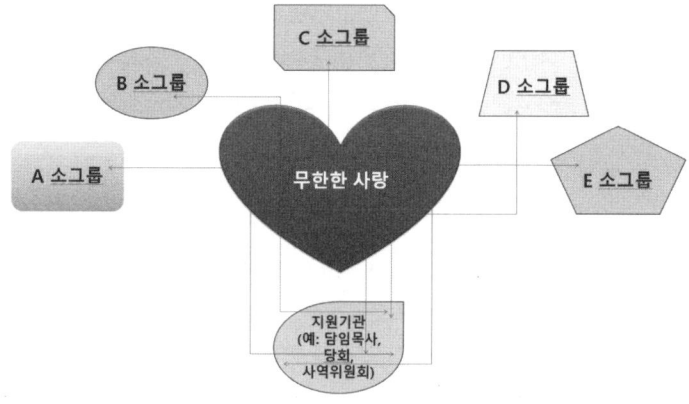

〈그림 5: '교회 안의 작은 교회' 소그룹 구조〉

위 그림에서 보듯이, 삼위일체 하나님을 닮은 구조로서 각 소그룹은 교회의 행정기관과 무한한 사랑 안에 상호 용납하며 소통해 하나를 이룬다. 이 그림의 쌍방을 향한 각 화살표 의미는, 앞 장의 그림 1, 2에서와 같음을 인식할 필요가 있다. 즉, 겸손과 온유로 서로 상대를 인정하며 용인하고 기꺼이 손해도 감수하면서 소그룹과 교회 지도부, 예를 들어 당회와 같은 기관이 서로를 구별하지만 무한한 사랑 안에서 '즉시' 하나의 지체의식을 갖고 소통하는 것을 나타낸다고 하겠다. 앞에서 언급한 슈페너의 '교회 안의 작은 교회'와 유사하다고 하겠다.

또 하나 눈여겨보아야 할 것은, 행정기관 즉 담임목사나 교역자실, 당회 또는 사역위원회가 각 소그룹을 '지원하는' 조직이라는 점이다. 그래서 각 소그룹은 의도적으로 위에 위치시키고, 소그룹을 지원하는 기관은 아래에 배치했다. 이러한 배치 구조는 각 소그룹이 역동적으로 운영되어 영적 성장과 외적인 헌신과 봉사 활동을 잘할 수 있도록 교회 지도부는 섬기는 자세로 각 소그룹을 지원하는 조직임을 보여 준다.

전통적인 교회는 정반대일 것이다. 위 그림의 아래와 위가 서로 바뀐 모습으로서, 교회 지도부가 각 소그룹을 '지배하는' 조직일 것이다. 이러한 지배형 상부 구조가 초기의 한국 교회와 개교회 개척 초기와 같은 비상시기에는 교회 성장에 일부 도움이 될 수도 있지만,[20] "초대 그리스도인들은 별다른 상부 조직이 없이도 급속하게 그 수를 늘릴 수가 있었다"[21] 라는 점을 상기할 필요가 있다.

물론, 한국 기독교 선교 초기에 전통적 교회의 지배형 조직 그 자체가 한국 교회 성장에 전혀 이바지하지 않은 것은 아니다. 이런 의미에서 "본질적으로 교회 조직은 악도 아니고 위법도 아니다. 문제는 교회 생활과 증거 안에서 교회를 가장 잘 섬기는 조직의 유형에 관련"[22]되는지가 중요하다. 우리의 전통적 '지배형' 수직적 교회 직제는 내가 제시한 '지원형' 수평적 직제보다 교회를 더 잘 섬기는 조직의 유형인지는 이제 냉정하게 판단할 필요가 있다.

위의 배치 구조는 교회가 앞에서 살펴본 바와 같이 본래 모두 섬기는 자(디아코니아)로 구성된다는 성경적 원리에 잘 부합한다. 에베소서 4장에서 이 같은 사실을 잘 확인할 수 있다. 교회 안의 여러 직분이 있지만, 각 직분은 하는 일에 따라 구별될 뿐, 그리스도를 유일한 머리로 두면서 서로를 용납하는 수평적 관계 아래 하나의 지체를 구성하는 것이다. 따라서 위 그림의 소그룹 구조는 사실 신약 교회의 모습이다. 소그룹이 신약 교회의 기본 구조이면서 신약의 가르침을 이상적으로 구현시킨다고 말한 엘머 타운즈(Elmer Towns)와 칼 조지(Carl George)의 주장은 옳다.[23]

---

20 cf. Gilbert Bilezikian, *Community 101*, 두란노 출판부 역, 『공동체』(서울: 두란노, 1998), 135-162.
21 Howard Snyder, 『그리스도의 공동체』, 189.
22 Howard Snyder, 『그리스도의 공동체』, 186.
23 Warren Bird, "The Great Small-Group Takeover: Small Groups Continue to Multiply, But Are They Helping the Church Pass on the Faith?" *Christianity Today*, 38 no 2 (Feb.

교회 지도부가 섬기는 구체적인 한 형태는 지도력의 '공유'와 '위임'이다.

"지도력을 공유한다는 것은 그룹의 구성원들에게 권한을 부여해 그룹에서 주도권을 갖게 하려는 것이다."[24]

교회 전체의 리더십을 훼손하지 않는 범위 안에서 소그룹에 상당한 교회의 기능을 공유하고 위임하는 것은 소그룹이 역동적인 사역을 하는 데 큰 도움을 줄 것이다. 예를 들어, 일정 부분의 재정 운용과 봉사와 전도 및 선교 행사의 자율성, 소그룹 리더의 고유한 권위와 권한 보장 등이 그것이다.

공유와 위임이 성경적이기도 한 것은, 하나님의 속성에서 그 기원을 갖기 때문이다. 공유는 앞에서 살펴본 바와 같이 삼위 하나님이 같은 신적 본질과 능력을 함께 갖는 것에서 그리고 위임은 하나님이 인간을 창조하시고 자연을 지배하도록 문화 명령을 주신 것에서 확인할 수 있다.

"하나님의 궁극적인 지도력 유형은 지도력을 인간에게 부여하시고 위임하신 것이다."[25]

바울도 그의 목회 지도권을 '위임'하는 모습을 보였다.[26] 교회 안에서의 리더십 위임은 신적인 권위를 갖는다.

물론, 소그룹에서는 상당한 자율권을 부여받더라도, 치리 기관의 행정적 감독 기능을 존중하고 일련의 여러 행정 시스템 운영에 순종할 필요가 있다. 소그룹 중심의 사역을 시작하는 것은 "평신도에게 사역을 위임하고

---

07 1994), 26.
- [24] Gareth Weldon Icenogle, *Biblical Foundations for Small Group Ministry*, 김선일 역, 『소그룹 사역을 위한 성경적 기초』 (서울: SFC, 2007), 115.
- [25] Gareth Weldon Icenogle, 『소그룹 사역을 위한 성경적 기초』, 121.
- [26] 이와 관련한 자세한 내용은 이 책 제10장 각주 85을 보라. cf. 김주한, "바울의 공동 사역의 리더십(Leadership)의 두 가지 양상: 교회 지도권 공유와 성도 지배권 포기", 「생명과 말씀」 28/3 (2020.12).

그들에게 많은 힘과 권위를 부여한다는 뜻"이기도 하지만 동시에 "통일성 없는 분산적이고 개별적인 사역으로 전체를 약화시킬 수 있다"라는 점에 유의해야 할 것이다.[27]

따라서 교회에서 소그룹에 상당한 자율성을 부여해도 교회의 지원기관(담임목사, 교역자실, 사역위원회, 당회 등)으로부터 독립하려 해서도 안 되고, 반대로 교회 지도부가 소그룹을 지배하려고 해서도 안 된다. 이러한 구조가 성공적으로 정착하기 위해서는 개별 소그룹은 지원기관의 권위를 존중해야 하며, 지원기관은 소그룹에 상당한 권한을 위임하는 등 상호 신뢰를 바탕으로 서로를 인정하고 지지해 줄 필요가 있다. 이것은 그리스도 외에는 누구도 머리가 아님을 실천하는 행동 방식이다. 물론, 소그룹이 지원기관을 존중하기 위해서는 담임목사와 교회 치리 기관 또한 목회 사역 전반에 걸쳐 확고하게 인정받도록 영적 능력 확보와 자기 계발을 위해 끊임없이 노력할 필요가 있다.

만일 성공적으로 사역의 위임이 이루어지고 교회 지도부의 감독 기능이 존중받게 되면, 각 소그룹은 비로소 역동적인 교회의 모습 곧 교회 안의 작은 교회가(*ecclesiola*) 될 것이다. 이러한 교회가 바로 교회다운 교회다. 그러한 소그룹 중심의 교회는 영적 쇄신의 지속성을 유지하고 섬김과 봉사의 삶을 적극적으로 실천하는 등 삼위일체 하나님의 공동체적 구도와 같은 모습을 완성할 것이며, 각 소그룹과 지원기관과의 구별을 인정하면서도 교회 지도부와 소그룹 사이의 상호 존중과 용인과 양보의 미덕을 발휘함으로써 하나의 통일된 수평적인 개방적 소통이 이루어지는 이상적인 공동체가 될 것이다.

---

27 채종성, "소그룹 목회의 시작과 진행에 관한 고찰", 「개혁주의교회성장」 7 (2013), 343.

또 하나 제안하고 싶은 것은, 교회 전체는 물론 소그룹 안에서도 역시 수평적 직제 구조가 실제화되도록 치리 기관 혹은 목회자 중심의 행정 시스템을 소그룹 리더가 참여하는 통합형 행정 구조의 설립이다. 소그룹의 활성화 장애 요인이 종종 교회 지도부와 소그룹 리더들 사이의 마찰에서 비롯된다. 만일 기존의 치리 기관을 존속하면서 이 기관에 옵서버 형식으로라도 소그룹 리더들을 참여할 수 있게 한다면, 상호 간의 긴장이 방지되거나 줄어들 수 있다.

하나의 행정 구조에 소그룹 리더가 느슨하게 참여하는 방식 외에, 아예 공식적인 치리 기관과 더불어 소그룹 리더들로 구성한 의결기관으로서 사역위원회와 같은 기구를 두어 교회 의사 결정에 소그룹 리더가 적극적으로 참여하는 방식도 가능하다. 당회와 같은 치리 기관과 사역위원회가 함께 서로 협조하면서 통합의 리더십을 발휘하게 하는 것은 소그룹 사역의 활성화를 위해 도움이 될 것이다.

이 경우, 치리 기관의 위원들이 사역위원회의 구성원을 겸직할 수 있다면, 두 기관 사이의 긴장은 더 완화될 것이다. 이러한 두 가지 형태의 통합형 리더십 구조는 앞의 그림에서와 같이 치리 기관을 포함한 담임목사와 교회 지도 교역자들이 소그룹의 활동을 지원하는 기관임을 전제하고 가능한 소그룹 리더의 운신 폭을 상당한 부분 넓혀 주는 것을 목적으로 할 필요가 있다. 이로써 두 기관 모두 서로 섬김의 정신을 가지고 상호 내주적으로 하나를 이루면서도 각각 고유한 구별된 존재로서 상호 수평적 직제 구조를 완성하는 등 이상적인 교회공동체를 드러낼 것이다.

예배 현장의 자리 배치도 바꾸는 것 또한 성도들 사이에 열린 소통을 위해 도움이 된다. 대부분 교회는 예배당 안의 좌석이 강단을 향해 장의자가 배치되어 있다. 최근에는 예배당 공간 다변화 이용을 목적으로 장의자 대신 이동식 개별 의자로 배치하기도 하되, 예배 중에는 여전히 전통적인 장의자처럼 좌석이 강단을 향하고 있다.

하지만, 일부 다른 어느 교회에서는 이러한 이동식 개별 의자를 소그룹별로 이동식 직사각형 혹은 원탁 테이블과 함께 배치해 예배 중에는 좌석을 강단 방향으로 이동할 수 있게 하면서도, 예배 전후에는 성도들이 마주 보도록 배치하는 등 파격적인 좌석 구조를 제시했다. 예배 중에는 강단을 바라보면서 하나님만을 향한 경배와 찬양을 하는 경건의 수직적 관계를 잃지 않으면서도, 예배 시작 전과 후에는 자연스럽게 성도들이 서로 마주 보며 수평적 교제를 할 수 있도록 만들었다. 공간이 인간의 의식구조에 일정 부분 영향을 미친다는 점에서 이러한 새로운 방식의 예배당 공간은 예배의 수직적 관계를 잃지 않으면서도 전 교인의 수평적 직제 의식을 강화하는 데 도움을 줄 수 있을 것이다.

이러한 파격적 공간은 목회자도 덜 권위적이 되게 하고, 성도들 사이에도 심리적 거리감을 많이 줄여줄 것이다. 이러한 새로운 예배 공간 개념은 예배 참여자의 심리적 이완을 도모해 성도 상호 간에 적극적으로 열린 교제를 가능하게 하는 동시에 성도 사이의 수평적 관계를 교회 생활의 일상이 되도록 만드는 데 이바지할 것이다. 물론, 이러한 공간 배치에 대해 처음에는 거부감을 표시할지도 모르겠다. 하지만, 가정예배를 드릴 때 또는 소그룹 모임을 할 때 우리는 원형의 자리 배치를 자연스럽게 구성한다는 면에서 이런 예배 공간 구조 도입에 지나치게 부정적일 필요는 없다.

그리고 예배당 본당이 만석이 되어 입장이 불가능할 경우, 직사각형 테이블 또는 원탁 테이블과 이동식 의자로 구성된 식당에서도 영상 화면을 보면서 예배를 드리기도 한다. 이러한 사례들에 비추어, 이러한 예배당의 열린 공간 구조를 무조건 비판적으로만 볼 수는 없다. 예배의 본질을 훼손하지 않는다면, 그 형식은 융통성 있게 구성할 수 있다. 교회에서 적응하기 나름이다. 특히, 성도 사이의 친밀도를 극대화하고 소그룹의 역동적인 활약에 목적을 두고 있다면, 이러한 혁신적 좌석 배치 의도는 더욱 환영받을 일이다.

예배당에 소그룹별로 테이블을 배치한 좌석 구조의 활용도는 몇 가지 장점이 있다.

첫째, 가장 큰 것은 교회가 '소그룹 중심의 철학'을 갖고 있음을 대내외적으로 천명하여, 모든 성도가 소그룹에 속하게 함으로써 상호 의존의 가족적인 삶과 헌신과 봉사의 삶을 강화하도록 할 수 있게 한다는 점이다.

둘째, 예배를 드리면서 각 개인은 '나 홀로' 존재하는 것이 아니라 '여럿' 안에 하나임을 알게 하고 지체 의식을 심화 발전시키며 주 안에 한 영적 '가족'으로 사는 것임을 알도록 한다. 특히, 가정교회에서 원형으로 예배드릴 때 단체의 일원으로서의 개인이라는 생각, 곧 공동체 의식을 강화해 주는 것과 같다[28]는 면에서, 원탁 테이블 구조 안에서 드리는 공적 예배 역시 같은 의식을 갖게 한다.

셋째, 나아가 실질적으로 소그룹 구성원들의 친밀도와 교제의 깊이를 더하게 할 수 있다는 장점이 있다. 특정한 날과 다른 장소에서 모임을 하기도 하지만, 예배도 서로 가까이에서 함께 드릴 수 있다는 점에서 주 중의 소그룹 모임 정서와 감정을 계속 이어가게 하기 때문이다.

넷째, 직사각형 테이블도 좋지만, 원탁 테이블의 경우에는 더욱더 성도들 사이의 심리적 거리를 좁힐 수 있게 해 수평적 대인관계 의식을 심화시키는 데 도움을 줄 수 있다.

다섯째, 예배 후, 자리를 뜨지 않은 상태에서 설교 말씀을 즉각 서로 적용하며 나눔의 시간을 가짐으로써 성도들의 영적 변화를 실제화하는 데 도움을 줄 수 있다. 실제로 미국의 종교 교육학 교수인 핀들리 에지(Findley Edge, Southern Baptist Theological Seminary)는 설교의 효과를 극대화하기 위해

---

[28] Lois Barrett, *Building the Family Church*, 임종원 역, 『가정교회 세우기』 (서울: 미션월드 라이브러리, 2002), 43.

예배 설교 후 소그룹으로 모여 설교를 실제 삶에 적용하기 위해 서로 대화하는 모임을 하도록 권하고 있다.[29] 보통 예배 후, 대부분 성도는 교회 밖을 나가면서 설교 제목도 곧 잊곤 하는데, 이처럼 예배 후 즉시 설교를 '복습'한다면, 훨씬 더 오래 말씀을 기억하게 하는 효과도 있다(복습의 시간이 빠를수록 학습 효과가 높다는 연구 결과도 있음). 나아가 그 자리에서 간단한 점심 혹은 간식을 나누면서 장시간 소그룹원 사이에 교제의 깊이를 더할 수 있다.

4. 교회 학교를 통한 전교인 교육

앞에 열거한 방식대로 교회가 여러 하드웨어적 혁신을 시도하기에 앞서 먼저 시행해야 할 일이 있다. 그것은 바로 교회가 성도를 소그룹 중심의 삶을 갖도록 '교회 학교'를 세워 모든 성도를 교육하는 것이다. "소그룹을 교회 내의 으뜸 기관이 아니라 교회 기본 구조로서의 역할"을[30] 모든 성도가 이해하도록 말이다. 성도 모두를 훈련할 교회 학교를 세워 상당한 기간에 걸쳐 왜 소그룹 중심의 교회가 되어야 하는지 다양한 교육 커리큘럼을 가지고 교육할 필요가 있다.

교회 지도부가 소그룹 중심의 '교회 안에 작은 교회'라는 목회적 확신을 갖는 만큼 성도들이 같은 열정으로 목회에 협조할지는 의문이다. 그 이유는 앞에서 언급한 바와 같이 한국 교회는 수직적 위계 사회에 길들어

---

[29] Dennis L. Price, W. Robert Terry, B. Conrad Johnston, "The Measurement of the Effect of Preaching and Preaching Plus Small Group Dialogue in One Baptist Church," *Journal for the Scientific Study of Religion*, 19 no 2 (June 1980), 187. 재인용. Findley Edge, *The Greening of the Church*, (Grand Rapids: World Books, 1975).

[30] Howard Snyder, *The Problem of Wineskins*, 이강천 역, 『새포도주는 새 부대에』(서울: 생명의말씀사, 1981), 159.

있어서 상호 열린 소통이 가능한 소그룹의 수평적 교제 구조에 익숙하지 않기 때문이다. 따라서 수백, 수천 년 동안 습관화된 우리의 경직된 위계 문화와 성경적 교회에 대한 지식이 없는 상태를 극복하는 데, 상당한 양의 물리적인 시간이 소요될 것은 자명하다.

특히, 주입식 교육에 익숙한 우리는 수직적 사제 관계 의식을 지니고 있어서 수평적인 토론식 대화를 부담스러워한다. 그래서 성도들 사이의 개방적인 관계를 유지하는 데 어려움을 느끼곤 한다. 실제로 소그룹 안에 참여하면서 소통의 곤란을 많이 경험한다. 따라서 신학적, 성경적 신앙과 교회관 등을 배우되, 소통의 훈련을 강화하는 심리학을 가르치고 이에 따른 세밀한 소그룹 인도법 등에 대해서 상당한 시간 동안 교육할 필요가 있다.

이를 통해 교회의 지도적 위치에 있는 사람들과 우리가 제시하는 소그룹 신학에 대한 철학을 공유하는 것은 물론, 성도들도 소그룹을 통해 교회 갱신에 적극적으로 동참할 수 있을 것이다. 우리는 교회 안의 소그룹이라는 작은 교회를 세워 나감으로써 진정한 의미에서 공동체적 교회를 만드는 일종의 문화 개혁 또는 '한국적 종교개혁'을 시도하고 있는 셈이다.

물론, 소그룹 안에서 수평적 교제의 활성화를 이루는 방법을 알아야 하는 것 외에, 더 중요한 것은 하나님과의 수직적 관계를 지속해서 유지하게 하는 교육이다. 현대 소그룹의 경우, 사교적 모임으로 전락해 친구 맺는 일과 사적 교제에 치우친다든지, 영적인 성장을 위해 노력한다고 해도 기껏해야 개인 가정을 위한 기도에 그치는 경우가 많다. 이런 소그룹은 영적 쇄신과 전도, 봉사와 헌신의 공동체가 될 수 없다.

조지 바나(George Barna)는 이런 소그룹은 결국 약화 될 수밖에 없다며 실제로 교회 안에 소그룹 참여율이 하락하고 있음을 지적하면서 다음과 같이 각성을 촉구한 바 있다.

"교육 약화, 목적 혼란, 리더십 부족 그리고 심지어는 부적합한 아이 돌봄과 같은 일상적인 관심사들에 치우치는 것의 현 상황이 이러한 하락률을 더하게 할 수 있을 것이다."[31]

그러므로 소그룹 안에서 상처를 치료받고 위로받으며 힘을 얻는 것도 중요하지만, 영적 공동체의 활성화를 위해 신학적 훈련을 철저하게 할 필요가 있다. 소그룹이 잘못 운영되는 경우는, 교리와 신앙에 관한 기본적인 내용을 소그룹 안에서 제대로 다루지 않은 결과, 소그룹 안에서 성경공부를 하더라도 성경 지식을 증가시켜 주지 못하고, 구속사건과 회심 그리고 성령의 변화시키는 능력과 그 필요성을 중요하게 생각하지도 않게 되며, 오히려 언제나 쉽게 유행만 좇는 모임 혹은 지나치게 심리적 상태를 중시하는 모임으로 전락하게 된다는 것이다.[32] 제대로 된 소그룹이라면, 소그룹 안에서 회심이 일어나고 전도의 열기가 뜨거워지며, 사도행전에서와 같이 유무상통이 이루어져 자연스럽게 헌신과 봉사 활동이 이루어지는 영적 갱신이 이루어지는 곳이다.

이러한 교회 학교 훈련 시스템의 모범은 고든 코스비(Gordon Cosby, 1917~2013) 목사가 1947년에 미국 워싱턴 D.C.에 설립한 세이비어교회(Church of the Savior)이다. 그는 모든 성도가 참여해야 하는 '그리스도인의 삶을 위한 학교'(School of Christian Living)와 지도자가 될 사람들이 이수해야 할 '섬김의 리더십 학교'(School of Servant Leadership)를 세워 역동적인 소그룹이 가능하도록 했다(이 교회의 교회 학교 교육과정에 관해서는 이 책 뒷부분에서, 이 교회의 모범적 소그룹 시스템을 다루면서 상세하게 설명할 것이다). 가능한 한 교회에서는 이 두 가지의 학교를 세워 모든 성도가 교육받으면서, 리

---

31 Warren Bird, "The Great Small-Group Takeover: Small Groups Continue to Multiply, But Are They Helping the Church Pass on the Faith?" 29.

32 Warren Bird, "The Great Small-Group Takeover: Small Groups Continue to Multiply, But Are They Helping the Church Pass on the Faith?" 29.

더가 될 사람들에게는 더 철저하게 교육하는 방식을 택할 것을 제안한다.

특히, 이러한 교회 학교 시스템을 통해 리더로서의 은사가 있는 자들을 발굴할 필요가 있다. 우리가 가끔 경험하듯이 리더십 은사가 없는 사람이 리더가 될 경우, 그가 인도하는 소그룹은 빈번하게 '사고 소그룹' 목록에 오른다. 아무리 신앙 경력이 오래되었고 헌신도가 깊다고 하더라도, 품성과 지적인 능력, 의사전달 능력, 통솔력 등 리더가 갖추어야 할 제반 요소를 결여할 수 있다.

소그룹의 리더는 '전문성'을 갖추어야 한다. 소그룹의 리더는 정원사와 같기 때문이다. 정원사는 식물을 자라게 하지는 못하지만, 버팀목을 제공한다든지, 식물이 자라는 데 필요한 양분을 제공해 잘 자라도록 돕게 할 수 있다.[33] 정원을 아름답게 가꾸는 데 전문가의 도움을 받느냐 그렇지 않으냐는 천지 차이다.

교회 학교를 만들어 소그룹을 통한 성도의 영적 성숙을 도모하되 수년 동안 가르칠 계획을 세우는 것이 좋다. 전 교인의 소그룹 참여를 목적으로 하되 준비가 부족한 상태에서 단기간에 결과를 도모하려다 낭패를 보기보다는, 오히려 시간이 걸리더라도 몇 년의 충분한 시간을 두고 점진적으로 소그룹의 수효를 늘려갈 것을 권한다. 특히, 교육받은 후에는 적극적으로 소그룹 참여 동기가 일어나게 하는 것이 중요하다.

---

33 박미경, "소그룹을 통한 살아 있는 교회 교육", 「교육교회」 382권 (2009), 31. 재인용. Henry Cloud & John Townsend, *Making Small Group Work*, 윤종석 역, 『성장하는 소그룹의 비밀 55가지』 (서울: 좋은씨앗, 2008), 179. 소그룹 리더가 갖추어야할 덕목 중, 소그룹을 구성하기 시작할 때부터 마칠 때까지 마음 자세는 물론 소그룹 인도와 운영의 기술적 능력도 매우 중요하다. 다음의 책은 이러한 소그룹 리더십 능력을 제고하는 데 큰 도움을 준다. 보렌 스캇, 『톡톡 튀는 소그룹 아이디어 백과사전』 (서울: 소그룹하우스, 2005); 이상화, 『건강한 교회성장을 위한 소그룹 리더십』 (서울: 소그룹하우스, 2021).; 채이석, 이상화 편, 『아이스브레이크 모음집』 (서울: 소그룹하우스, 2006).

그래서 가능한 자발적으로 성도들이 소그룹 참여를 결정하도록 만들어, 소그룹에 참여한 후 초래할 불만과 부적응을 최소화할 필요가 있다. 소그룹 참여가 성격적으로 어울리지 않는 사람일 경우 억지로 소그룹에 참여해 문제를 일으킬 수도 있기 때문이다. 소그룹에 참여하지 않는다고 천국 못 가는 것은 아니기에, 이런 사람들을 정죄해 상처를 줄 필요까지는 없다. 이들에게도 언젠가는 교육받은 후, 성공적인 소그룹 모임을 보면서 자기도 참여하고 싶은 결단을 내릴 수도 있기 때문이다.

따라서 상당한 시간의 교육을 이수하도록 하되, 처음에는 소수의 '시범 소그룹'을 만들어 성공적인 결과를 얻을 필요가 있다. 이후 점진적으로 소그룹 모임의 숫자를 늘려 나가는 것을 권한다. 전교회의 소그룹화를 일시에 전면적으로 서둘러 시작할 경우, 대부분 교회는 혼란에 빠지기 쉽다. 확실한 소그룹 철학을 온 교인이 공유하지 않으면, 오히려 교회의 리더십에 큰 타격을 주어, 때로는 소그룹 부적응자 또는 불만 세력에 의해 교회가 분쟁에 휩싸일 수도 있어서다. 소그룹은 교회에 양날의 검이다. 철저하게 준비한다면, 교회에 큰 활력소 역할을 하지만, 그렇지 않으면 혼란과 분란을 자초할 수도 있다.

특히, 교회 학교 커리큘럼에 소통 훈련 과목을 많이 둘 필요가 있다. 앞에서 언급했듯이, 우리에게는 토론 문화가 익숙하지 않아, 처음 소그룹을 시작하면서 수평적 소통의 관계를 기대하기에는 무리다. 먼저, 우리 자신의 정체성과 소통 훈련 교육이 필요하다. 예를 들어, 앞에서 우리가 살펴본 한국(인) 정체성 혹은 세계관이나 의식구조 등에 대해 문화인류학적, 종교적 그리고 사회학적 교과과정을 가르칠 필요가 있다. 이에 대한 자료로서 내가 이미 상당한 분량에 걸쳐 언급한 바 있다.[34]

---

[34] 권문상, 『성경적 공동체』, 24-202.

이후에 신학적이고 성경적인 인간에 대한 가르침 등 교리와 신앙에 관해 교육해야 한다. 앞에서 말한 바와 같이 하나님과의 수직적 관계가 견고하게 다져지지 않으면, 소그룹은 약화할 것이다. 그런 다음, 구체적인 '토론 기술'을 가르쳐야 한다. 예를 들어, 집단 토론할 때 대부분 자기중심적 언급을 하는 경향이 있어서 자칫 언쟁으로 비화할 가능성이 있다. 우리는 "자신만의 틀(frames)에 따라 의미를 구축해 나가기 때문"이다.[35] 이런 경우, 소그룹 모임은 한 개인에 휘둘리거나, 혼란을 겪게 되어, 참석자들의 불만을 일으켜서 참석률 저하 또는 모임의 지속이 위협받게 될 수도 있다.

그래서 소그룹 참여자는 물론 소그룹 리더에게는 그룹 토의를 인도하기 전에, 소그룹 구성원들의 성격을 파악하는 것이 중요하다. 사람들은 여러 형태의 성향을 지니고 있다. 외향적이거나 내성적인 사람, 토론형이거나 침묵형, 청취형이거나 적극 참여형, 공격형이거나 안정 추구형, 지배형이거나 소심형, 부정형이거나 긍정형 등 소그룹 참여자 모두 이들 성향 중 하나 혹은 몇 개의 유형에 속한다.[36] 소그룹원들은 이러한 성향에 대해 미리 교육받을 필요가 있으며 또한 자신과 다른 성향의 사람들에 대해 어떻게 대응할지도 배울 필요가 있다.

그 방식은 모든 성향을 긍정적으로 보는 훈련이다. 예를 들어, 외향형은 사랑으로 우주 창조 에너지를 외부에 부어 주시는 하나님과 같은 것이며, 내향형은 하나님의 내적 생명이 우리의 이해를 넘어서는 것과 같고, 감각

---

[35] Gay Su Pinnell, "Communication in Small Group Settings," *Theory into Practice*, Vol. 23, No. 3 (Summer, 1984), 247.

[36] Bill Donahue, *Leading Life-Changing Small Group-Revised*, 김주성 역, 『삶을 변화시키는 소그룹 인도법: 윌로우크릭교회 소그룹 이야기 개정판』 (서울: 국제제자훈련원, 2006), 137-145. 보다 구체적인 소그룹 만들기 방법, 특히 다양한 세대가 함께 혹은 나누어서 소그룹을 운영하려할 경우 등 실제적인 소그룹 형태에 대해서는 다음의 글을 참고할 수 있다: Carl George, *New Directions for Small Group Ministry*, 한국소그룹목회연구원 역, 『소그룹 사역의 새로운 방향』 (서울: 소그룹하우스, 2004).

적인 사람은 미세한 것까지 모든 것의 하나님과 같은 종류로 보며, 사고형은 공의와 신실하신 하나님처럼 논리적이고 합리적인 판단을 사용하는 것으로, 감정형은 조화를 이루며 살도록 격려하시는 하나님과 같고, 판단형은 모든 일을 결정하고 선택하며 부르시는 하나님의 성향이며, 인식형은 무한히 개방적이고 자유로우신 하나님에게 의지하여 인식하는 등, 모든 성향을 하나님이 생각하시고 의지를 소유하고 행동하시는 것처럼 긍정적으로 보자는 것이다.[37]

이런 훈련은 상대를 이해하고 그의 고유한 인격체를 존중하며, 서로 소통이 가능하도록 자기 절제가 이루어질 수 있게 한다. 특히, 리더에게는 더욱 사람의 성향을 파악하는 능력과 기술을 익혀야 한다. 소그룹에서 구성원들의 성향을 파악하기 위해 첫 모임에서 앞의 예를 든 성향 중, 각각 자신이 어떤 성향의 사람인지 말하게 하면, 서로 이해하고 원만한 소통을 이어가는 데 도움이 된다.

상대의 성향을 파악한 후에는, 소그룹 모임을 지속하면서 상대가 나와 의견이 달라도 편견 없이 용납하게 하여 배려와 존중의 태도로 대하게 하고, 각자 이런 방식의 대우를 서로 주고받음으로써 혼자서는 이겨내기 어려운 아픔과 소외를 소그룹 교제 안에서 극복할 수 있을 것이다. 이를 통해, 상호 위로하고 격려하면서 마음의 평안과 정서적 안정을 얻는 등 영적으로 성숙하게 된다.

"지속적인 (영적) 성장은 사람들이 하나님과의 관계와 다른 사람들과의 관계 속에서 개인적으로 도전받고 격려받을 때 일어난다."[38]

이러한 영적 '치유' 경험이 소그룹 참여도를 더 높이게 한다.

---

37 Lynne M. Baab, 『MBTI로 보는 교회공동체』, 문희경 역, (서울: 솔로몬, 2005), 36.
38 Andy Stanley, Bill Willits, 『소그룹으로 변화되는 역동적인 교회: 노스포인트 교회의 성장 비결』, 94.

5. 현대의 개방적 문화와 소그룹

교회와 소그룹이 성도 사이의 열린 소통이 가능하도록 수평적 직제를 구성하는 것은 현대의 탈권위주의 시대에도 부합한다. 교회가 기독교 진리와 복음이라는 기독교 본질을 버리면서 시류에 휩싸이는 것이 옳지는 않지만, 그 본질을 훼손하지 않는 한, 일반은총으로 허락된 세상의 사상과 문화를 마냥 거부하는 것도 옳지 않다.

실제로 교회가 문화로부터 완전히 고립될 수는 없다. 어떤 경우에는 오히려 세상의 문화로부터 교회가 배워야 한다. 예를 들어, 현대의 민주시민 의식과 탈권위주의 문화가 그것이다. 이러한 문화는 인류가 추구하는 보편적 가치관이고 성도 역시 그것을 받아들이면서 사회생활을 하고 있기에 교회 안에 적극적으로 이러한 사회의 개방적 의식을 받아들일 필요가 있다.

사회도 개인의 의사와 권한을 중시하고 수평적 대인 관계를 지향하는데, 교회가 여전히 제도화된 수직적 직제를 교정하지 않는다면 개방적 문화 속에 살고 있는 성도들로부터 외면받을 수 있다. 이런 의미에서 "교회 조직은 문화 안에서 생존할 수 있어야 한다."[39] 그런데 사실 이러한 만인 평등의 가치관은 세속적이라기보다는 성경적이다. 개인의 권리를 존중하고 부와 명예 그리고 나이와 성별에 관계없이 인간은 모두 평등하다는 것은 성경이 가르치는 것이기도 하다.

우리가 앞에서 살펴본 삼위일체론에 근거한 수평적 존재로서의 인간 개념을 이제는 일반은총에 의해 세상이 수용한 것에 지나지 않는다. 이런 의미에서 교회 안에 작은 교회, 곧 소그룹 중심의 교회를 세워 수평적 직제를 제도화한다면, 성경적으로도 옳은 일이고 평등 문화를 '상식'으로 알

---

39 Howard Snyder, 『그리스도의 공동체』, 188.

고 사회생활 하는 성도들에게도 호소력이 있을 것이다.

21세기 시대에는 개인의 권리가 존중받지 못하고 평등의 상식에 거부 당한 상처받은 사람들이 거주할 피난처를 소그룹 모임에서 찾는 움직임이 일어나고 있다. 이들은 자신과 격의 없이 소통하여 마음에 위로와 평안을 가져다줄 작은 모임을 원한다. 현대인들은 소속감을 느끼고 싶어 하고 자신을 용인해 주며 자신의 필요에 부응할 사람과의 소그룹 모임을 찾고 있다.

특히, 수동적으로 소그룹에 참여하기보다 다른 사람과의 차이를 과감하게 노출하며, 자기만의 가치를 적극적으로 부각한다. 현대의 미국 소그룹 운동은 이러한 현대 문화에 순응하여 활발하게 일어나고 있는데, 지나칠 정도로 개인의 취향, 선택 등이 보장받아 강제가 아닌 자율적으로 소그룹에 참여하고 탈퇴하기도 하면서, 전체적으로 보면 많은 사람이 자신에게 맞는 '맞춤형 커뮤니티' 소그룹 안에서 치유되고 회복된다고 한다.[40]

나는 파사데나의 한 교회(Lake Avenue Congregational Church in Pasadena, California)에서 주일예배 참석 중, 주보에 게재된 수많은 소그룹 중, '돌싱' 여자 소그룹(Divorced Woman Single Small Group)이 있음을 발견했다. 이처럼 적극적으로 서로 자신의 필요를 따라 소그룹 모임을 하길 원한다. 인간은 고독과 욕망을 극복하는 데 한계가 있어서 고독에 따른 공포를 느끼며 욕망에 따른 이해관계를 본성적으로 추구하지만, 역설적으로 이 "'공포심'과 '이해관계'야말로 인간을 서로 결집하도록 해 공동체를 구성하도록 이끄는 자연적 추동력"이 된다.[41] 그러므로 자기 보호 본능과 자기 존중의 행동은 공동체를 구성하는 요인이라 하겠다.

---

40 Robert Wuthnow, "How Small Groups Are Transforming," 22-24.
41 박호성, 『공동체론: 화해와 통합의 사회 · 정치적 기초』, 593-594.

미국뿐만 아니라 우리나라 역시 민주화 시대를 살아가면서 개인의 인권이 존중받는 것을 넘어서, 개인의 자유 존중 문화와 포스트모던 사회를 지향하고 있다. 이에 따라 우리나라에서도 특히 젊은이들에게는 교회를 초월하고 교단을 초월해서 자신에게 관심이 있고 유익이 되는 소그룹을 선택하곤 한다. 그만큼 외적 권위 집단에 영향을 받지 않는 진정한 '자유인'들이다. 이들의 '자기 존중' 가치관이 지나치다고 비판할 수도 있지만, 교회의 소그룹에 들어와 치유 받고 회복된다면, 개인 선택을 무시하고 일괄적으로 소그룹을 배치하는 상당수 많은 교회의 경직된 조직 체계를 고집해서는 안 될 것이다.

오히려 자발적 소그룹 선택은 우리가 추구하는 열린 소통의 수평적 대인관계가 가능한 교회의 수평적 공동체에 어울릴 수 있다. 요즈음 '싫존주의'라는 말이 있다. '싫어하는 것마저 존중한다'라는 의미와 경향성을 나타내는 '주의'가 합쳐진 신조어로서, 어떤 대상이나 나 자신 혹은 집단에 대해 싫어하는 것까지도 개인의 취향이라고 여겨서 그 기호를 존중한다는 의미이다.[42]

더 나아가 코로나19(COVID-19)에 따른 팬데믹의 고난을 우리가 겪으면서, 온라인 문화를 경험한 후 달라진 비대면 세계의 보편화 역시 얼마나 인간이 개인의 자유와 자기 존중, 평등한 소통의 관계를 원하는지를 확인할 수 있다. 대표적인 방식이 메타버스 가상공간 문화이다. 여기서는 소위 부케(혹은 아바타)라고 하여 자기 외모를 원하는 형태로 만들어 대화하기 때문에, 위계적 관계가 직접적으로 노출되는 대면 모임보다는 상호관계가 훨씬 덜 폐쇄적으로 될 수 있어서 평소 내향적이고 과묵한 사람도 쉽게 토론에 참여하여 다양하고 열린 소통이 가능하게 한다.

---

[42] 시선뉴스, "싫은 것도 존중하는 '싫존주의' …다양성과 개성 인정하는 사회", (2018.07.27.). http://www.sisunnews.co.kr/news/articleView.html?idxno=87076,

실제로 대학 수업에서 적용한 사례에서 보듯이, '다양한 종류의 소통과 교류가 가능하다는 장점'이 있으며, '교수자의 의지와 노력'이 잘 발휘된다면,[43] 상호 소통의 극대화가 이루어질 것이다. 아마도 교회 안에 이러한 온라인 문화를 수용하여 제한적이나마, 정서적으로 또는 물리적으로 정상적인 소그룹 참여가 어려운 소그룹 부적응자들이나 기피자들을 위한 메타버스 소그룹을 만들면 이들도 역시 대면 소그룹보다는 더욱 자유롭게 자신을 표현하고 외모나 지위나 나이에 위축되지 않는 평등이 보장된 공간에서 원만한 소통을 가능하게 할 수 있을 것이다.

현대의 자기 존중 문화는 자기만의 특화된 상처 치료를 나름대로 찾으려는 몸부림이다. 이런 이유로 미국에서는 소그룹 운동이 활발하다. 미국의 경우, 갤럽 조사에 따르면, 소그룹 모임을 찾는 이유로 이전에는 문제시하지 않던 파괴된 인간성, 분열, 중독사회, 이혼, 지역사회로부터 격리, 고독감, 개인주의 등이라고 한다.[44]

이 조사에서는 이러한 요인을 제시한 후 다음과 같이 결론지었다.

> 소그룹 운동은 우리 시대의 가장 중요한 요구사항이 무엇인가에 대해, 곧 그것은 바로 친밀하고 치유하는 공동체가 필요하다고 대답하면서 우리 모두를 되돌아보게 한다.[45]

아마도 대인관계 안에서의 갈등, 인종 차별이나 남녀 갈등에 따른 분열, 사회 부적응에 따른 고독감 등의 상처 때문일 것이다. 그래서 미국인

---

[43] 조영재, "수업에서의 메타버스 활용에 대한 사범대학 교수의 인식과 경험 탐색", 「교육정보미디어연구」 29(4) (2023), 990.

[44] Warren Bird, "The Great Small-Group Takeover: Small Groups Continue to Multiply, But Are They Helping the Church Pass on the Faith?" 26.

[45] Warren Bird, "The Great Small-Group Takeover: Small Groups Continue to Multiply, But Are They Helping the Church Pass on the Faith?" 26.

40퍼센트가 그러한 소그룹에 참여하고 있으며, 특히 그 소그룹 중 60퍼센트가 교회와 관련된 것이라고 한다.[46] 또 하나 소그룹 운동이 중요한 것은 산업화와 도시화를 겪으면서 과거에 촌락공동체에서 쉽게 경험하는 가족애적 교제가 현실적으로 어렵게 되면서 자신의 존재감과 소속감 그리고 우정과 사랑의 교제를 갖고자 도시공동체로서의 소그룹을 찾고 있다는 점이다.

그러므로 "각 지역 교회는 보조적 구조나 선택적인 것으로서가 아니라 작은 그룹 안에서 만남을 경험하도록 기본 구조로서 마련되어야 한다."[47] 현대의 도시화는 이러한 소그룹 생활 방식을 모범으로 택하고 있기 때문이다.

이러한 공동체란 어떤 모습인가?

제1장에서 살펴본 삼위일체 하나님이 평등한 관계 안에 영원한 사랑 안에서 각 위의 자유, 상호 인정, 존중, 배려, 용인, 희생의 정신으로 열린 소통을 하는 것이고, 제2장에서 우리가 살펴본 바와 같이 탈 위계적인 수평적 대인관계 혹은 직제 구조 아래 인종과 빈부, 사회적 지위, 남녀, 나이의 차이를 뛰어넘은 신앙 안에서의 하나 된 가족공동체를 의미한다. 소그룹 운동이 일어나게 된 것은 이러한 공동체를 경험하지 못했기 때문이다. 그래서 소그룹에 관한 사회학적 연구로 유명한 우쓰노우(Robert Wuthnow)는 현대인이 소그룹에 참여하는 것은 공동체를 추구하기 때문이라고 말한다.

46　Warren Bird, "The Great Small-Group Takeover: Small Groups Continue to Multiply, But Are They Helping the Church Pass on the Faith?" 26.

47　Howard Snyder, 『새포도주는 새 부대에』, 164 재인용. George Webber, *God's Colony in Man's World*, (New York: Abingdon Press, 1960), 58.

소그룹 운동의 극적인 성장은 그것이 생겨난 사회적 맥락을 고려해야만 설명할 수 있다. 우리의 사회는 매우 유동적이다. 우리 중 다수는 익명의 삶을 살고 있다. 우리는 더 이상 평생 같은 동네에 살거나 친척과 가까운 관계를 유지하지 않는다. 소그룹 운동은 이러한 전통적인 지원 구조의 붕괴와 공동체에 대한 우리의 지속적인 열망에서 생겨났다. 우리는 우리의 여정을 함께할 수 있는 다른 사람들을 원한다.[48]

그리고 이러한 공동체 열망은 최근 팬데믹을 겪으면서 생겨난 몰라큘 라이프(Molecule Life: 사회관계는 더 단절되었지만, 최소한의 사람들과 모임을 하는 것을 뜻함) 움직임에서도 발견된다.[49] 그런데 이러한 공동체 열망은 새로운 영성을 요구한다. 소그룹의 참여자는 추상적이고, 고상한 교제보다는 실제적이며 심정적 치료가 이루어지는 모임을 원한다는 것이다. 그래서 우쓰노우는 이러한 소그룹 운동이 영성을 재정의하고 있다고 말한다.

그러나 소그룹 운동에서 지배적인 충동은 여행 자체의 즐거움을 강조하는 것이다. 찾는 사람들은 종종 그들이 어디로 향하고 있는지 모르고 단지 그들이 길에 있다는 것만 알고 있다. 그러므로 중요한 것은 하루하루 삶에 최대한 완벽하게 대처하는 것이다. 영적 성장의 징후는 이 논리에서 자연스럽게 따라온다. 신성함의 표시는 모두 실용적이다. 그들은 평화롭고, 행복하고, 좋은 자아상을 가지고 있는 감정 속에서 자신을 드러냅니다. 무엇보다도 신성한 것이 작용한다. 그것은 직장에서 더 잘 지내고, 가족과 더 잘 행동하고, 자신에 대해 더 좋게 느끼도록 돕는다.[50]

---

[48] Robert Wuthnow, "Small Groups Forge New Notions of Community and the Sacred," *The Christian Century*, 110 no 35 (Dec 08 1993), 1237.
[49] 국제제자훈련원, "[소그룹] 578호-몰라큘 라이프(Molecule Life) 시대의 대안." 2024.2.7. 접속. https://www.discipleN.com/View.asp?BID=3094&PageNo=10
[50] Robert Wuthnow, "Small Groups Forge New Notions of Community and the Sacred,"

소그룹 안에서 상처가 치유되고 고독을 극복하며 심리적 행복감을 더 많이 느끼고자 하는 것은, 미국에서나 한국에서나 똑같다. 어떤 의미에서 영성을 내재화 측면으로 재정의하는 것은, 성도의 결속력 강화와 공동체를 유지하게 하는 데 이바지한다(다만, 영성의 내재화에만 만족하는 게 옳은 것은 아니다. 이 점에 관해서는 이 책 제10장에서 다루게 될 것이다).

한국의 경우, 공동체 회복을 돕는 소그룹이 역동적인 교회를 만들고 있음을 우리는 확인할 수 있다. 최근 목회데이터연구소 조사에 의하면, 개신교인 절반 가까이(46%)가 외롭다고 생각하는데, 소그룹 참여 빈도가 높을수록 신앙생활을 통해 외로움을 극복하며, 특히 소그룹에 참여하는 사람 95퍼센트는 외로움 극복에 효과가 있음을 인정하고 있다.[51]

'소그룹 참여 안 하는 편'이라고 응답한 성도는 당연히 외로움의 정도를 더 많이 느낀다. 이들의 외로움 비율이 무려 61퍼센트로 '소그룹 자주 참여하는 편' 그룹의 2배에 달했다. 교회에서 소그룹을 적극 장려해야 하는 또 하나의 이유인 셈이다."[52] 현대의 한국인 성도들은 이러한 소그룹이 활발한 공동체 안에서 비로소 심령의 회복을 통해 신앙생활의 효과를 체험한다. 이런 이유로 미래교회는 많은 현대인을 상대하는 목회에서 소그룹 목회를 하는 게 당연하다.[53]

어떤 의미에서는 소그룹을 찾는 이들 현대인이 갈구하는 근본 원인이 소통이 가능한 열린 공간에 대한 갈증이다. 만일, 교회와 소그룹이 이러

The Christian Century, 110 no 35 (Dec 08 1993), 1239.
[51] 목회데이터연구소, "기독교 통계(219호)- 한국 개신교인의 외로움", (2023년 12월 12일), 3-10. 개신교인의 외로움은 한국인 전체의 외로움 빈도에 비례하는 듯 하다. 외롭다고 느끼는 한국인이 절반 이상으로 57퍼센트이며, 이는 세계 평균 51퍼센트보다 높다. 한국인은 '독일' 27퍼센트, '스위스' 32퍼센트 등 유럽 국가 대비 외로움 수준이 2배 가량 높았고, '세계 평균'보다도 6퍼센트p 더 높았다. 142개국 42위로 세계 상위권에 속했다.(목회데이터연구소, "기독교 통계(219호)- 한국 개신교인의 외로움", 3).
[52] 목회데이터연구소, "기독교 통계(219호)- 한국 개신교인의 외로움",(2023년 12월 12일), 7.
[53] 이성희, 『미래목회 대예언』(서울: 규장문화사, 1998), 124.

한 현대인의 욕구에 부응하도록 혁신적인 열린 소통의 자리를 준비하지 않으면, 교회에 들어와서도, 상처가 치유되며 영적 쇄신을 이루는 인격체로서 살아가는 것은 기대하기 어려울 것이다. 어떤 사유로 고독한 상태가 되고 외로움을 지속하든 관계없이, 모두를 포용하고 그리스도 안에 한 가족공동체로 받아들이려면, 교회와 소그룹은 상대가 자신을 사랑하는 가족처럼 느끼도록 교회와 소그룹의 문턱을 낮출 필요가 있다. 이렇게 하려면, 상처받고 외로운 사람의 안식처가 되기 위해, 그의 존재를 인정하고 상호 솔직한 대화를 나눌 수 있는 수평적 소통의 열린 공간이 되어야 함은 물론이다.

그래서 소그룹은 지식의 수준, 빈부, 사회적 지위와 무관하게 열린 소통의 자리가 되도록 리더, 부리더 등 소그룹의 모든 지도 체제가 사역의 구별을 확인하는 것 외에 어떤 수직적 직제여서는 안 된다. 누구나 쉽게 대화가 가능한 시스템이 되어야 교회가 역동적인 사역을 수행할 수 있다.

100년 이상 전의 전 근대적인 사회라면 이렇게까지 우리의 마음을 열어 놓을 필요까지 있겠는가 생각될지 모르겠지만(이 말도 사실 옳지는 않다! 이 점에 대해서는 다음 장에서 확인할 것이다), 21세기 현대 사회는 '교회의 현대화'를 요구하고 있음을 민감하게 받아들이는 것이 옳다. 100년 전에 이러한 소그룹 운동 곧 '교회 안의 작은 교회' 운동을 제안했더라면 많은 반대에 부딪혔을지도 모른다. 슈페너가 처음에 신조나 교리보다 영적 변화에 더 관심을 두었기에 교리를 강조하는 자들에 의해 심한 반대에 부딪혔듯이 말이다.[54]

사실 오늘날도 '가정교회 소그룹'에 대해 오해받기도 했다(이에 대해서는 제6장에서 논의할 것임). 이제는 현대 사회의 평등사상이 일반화되어 있으므

---

[54] Williston Walker, *A History of the Christian Church*, 3rd ed., (NY: Charles Schribner's Sons, 1970), 446.

로, 이러한 운동이 전통적인 교회라도 점진적으로 용납되길 희망한다. 비록 앞에서 살펴본 바와 같이 우리의 수직적 위계 혹은 신분적 사조로 인해 우리가 희망하는 소그룹이 중심이 되는 개방적 소통이 원활한 교회가 되는 데에는 여전히 높은 장벽이 존재하기는 하지만, 이러한 '교회 안의 작은 교회' 운동이 성경적이고 신학적으로도 우리가 살펴본 바와 같이 정통이라면 개교회에서 용기를 내어 도전할 필요가 있다.

6. 나가는 말

우리가 말하는 소그룹은 바로 각 소그룹의 '교회 됨'을 말한다. 이것은 곧 목사 또는 교회의 치리 기관 중심의 수직적 직제가 아닌 교회 지도부와 소그룹들 사이의 상호 인정과 수평적 직제 구조 아래, 교회 지도부로부터 인정받고 사역의 위임을 받은 각 소그룹이 그리스도 예수만 머리로 하는 상호 섬김의 신앙공동체를 이루어 말씀 나눔과 가족적 교제와 전도, 봉사, 섬김의 역동적인 영적 사역을 하는 것을 의미한다.

이를 위해 우리는 교회의 직제를 수직적 지배 구조가 아닌 수평적 섬김의 구조가 되도록 무엇보다 먼저 교회 안에 '교회 학교'를 세워, 성도 모두에게 소그룹 중심의 교회 철학을 교육하고 잠재적인 리더를 발굴할 필요가 있다. 교육을 통해 모든 성도가 소그룹 철학 곧 '교회 안의 작은 교회' 구조를 '신조'처럼 받아들여야 한다.

이를 통해 비로소 교회는 소그룹으로 '이루어진' 교회가 될 수 있다. 이러한 교회의 지도부는 철저하게 '지원기관'으로 그 정체성을 갖는다. 각 소그룹은 교회 지도부를 인정해야 함은 물론이다. 상호 사랑 안에 소그룹은 '작은 교회'로서 고유한 권한을 갖되 교회 행정의 의도에 '즉시' 순종하고, 교회 지도부는 교회 전체의 원활한 운용을 위한 권한을 갖되 '즉시' 각 소그룹을 인정하고 자율권을 주어 '작은 교회'로서 역할을 하도록 배려해야 한다. 이런 방식의 구조는 교회 안에 상호 긴장과 다툼이 없는 실제적인 한 몸이 만들어져서, 진정한 영적 성장, 성령 충만의 역동적 성도의 교제가 드러나는 참된 교회를 구현할 것이다.

이러한 교회는 무기력한 모습의 소그룹이 '있는' 교회(a church with small groups)가 아닌, 영적 능력이 살아 있는 소그룹 '중심의' 교회(a church of small groups)가 된다.[55] 새들백교회가 바로 이런 교회다.

"새들백교회의 릭워렌 목사는 새들백교회는 소그룹 사역이 있는 교회가 아니고, 소그룹으로 이뤄진 교회라고 강조한다."[56]

이러한 교회는 여러 프로그램 가운데 하나로서의 액세서리나 목회의 실용적 수단이 아니라 목회의 본질이며 교회의 소그룹화임을 천명하는 것이다.[57] 소그룹이 있는 교회는 소그룹을 교회 지도부가 교인 관리 차원에 머물게 하는 프로그램이라면, 소그룹 중심의 교회는 소그룹으로 '이루어진' 교회로서 성도들이 주체적으로 교회 지도부와 동역하여 교회를 역동적인 성령 충만한 교제 공동체로 만드는 시스템이다. 권위에 의해 주어진 하향적 교제와 양적 성장을 위해 동원되는 수단이 아닌, 성도들이 자연스럽게 한 가족으로서 참여하는 상향적 교제와 영적 성장의 주체가 되는 구조이다.

상당수 교회는 소그룹을 실용주의적으로 접근해 왔다. 물론, 이러한 소그룹 운용이 절대 악은 아니다. 소그룹에 참여하여 성도들 사이에 어느

---

55 Bill Donahue & Russ Robinson, 『소그룹 중심이 교회를 세우라: 이것이 윌로크릭 소그룹이다』, 15.
56 계재광, "코로나 상황 속 디지털 미션 필드(Digital Mission Fields)사역에 대한 연구: 새들백교회의 온라인 소그룹 사역을 중심으로", 「제79회 한국실천신학회 정기학술대회 발표논문집」 (2021.2.5.), 16, 각주 16번("원문으로 옮기면 Saddleback is not a church with small group, a church of small group").
57 이성희, 『미래목회 대예언』, 126-127.

정도의 친밀도가 유지, 향상되고 공동체성 구현의 출발이 이루어지며, 일정 부분의 결속력 유지와 교회 성장 그리고 목회 효율성의 제고 등의 유익이 있을 것이다. 이러한 장점을 우리가 무시할 수는 없다. 그러나 자칫 교회 안의 '한'(a) 프로그램, 혹은 '사회적 교제'(social fellowship) 모임으로 전락할 우려가 있는 것도 사실이다. 실제로 개인들 사이의 개인적 대화와 기도 나눔 정도로 소그룹의 세속화가 이루어지는 경우가 많다.

하지만, 이러한 소그룹 형태로 오랫동안 유지한다면, 우리가 기대하는 소그룹 중심의 교회가 되기에는 역부족이다. 영적 성장의 깊이를 더하면서 성도들이 상호 섬김과 의존을 일상화하여 하나를 이루고 교회 내외에서 예수님의 제자로 인정할, 성경적 공동체를 세워 나가기에는 한계가 있을 것이다.

그래서 우리는 소그룹을 교회의 구조적 실체로 접근하려고 했다. 실용적 접근의 소그룹과 달리 가족공동체로서의 교회 구조 안에서는 인간적-사회적 관계에 흔들리지 않을 수 있는 지속 가능한 영적 성장과 가족적 친밀도를 극대화하는데 용이하다. 목회의 역동성, 즉 평신도와 '동역'하는 공동체 의식에 기초한 목회 리더십의 고착화를 만들어 내는 것도 어렵지 않게 한다. 비로소 소그룹을 '형태만 있는' 한 프로그램으로 여기지 않고 '직제 혁신의 내용을 담은' 교회 안에 교회(ecclesiola in ecclesia)로 만든다. 전자의 경우에는 기존의 수직적 직제 중심의 무늬만 소그룹이다. 반면에 후자는 수평적 직제에 기초한 소그룹이 교회의 중심 역할을 하여 교회의 생명력을 극대화하는 것이다.

그런데 사실 우리에게는 이러한 수평적 직제 구조가 아예 낯설지는 않다. 왜냐하면, 우리 개신교는 바로 위계적 교회 직제 구조를 타파하면서 탄생했기 때문이다. 로마가톨릭교회는 교황제를 통해 계급주의화 된 직제를 만들었고 개신교는 이를 문제시하여 상당 부분 상호 동등한 직제 구조를 만들었다. 이에 대한 통찰을 우리는 칼빈에게서 배울 수 있다. 그런데 문제는 로마가톨릭만 수직적 직제를 갖는 것이 아니다. 우리가 지금까지 살펴본 바와 같이 한국의 개신교 역시 그러하다. 그래서 종교개혁자들이 외친 '개혁된 교회는 항상 개혁하고 있는 곳'(*ecclesia reformata semper reformanda*)이라는 명제가 지금도 우리에게 유효한 것이다.

다음 장에서 우리는 칼빈이 비판한 교황제의 위계적 직제 구조와 이를 대체할 수평적 직제 구조 제시에 대해 살펴보면서, 우리가 여기서 제시한 소그룹 중심의 교회가 계급주의적이고, 수직적인 교회의 왜곡된 직제를 성경적인 유기체적 혹은 공동체적 교제로 발전시킬 수 있기를 기대한다.

제3장

칼빈의 교회 개혁과 소그룹화된 교회[1]

앞에서 우리는 이미 소그룹 중심의 교회가 필요하다는 것을 삼위일체론적으로 전개했다. 그리고 이러한 신론적 원리를 바탕으로 성공적으로 교회에 적용하기 위해 직제 구조 개혁의 필요성을 제시했다. 소그룹의 신론적 원리를 교회의 공동체적 구조가 갖는 수평적 직분제로 발전시키는 것이 그것이다. '수평적 교제'가 가능한 소그룹은 비로소 남녀, 신분, 인종의 차이를 넘어 믿음 안에서 하나를 이루는(갈 3:28-29) 신약적 교회가 된다.

이러한 교회는 성도들의 수평적 교제가 가능한 삼위일체 하나님을 닮은 가족공동체의 실현을 달성한다. 그러나 이러한 구조를 우리 교회 안에 실제로 구현시키기가 쉽지는 않다. 앞에서 언급한 바와 같이 소그룹 중심의 교회가 되는 것은 삼위일체 하나님을 이해하기 어려운 만큼이나 똑같이 쉽지 않다. 실제로 교회 역사는 이를 입증한다. 신약적 교회도 아니고 삼위일체 하나님의 구조와도 맞지 않은 로마가톨릭의 교황제가 그것이다.

여기서 우리는 교회 안에 삼위일체 하나님을 닮지 않은 왜곡된 교회 구조를 대체할 역사적 자료에 주목한다. 바로 존 칼빈(John Calvin, 1509-1564)

---

[1] 이 글은 다음의 논문을 여러 군데에서 수정, 보완한 것임을 밝힌다. "개혁신학적 교회 구조: 소그룹", 『애굽에서 약속의 땅 가나안까지』 (용인: 웨스트민스터출판부, 2007), pp. 621-641.

이 제시한 교회 개혁을 위한 교회 직제 구조의 성경적·고대 교회적 모델이 그것이다. 우리는 이 글을 통해 소그룹이 본질적으로 교회 성도들의 수평적 교제를 갖추는 것임을 뒷받침할 자료로서, 교회 역사에서 수평적 직제를 왜곡하던 것을 바로잡으려는 칼빈의 시도를 확인한다. 칼빈은 로마가톨릭의 왜곡된 교회 구조에 대해 문제를 제기하고 해결책을 제시했다.

우리는 칼빈에게서 소그룹 중심의 교회론적 구조가 가능한 한 원리에 주목할 것이다. 개신교 신학의 교회 개혁의 중심으로서, 교황제 형식의 제거와 몸 지체 의식 또는 성직자와 평신도 그리고 평신도들 사이의 수평적 직분제로 전환하는 교회 구조가 그것이다. 이러한 새로운 교회 직분 구조론은 일종의 교회 개혁 그 자체이다. 이 구조는 이미 앞에서 살펴본 것이기도 하다. 이런 의미에서 교회에서 소그룹을 도입한다는 것은 곧 칼빈이 제시한 교회 직분의 구조 개혁이라는 틀을 회복한다는 것을 의미한다.

1. 소그룹화된 교회

교회란 하나님의 백성, 혹은 성도들이 사랑 안에서 공동체적 교제를 나누는 모임이며 섬김의 현장이다. 나는 이러한 교회의 공동체적 본질에 대해 신학적·성경적 타당성을 이미 논증하기도 했다.[2]

그런데 왜 오늘날 교회에는 이러한 '공동체적 본질'의 충실도가 부족한가?

아마도 그것은 우리가 그러한 교회를 만들어 내는 실제적인 '구조'를 개발하지 못해서가 아닌가 한다. 유대인과 이방인, 남자나 여자, 신분의

---

[2] 권문상, 『성경적 공동체: 삼위일체 하나님을 닮은 가족교회』, 204-293.

높낮이를 초월하여 하나를(갈 3:28-29) 이루기 위한 실제의 수평적 구조 말이다. 신분, 성, 인종 간에 믿음 안에서 아브라함을 아버지로 하는 한 가족을 이루기 위한 구조가 그것이다. 우리 한국 교회에 적용한다면, 권위주의적 직분제, 남녀 차별적 교회 조직, 한국의 연줄 문화에 힘입은 파당주의, 각각의 성도가 세심하게 배려받지 못하는 집단주의 형식 등을 극복할 교회 구조를 연구해야 한다는 말이다.

그것은 바로 앞에서 우리가 논의한 소그룹 중심의 교회 구조이다. 여기서 '중심 구조'라고 말할 때, 그것은 물론 정치적인, 혹은 기계적인 하드웨어가 아니다. 그것은 교회가 어떤 목표를 이루기 위해 취하는 수단이 아니기 때문이다. 당연히 교회 성장 혹은 부흥을 이루기 위해 주어진 이벤트성 프로그램은 아니다. 오히려 그것은 교회가 지향해야 할 목적을 이루기 위해 '자연적으로' 요구되는 형식이다. 따라서 "소그룹 중심의 교회라고 할 때의 소그룹은 교회의 액세서리 프로그램이나 목회 수단이 아닌 … 교회의 소그룹화를 의미한다."[3]

소그룹화된 교회란, 공동체적 섬김의 교회 본질을 구현시키려는 열정이 있다면 교회 안에 자연스럽게 생길 수 있는 교회 구조이다. 이성희 목사는 이러한 교회의 실례를 소그룹 중심의 교회로 성장한 미국의 뉴호프 커뮤니티교회(New Hope Community Church)에서 찾고 있다. 이 교회에서 목회한 데일 갤로웨이(Dale Galloway, 1939-2021) 목사는 "소그룹을 하나의 사역으로 이해하는 것이 아니라 교회 자체를 소그룹의 연합"으로 보고 있으며, 그래서 갤로웨이 목사는 "교회가 소그룹이고, 소그룹이 교회 자체"라고 정의한다.[4]

---

3   이성희, 『미래목회 대예언』, 127.
4   이성희, 『미래목회 대예언』, 128.

새들백교회(Saddleback Church, California)의 릭 워렌(Richard Duane Warren, 1954~) 목사도 같은 생각이다.

"새들백교회는 소그룹 사역을 하는 교회가 아니라, … 소그룹들의 모임이고 모든 사역의 중심에 소그룹이 있으며, 작은 소그룹 하나가 하나의 교회로 존재하길 의도한다."[5]

2. 유기체적 공동체와 제도적 교회

소그룹화된 교회는 유기체 의식 아래 상호 교제함으로써 신약 교회의 모습을 오늘의 시대에 성공적으로 회복할 것이다. 교회는 성도들이 교제를 나누며 서로 섬기는 모임이요, 그 실천적 현장이다. 여기서 성도들이 교제를 나눈다는 말은 성도들이 유기체적으로 하나를 이루며 서로에 대해 상호 의존적 삶을 사는 것을 말한다.

그런데 이러한 모임은 어떤 의미에서 보면 보편적 교회의 모습일 수 있다. 우리는 이러한 소위 '보이지 않는 교회'에만 머무는 것이 절대적으로 유익하지 않음을 알고 있다. 실제로 '보이지 않는 교회'에 대한 이해는 '보이는 교회'를 중시하면서 생겼던 제도화된 교회의 부패상을 반복하지 않게 하는 데 큰 도움이 됨에도 말이다. 제도 혹은 구조로서의 교회를 거부하며 공교회를 벗어나려고 했던 재세례파 교회가 그 실례이다.

이런 의미에서 단순히 보이지 않는 교회를 진정한 교회로 생각할 수는 없다. 그래서 우리는 그러한 성도의 교제가 실천적으로 이루어지는 현장, 곧 제도로서의 교회 자체를 동시에 인정해야 한다. 성도의 교제를 실체화

---

5 계재광, "코로나 상황 속 디지털 미션 필드(Digital Mission Fields)사역에 대한 연구: 새들백교회의 온라인 소그룹 사역을 중심으로", 16.

하기 위해 몸부림치는 현장을 전제하자는 것이다. 비록 가라지가 섞여 있더라도 주의 진정한 제자가 되기 위해 훈육받고 성장하는 현장을 긍정하자는 이야기다.

이런 의미에서 우리가 주목해야 할 것은, 베버(Otto Weber)가 명확하게 말한 바와 같이, 칼빈이 교회를 믿음 중심으로 볼 때는 신자의 모임으로, 말씀 중심으로 볼 때는 제도(institution)로 규정했다는 점이다.[6] 칼빈은 교회가 유기체적 존재로서 성도가 교제를 나누는 모임임을 전제했다. 그는 사도신경에서 교회에 관해 표현된 '성도가 서로 교제한다'고 하는 것(communio sanctorum, 즉 communion of the saints)을 공동체적 모임으로 해석했다.

> 신경은 믿는 무리가 한 마음과 한뜻이 된 공동체를 주장했으며, 그것은 바울이 에베소 신자들을 향해서 "몸이 하나이요 성령이 하나이니 이와 같이 너희가 부르심의 한 소망 안에서 부르심을 입었느니라"(엡 4:4)고 했을 때 염두에 두었던 바로 그 공동체이다.[7]

그러나 그는 곧이어서 이러한 교제의 실천적 현장을 동시에 언급했다. 바로 신자를 탄생하게 하고 양육하여 기르는 어머니와 같은 교회가 그것이다.[8]

그런데 칼빈은 이러한 성도의 교제와 그 실천적 현장 중에서 어느 하나를 우선으로 하는지 그리고 둘 중의 어느 하나를 택해야 하는지에 대해서 언급하지는 않았다. 왜냐하면, 전자의 것은 단순히 보이지 않는 교회만을 가리키지 않기 때문이다. 그래서 그는 사도신경에서 말하는 '성도의 교제'

---

6 Otto Weber, 『칼빈의 교회관』, 김영재 역, (서울: 이레서원, 2001), 38.
7 John Calvin, 『기독교 강요』, IV.i.3.
8 John Calvin, 『기독교 강요』, IV.i.4.

조항은 어느 정도 외면적인 교회에 적용된다고 말했다.[9] 우주적이고 보편적인 교회라면 당연히 성도의 교제가 구체적인 실천 현장 아래에 있음을 고려해야 했다. 그리고 그러한 교회는 말씀을 통해 훈련받고 성장하는 '어머니로서의 가견적 교회'이다.

또한, 반대로 진정한 의미에서의 기독교적 실천 현장이 살아 있는 교회라면 당연히 성도의 교제가 이루어지는 우주적 교회이기도 하다. 따라서 베버가 잘 간파한 바와 같이 칼빈에게 교회는 "제도냐 성도의 모임이냐 하는 양자택일은 있을 수 없고, 어느 것이 우선하느냐 하는 것도 없다."[10]

다만, 칼빈이 '보이는 교회'의 중요성을 상당히 강조한 것은 틀림없다. 왜냐하면, 보이는 교회 안에서 교육받고 양육을 받아야 비로소 성도의 교제가 이루어지는 모임이 되기 때문이다. 그래서 그는 조직 혹은 제도로서의 교회, 달리 말하면 그가 비유로 들듯이 '어머니로서의 교회'를 강조하지 않을 수 없었다.

이 비유는 당연히 보이는 교회를 말하는 것이다. 이 가견적 교회가 실질적으로 참 교회를 만들게 하는 상당한 유용성을 지니고 있어서이다.[11] 마치 "어머니가 우리를 잉태하고 낳으며 젖을 먹여 기르고 우리가 이 육신을 벗고 천사같이 될 때까지(마 22:30) 보호, 지도해 주지 않는다면 우리는 생명으로 들어갈 길이 없기 때문"인[12] 그것과 마찬가지로, 우리는 보이는 교회 안에서 배워야 하고 양육 받으면서 자라야 한다.

이런 의미에서 성도들이 사랑으로 서로 교제를 나누는 것은 보이는 교회 안에 소속하여 실질적으로 말씀을 통해 교육받고 양육되어 잘 자라나야 한다. 말씀을 들으면서 믿음을 갖게 하고, 그 믿음은 자연적으로 성도

---

9   John Calvin, 『기독교 강요』 IV.i.3.
10 Otto Weber, 『칼빈의 교회관』, 38.
11 John Calvin, 『기독교 강요』 IV.i.4.
12 John Calvin, 『기독교 강요』 IV.i.4

들 사이에 사랑 안에서 섬김과 봉사, 진정한 협력, 상호 의존적 교제 등을 갖도록 한다. 즉, 제도로서의 교회 안에서 비로소 성도들이 참 교제의 법을 익히고 삶으로 실천하게 되는 것이다. 그러나 칼빈이 제도적인 교회를 강조한 것은 재세례파가 조직 또는 제도로서의 교회 곧 보이는 교회를 인정하지 않고 보이지 않는 교회에서나 있을 수 있는, 완벽한 이상주의적 교회 모델을 추구하려는 생각을 경계하고자 한 것이기도 하다.[13] 재세례파의 분리주의 교회관은 교회의 본질을 왜곡시키기 때문이다.

물론, 칼빈이 강조한 제도로서의 '보이는 교회'는 로마가톨릭에서 채택한 교황주의 체제와는 차별화된다. 그가 말한 '보이는 교회'는 교황제와 같이, 인간이 교회의 머리 역할을 하게 하는 등 계급주의적 조직체를 의미하는 것은 아니다. 오히려 교회는 하나님 혹은 그리스도만 머리이고, 나머지 모든 교인은 상호 섬김과 순종이 있는 곳인 것을 말한다.

즉, 교회 안에는 계급주의적 개념이 배제되어야 한다는 의미이다. 조직으로서의 교회는 평등주의적 체제를 갖춘 상태에서 상호 섬김의 정신을 구체화하여 성도의 교제와 봉사와 실천의 현장이 역동적으로 이루어지도록 하는 것을 뜻한다. 실례를 들자면, 평신도들의 의견을 최종 반영하는 교회 구조가 그것이다. 목회자와 평신도 사이의 상호 의존적 구조를 교회 안에서 실제화하는 것이다.

이러한 평등주의적 교회 직제는 스나이더(Howard Snyder)가 말했듯이, 성직자와 평신도라는 비성경적이며 효력이 없는 이분법에서 벗어나 "모든 그리스도인이 평신도(하나님의 백성)이며 사역자라고 말해야 하는 것"을 의미하기도 한다.[14] 이러한 교회 구조는 바로 내가 이미 밝힌 공동체적

---

13 G. S. M. Walker, Donald K McKim ed., *Readings in Calvin's Theology*, 이종태 역, "칼빈과 교회", 『칼빈신학의 이해』 (서울: 생명의말씀사, 1991), 283.
14 Howard Snyder, 『그리스도의 공동체』, 124.

교회 구조와 같다.[15] 그리고 이 책 제2장에서 구체적으로 공동체적 교회의 직제 구조를 설명한 바 있다.

비록 베버가 확신한 바와 같이 칼빈은 오늘날 우리가 말하는 '공동체' 개념에 대해 기초를 놓지는 못했지만,[16] 그렇다고 칼빈이 교회가 공동체임을 말할 때 어떤 의도가 없었다고 말할 수는 없다. 구체적인 공동체 철학이나 사상 또는 이념을 체계화시키지는 않았지만,[17] 칼빈에게 공동체란 하나님이 인간을 창조한 목적에 부합하는 타락 이전의 상태로 회복할 이상적인 목표를 지닌 곳이며, 현재는 이러한 회복을 이룬 새로운 질서로서의 교회다.[18]

그러나 교회가 성도들이 그리스도를 머리로 하는 한 몸을 이루면서, 서로의 은사를 서로 돕고 나누는 공동체라고 해도,[19] 여전히 칼빈은 교회가 '사회'와 같이 미흡하거나 부족한 점들이 있다는 점과 현실의 교회가 이상적이거나 완성된 형태를 지니고 있다고는 이해하지 않았다.[20] 이러한 점에서 칼빈이 이해한 공동체로서의 교회는 타락 이전의 하나님의 창조 목적을 이루어야 할 과제를 안고 있다고 하겠다.

그러나 칼빈이 하나님의 주도적 역사 아래, 교회가 그리스도만 머리로 하는 지체로서 상호 의존적 모임이라는 것을 인정했다는 측면에서 오늘날 사회학적·신학적인 공동체 구조를[21] 지지할 것이다. 이제 좀 더 그러한 교회의 공동체적 구조의 실제를 살펴보자.

15　권문상, 『성경적 공동체: 삼위일체 하나님을 닮은 가족교회』, 204-293.
16　Otto Weber, 『칼빈의 교회관』, 54.
17　이오갑, "칼뱅의 공동체 사상", 「신학논단」 75 (2014.3), 237.
18　이오갑, "칼뱅의 공동체 사상", 219-220.
19　이오갑, "칼뱅의 공동체 사상", 221.
20　이오갑, "칼뱅의 공동체 사상", 222.
21　권문상, 『성경적 공동체: 삼위일체 하나님을 닮은 가족교회』, 176-252.

3. 지배-계급 구조와 섬김-평등 구조

교회의 공동체적 구조는 섬김과 평등을 기초로 삼는다. 그리스도를 머리로 하면서 우리 모든 그리스도인은 서로를 절대 필요적 존재로 인식하고 상대를 섬기는 삶을 살아가는 구조가 그것이다. 교회가 섬기는 삶을 본질로 하는 사역이기에 섬김의 구조를 만드는 것은 당연했다. 실제로 교황제 이전의 고대 교회는 교회가 하는 일 중에 교회 재산을 빈민에게 나누어주곤 했다.[22] 바로 이러한 섬김의 활동을 지속하기 위해 성도 모두가 피차 섬기는 구조를 만드는 것은 자연스러운 현상이었을 것이다.

또한, 사회적 신분이나 계급, 성별 차이, 빈부 차이 등으로 서로를 위계적 구조 안에 두지 않고, 그리스도인들은 새로운 피조물로서 기본적으로 상호 평등한 관계 안에 두려고 했다.

"그리스도께서 직접 통치하시는 교회의 직분과 질서는 몸의 다양한 지체처럼 (수직적 계급 분화가 아닌) 수평적 기능분화로 나타나야 한다."[23]

진정한 교회는 교회 안에 있는 직분을 목사와 장로, 여자 권사(한국에만 있음) 그리고 집사, 교사, 평신도 등으로 구분하는 것이 수직적 계급 혹은 신분에 따른 것이 아니라 지체 의식 아래 상호 평등한 관계를 기초로 하는 섬김의 각기 다른 양식 또는 각 직분의 고유한 기능을 의미하는 것이다.

"신약성경에는 다양한 종류의 사역에 대한 기능적인 구분만이 있을 뿐 평신도와 성직자 사이의 계급 조직적인 구별은 존재하지 않는다."[24]

22　John Calvin, 『기독교 강요』, IV.iv.8.
23　윤형철, "칼빈의 교회직분개혁을 통해 본 기독교적 형성", 「조직신학연구」 32 (2019), 147.
24　Howard Snyder, 『그리스도의 공동체』, 126.

이런 의미에서 교회에서의 평신도는 다른 목회적 직분을 맡은 사람 못지않게 건강한 교회 구조를 이루게 하는 데 중요한 일익을 담당한다. 따라서 평신도는 책임과 의무만 있고 아무런 권한이 없는 자가 아니라 실제로 교회의 평화와 건전성을 담보하기 위한 견제의 권한 또는 역할을 부여받는다.

고대 교회에서는 교회 결정에 있어서, 평신도의 중요한 위치를 인정하고 그 역할을 제도화했다. 칼빈이 이를 잘 증언하고 있다. 칼빈에 따르면, 고대 교회는 평신도의 의견이 최종 반영되는 구조로서, 감독 선거에도 교인이 최종적으로 확인해야 그 지명이 효력을 발휘하도록 했다.[25]

지금이야 정치적으로는 민주주의가 정착되고 교회는 당회 또는 공동의회, 운영위원회 등과 같은 제도가 보편화되는 등 평신도의 의결기관 참여와 의결권 보장이 당연하지만, 고대 교회에서 이미 평신도가 감독 지명권의 최종 결재권자였다는 사실은, 오래전부터 교회는 얼마나 교회의 공동체적 구조를 적극적으로 수용, 발전시켰는지를 잘 보여 준다. 성직자와 평신도 사이에 구별은 있지만 수직적 위계가 아닌 평등한 관계 안에, 서로 다른 직임을 행사하는 등 공동체 구조의 형식을 잘 구현하고 있었다.

물론, 평신도 의견이 절대적으로 반영되지는 않았다. 교회가 평신도의 중요성을 인정했다고 하더라도 성직자들의 의견이 완전하게 무시되지는 않았기 때문이다. 고대 교회는 성직자의 의견과 신자들의 찬성 모두를 중시하는 상호 견제와 균형을 갖춘 구조를 택했다.[26] 어느 한쪽에 절대적 권한을 부여하지 않고 상호 인정, 상호 의존적인 공동체적인 구조를 고대 교회는 지향했다.

---

25 John Calvin, 『기독교 강요』, IV.iv.11.
26 John Calvin, 『기독교 강요』, IV.iv.12.

그러나 교회가 교황제도를 근간으로 하는 로마가톨릭 체제로 변모하면서 교회의 공동체적 구조는 상실되고 말았다. 섬김과 평등의 구조에서 지배와 계급 구조로 변환되었다. 칼빈이 강력하게 비난한 바와 같이, 로마가톨릭의 교황제도는 고대 교회 정치 형태를 완전히 전복시키고 말았다.[27] 교회가 섬김의 구조로서 교회 재산을 빈민에게 분배했던 고대 교회와 달리 사제의 탐욕으로 성직자들은 재산 쌓기에 여념이 없었다.

중세 당시에는 교회의 재산 중 한 푼도 가난한 빈민에게 돌아가지 않게 했고, 대신에 주교는 호화찬란한 생활을 누리는데 정신없었다. 이러한 성직자의 세속화한 삶은 제도로서 보장받게 하는데 이르렀다. 로마가톨릭은 사제들이 부유하게 생활하는 것을 정당화하고 군왕처럼 호화롭게 해야 한다고 하는 등, 자기 합리화에 열을 올렸다.[28]

나아가 교회가 사제와 평신도 간에 평등한 관계를 맺고 있다고 생각했던 고대 교회와 달리 로마가톨릭은 주교 선거의 권리를 신자의 공동체에서 박탈하는 등 평신도의 권리를 빼앗았다. 투표, 찬성, 서명 승낙 등의 과정을 제거하고, 전권이 참사회 의원들에게 이전하게 했으며, 이들은 마음대로 주교직을 수여하는 등 독재적 교회 정치체제를 공고하게 다졌다.[29] 심지어 교회는 열 살도 되지 않은 소년을 교황의 허락으로 주교로 임명할 정도로 교회를 독단적으로 운영했다.[30]

왜, 교회는 계급주의화했는가?

그것은 바로 교황제가 교회의 구조를 섬김과 평등보다는 지배와 계급의 틀로 만들었기 때문이다. 교회의 직제가 수직적 계급주의화 된 것은 한 국가에 군주가 일인 지배 체제 아래에 있듯이, 교회 역시 한 사제의 지

27　John Calvin, 『기독교 강요』, IV.v.1-19.
28　John Calvin, 『기독교 강요』, IV.v.13, IV.v.16-17.
29　John Calvin, 『기독교 강요』, IV.v.2.
30　John Calvin, 『기독교 강요』, IV.v.1.

배 체제 아래 있어야 한다는 논리에서 비롯되었다.

그러나 이러한 교황제는 비판받아 마땅하다. 칼빈이 이러한 교황제를 비난하면서 그 근거로 제시한 것은, 바로 그리스도만이 교회의 머리가 되기 때문이다.

"교회에서는 그리스도께서 유일한 머리이시며, 우리는 모두 그의 지배 하에서 그가 제정하신 질서와 조직에 따라 서로 연합"되는 것이다[31].

나아가 그는 에베소서 4:16을 비유로 들면서, 그리스도 외에 다른 모든 사람은 유기적으로 하나가 되고 지체의 분량대로 일할 뿐이라고 주장했다.[32] 완전한 은총과 최고의 지배권은 그리스도에게만 있기 때문이다. 칼빈은 교황제의 잘못을 다음과 같이 격렬하게 비난하고 있다.

> 바울은 그리스도께서 자신을 나타내시는 방법을 우리에게 알리고자 할 때, 그리스도께서 사용하신 봉사의 직분을 상기시킨다. 바울은 주께서는 각 지체에 베푸신 은혜의 분량에 따라 우리 모든 사람 안에 계신다고 말한다(엡 4:7). 그러므로 "혹은 사도로, 혹은 선지자로 혹은 복음 전하는 자로, 혹은 목사와 교사로 주셨으니"라고 운운한다(엡 4:11).
> 왜, 바울은 그리스도께서 모든 사람 위에 자신의 대행자를 세우셨다고 하지 않았는가?
> … "몸이 하나이요 성령이 하나이니 이와같이 너희가 부르심의 한 소망 안에서 부르심을 입었느니라. 주도 하나이요 믿음도 하나이요 세례도 하나"(엡 4:4-5)라고 말한 다음에 왜 교회의 연합을 유지하기 위한 최고의 제사장을 첨가하지 않았는가?

---

31 John Calvin, 『기독교 강요』, IV.vi.9.
32 John Calvin, 『기독교 강요』, IV.vi.9.

> … 그런데 그의 후계자들은 이를 "성직자 계급 제도"라고 불렀다. 그는 목사들 사이의 단독 지배 제도를 규정하지 않았을 뿐만 아니라 그런 것이 없다고 지적한다. 확실히 바울은 신자들이 머리이신 그리스도와 결합되는 방법을 표현하려고 했다. 그래서 그는 사역자들의 머리에 대하여 말하지 않을 뿐만 아니라 각각 받은 은혜의 분량에 따라(엡 4:7) 각 지체에게 독특한 기능을 부여한다(엡 4:16). 우리의 반대자들은 하늘의 성직자 계급 제도와 땅의 성직자 계급 제도를 비교해서 알기 어려운 이론을 말할 필요도 없다.[33]

칼빈은 교황제를 지지할 성경적 근거를 갖지 못한다고 역설했다. 교회 안에서 직분의 평등 개념은 교회의 공동체적 개념을 정당화할 수 있게 하는 것이라 하겠다.

교회가 하나 된다고 할 때, 그것은 교황 수위권이나 수직적 계급 제도로 실제화되는 것이 아니라 그리스도를 하나의 유일한 머리로 하고 성직자를 포함한 성도 모두는 당연히 지체 의식을 가지면서 연합하는 것이다. 상호 의존적 관계를 기초로 한 공동체적 교회와 다름없다. 칼빈이 키프리아누스의 말을 인용하여 이러한 교회의 연합을 말한 것은 매우 적절하다.

> 감독직은 하나요, 이 '전체'의 한 부분을 각 감독이 차지한다. 그리고 교회는 하나요, 결실이 늘어남에 따라 교회는 많은 수로 널리 퍼져나간다. 태양의 광선은 많으나 빛은 하나이며, 나무에 가지는 많으나 굳센 줄기 하나가 땅속에 단단히 뿌리를 박고 있으며, 한 샘에서 많은 시내가 흘러 각각 자체의 풍부한 데서 넘쳐흐르는 것 같지만 근원은 하나이고 갈라지지 않은 것처럼 교회도 주의 빛을 풍부하게 받아 많은 광선을 온 세상에 발한다. 그러

---

33 John Calvin, 『기독교 강요』, IV.vi.10.

나 하나의 빛이 각처에 확산되는 것이다. ⋯ 머리와 근원은 하나이다.[34]

키프리아누스와 같이 칼빈에게는 "그리스도만이 교회 전체를 거느리는 보편적 감독"[35]일 뿐, 그 어느 인간도 그러한 지위를 누릴 수 없는 것이다. 그러므로 교황이 보이는 교회 모두의 실제적 감독이요, 유일한 머리라고 하는 것은 성경적·신학적 근거가 없다. 이러한 교황제도는 당연히 교회 안의 교인 모두의 지체 의식, 유기체적 성격을 거부하는 것이다. 이는 곧 개인이 교회를 지배하는 구조를 정당화하기 때문에, 앞에서 중세 교회의 부패성을 열거한 바와 같이 교회는 부패할 수밖에 없게 되었다.

이러한 교황제도는 개인의 교회 지배를 가능케 하고, 결국 교회를 파괴하게 하는 것이다.[36] 이러한 칼빈의 개혁과 신학적 교회론에서 우리는 지배-계급 교회 구조가 아닌 섬김-평등의 교회 구조를 이루기 위한 이론적 기초를 배운다.

그런데 혹시 소위 루터의 만인제사장 논리가 섬김과 평등의 교회 구조를 더 확실하게 가능하게 할 수 있지는 않을지, 생각할지 모르겠다. 그렇다면, 로마가톨릭의 계급주의적 지배 구조를 파괴할 중요한 이론을 루터가 제시했다고 생각할 것이다. 그래서 루터는 모든 성도가 남녀 차이는 물론, 지위 고하, 지식인이거나 무식자를 불문하고 모두 다 제사장이라 말함으로써 교회 안에서의 계급주의를 이론적으로는 차단했다고 말할 수 있을 것이다.

그러나 실제로 루터는 1523년에 발표한 글을 통해 "모든 신도는 제사장이다. 그러나 모두가 목사는 아니다. 왜냐하면, 목사는 신도이며 제사장이면서 하나의 직무와 맡겨진 하나의 교구의 무리를 가지지 않으면 안

34　John Calvin, 『기독교 강요』, IV.vi.17.
35　John Calvin, 『기독교 강요』, IV.vi.17.
36　이종성, 『교회론1』 (서울: 대한기독교출판사, 1989), 199.

되기 때문이다. 그는 소명과 명령에 의해서 목사이며 설교자이다"[37]라고, 말했다. 이 말에서 루터교회는 이론적으로는 만인제사장 제도를 강조하면서 실제적으로는 목사와 감독의 지위를 우월한 존재로 제도화하는 자기모순을[38] 암시했음을 알 수 있다.

개혁교회는 성도들 모두가 각기 받은 은사를 따라 서로 동등한 섬김 혹은 봉사의 일을 하는 등 평등한 유기체로서의 교회 구조를 제창한다. 전체의 유익을 위하여 각각의 성도는 자신이 받은 은사를 활용하는 것이다. 우리가 이 책 제1장에서 살펴본 삼위일체 하나님의 구별된 삼위 하나님의 고유성이 삼위의 구별을 만들어 내는 것과 같다.

교회는 이러한 삼위 하나님의 구별을 따라 교회 역시 삼위 하나님과 같은 구별된 은사를 가진 고유한 하나님의 사역자로서의 성도들이라는 형식적 본질을 지니고 있음을 확인할 수 있다. 여기서 다양성이 보장된다. 획일성이나 지배-피지배와 같은 구조는 자리할 수 없다. 그러면서 교회는 하나가 된다. 그저 개성이 사라진 단일 색깔의 하나가(one) 아니라 다양한 은사가 있지만 서로를 인정하면서 상호 의존적으로 하나를 이루는 여러 색깔로 이루어진 하나, 곧 연합(united one)이다.

바빙크(Herman Bavinck)는 이러한 신약의 교회 혹은 바른 교회의 모습을 잘 지적했다.

"그리스도의 교회는 이처럼 풍성한 다양함 속에서도 여전히 하나의 단일체(a unity)로 남아 있다."[39]

칼빈의 교회론은 이러한 성경적·신학적 공동체 교회의 구조를 회복시켰다. 로마가톨릭이 교황제도로 교회 구조를 왜곡시킨 것을 바로잡아 소

---

37 이종성, 『교회론1』, 193, 재인용. 루터전집 *WA* 31, 1, 211.
38 이종성, 『교회론1』, 193,
39 Herman Bavick, 『바빙크의 개혁교회의학 개요』 (고양: 크리스챤 다이제스트, 2004), 652.

위 장로회 정치를 만들어 냈다. 모든 직분자가 하나의 머리인 그리스도 아래 유기체적인 의식을 가지고, 각기 받은 은사대로 서로를 섬기며 봉사하는 정치체제 말이다. 이런 의미에서 다음과 같이 말할 수 있다.

"개혁교회의 선진들은 각자가 받은 은사의 분량에 따라 하나의 머리가 되시는 그리스도와 함께 서로 의무들을 수행하며 단결되어 서로의 교제로서 공동체적 교회를 세우는 것에 중점을 두었다."[40]

개혁교회는 교황제를 정확하게 비판하면서 성경이 만든 원래 교회 구조를 다시 회복했다. 초대 교회에서 이미 만든 교회의 공동체적 혹은 장로회적 구조를 칼빈이 부활시켰기 때문이다.[41] 이제 초대 교회에서 만든 섬김과 평등의 성경적인 공동체적 교회 구조를 우리는 계승 발전시킬 의무가 있다. 초대 교회에서는 사도들 사이에 계급적 위계질서가 있지 않았다. 누구도 권세를 독점적으로 지배하지 않았다.[42] 베드로도 그런 위치를 점하지 않았다. 이는 바울이 베드로를 책망한 사례에서 분명히 드러난다(갈 2:11). 또한, 바울 자신도 "사도 중에 가장 작은 자"(고전 15:9)라고 했다. 사도 모두는 평등한 지위를 누리고 있었다.

칼빈은 계급주의화 된 교회의 직분 구조를 개혁했다. 교황제는 성직 계급제를 만들어 성경이 제시한 장로와 집사 제도를 무력화시켰었다. 하지만, 이제 그는 장로와 집사를 독립시켜 그 직분을 회복시켰다.[43] 그리고 서로 섬기며 봉사하는 것을 직분의 본질로 삼았다. 이런 의미에서 그의 교회론은 직분 개혁이 중심을 이룬다.

"그렇기에 교회 개혁의 핵심도 직분 개혁이어야 했다."[44]

---

40   이종성, 『교회론1』, 202.
41   Herman Bavick, 『바빙크의 개혁교회의학 개요』, 660-673.
42   Herman Bavick, 『바빙크의 개혁교회의학 개요』, 664.
43   Herman Bavick, 『바빙크의 개혁교회의학 개요』, 672.
44   윤형철, "칼빈의 교회직분개혁을 통해 본 기독교적 형성", 139.

그런데 오늘 우리의 한국 교회는 '개신교'임에도, 개혁신학적 교회 구조라기보다는 로마가톨릭의 계급주의적 지배 구조에 더 친숙하다. 성직자와 평신도가 신분적으로 나뉘어 있고, 평신도들 사이에도 집사와 장로 간의 계급주의적 인식이 팽배해 있다. 교회 직분의 남녀 차별적 요소도 있다. 이는 모두 유교적 신분 사회와 수직적 위계 문화가 여전히 교회 안에도 영향을 미치고 있음을 방증한다. 삼강오륜으로 무장된 사회의 영향에서 못 벗어난 교회가 성경적·개혁신학적 교회 구조로 완전히 전환되지 못한 결과이다[45](이 주제와 관련하여 이미 이 책 제2장에서 논의했다).

그러면 어떻게 개혁신학적 교회 구조를 회복할 것인가?

다음의 소그룹 교회 구조를 논의하면서 우리는 실제적 도움을 얻고자 한다. 그리고 그러한 교회 구조가 얼마나 개혁교회적-성경적 교회 구조인지 알 수 있을 것이다. 이것에 대해 이미 앞 장에서 '직제 구조'에 초점을 두고 언급한 바가 있다. 여기서는 '가족교회' 소그룹의 틀 안에서 계급주의적 교회 구조로부터 상호 섬김과 평등에 기초한 상호 의존적 공동체적 교회 구조에 대해 논의한다.

4. 수평적 공동체를 회복하게 하는 소그룹

교회가 소그룹 구조를 갖는다는 것은, 교회가 공동체적 본질을 회복할 가능성을 갖는다는 것을 의미한다. 대그룹 구조에서와 달리 소그룹 구조에서는 성도들이 그리스도의 사랑을 더욱더 적극적으로 나눔으로써 섬김과 봉사를 훨씬 더 자연스럽게 할 수 있다. 상호 소통과 상호 의존적 소

---

[45] 이에 대한 논의를 상당히 자세하게 분석한 바 있다. cf. 권문상, 『성경적 공동체: 삼위일체 하나님을 닮은 가족교회』, 24-173.

그룹의 운용이 성공적으로 안착할 경우, 궁극적으로 목사와 장로, 집사 등 교회의 여러 직분자를 포함한 성도들이 그리스도를 머리로 하는 지체 의식을 구현하게 할 것이다. 교회가 지배와 계급 구조를 탈피하는 섬김과 평등의 구조를 실현하게 하는 개혁신학적 교회 개념이 바로 이런 형식이다.

소그룹 교회 구조를 정당화하는 대표적인 성경적 증거는 내가 이미 다른 곳에서 밝힌 바와 같이 신약의 가정(가족)교회들이다(이 주제에 관한 내용은 이 책 제6장에서 자세하게 살펴볼 것이다).[46] 평균 약 30명으로[47] 구성된 초대 교회들은 서로를 섬기며 이해하고 상부상조하는 상호 의존적 공동체를 구성했다. 이를 통해 성도들이 그리스도의 사랑을 매우 실제로 실천하고 친밀한 교제를 가능하게 했다.

아울러 이러한 소그룹 교회에서는 자연적으로 모든 사람의 은사가 비교적 명료하게 표출됨에 따라 은사 활용을 쉽게 했으며 서로 동역하는 의식을 고취하는 역할을 하게 했다. 그리고 사도를 포함한 모든 직분자가 자신을 스스로 종처럼 섬기는 자로 여기면서 자연스럽게 교회 안에 평등한 지체 의식을 가진 교회 구조를 갖추게 되었다. 실제로 초대 교회에서는 특정한 한 사람 중심의 위계적 리더십을 형성하지 않았다. 그 실례로 감독이 있는 교회는 여러 감독으로 구성되었으며(빌 1:1; 딛 1:5-7) 장로가 있는 교회도 장로의 회처럼 집단 지도 체제를 제시했지(딤전 4:14) 일인 중심의 위계적 구조가 아니었다.[48]

---

46 권문상, 『성경적 공동체: 삼위일체 하나님을 닮은 가족교회』, 258-263.
47 Robert Banks, *Paul's Idea of Community: The Early House Churches in their Historical Setting*, 장동수 역, 『바울의 그리스도인 공동체 사상: 초대 교회 가정교회와 그 배경』 (서울: 여수룬, 1991), 72.
48 권문상, 『성경적 공동체: 삼위일체 하나님을 닮은 가족교회』, 261.

특히, 교회가 성도의 교제라고 하면, 당연히 성도 모두가 실제로 아브라함을 아버지로 하는 가족적 형제·자매로 살아가는 것을 의미한다고 볼 수 있는데, 오늘날 대그룹 중심의 교회가 과연 이러한 교회의 본질적 요소에 부응할 수 있겠는지에 대해서는 회의적이다. 여기서 우리는 더욱 실제적 가족 의식을 심화시킬 소그룹 구조의 교회를 요구한다고 하겠다.

소그룹 중심의 교회가 갖는 가장 큰 장점은, 소그룹에서는 어느 사람도 소외되거나 구경꾼으로 전락하지 않는다는 것이다. 모두 사랑받는 시간을 갖게 되어, 적극적 봉사자요, 섬기는 일꾼이 되게 하는 것이다. 소그룹에 참여한 자는 누구도 고립과 은신을 즐기지 않게 된다. 비로소 교회 안에서 성도 사이의 참 교제가 이루어지게 된다.

대그룹에서는 듣기만 하는 차원에 머물게 함으로써, 성도들의 영적 성장을 크게 기대하기 어렵다. 예배에 참여하고 집으로 돌아가는 체제를 그대로 둘 수밖에 없는 구조에서 신앙이 자라기 힘들 것이고, 또한 남을 효과적으로 지도할 수 있는 자리에 이르기도 어려울 것이기 때문이다. 설혹 대그룹에서 회심의 역사를 경험할 뿐만 아니라 헌신에의 동기를 적극적으로 부여받는다고 해도, 체계적으로 리더십 훈련을 거치지 않고는 그 사람이 건강하게 영적으로 성장하고 나아가 교회의 제반 사역을 담당할 헌신적인 일꾼이 되기 어렵다. 오히려 교만하게 되어 교회에 부덕만 끼칠 위험이 크다.

따라서 성도들이 영적으로 성장하고 지도력을 향상하기 위해 제2장에서 제시한 '교회 학교' 운영이 요구된다. 교회 학교의 교육은 소그룹 안에서 서로 성도의 교제를 효과적으로 적용하게 함으로써, 교육의 실효성을 증진할 것이다. 이런 의미에서 소그룹 중심의 교회는 반드시 '교회 학교'를 설립할 필요가 있다. 얻는 유익이 너무 많기 때문이다.

소그룹 안에서는 마치 "내가 선글라스를 벗으면 사람들은 나의 얼굴을 더 잘 볼 수 있다"는[49] 말과 같이 자신을 개방함으로써 자신의 정신적, 영적 치료도 받고 또한 영적으로 더욱더 성숙한 단계로 도약하도록 만든다. 이러한 자기 변신이 가능하기 위해서는 대그룹보다는 소그룹이 매우 적절한 자리를 제공한다. 소그룹 중심의 교회에서 성도들은 서로에 대해 사회적 친밀도를 높이고 실제로 자신들의 문제를 해결하는 기쁨을 갖는다. 이때에야 비로소 이들은 치료받고 성장하며, 궁극적으로는 지도자로 훈련받게 되는 것이다.

이는 궁극적으로 칼빈이 말한 어머니로서의 교회[50] 구조를 실현하는 실제적 형식이다. 어머니의 양육을 통해 아이가 건강하게 자라듯이 교회가 성도의 영적 성장의 양육 장소라면, 그것은 바로 대그룹이 아닌 소그룹 속에서 더 효과적일 것이다. 소그룹 안에서야 비로소 서로에게 마음을 열게 하고 진심으로 격려하며 상호 자존감을 높여 주면서 성도들은 공동체적 자의식을 갖춘 신앙인으로 성숙하게 되는 것이다.

또한, 소그룹 모임의 독특한 외형적 메커니즘이 성도들의 실제적 교제를 가능하게 한다. 시간과 공간 관리의 편의성 면에서 볼 때 소그룹이 갖는 메커니즘은 매우 적절하다. 시간 관리할 사람을 미리 선정해 그룹 구성원들이 주어진 시간 안에 나눔을 갖게 할 수 있게 한다든지 공간을 관리할 사람을 선정해서 구성원들이 앉는 위치를 관리해서 서로가 잘 볼 수 있도록 원이나 타원형으로 좌석을 배치하게 할 수 있게 하는 형식으로 말이다.[51]

---

49 Bill Donahue & Russ Robinson, 『소그룹 중심이 교회를 세우라: 이것이 윌로크릭 소그룹이다』, 94.
50 John Calvin, 『기독교 강요』, IV.i.1-4.
51 Gareth Weldon Icenogle, 『소그룹 사역을 위한 성경적 기초』, 82.

거기서 사랑의 손길을 실제로 체험하고 감사해 하고 자신의 나약함을 반성하며 서로 부족한 점을 인식하고 서로를 돕고자 하는 마음이 생기게 하는 등 점진적으로 신앙-안에-한-가족적 유기체(갈 3:28-29) 의식을 갖춘 성숙한 교회 성도가 되게 하는 것이다. 이 모임에서 언약 백성, 곧 아브라함을 아버지로 하는 믿음으로 한 가족이 된 형제·자매 관계를 맺게 되는 것이다. 따라서 교회가 이러한 진정한 언약의 공동체라면 대체로 소그룹 모임이라는 형태를 취하게 되는 것이다.[52] 군중 속에서는 이러한 가족적 관계를 맺을 수 없다. 군중을 벗어나 소그룹에 소속할 때야 비로소 가능한 것이다.

소그룹 교회 구조는 바로 이러한 교회의 가족 구조, 엄밀히 말하면 내가 이미 제안한 '개방형' 가족 구조를 가능하게 하는 교회 형식이다.[53] 바울이 전하듯이(갈 3:28-29) 믿음을 가진 성도들은 인종을 초월하여, 남녀 벽을 뛰어넘어, 신분적 차이를 극복하면서 아브라함을 아버지로 하는 한 가족이 되는 것 말이다. 소그룹은 이러한 성경적 공동체 교회를 가능하게 한다. 거기서 서로의 가치를 존중하고 상호 은사의 차이와 구별을 인정하며, 특히 노인과 약한 자들을 배려하는 마음과 행동을 갖게 한다. 성도들은 서로를 한 가족으로 여기기 때문이다.

이런 의미에서 소그룹의 특징은 가족적 그룹이다.[54] 이것은 필자가 이미 증명한 바와 같이 하나님은 처음부터 인간을 가족적 공동체로 부르셨고 이스라엘 백성이 이와 같은 공동체 훈련을 받게 하셨다.[55]

이러한 가족적 공동체 구조는 이미 신약 교회에서 활성화되었다. 실제로 가족적 교회 구조 개념이 칼빈에게 알려지지 않았던 것은 아니다. 칼

52　Gareth Weldon Icenogle, 『소그룹 사역을 위한 성경적 기초』, 36.
53　권문상, 『성경적 공동체: 삼위일체 하나님을 닮은 가족교회』, 204-293.
54　Gareth Weldon Icenogle, 『소그룹 사역을 위한 성경적 기초』, 52-55.
55　권문상, 『성경적 공동체: 삼위일체 하나님을 닮은 가족교회』, 204-234, 254-293.

빈은 고린도전서 16:19("아시아의 교회들이 너희에게 문안하고 아굴라와 브리스가와 및 그 집에 있는 교회가 주 안에서 너희에게 간절히 문안하고")를 주해하면서 이러한 교회의 가족 형태의 구조를 지지한 바 있다.

워커(G. S. M. Walker)는 다음과 같이 이를 확인해 주었다.

"단 하나의 가정을 '교회'라고 말할 수 있고, 또한 동시에 신자의 모든 가족이 각기 작은 교회가 되는 방식으로 조직되어야 한다는 말도 맞다는 것은 기록되어야 할 매우 놀라운 일이다."[56]

실제로 칼빈은 위의 본문 주석에서 "모든 경건한 가정은 수많은 작은 교회이다"라고 말했다. 이것은 이 책 제2장에서 우리가 살펴본 바와 같이, 슈페너(Philipp Spener)가 말한 '교회 안에 작은 교회들'(*ecclesiolae in ecclesia*)과 그 형태가 유사하다. 성도 모두가 모인 대그룹으로서의 교회만 교회가 아니라, 작은 규모의 경건한 자로 모인 무리(칼빈의 위 주석에서는 '가정들') 역시 '작은 교회'라고 말한 것은, 소그룹 그 자체가 그리스도만 머리 되는 작은 교회가 된다는 내가 말하는 소그룹 신학과도 훌륭하게 어울린다. 우리는 칼빈의 주석에서 언급한 '각 가정이 작은 교회됨'이 우리가 말하는 소그룹 형태임을 확인할 수 있다.

오늘날 이러한 종류의 '가족교회' 구조가 교회의 본질을 구현시킨다면 우리는 주저 없이 이러한 교회 구조를 발전적으로 수용해야 할 것이다(이 주제에 관해서는 이 책 제5, 6장에서 더 자세하게 다룰 것이다). 특히, 여전히 가톨릭적 교황제에 버금가는 계급주의적 교직 제도가 개신교 안에 남아 있어서 교회 직분 구조의 신분적 요소가 사라지지 않는다면, 소그룹 중심의 교회란 바로 칼빈이 교황제의 교회를 개혁하려고 했듯이 현재의 '한국 교

---

[56] G. S. M. Walker, "칼빈과 교회", 289. cf. 칼빈 주석(고전 16:19): "With the Church that is in their house a magnificent eulogium, inasmuch as the name of the Church is applied to a single family! At the same time it is befitting, that all the families of the pious should be regulated in such a manner as to be so many little Churches."

회를 개혁'하는 역할을 하는 것과 다름없다. 앞에서도 언급한 바와 같이 칼빈의 직제 개혁은 교회 개혁의 중심이었다.

　소그룹의 원리적 측면은 이러한 '교회 개혁'의 관점에서 살펴야 비로소 개신교 혹은 칼빈의 개혁신학적 교회에 충실하게 된다. 따라서 개신교의 어느 교단이든 소그룹 중심의 교회를 세운다면 교회 구조의 '개혁'이라는 명분이 기초가 될 필요가 있다. 소그룹은 실용적 가치에서가 아닌 이러한 교회론적 원리로부터 출발해야 옳은 것이고, 이러한 원리에 바탕을 둔 소그룹 형태를 세워야 칼빈이 제시한 개신교로서의 교회 직제 구조를 회복하는 것이다.

　나아가 소그룹 중심의 교회는 교회 안에 교황제와 같은 주관적이고 불공정한 직분 인사를 배제하고 객관적으로 인정되는 수평적 리더십을 세우는 데 있어 매우 효과적이다. 앞에서 잠시 언급한 바와 같이, 이러한 교회는 은사 발굴이 쉬워 보편적으로 인정되는 교회의 선한 일꾼을 발견하는데 제격이다. 이러한 일은 이 책 제2장에서 살펴본 바와 같이 '교회 학교'를 운영하면서 잠재적 리더십을 확인할 수 있다는 점에 주목하면 좋을 것이다.

　만일 칼빈이 비판한 교황제의 수직적 계급주의 교직 제도에서와 같이 객관적으로 검증할 절차를 거치지 않고 일꾼을 선출한다면 성도들 사이에 위화감과 불만이 일어나는 것을 피할 수 없을 것이다. 교회의 하나됨을 깨뜨릴 가능성이 있는 것이다. 반면에 소그룹 중심의 교회에서는 이러한 교회 안의 분란 위험성을 최소화할 수 있게 한다. 오히려 은사 배치가 적절하게 이루어지게 함으로써 교회의 통일성과 거룩성을 지속시켜 교회 전체 공동체성을 강화할 수 있다.

　이상에서 밝힌 바와 같이 교회의 소그룹 구조는 그리스도의 사랑을 진심으로 그리고 실제로 나누게 한다. 친밀감을 높여 주고 서로에 대해 가족적 유대 관계를 증진해 주며 신앙의 높은 단계로 발전시켜 헌신과 봉사를 즐기게 한다. 궁극적으로 신약 교회와 같이 '가족교회'로 정착시키게 하여 실질적으로 교회의 지배-계급 구조로부터 섬김-평등의 구조로 발전하게 한다. 이는 곧 우리가 논의한 개혁교회의 진정한 모습을 보여 주는 것과 같다. 소그룹 중심의 교회는 교단과 교파를 떠나 모든 개신교의 교회 직분 구조론을 새롭게 하는 데 매우 적절하다.

5. 나가는 말

지금까지 우리는 소그룹의 교회론적 원리로서, 칼빈이 제시한 계급주의적 교황제를 극복할 수평적 공동체 교회 구조를 살펴보았다. 이 글을 전개하면서 우리는 소그룹이 교회 개혁의 관점에서 살펴봐야 할 충분한 근거가 있음을 확인했다. 소그룹을 교회 성장과 성도의 교제를 다지기 위한 유용한 구조로서 제시하는 실용주의적 접근은 소그룹에 대한 신학적 기초를 무력화시키는 위험한 발상이다.

왜냐하면, 소그룹의 궁극적 지향점은 성도들 사이의 공동체적 가족을 세워가는 것이기 때문이다.

"이제는 한국 교회가 '교회 성장'이라는 몸집 불리기에서 '건강한 교회'를 지향하는 소그룹 사역을 시작해야 한다."[57]

그런데 건강한 교회를 위한 소그룹 교회 구조는 오늘날 개신교회(특히, 한국인 교회) 안에 여전히 남아 있는 수직적 계급주의적 교직 제도로서는 성공적으로 설립되기 어렵다. 그것은 성경이 제시하는 수평적 직제 안에서만 가능하다. 우리는 후자의 교회 직제 구조를 종교개혁자 칼빈에게서

---

57 채이석, 이상화. 『건강한 소그룹 사역 어떻게 할 것인가?』 (서울: 소그룹하우스, 2005), 21.

발견했다.

우리는 교단과 교파를 떠나 칼빈이 로마가톨릭의 교황제를 비판하면서 제시한 공동체적 교회 모델을 교회에 적용할 수 있다. 따라서 만일 여전히 수직적 계급주의 직제가 우리 안에 머무른다면, 그 교회가 소그룹을 갖고 있다고 해도, 실제로는 자기모순이다. 소그룹 중심의 교회가 갖는 교회 구조의 실제가 수평적 상호 의존형 가족공동체의 형태와 정반대인, 이미 칼빈의 '개혁 대상'이었던 중세 교황제 중심의 수직적 계급주의형 구조의 반복일 뿐이기 때문이다.

우리는 이 글을 통해 이러한 대부분 현재 한국 교회의 수직적 직제를 '개혁할' 교회 구조로서의 소그룹 중심의 교회를 확인했다. 그것의 구체적인 사례로서, 칼빈이 로마가톨릭 교황 중심의 계급 제도를 비판하면서 제시한 수평적 유기체 교회로서의 참된 교회 정체성이었다. 그는 참된 교회란 그리스도가 유일한 머리이면서 그리스도인들은 모두 하나님이 주신 은사에 따라 각각 몸의 다른 부분이면서도 유기체적 지체 의식을 가진 공동체라고 주장했다. 이와 마찬가지로 소그룹 중심의 교회 구조는 그러한 수평적 공동체로서의 유기체적인 교회를 제대로 만들어 갈 수 있게 한다는 것을 확인했다.

소그룹 구조는 칼빈의 교회론에서와 같이 섬김과 평등의 관계를 만들어 간다. 이를 통해 소그룹 교회 구조는 교황제와 같은 수직적 교회 구조를 '개혁시키는' 혁신적 시스템을 구축하여 성경적-공동체적 교회를 만들게 한다. 이런 의미에서 교회는 그 교회가 개신교 안에 있는 한, 또는 '개혁된 교회는 항상 개혁하는 교회'(*ecclesia reformata semper reformanda*)임을 받아들이는 한, 교단과 교파를 떠나 소그룹 중심의 교회 구조를 세우는 것은 선택이 아닌 필수이다.

다만, 칼빈이 언급한 '교회 안에 있는 가정의 작은 교회됨'이 슈페너가 제시한 '교회 안의 작은 교회들'과 유사한 '소그룹' 형식의 구조를 인정한 것이라고 볼 수 있어도, 그것의 구체적인 현장을 칼빈이 자세하게 만들지 않은 것은 아쉽다. 왜 칼빈이 소그룹 형식의 실천적 현장을 만드는 일에 소극적이었는지는 여기서 논의할 범주를 벗어나지만 구태여 여기서 칼빈을 변호한다면, 아마도 칼빈은 장로제도를 도입하여, 본인 자신도 평신도 대표인 장로들에 의해 견제받을 수 있고 장로도 평신도에 의해 견제받게 하는 장치를 마련해서, 교황제에 따른 권위주의적인 계급주의 교직 제도가 교회 안에 없게 되었다고 믿어서였을 것이 아닌가 한다. 아니면 본인의 압도적인 영향력으로 교회가 더 이상 로마가톨릭의 수직적 위계 직제로 회귀할 수는 없을 것으로 판단했을지도 모른다.

그러나 칼빈이 교회 개혁의 하나로서 수평적 공동체로서의 교회를 제시한 것과 소그룹 혹은 작은 규모의 '교회 안의 작은 교회'를 긍정적으로 인식한 것은 평가할 만하다. 그런데 놀랍게도, 개혁파 신학을 비판하던 존 웨슬리(John Wesley)가 칼빈의 이러한 수평적 공동체 교회를 구현할 소그룹 형식의 교회 구조를 제시했다는 사실이다. 웨슬리는 '교회 안의 작은 교회'를 체계화했다.

이제 우리는 다음 장에서 웨슬리의 소그룹 교회 구조의 구체적 형태들을 확인하게 될 것이다.

제4장

소그룹 형식의 실제:
존 웨슬리가 제시한 교회 개혁의 기초로서의 소그룹 교회 구조[1]

존 웨슬리(John Wesley, 1703-1791)는 존 칼빈(John Calvin, 1509-1564)에 적대적이었다.

무엇이 문제였는가?

개혁파 교회론과 웨슬리 교회론의 대비는 유대인과 이방인, 율법과 복음의 구조처럼 비대칭적으로 비치는 것은 왜일까?

그 이유는 개혁파 교회론의 구조가 경직된 구원론을 갖는다면, 웨슬리의 교회론은 유연한 구원론에 있다. 전자의 경우, 극단적 칼빈주의(hyper Calvinism)가 전개한 절대 예정론의 논리 구조에 따른 구원론이라면, 후자의 경우, 예정론이 복음 전도사역과 신도의 성숙을 활성화하는 데 제한적일 수 있다는 목회적 현실의 문제에 주목한 구원론이다. 웨슬리가 만든 소그룹들은 이러한 그의 구원론적 확신에 기초한다. 구원받은 자의 삶이 성화를 이루는 모습으로 잘 드러나게 하는 데, 소그룹 중심의 교회는 매우 효율적인 목회 방식이었다. 이들 소그룹은 개인의 영적 갱신과 도덕적 변화를 이루게 하는 데 큰 역할을 했다.

---

1 이 글은 다음의 논문을 수정, 보완했음을 밝힌다. "존 웨슬리의 구원론적 교회론: 교회 개혁의 기초로서의 소그룹 교회 구조", 「조직신학연구」 31 (2019), 184-217.

그런데 이러한 목양의 현실적 접근 외에 그는 영국 국교회 안에서 영적으로 무기력한 상태에 주목했다. 성공회가 가난하고 낮은 계층의 사람에 대해 적극적으로 사랑과 관심을 두지 않는 것은 잘못된 것이라고 보았다. 이러한 타락한 영국 교회를 개혁하는 데 소그룹 구조의 교회는 매우 적절하다고 생각했다. 부패한 교회를 개혁하는 것은 성화의 실현에서 시작하고 그것의 교회 구조는 소그룹 형태여야 했다.

그것의 실제 구조는 수평적 교회 구조를 놓는 구체적인 다양한 소그룹의 구성이었다. 그가 만든 속회와 신도반을 비롯한 소그룹은 성화를 이루는 성도들의 역동적인 교제의 장이 되었다. 특히, 그는 '완전 성화'에 따른 성도의 거룩한 교제를 실제화하는 데에 몰두했다. 그리고 그것은 실제 성도의 거룩한 삶을 생활화하는 데 자극을 주었으며 이는 곧 교회를 새롭게 만드는 개혁의 기초가 되었다. 우리는 이 글에서 교회 개혁을 위한 실천적 동기로서 웨슬리가 제안한 소그룹 구조의 교회를 확인하도록 한다.

1. 선행은총에 기초한 구원론

웨슬리가 '교회 안의 작은 교회'(*ecclesiola in ecclesia*), 즉 속회와 같은 소그룹 교회 구조를 도입하여 영적 쇄신을 이루어 역동적인 성도의 삶을 만든 것은 그의 구원론에 기원한다. 그리고 그것은 그가 제시한 '선행은총' 신학이 그 기초가 되었다.

1) 선행은총

웨슬리는 구원이 하나님의 은총에 의해 주어진다고 믿었다. 은총에 따른 구원의 성경적 근거는 명확하다. 그는 요한복음 6:44("아버지께서 이끌지 아니하시면"), 15:5("나를 떠나서는 너희가 아무것도 할 수 없음이라"), 로마서 5:6("우리가 아직 연약할 때 기약대로 그리스도께서 경건하지 않은 자를 위하여 죽으셨도다"), 에베소서 2:8("너희는 그 은혜에 의하여 믿음으로 말미암아 구원을 받았으니 이것은 너희에게서 난 것이 아니요 하나님의 선물이라"), 디도서 2:11-12("모든 사람에게 구원을 주시는 하나님의 은혜가 나타나 … ") 등의 말씀에서 볼 수 있듯이, 구원이 하나님의 은총에 의한 결과인 것은 진리라고 보았다.[2] 사람의 노력으로 구원이 주어진다. 즉, 자신의 공로로 구원을 얻는다는 말은 옳지 않다. 구원이 행위에서 난 것은 아니라는 말이다(엡 2:9).

다만, 그는 '선행은총'이라는 개념을 제시하여 그의 차별화된 구원론을 출발시켰다. 개혁파 신학의 일반은총과 유사하지만, 웨슬리는 그것과의 차이에 더 비중을 두고 논의했다. 일반은총은 구원의 보편적 계시가 실제로는 예정된 사람에게만 유효하게 전달되어 회개에 이르게 하는 것이라면, 선행은총은 모든 사람에게 구원의 은총이 보편적으로 전달되어 실제 회개할 수 있도록 만든다고 한다.[3]

같은 맥락에서, "선행은총은 사람의 의지에 인격적 응답 능력을 부여하여 구원의 초청에 응답할 책임을 부여하지만, 일반은총은 그렇지 않다."[4] 이는 구원을 위해 '선택된' 특정한 사람을 전제하지 않기에 구원받지 못하는 것이 하나님의 책임이 아닌 인간의 책임임을 드러내기 때문이다. 웨슬리의 주장에 근거하여 다시 비교 설명한다면, 일반은총은 구원의 비밀을 다 보여 주고 알려 주었으니 믿고 말고는 인간이 결정하되 전제해야 할 것은 그 결과가 실제로는 선택과 유기와 같은 것으로 나타난다는 말이다.

---

2   H. Orton Wiley, *Introduction to Christian Theology*, 전성용 역, 『웨슬리안 조직신학』 (도서출판 세복, 2002), 314.
3   장기영, "조직신학-자유의지와 노예의지, 그 분기점으로서 웨슬리의 선행은총론", 「신학과 선교」 45 (2014), 163.
4   장기영, "조직신학-자유의지와 노예의지, 그 분기점으로서 웨슬리의 선행은총론", 163.

반면에, 선행은총은 인간이 적극적으로 응답할 수 있을 만큼의 믿을 능력까지도 주었기에 그 결과는 인간이 책임져야 한다는 것을 의미한다는 말이다.

인간은 본유관념에 따라 양심이 자연스럽게 작동하여 자신의 죄를 깨닫게 되고 하나님을 인정하는 것이 아니다. 인간이 하나님을 찾는다면 그것은 '하나님께서' 의도적으로 인간의 양심을 작동시킴으로써 가능한 것이다. 그래서 웨슬리는 이를 그의 설교에서 자연법이 아닌 '선행은총'이라 했다.

"살아 있는 인간 중에 저속하게 말해 자연적 양심이 전혀 없는 인간은 없다. 그러나 이것을 자연적인 것이라 하지 않고 좀 더 정확히 말해 '선행은총'이라고 한다."[5]

그러므로 인간에게 회심이 주어진다면 전적으로 하나님이 주도권을 지니는 것이다. 따라서 선행은총이란 "우리의 회심 이전에 작용하는 하나님의 은총, 구원받기 이전에 우리를 구원으로 이끌어 가는 은총, 즉 아직 우리가 죄인 되었을 때 우리에게 주어지는 은총이다(롬 5:8)."[6] 인간 구원을 위한 초기 단계로서 인간이 의지적으로 죄를 깨닫고 하나님께 회개하도록 하시는 은혜이다.

다만, 그것은 특정한 사람이 아닌 모든 사람에게 주어지는 보편적 은총이다. 타락하여 부패한 모든 인간에게 이성과 양심, 도덕법, 분별력, 의지의 자유를 회복해 주심으로써 인간이 조금이나마 하나님에 대해 알게 되어 주를 믿고 구원을 얻을 수 있도록, "인간을 향해 시행된 성령의 준비하

---

5 Albert C. Outler, ed., *The Works of John Wesley*, vol. 104. *Sermons* (Nashville: Abingdon Press, 1984-87), 3:207. 재인용. Kenneth J. Collins, *The Theology of John Wesley: Holy Love and the Shape of Grace*, 이세형 역, 『존 웨슬리의 신학: 거룩한 사랑과 은총』 (서울: 도서출판 kmc, 2012), 113.
6 김영선, 『존 웨슬리와 감리교 신학』 (서울: 대한기독교서회, 2002), 110.

는 은총이다."⁷

이런 의미에서 사람이 하나님을 믿고자 결단할 때, 이러한 인간의 의지적 "결단 자체가 하나님의 절대적인 은혜의 선물"이⁸ 되는 것이다. 그 결단은 성령의 '선행하는' 은총의 역사를 통해 주어지기 때문이다.

"인간의 자유 의지는 자연적 자유 의지가 아니다. 선행은총, 즉 초월적 은총에 의해서 자유 의지가 회복되어 작용하는 것이다."⁹

그러나 인간의 자유의지가 무기력한 지위를 갖는 것은 아니다. 오히려 의지적 결단은 구원의 과정에서, 특히 선행은총의 '선물'이지만 고유의 역할을 한다. 이를테면, 인간은 순간마다 주어지는 '율법'의 요구에 자유의지와 양심과 분별력을 가지고 적절하게 응대하여 책임 있는 결정을 내린다. 이런 의미에서 인간의 의지는 구원의 역사에 동참하게 되는 것이다. '신인 협력'을 통해 구원에 이르게 된다는 말이다. 물론, 이것은 성령의 역사를 전제한 인간의 협력이다.

따라서 여기서 '협력'은 "제한적 의미, 즉 하나님께서 주신 은혜의 범위 안에서라는 전제하에 사용해야 한다."¹⁰ 신인 협력은 하나님의 선행적 활동에 대한 인간의 응답 차원에서 이루어지며 나아가 그것은 하나님의 은총에 기초하기 때문에 진정한 의미에서 하나님 홀로의 사역이다.¹¹ 그의

---

7   H. Orton Wiley, 『웨슬리안 조직신학』, 313. 오순절 운동 역시 웨슬리와 함께 이러한 성령 하나님의 직접적인 관여를 강조한다. 이영훈(여의도순복음교회 담임목사)에 따르면, 웨슬리가 제시한 구원의 확신은 성령께서 관여하시는 (1) 회심의 위기적 체험을 통해 이루어지며, 이후 여전히 남아있는 내적인 죄의 잔재는 (2) 성령의 내적 감화를 통해 정화되고 하나님과 사람을 향한 완전한 사랑을 얻게 된다고 한다. 성령이 직접적으로 믿는 자에게 하나님의 자녀가 되는 것을 증거한다는 것이다. 이러한 구별된 두 가지의 체험 중 후자인, '은혜의 두 번째 사역'을 강조하는 것이 오늘날 오순절 성령 운동이 중생 이후 성령 침례를 강조하는 것과 같은 구조이다(이영훈, 『성령과 교회』 (서울: 교회성장연구소, 2013), 21-23).
8   김영선, 『존 웨슬리와 감리교 신학』, 121.
9   주화식, "웨슬리의 선행은총과 책임적 인간론", 「조직신학연구」 19 (2013), 201.
10 김영선, 『존 웨슬리와 감리교 신학』, 168.
11 Kenneth J. Collins, 『존 웨슬리의 신학: 거룩한 사랑과 은총』, 406-407. 한편, 웨슬리

"기독교적 신인협동설(Christian synergism)은 '하나님의 주권적 은혜'로 시작하고 '하나님의 주권적 은혜'로 끝난다."[12] 다만, 그것은 "구원의 문제에서 관계의 방식으로 변화 과정을 강조하게 한다."[13]

당연히 웨슬리에게 이 '협력'은 공로주의와는 거리가 멀다. 은총의 지속적 역사가 일어날 때만 구원이 이루어질 수 있고, 은총에 의해 허락된 능력에 의해서만 인간의 노력이 가능하기 때문이다. 그에게 이러한 은총과 선행은총에 의해 주어지는 자유 의지와의 '신인 협력'의 관계는 구원받지 못하는 자에게 인간의 책임을 물을 수 있도록 만들기 때문에 예정론적 구원론을 대체할 유용한 논리라고 보았다. 이런 의미에서 선행은총은 "불가항력적"이 된다는 것이다.[14]

물론 선행은총은 구원에 이르게 하는 최종적 결정체는 아니다. 선행은총은 분명히 그 한계가 있다.

"하나님의 은혜에 인격적으로 응답할 수 있는 기능의 일부 회복이지, 구원 자체는 아니다. 그리고 선행은총으로 나아갈 수 있는 한계는 죄에 대한 어느 정도의 자각까지이다."[15]

의 '협력' 개념은 가톨릭와 개신교의 변증법적 구도와 '접속'으로 해석된다고 콜린스는 주장한다. "개신교 전통과 가톨릭 전통을 종합하는 웨슬리의 균형 있는 … 웨슬리 실천신학이 색깔이 없는 반-펠라기우스주의적 해설로 끝나거나 복음적 회개의 합당한 수단을 간과함으로써 열광주의나 정적주의로 흘러가지 않도록 조심해야 한다.… 웨슬리의 실천신학은 가톨릭이나 개신교 전통의 맥락에서만 해석되어서는 안 되고, 적절한 긴장 가운데 이 둘의 변증법적 관계를 통해 해석해야 한다.… 웨슬리는 신/인 협력 그 자체가 보다 크고 관대한 접속의 반을 구성한다고 주장한다. 은총이란 협력은총일 뿐 아니라 협력은총과 값없이 주시는 은총의 접속이다"(위의 책, 409-410).

12 Albert Outler, *Evangelism and Theolgy in the Wesleyan Spirit*, 전병희 역, 『웨슬리 영성 안의 복음주의와 신학』(서울: 한국신학연구소, 2008), 50-51.
13 Kenneth J. Collins, 『존 웨슬리의 신학: 거룩한 사랑과 은총』, 406.
14 장기영, "조직신학-자유의지와 노예의지, 그 분기점으로서 웨슬리의 선행은총론", 171.
15 장기영, "조직신학-자유의지와 노예의지, 그 분기점으로서 웨슬리의 선행은총론", 165.

아직 '신앙'이 개입되지는 않은 단계이므로 "인간의 구원을 위한 예비적 은총에 불과하지 인간을 구원하기 위한 충분한 은총은 될 수 없다."[16]

그러면 왜 웨슬리는 한계가 있는 이러한 은총 개념을 고집하고 있는가? 일반은총의 개념도 이와 유사한 한계를 갖고 있기 때문이다. 왜냐하면, 일반은총과 특별은총이 서로 구별되어 존재하므로 반드시 전자가 후자를 전제하고 제시되지는 않기 때문이다. 그가 오해하여 문제를 제기한 것은, 앞에서도 언급된 바와 같이 일반적인 구원에의 초청을 말하면서도 그것이 이중 예정을 전제한 것이라면, 구원받지 못하는 사람에게는 비합리적 구원론이라 여겨질 수 있다. 그에 의하면 이러한 논리적 모순은 극복되기 어렵다.

2) 심리학적 구원론

위의 신학적 이유 외에 선행은총을 주장한 근본적인 이유는 무엇인가? 웨슬리는 전통적인 의미에서 조직신학자나 교의학자가 아닌 상황이나 실천, 사건에[17] 기초한 구원론에 집중했던 실천 신학자였다.[18] 실천신학이 "성서의 진리를 내적 종교와 관련하여 실현하고 입증"하는 학문이라면, "웨슬리 실천신학은 성서의 진리를 실현하며 가난한 사람들을 섬기는 일에 주목"했다.[19]

---

16 김영선, 『존 웨슬리와 감리교 신학』, 114.
17 이성덕, "독일 경건주의가 존 웨슬리에게 끼친 영향과 신학적인 관계", 「한국 교회사학회지」 16 (2005), 113.
18 웨슬리는 전통적인 신학 용어와 차별하여 사용하기를 즐겨했으며 "그중 특히 '실천신학'이란 용어가 지배적이었다"(Kenneth J. Collins, 『존 웨슬리의 신학: 거룩한 사랑과 은총』, 13).
19 Kenneth J. Collins, 『존 웨슬리의 신학: 거룩한 사랑과 은총』, 13-14.

웨슬리는 복음에 대한 인간의 수용 여부라는 실천적 목회에 관심이 컸다. 개혁파 신학의 일반은총론과 유사하면서도 인류 구원을 위한 그리스도의 구속 사역에 대한 인간의 반응 여부에 더 큰 관심을 가졌다. 그래서 그는 구원론을 심리학적으로 취급하는 것이 안전하다고 여긴 듯하다.

그리고 개혁파 구원론에 대한 불만을 해소하고 대안적 구원론 모델로서 알미니안주의에 의지했다.[20] 알미니안이 제시하는 하나님과 인간의 '협동' 혹은 '협력' 개념, 곧 성령께서는 하나님의 은총과 자유의지 사이에서 인간의 동의를 통해서 그리고 인간의 동의와 더불어 사역하신다는 견해를 따랐다.[21] 아울러 알미니안은 이 협력의 통로로서 인간의 믿음이 결정적 역할을 한다고 생각했다. 웨슬리 역시 인간의 의지가 반영된 '믿음'을 통해서 성령께서 구원에의 은총을 얻도록 하시는 것이라고 보았다. 이렇게 함으로써 구원받지 못하는 자들에게 책임을 묻는 것이 비합리적이거나 모순되지 않게 되도록 했다.

이러한 심리학적 구원론을 중시한 나머지, 웨슬리는 칼빈의 예정론이 숙명론이나 다름없어서 구원받지 못하는 자들에게는 구원에의 기회를 원천 차단하도록 기획된 것으로 생각하게 되었다. 선택받도록 예정된 자와, 그렇지 못하게 예정된 자, 곧 이중 예정에 대해 불만을 품게 된 것이다. 이런 논리는 앞에서 언급한 바와 같이 당연히 구원받지 못한 자에게는 비합리적인 것처럼 보였다.

웨슬리는 "예정에 관하여"라는 논문집에서 예정론이 얼마나 비합리적인지 분명하게 말하고 있다. 어떤 사람이 죄 가운데 살고 하나님을 믿는

---

20 물론 웨슬리가 알미니안주의를 한 단계 더 진전시킨 것은 맞다. "웨슬리는 성화가 믿음으로 이루어지고 성령의 사역에 의해 수행된다는 사실은 깨닫지 못했다"(Mildred B. Wynkoop, *Foundations of Wesleyan-Arminian Theology*, 한영태 역,『칼빈주의와 웨슬레신학』(서울: 생명의말씀사, 1987), 68.
21 H. Orton Wiley,『웨슬리안 조직신학』, 316

믿음을 갖지 못해 구원받지 못한다면 그것은 예정론에 따라 유기되었기 때문일 것이고 이는 곧 선택론을 받아들일 때 불가피하게 주어지는 논리이다. 예정론의 결과는 이처럼 정상적인 사람에게는 받아들이기 어렵다는 말이다.[22]

그는 예정론이 논리적 모순을 갖는다는 것을 설교를 통해 다음과 같이 비유적으로 설명하고 있다.

> 태양은 내가 그렇게 알기 때문에 그렇게 빛나는 것이 아니라, 반대로 그것이 그렇게 빛나기 때문에 내가 태양을 그렇게 안다는 것입니다. … 마찬가지로 하나님께서는 인간이 죄를 짓고 있는 것을 아십니다. 왜냐하면, 하나님께서는 모든 것을 아시기 때문입니다. 그러나 하나님께서 모든 것을 아시기 때문에 우리가 죄를 짓는 것이 아니라, 반대로 우리가 죄를 짓기 때문에 하나님께서는 그것을 아신다는 것입니다. 그리고 하나님의 지식이 우리가 죄를 지을 것이라고 상정하지만, 그것이 우리로 하여금 죄를 짓게 하는 원인은 결코 될 수 없습니다.[23]

하나님에게는 시간이 없으므로 '예지와 후지'가 없는 것일 뿐이다. 그래서 그가 인간의 불신앙을 안다고 할 때는 그의 이런 지식이 원인이 되어 인간이 불신앙에 이르는 것이 아니다. 단지 그가 예정한 모든 사람을 안다고 말씀하시는 것은, 인간의 방법을 따라 말씀하시는 것으로서[24] 실제로는 그 예정이라는 말은 '신인동형적' 표현에 지나지 않는다.

---

22 John Wesley, "예정에 관하여", 웨슬리사업회 편, 송홍국, 이규준, 김광식 역, 『존 웨슬리 총서』, vol. 9 논문집, (서울: 유니온 출판사, 1983), 320.
23 *John Wesley, The Sermons of John Wesley*, 한국웨슬리학회 편, 조종남, 김홍기, 임승안 외 공역, "예정에 관하여"『웨슬리 설교전집』vol. 4, 74, (서울: 대한기독교서회, 2006).
24 *Wesley*, 『웨슬리 설교전집』vol. 4, 74 ("예정에 관하여").

2. 구원론적 교회 구조론

웨슬리의 관심은 구원이었다. 그리고 구원의 중심은 성화 혹은 그리스도인의 삶이었다. 그러므로 웨슬리가 교회 혹은 성도들의 성화를 강조한 것은 자연스러운 것이었다. 그러나 실제로 구원받았다고 하는 성도들은 여전히 죄 가운데 있었다. 그가 보기에 거룩성을 상실한 이런 교회는 올바른 교회의 모습이 아니었다. 그러므로 그에게 교회는 개혁되어야 할 대상이었다. 이러한 그의 교회 개혁 의지는 구원론적 확신에 따른 필연적인 결과였다. 교회 개혁에의 강한 그의 의지는 완전 성화라는 그의 독특한 성화론을 만들어 내었다. 그의 차별화된 교회 구조론은 이러한 구원론적 교회론에서 출발했다.

1) 완전 성화

웨슬리는 구원받은 자의 상태를 매우 중시한 것 같다. 구원받았다는 성도들이 여전히 죄 가운데에 있는 모습에 대해 그는 실망했다. 그리고 거룩한 삶이 없는 성도의 삶은 성경적이지 않다고 보았다. 그가 성화론에 중심을 두고 목회한 것은 교회 개혁의 목적 때문이었다. 더욱이 그가 목회하던 교회는 성도의 행함 혹은 성결의 삶을 강조하는 영국 성공회 국교회였기에 그에겐 더 큰 충격이었다. 심지어 자신의 신앙에도 문제가 있다고 보았다. 그는 자신의 신앙이 자랑할 만한 것이 아니었음을, 모라비안(Moravian)을 만난 다음에 알게 되었던 것이다.

그는 하나님을 바르게 섬기기 위해 이웃 사랑을 실천하겠다고[25] 조지아로 선교여행을 떠난 적이 있었다. 항해 중 그는 결정적으로 자신이 갖고

---

25   Basil Miller, *John Wesley*, 45.

있던 신앙의 실체를 발견했다. 그는 바다에서 폭풍을 만나 두려움에 떨었었는데, 같은 배 안에 있던 모라비안은 이런 자신의 불안한 모습과는 달리 오히려 배 안에서 찬송을 부르고 있었던 것이다. 이때 그는 자신의 거룩함에 문제가 있음을 발견했다.[26] 이후에 그는 성화의 실체를 더욱 깊이 다지되 완전 성화라는 독특한 성화론을 펼쳤다.

그가 생각한 성화는 초기의 성화, 점진적 성화 그리고 완전 성화로 나뉜다.

- **초기의 성화**(Initial Sanctification)란 성화에 이르는 첫 번째 단계로 선행 은총을 받아 회개하고 중생한 후 아직은 의로운 사람이 되지 않은, 그래서 실제로 영적, 도덕적으로 변화를 받아야 하는 상태에 있는 경우를 말한다.[27]
- **점진적 성화**(Gradual or Progressive Sanctification)란 성화에 이르는 두 번째 단계로서 대부분 성도의 현재 단계로서 지속해서 회개하고 영적으로 성장하며 전 생애에 걸쳐 완전에 이르기까지 점진적으로 거룩하게 되어가는 상태를 말한다.[28]
- **완전 성화**(Entire Sanctification)란 마지막 단계로서 어느 특정한 순간에 이루어지는 상태로서 하나님께 내적으로나 외적으로 완전하게 복종하면서 그리스도인의 완전한 사랑이 이루어지게 되어 궁극적으로 그리스도와 완전히 일치하여 의인에 이르고 영화를 누릴 조건이 되는 것이라 하겠다.[29]

---

26 Basil Miller, *John Wesley*, 48. John Wesley, 『존 웨슬리의 일기』, 39-42.
27 김영선, 『존 웨슬리와 감리교 신학』, 235.
28 김영선, 『존 웨슬리와 감리교 신학』, 235-236.
29 김영선, 『존 웨슬리와 감리교 신학』, 236-237.

당연히 웨슬리가 목표로 하는 성화의 단계는 완전 성화이다. 이러한 완전 성화는 어느 순간 신자들이 '항상 기뻐하고 늘 기도하며 어떤 처지에서든지 감사할 때'의 상태이고, 이것이 바로 웨슬리가 의도했던 '완전 자체'였다.[30] 웨슬리는 이 완전 성화가 현세에도 일어날 수 있으며, 보통은 죽기 직전에 이루어진다고 했다.[31] 웨슬리에게 이러한 상태의 성경적 근거로는 마태복음 5:48("하늘에 계신 너희 아버지가 온전하심과 같이 너희도 온전하라"), 갈라디아서 2:20("오직 내 안에 그리스도께서 사신 것이라"), 빌립보서 2:5("너희는 이 마음을 품으라 곧 예수의 마음이니") 등이 있다.[32]

웨슬리는 완전 성화를 주장하면서 무엇을 의도했는가?

그는 성화를 완전과 동일시 하고자 했다.[33] 그만큼 진정한 성도라면 아가페 사랑으로 충만한 거룩한 삶을 살아야 한다는 의미이다. 그러나 그가 말하는 완전은 "신의 은총이 불필요하고 성장 발달이 필요하지 않는 완전을 의미하는 것이 아니다. 우리가 신에게로 돌아가기까지는 유혹을 면할 수 없다. 따라서 절대적 완전은 이 땅 위에서는 볼 수 없는 것이다. 웨슬리가 말하는 완전은 사도 요한과 같이 '무릇 하나님께 난 자는 죄를 범치 않는다'라는 것을 의미한다."[34]

이는 곧 의와 사랑을 온전히 이루는 것, 원수까지라도 사랑하는 것이나 다름없었다. '완전'이란 바로 이런 뜻에서 사용된 단어이다.[35] 여기서 웨슬리는 아마도 완전 성화 개념을 진정한 성도의 실존적 상태를 극대화하려는 강한 의지를 반영하고자 했던 것에서 만들어 낸 것이 아닌가 한다.

---

30 John Wesley, "그리스도인의 완전", 206.
31 김영선, 『존 웨슬리와 감리교 신학』, 237.
32 김영선, 『존 웨슬리와 감리교 신학』, 241-242.
33 김영선, 『존 웨슬리와 감리교 신학』, 240.
34 김영선, 『존 웨슬리와 감리교 신학』, 240.
35 문병구, "존 웨슬리의 『기독자의 완전에 대한 해설』에 나타난 완전 성화의 성서적 기초에 관한 소고", 128-133.

도덕적인 면보다는 신앙의 실존적인 의미에서의 그리스도와의 일치를 의도하기 때문이다.[36]

따라서 여기서 완전은 '죄도 없는' 실제의 도덕적 완전은 아니다. 이에 대한 오해가 있다는 것을 잘 알고 있던 웨슬리는 이를 불식시키려 노력했다. 웨슬리안에 따르면 여기에서의 '완전'은 앞에서 인용된 바와 같이 절대적이 아닌 제한적인 것이다. 절대로 죄도 없는 완전은 아니었다.

"절대적 완전은 인간이나 천사에게 속한 것이 아니라 하나님에게만 속한다. … 완전은 상실될 수 있으며 우리는 그것에 대한 사례를 무수히 가지고 있다. 그러나 우리는 5, 6번 후에야 새 사실에 대하여 확신하게 된다."[37]

다른 말로 하면, "고의적으로 죄를 범하지 않는 한 그는 범죄자가 아니며 그런 뜻에서 그는 완전자라고 본다. 다시 말하면 하나님의 계명과 법칙을 완전히 준수한다는 율법적 의미에서의 완전이 아니라 그리스도와 끊임없는 관련을 맺는다는 신앙의 관점에서 본 완전이다."[38]

여기서 나는 약간 혼돈을 겪는다.

사실 이러한 제한적 완전은 주로 죽기 전에 이루어지기보다는 오히려 종종 우리의 생애 가운데 일어날 수도 있지 않는가?

우연히 죄를 범하거나, 주의 계명을 종종 비자발적으로 어기는 일, 늘 경건에 힘쓰며 사는 삶, 자기희생적 사랑을 베푸는 행위 등을 우리는 하곤 하지 않는가?

---

36 김영선, 『존 웨슬리와 감리교 신학』, 245
37 John Wesley, "그리스도인의 완전", 206.
38 김영선, 『존 웨슬리와 감리교 신학』, 242. 웨슬리는 그리스도인들이 완전하지 않은 것임을 인정하지 않은 것은 아니다. 그 근거를 몇 가지 들고 있다. 그리스도인은 지식에 있어서 완전하지 않으며, 사람은 실수를 전혀 범하지 않을 만큼 완전하지 못하다는 점, 인간은 연약성으로부터(infirmities) 떠나 완전할 수는 없다는 사실 그리고 우리가 살아있는 동안에 이 세상에서 유혹으로부터 완전히 벗어난다는 것을 기대할 수는 없다는 것이 그것이다. 그래서 그는 그리스도인은 누구든 아직도 '은혜 안에서 자라가야'(벧후 3:18)할 필요가 있다고 했다(John Wesley, "그리스도인의 완전", 40).

그러나 '늘'(*simpliciter*) 그러한 이상적인 성화의 삶을 사는 것이 아니기에, 웨슬리적 표현을 빌리면, '점진적 성화'의 경험도 동시에 겪는다. 다시 말해 성화의 단계가 상승과 하강 곡선을 반복한다면, 비록 상승 곡선이 대부분을 차지한다고 해도, 이런 신앙의 모습을 완전 성화라고 해야 할지에 대해서는 의문이 든다. 물론, 웨슬리도 완전 성화 상태가 순간적으로 일어난다고 해도, 앞에서 말한 바와 같이 종종 다시 '점진적 성화' 단계로 내려올 수 있음을 전제하지 않았던 것은 아니다. 절대적 완전을 말하지 않았기 때문이다. 그렇다면 완전 성화보다는 '철저한 성화'가 더 어울리지 않을지 생각해 본다.

웨슬리는 아마도 "하늘에 계신 너희 아버지가 온전하심과 같이 너희도 온전하라"(마 5:48)는 말씀을 민감하게 받아들여서 '완전 성화'를 주장했던 것이 아닌가 한다. 그는 교회 안의 죄가 여전히 자리를 차지하는 것이 진정한 그리스도인의 모임이라 할 수 없다는 것을 확신했다. 그래서 그는 아마도 이러한 거룩성을 상실한 교회를 개혁하려고 '의도적으로' 완전 성화를 주장하지 않았는가 한다. 그렇다면 우리가 그를 완전주의자라든지 자력 구원론자라고 단정하고 비난할 수는 없을 것이라 하겠다.

2) 교회 구조론의 개혁

웨슬리는 초대 교회를 모방하고자 했다. 아니 그는 자신의 설교에서 단호하게 "메소디스트는 초대 교회의 종교"라고까지 말하기도 했다.[39] 성화론에 기초한 철저한 말씀에 대한 순종 곧 메소디즘(Methodism)을 적용하여 영국 성공회 교회론을 개혁하고자 한 것은 초대 교회의 모습을 실천에

---

39 John Wesley, "새 교회의 초석을 놓음에 있어", 『웨슬리 설교전집』 vol. 4, 78.

옮기려 했기 때문이다.⁴⁰ 그리고 모라비안으로부터 그러한 초대 교회의 사례를 발견하고 영국 성공회에 그러한 믿음의 열매가 일어나도록 했다.⁴¹

그러나 그가 영국 성공회 교회론을 떠난 것은 아니었다. 그는 성공회 39개 신조의 19항을 따라 하나님의 말씀이 설교 되고 성례가 적절하게 집전되는 곳이 교회라고 믿었다.⁴² 그는 자기 가족이 청교도적 배경을 갖고 있었지만, 여전히 영국 국교회라는 성공회에 남기를 원했다. 아마도 말씀의 가르침대로 철저하게 지키며 살겠다는 의지가 다른 어떤 교단보다 성공회가 더 자신에게 어울린다고 여겨서일 것이다. 왜냐하면, 성공회는 적어도 교리적으로는 그리스도인의 거룩한 삶을 강조하기 때문이었다.

하지만, 그가 보기에 실제로 자신의 교단이 그의 성화론적 기준에는 못 미친다고 생각했다. 그런데도 그는 여전히 성공회를 떠나지 않았다. 심지어 그가 그 유명한 올더스게이트(Aldersgate street) 모임에서 회심을 (1738년 5월 24일) 한 이후에도, 성공회를 떠나지 않았다. 이 회심은 진정한 성화가 루터적 이신칭의를 전제한다는 것을 비로소 확인한 후에야 일어났다. 이러한 회심은 그가 젊었을 때부터 믿음을 합리적인 근거에 제한시켜서 이해했던 것에 비하면 혁신적인 변화였다.⁴³ 이것은 성공회 신학의 문제점을 인식한 새로운 신학의 출발이었다.

---

40   David Hunsicker, "John Wesley: Father of Today's Small Group Concept?" *Wesleyan Theological Journal*, 31/1 (Spr. 1996), 201.
41   David Hunsicker, "John Wesley: Father of Today's Small Group Concept?" 203.
42   오광석, "전통의 사람 존 웨슬리: 기독교 전통 안에서의 웨슬리 교회론 이해",「한국교회사학회」24 (2009), 195.
43   웨슬리는 22세쯤에 "합리적인 근거가 없다면 신앙 체계도 없고 따라서 믿음도 없다. '나는 합리적인 근거의 깨달음이 없이 뭔가를 믿는다고 맹세하는 것은 거짓된 것이라고 생각한다"라고 말했었다(Kenneth J. Collins, *John Wesley: A Theological Journey*, 이세형 역,『존 웨슬리 톺아보기: 그의 삶과 신학 여정』,(서울: 신앙과지성사, 2016), 50).

물론, 같은 해 그가 "모라비안 지도자 피터 뵐러를 통해 소그룹 조직 기법을 배우고 페터레인 신도회(Fatter Lane Society)를 조직"하여[44] 교회의 혁신적인 구조를 새롭게 도입한 이래 그가 죽기 전까지도, 그는 성공회를 떠나지 않았다. 그는 교회 개혁을 성공회 '안에서의' 평신도 갱신 운동으로 여겼기 때문이다.[45]

그의 교회 개혁은 구원론적 교회론에 기초했다. 성화의 삶이 따르는 교회 구조로의[46] 변화를 기대했다. 이는 그가 신도회를 도입하여 운영하면서 성도의 윤리적 책임의식을 강조한 데에서 그 증거를 찾을 수 있다. 올더스게이트 회심 이후에도 "성공회의 예전을 중시했지만, 더는 형식적 교회론에 매여 있지는 않았다. … 웨슬리의 교회론은 그의 영혼 구원을 위한 열망 혹은 고도로 발전된 선교의식에 의해 지배되었다."[47] 그래서 그는 전통적인 교회론을 따르기는 했지만 애써 그것에 구속당하려 하지는 않았다.

예를 들어, 그의 관심이 성도의 거룩한 삶이었기에, 순수한 말씀의 전파와 성례전의 올바른 시행이라는 교회의 표지에 해당하지 않는다고 여겨지는 교회라도 이러한 교회들을 보편적 교회 울타리 안에 포함하도록 했다. 그에게 중요한 관심은 일정한 교회론적 교리 틀 보다는 교회의 성도들이 실제로 완전 성화를 이루는 것이었기 때문이다. 그래서 그는 "교회에 대하여"라는 논문에서 교회의 보편성을 다룬 후, 에베소서 4:1-6을 주목하면서 다음과 같이 말한다.[48]

---

44 구병옥, "공동체를 통한 전도: 역사적·현대적 사례 연구", 「신학과 실천」 43 (2015.02), 546.
45 김영선, 『존 웨슬리와 감리교 신학』, 342.
46 오광석, "전통의 사람 존 웨슬리: 기독교 전통 안에서의 웨슬리 교회론 이해", 184.
47 오광석, "전통의 사람 존 웨슬리: 기독교 전통 안에서의 웨슬리 교회론 이해", 196-197.
48 John Wesley, 『존 웨슬리 총서』, vol. 9, 논문집, 56-57.

우리는 이제 문제점으로 나아간다.

'우리가 받은 부르심에 합당하게 행한다'는 것이 무엇인가?

'행한다'는 말 … 그것은 우리의 모든 내적 외적 운동, 우리의 모든 언행 심사까지 포함한다. 그것은 우리의 언행 심사를 매 순간 우리의 기독교적 부르심에 합당한 방식으로 하라는 뜻이다.

그의 교회론은 그리스도인들의 실천적인 삶을 다루는 것이 주된 것이었다. 교회 개혁은 구원론이 중심이 되었기에, 이런 이유로 그는 교회의 복음 전도의 효율을 극대화해야 할 필요에 따라 전통적 교회가 받아들이지 못했던 제도를 과감하게 도입했다.

비록 성공회 교회에는 매우 낯선 것이기는 하지만 그는 선교적 필요에 따라 평신도에게도 설교할 수 있는 제도를 만들도록 했다.[49] 물론 직업을 가진 평신도는 전문적인 신학 지식이 부족하여 자칫 신비주의와 열광주의에 빠질 위험이 있었지만, 웨슬리는 이런 극단주의를 피하고 건전한 상식을 중시하도록 하게 하고 통전적 성경 이해를 바탕으로 성경을 해석하도록 훈련하여 왜곡된 성경 해석을 피할 수 있도록 조치했다.[50] 웨슬리는 성직자에게만 설교권이 주어져야 한다고 생각하지는 않았다. 그는 평신도들에게도 성령의 능력과 은사가 주어진다는 것을 확인하고 이들도 하나님의 부르심에 응답하여 목회 현장의 필요를 따라 활동할 수 있다고 보았다.[51]

---

49 오광석, "전통의 사람 존 웨슬리: 기독교 전통 안에서의 웨슬리 교회론 이해", 197-198.

50 김영선, 『존 웨슬리와 감리교 신학』, 365.

51 오광석, "전통의 사람 존 웨슬리: 기독교 전통 안에서의 웨슬리 교회론 이해", 197. 다만, 그는 평신도에게 설교권은 허락하되 성례 집행권은 부여하지 않았다(김영선, 『존 웨슬리와 감리교 신학』, 365).

3. 교회 개혁 실천과 소그룹 교회 구조

웨슬리는 교회 개혁의 방법론을 모라비안에게서 도입했다. 이들이 서로 성도의 교제를 하며 거룩한 삶을 이루어 가는 데에는 헤른후트(Herrnhut) 공동체의 소그룹 교제였음을 확인하고 영국에 돌아와 소그룹 교회 구조를 만들었다. 그는 이 구조가 하나님의 은총을 경험하는 수단으로 여겼다. 실제로 소그룹 안에서 역동적인 거룩한 교제를 경험하도록 하여 성화의 삶을 구현시키는 데 큰 효과를 얻게 되었다. 소그룹 교회 구조의 성공적인 정착은 다양한 필요를 따라 여러 형태의 소그룹 형식을 갖추게 되었다. 교회 개혁을 위한 발걸음은 소그룹 교회 구조에서 빛났다.

1) 교회 갱신을 위한 교회 구조

웨슬리는 교회 구조를 갱신하여 교회 개혁의 목적을 달성하려고 했다. 영국 국교회는 경직된 구조와 성직자와 평신도의 구분을 엄격하게 하고 여성 리더십을 배제하고 있었는데, 헤른후트 모델의 '교회 안의 작은 교회' 소그룹을 통해 여성 참여 리더십 및 영국 국교회 조직쇄신 등이 이루어지도록 하여 국교회의 정체된 교회 구조에 새 생명을 불어넣으려고 했다.[52] 핵심은 성도들의 성화공동체 수립이었다. 예를 들어, 신도회와 같은 소그룹은 신의 성품에 참여하도록 변화된 성도를 만들어 내는 것이어야 했다.

"웨슬리는 영국 국교회의 타락을 막고, 가톨릭 내의 예수회처럼 교회 갱신 운동을 시도했기 때문에 감리 교회라고 하지 않고 감리교 신도회라

52　D. Michael Henderson, *A Model for Making Disciples: John Wesley's Class Meeting*, 이혜림 역, 『존 웨슬리의 소그룹 사역을 통한 제자 만들기』 (서울: 서로사랑, 2011), 85-86.

고 명명했다. 교회 개혁을 위하여 교회 안에 작은 소그룹을 만들어 경건과 성화의 실천을 도모하고, 성도 간의 사랑의 교제를 나누며, 신앙 성장을 위한 교육과 훈련을 했다."[53]

그는 성도들의 거룩한 삶이 생활화되어 하나님의 성품에 참여하는 진정한 신앙인이 되기를 갈망했다. 앞에서 우리가 구원론적 논의를 전개하기는 했지만 원래 웨슬리는 독창적인 신학 운동을 펼치려 했던 사람이라기보다는 성도의 신앙을 새롭게 하고 삶의 변화를 지향한 실천 운동가였다.[54]

그래서 그는 구원론적 목적을 달성하기 위해 모라비안의 소그룹 교회 구조를 배워 이를 적극 사용했다. 물론, 그는 독일의 경건주의 운동을 태동시킨 슈페너(Philipp Jacob Spener)에게서도 영감을 얻었다. 루터교회를 개혁하기 위해 슈페너가 사용한 교회 안의 소그룹 모임 구조에 대해 알고 난 후, 그것이 매우 인상적이었다고 느낀 웨슬리는[55] 슈페너가 만든 것과 같은 종류의 소그룹을 만들어 교회를 갱신하려 했다.

물론, 그는 동방교회의 신화(theosis) 사상의 영향을 받기도 했다. 여기서 신화(神化)는 실제의 신적 존재로 변화된다는 것이 아니라 하나님께 다가가면서 더욱 거룩하게 되는 신비를 지향한다는 의미이다.[56] 영국 교회의 개혁을 위해 그가 주목한 것은 바로 이러한 성화의 신비를 실현하는 것이었다.

한편, 영국에는 웨슬리가 소그룹 교회 구조를 도입하기 전에 이미 이런 종류의 소그룹이 존재했다. 이 소그룹 역시 독일에서 건너왔다. 독일의 호네크(Anthony Horneck) 목사가 영국으로 건너와서 소그룹을 만들어 교회 갱

---

53 김영선, 『존 웨슬리와 감리교 신학』, 373-374.
54 이성덕, "독일 경건주의 찬양과 존 웨슬리", 「한국대학과 선교」 22 (2012), 129.
55 David Hunsicker, "John Wesley: Father of Today's Small Group Concept?" 196.
56 오광석, "독일 급진 경건주의자들과 존 웨슬리", 「神學思想」 44 (2009년 봄호), 236.

신을 시도한 바 있었던 것이다.[57] 이 모임에 웨슬리의 아버지인 사무엘 웨슬리도 초청받아 설교했고, 이후 사무엘 웨슬리는 이 소그룹 신도회의 유익함을 인정하고 영국 내에 이러한 조직이 확산해야 한다고 말하기도 했다.[58]

아마도 웨슬리는 본격적으로 소그룹 교회 구조를 만들기 전에, 이미 영국에서 소그룹의 유용성을 조금이나마 체험했다는 것과, 모라비안을 만나 경건 훈련의 유익함을 경험하고 독일의 경건주의 운동이 소그룹 교회들로서(ecclesiolae in ecclesia) 교회 갱신에 이바지한 사실을 알게 된 것 등 일련의 사건들을 경험하면서, 교회 갱신을 위한 소그룹 교회 구조 도입의 필요성을 확신하게 했을 것이다. 나아가 실제로 그는 이런 소그룹 교회들 안에서 하나님의 은총을 경험하는 실제적 성과도 얻게 되어 성화의 삶을 체현하게 되는 등, 소그룹 교회 구조가 단순히 기능적 변화만이 아닌 은총의 수단으로서도 가능함을 확인했다.

2) 은총의 수단으로서의 소그룹 교회 구조

웨슬리에게 소그룹 교회 구조는 그의 구원론적 목표를 달성하게 하는 큰 자산이었다. 단순히 목회의 효율적 관리로 치부되는 현대의 일부 소그룹 운동과는 거리가 멀었다. 외형적 변화가 아닌 내적 변화를 불러오게 하는 매우 중요한 수단이 되었던 것이다. 그래서 그는 은총의 수단으로서의 소그룹 교회 구조로 발전시키려 했다.

그런데 그는 패터래인(Fetter Lane) 신도회를 함께 만든 모라비안과 이 주제 때문에 갈라섰다. 루터교인인 모라비안은 성화에의 노력을 불필요하게 여기고 '정적주의'(quietism)에 머무를 뿐, 웨슬리가 제안하는 은총의 수

---

[57] David Hunsicker, "John Wesley: Father of Today's Small Group Concept?" 194.
[58] 김영선, 『존 웨슬리와 감리교 신학』, 375.

단으로서의 신도회 개념에는 동의하지 않았기 때문이다.[59] 모라비안은 구원의 확신을 갈망하는 사람이라면 모든 형식의 인간적인 목표 달성, 심지어는 교회 출석하는 것이나 성례를 받는 것까지도 거절해야 한다고 여겼다.[60] 칭의 안에 있는 자에게 율법이나 계명을 인위적으로 지키려고 하는 것이 자칫 율법주의로 비친다는 것이다.

반면에 웨슬리에게 이러한 모라비안의 정적주의는 율법폐지론으로 인도한다고 보았다.[61] 결과적으로 웨슬리는 자신을 회심하게 한 이들을 떠날 수밖에 없었다. 웨슬리가 모라비안과 결별하게 된 것은 옳은 일이었다. "웨슬리가 신도반이나 속회를 조직한 것은 하나님을 따라 살고자 하는 목적 때문이었다."[62]

약한 인간은 지속해서 은총의 수단이 필요하다는 것을 알았던 것이다. 이제 이러한 소그룹 형식의 모임에 참여한 성도들은 함께 성도의 거룩한 교제를 함으로써 서로 자극을 주어 성화에 이르게 했다. 소그룹의 구성원들이 질적 성장을 이루게 하고 교회의 소그룹에서는 영적 변화를 유도하는 등 소그룹의 순기능을 도모했다.

나아가 소그룹은 사회적 종교를 구현시키는 역할도 했다. 웨슬리가 여기서 '사회적'이라고 표현한 것은 사회 참여를 말하는 것이 아닌 "신자가 혼자 믿고 혼자 하나님을 섬길 수 없기에 동료가 필요하며 이를 위해 신도들 간에 교제가 필요함을 강조하기 위해 사용한 말이다."[63] 소그룹 안에서 상호 교제함으로써 은총의 수단을 경험하여 성도들이 성화의 삶을 회

---

59 David Hunsicker, "John Wesley: Father of Today's Small Group Concept?" 203.
60 David Hunsicker, "John Wesley: Father of Today's Small Group Concept?" 203, fn. 28.
61 John Wesley, *Journal of John Wesley*, Standard Edition, ed., Nehemiah Curnock, (London: The Epworth Press, 1938), vol. 2, 370. 재인용 Hunsicker, "John Wesley: Father of Today's Small Group Concept?" 203, fn. 28.
62 Basil Miller, *John Wesley*, 70.
63 오광석, "전통의 사람 존 웨슬리: 기독교 전통 안에서의 웨슬리 교회론 이해", 187, 각주 17번.

복하고 궁극적으로 거룩한 공동체를 구현하게 되는 것이다. 이는 곧 소그룹이 전통적인 교회론의 고전적 교회 본질 개념인 성도의 교제(communio sanctorum)의 실천 방식이다.

"속회는 성도의 교제에 있어서 모범적인 모델이었다. 초대 교회와 같은 성도의 교제를 항상 생각(했고) … 가족과도 같은 분위기를 이루었다. … 속장과 속도들은 긴밀한 사랑과 신뢰의 관계를 통해서 더욱 가족적인 공동체 의식을 체험했다."[64]

3) 소그룹의 형태

앞에서 잠시 언급한 바와 같이 웨슬리는 교회 안에 신도회(society), 속회(class meeting), 신도반(band), 선별 신도회(select society), 참회자 신도회(penitent society) 등을 조직했다. 신도회는 회심한 신자로 구성되며 하나님의 말씀대로 살도록 훈련해 상호 돌보고 서로 기도하고 권면을 받으면서 상호 구원을 이루도록 도와주는 교제의 모임이었다.[65]

신도회에서는 웨슬리의 노천 설교를 듣고 회심한 자들이 교회 출석하는 것을 넘어 실제로 참된 그리스도인이 되도록 훈련했다. 당연히 참된 그리스도인의 목표는 성화의 삶이었다. 그래서 실제 말씀 적용의 가르침을 받도록 하되 수준별로 개인의 영적 발달 지침을 제공하여 경건한 삶의 배움터로 자리 잡게 했다.[66] 주로 신도회는 교육적 기능을 담당하는 인지적 역할을 담당했다.[67]

---

64 이기로, "존 웨슬리의 속회와 영성훈련에 관한 고찰", 김홍기 편, 『역사신학연구 I』 (서울: 성서연구사, 1996), 598-599.
65 John Wesley, *The Work of John Wesley*, 8, 269. 재인용. 김영선, 『존 웨슬리와 감리교 신학』, 375.
66 D. Michael Henderson, 『존 웨슬리의 소그룹 사역을 통한 제자 만들기』, 124-125.
67 D. Michael Henderson, 『존 웨슬리의 소그룹 사역을 통한 제자 만들기』, 116.

소그룹의 전형적인 형태는 속회(class meeting)였다. 속회는 남녀노소 구분 없이 12명 정도 모여서 경건 훈련을 다지고 지속적으로 영적 성장이 이루어질 수 있도록 상호 돌보며, 친교와 봉사, 선교와 교회 재정 조달의 중심 역할을 하는 소그룹이다.[68]

원래 속회는 교회 재정 충당을 위해 은퇴한 포이 선장(Captain Foy)이 고안한 아이디어에서 출발했다. 그는 교회당 건축 부채를 해결하기 위해 매주 1페니씩 내도록 제안했다. 하지만, 실제로는 성도 대부분이 가난하여 이 헌금을 내지 못하게 되었고, 누군가 가난한 이들 11명을 맡겨 달라고 요청하면서 이들이 못 낼 경우, 자신이 이들을 대신하여 헌금하겠다고 하면서 시작된 것이다.

이후 속회는 신도회 회원이면 의무적으로 참석해야 했다.[69] 이제 모든 속회는 신도회와는 달리 역동적인 대인 관계를 실천에 옮겨 구체적으로 속회원들이 금지 행동, 권면 또는 긍정적 행동, 은혜의 수단이 되는 여러 관행을 이행하도록 규정을 만들었다.[70] 속회에서는 성도들이 윤리적 모범의 상태를 유지하도록 하여 성화의 삶을 생활화하도록 했다. 개인 경건을 상호 교류하고 피차, 웨슬리가 표현한 대로, '완전한 사랑'을 이루도록 했다.[71] 주목할 만한 점은 신도회에서는 철저하게 남녀를 구분했지만, 속회에서는 남녀 구분 없이 소그룹에 참여할 수 있게 했으며, 각 소그룹에서는 자매들도 속회의 리더가 되도록 했다는 점이다.[72]

웨슬리는 성도들이 성화의 삶을 실질적으로 이룰 수 있도록 했다. 청교도들에게서나 성공회에서 볼 수 없었던 성도의 교제를 시행했다. 청교도

---

68   김영선, 『존 웨슬리와 감리교 신학』, 377.
69   김영선, 『존 웨슬리와 감리교 신학』, 378.
70   D. Michael Henderson, 『존 웨슬리의 소그룹 사역을 통한 제자 만들기』, 135-136.
71   D. Michael Henderson, 『존 웨슬리의 소그룹 사역을 통한 제자 만들기』, 139.
72   D. Michael Henderson, 『존 웨슬리의 소그룹 사역을 통한 제자 만들기』, 136.

들이 인간의 죄성을 싫어한 나머지 객관적으로 이 문제에 접근하지 않았지만, 웨슬리는 속회원들의 실질적 삶의 변화를 위해 인간의 죄성을 감추는 것이 아니라 속회에서 적극적으로 이런 악을 다루도록 적극적으로 악한 행동들에 맞섰다.[73] 그래서 그는 속회원들의 행동 변화를 실제화하기 위해 종종 속회 안의 악행을 제거하곤 했다.

"웨슬리는 신도회와 속(회)의 정결함을 너무나 중시했기 때문에 점잔을 빼느라 제명해야 할 사람을 제명하지 못하는 일은 발생하지 않았다."[74]

예를 들어, 공동체의 거룩성을 유지하기 위해 제명 작업을 통해 뉴캐슬에서는 64명을 축출했다. 그는 왜 이들을 제명해야 했는지 그의 일기에 다음과 같이 적어 놓았다.

> 29명은 일반적인 '경망함과 부주의함' 때문에 제명됐다. 17명은 주벽 때문에, 2명은 독주를 판매했기 때문에, 4명은 '비방과 험담' 때문에, 3명은 '의도적, 습관적 거짓말' 때문에, 3명은 다툼 때문에, 2명은 욕설 때문에, 2명은 습관적으로 안식일을 지키지 않았기 때문에, 1명은 게으름 때문에, 나머지 1명은 아내를 구타했기 때문에 제명됐다.[75]

속회에서는 속회원들 각자가 신자다움의 행동 변화를 어느 정도 진척시켰는지 점검하는 것이 중요했다. 궁극적으로 속회의 이러한 변화 촉구 훈련은 웨슬리의 메소디즘 방법론의 중심이 되었다. "변화를 촉발하는 감리교 방법론의 핵심에는 속회"가 있었기 때문이다.[76]

---

73   D. Michael Henderson, 『존 웨슬리의 소그룹 사역을 통한 제자 만들기』, 143.
74   D. Michael Henderson, 『존 웨슬리의 소그룹 사역을 통한 제자 만들기』, 150.
75   D. Michael Henderson, 『존 웨슬리의 소그룹 사역을 통한 제자 만들기』, 151.
76   D. Michael Henderson, 『존 웨슬리의 소그룹 사역을 통한 제자 만들기』, 152.

신도반(band) 소그룹은 속회가 있기 전부터 있었던 것으로 모라비안의 영향에 따라 도입되었다. 이 소그룹은 나이, 성별, 결혼 여부, 직업 등의 기준을 따라 조직하여 온전한 성화를 이루도록 영적 성장을 극대화하는 것을 목표로 했다.[77] 신도반은 속회와 달리 남녀가 구분되어 운영되었으며 자발적으로 참석하되 그리스도인의 완전을 추구하고 상호 죄의 고백이 가능한 자들로 5명에서 10명으로 구성했다.[78]

신도반에서는 회원들 사이에 더 깊은 대화를 마련하도록 동일 집단의 단위로 구성하여 상호 숨김없이 각자 자신의 마음속을 다 드러냄으로써 기쁨과 슬픔, 절망과 희망을 공유하고 상호 영적 성장을 극대화하도록 했다. 정서적으로 상호 깊은 소통을 경험함으로써 "행동이나 생각이 아닌 동기와 가슴으로 받아들인 느낌에 대한 성찰"을 다지게 했다.[79] 웨슬리는 '긴밀한 대화'가 가능했던 신도반을 가장 좋아했다.[80] 왜냐하면 여기에서는 신도반원 사이의 친밀도를 극대화할 수 있었기 때문이다.

신도반의 큰 특징은 직고제, 곧 서로 죄를 털어놓아야 한다는 점이었다. 사실 이러한 '불편한' 고백은 영국인들에게조차 충격적이고 낯선 것이어서 교회 안팎으로부터 웨슬리는 주기적으로 강한 비난과 공격을 받아야 했다. 그만큼 상호 죄 고백은 개인적 수치를 감수해야 하는 용기가 필요했고 간혹 후유증도 감내해야 했기 때문이다. 그러나 웨슬리는 이런 상호 죄 고백이 야고보서 5:16의 "너희 죄를 서로 고하며 병 낫기를 위하여 서로 기도하라"는 말씀에 부합하는 것이라고 변증했다.

이 말씀을 근거로 그는 다음과 같은 질문을 고안하기도 했다.

---

77 김영선, 『존 웨슬리와 감리교 신학』, 378.
78 김영선, 『존 웨슬리와 감리교 신학』, 378.
79 D. Michael Henderson, 『존 웨슬리의 소그룹 사역을 통한 제자 만들기』, 157.
80 D. Michael Henderson, 『존 웨슬리의 소그룹 사역을 통한 제자 만들기』, 157.

- 지난번 모임 이후로 어떤 죄를 지었는가?
- 어떤 유혹을 받았는가?
- 어떻게 건짐을 받았는가?
- 죄인지 아닌지 의구심이 드는 어떤 생각과 말, 행동을 했는가?
- 비밀에 부치고 싶은 것은 아무것도 없는가?[81]

결과적으로 신도반에서 '집단 치료' 효과를 성공적으로 거두게 되었고, 이러한 긍정적인 점에 대해서는 평가할 수 있다고 하겠다. 하지만, 속회만큼 신도반은 성공적이지 못했다.

선발신도회(select society) 소그룹은 웨슬리가 직접 가장 신실한 성도 곧 완전 성화에 가깝게 도달한 사람 중에 선발하여 모든 성도에게 모범적 행동을 보이도록 조직되었다.[82] 이 모임에서는 성화의 '전문가적' 교제를 나눌 수 있게 되었다. 물론, 상호 영적으로 더 성장하도록 독려하고 노력하도록 모임이 운영되도록 했다.

다만, 이 모임에서는 다른 소그룹과 달리 규정도, 리더도 존재하지 않았다. 이 모임 역시 훈련의 한 단계이지만 이 모임 회원들은 의사 결정과 정책 수립, 교리 심화 사역을 통해 리더로서의 방법론을 터득했다.[83] 특별한 규정은 없었어도 이들에게는 세 가지 지침이 있었다. 이 모임에서 논의된 이야기는 모두 비밀을 유지해야 하고, 그 외의 사안이나 부차적인 문제에 대해서는 담임 사역자의 견해에 복종해야 하며, 할 수 있는 대로 공동의 재산에 이바지한다는 것이다.[84]

---

81   D. Michael Henderson, 『존 웨슬리의 소그룹 사역을 통한 제자 만들기』, 166.
82   김영선, 『존 웨슬리와 감리교 신학』, 380. D. Michael Henderson, 『존 웨슬리의 소그룹 사역을 통한 제자 만들기』, 170.
83   D. Michael Henderson, 『존 웨슬리의 소그룹 사역을 통한 제자 만들기』, 173.
84   D. Michael Henderson, 『존 웨슬리의 소그룹 사역을 통한 제자 만들기』, 173.

끝으로 참회 신도반(penitent society) 소그룹은 유혹받아 낙오된 자, 혹은 속회에서 요구하는 그리스도인의 행동 변화에 부응하지 못하지만, 개인적으로 자신의 부족한 의지력을 극복하려는 열의가 있는 자가 참여했다.[85] 이 그룹의 목표는 정상적으로 속회와 신도반에서 성도의 교제를 나눌 수 있도록 이들의 영성을 회복시키는 것이었다. 이들은 매주 토요일 저녁에 모여 도덕적 문제나 알코올 중독 해결을 위해 필요한 조치를 경험하게 했으며 이러한 시도는 큰 성공을 거두게 되었다.[86]

웨슬리의 소그룹 교회 구조는 전반적으로 대단한 성공을 거두었다. 물론, 1798년에 30명의 성인으로 시작한 후 신도회는 101,712명으로 성장한 것은 괄목할 만한 것이었지만, 더 주목해야 할 것은, 소그룹 교회 구조가 성도들이 상호 고백과 토론을 통해 거룩한 사람으로 성장하게 했다는 점이다.[87]

"속회와 밴드는 웨슬리의 이상적 교회론을 실천하는 은혜의 수단이었다. 이들 소모임이야말로 교회 안의 교회(ecclesiola in ecclesia)였으며 인간의 성화에 필요한 거룩한 기구였다."[88] 이들 소그룹은 그리스도인의 행동 변화를 이루어 내는 데 크게 이바지했다. 대그룹 안에서는 불가능한, 상호 친밀한 교제를 나누면서 상호 영적 성장을 이루어 감을 통해 성화의 삶을 실현했다.

웨슬리의 영성 특징은 교회를 살리는 운동이었다. 당시 영국 성공회가 너무 높은 계층의 사람들에게만 관심을 가지고 형식적이고 명목적인 종교가

---

85 김영선, 『존 웨슬리와 감리교 신학』, 380. D. Michael Henderson, 『존 웨슬리의 소그룹 사역을 통한 제자 만들기』, 175.
86 D. Michael Henderson, 『존 웨슬리의 소그룹 사역을 통한 제자 만들기』, 176.
87 Peter Bunton, "300 Years of Small Groups: The European Church from Luther to Wesley," *Christian Education Journal*, Series 3, Vol. 11/1 (2014), 98.
88 김영선, 『존 웨슬리와 감리교 신학』, 381.

되어 버렸지만, 웨슬리의 감리교는 낮은 계층의 사람들, 가난한 사람, 소외 당하는 사람들의 친구가 되어 줌으로써 신앙의 역동성이 살아나게 되었다.[89]

'교회 안의 교회'는 교회 개혁을 이루는 데 성공적인 역할을 했다. 소그룹 교회 구조는 참 그리스도인의 삶, 곧 성화를 이루는 필요한 도구였음을 증명해 준 것이다.

나아가 그의 혁신적인 교회 구조는 평신도, 특히 여성을 교회 지도자로 삼도록 하여 교회 성도들의 은사를 계발시켜 보다 역동적인 교회가 만들어지도록 하는 데에 크게 이바지했다. 웨슬리는 또 다른 차원에서 "새로운 교회 구조를 창안"했는데, 그것이 바로 "평신도 사역자"였다.[90] 평신도가 목회 사역에 중요한 역할을 하게 한 그의 소그룹 교회 구조는 현대의 제자 훈련의 모델로 인정되었으며 현대의 소그룹 개념의 아버지라 불릴 수 있게 되었다. 교회 개혁을 위해 그가 제시한 혁신적 소그룹 교회 구조는 진정한 성도들의 거룩한 교제를 기대하는 모든 교회에 큰 도전을 줄 것이다.[91]

---

[89] 이기로, "존 웨슬리의 속회와 영성훈련에 관한 고찰", 600.
[90] Howard Snyder, 『새포도주는 새 부대에』, 199.
[91] 아마도 웨슬리의 신도반의 한국 현대판은 경기도 성남시 판교에 있는 '우리들교회'가 아닌가 한다. 이에 대해서는 다음을 보라. 구병옥, "공동체를 통한 전도: 역사적·현대적 사례 연구", 552-554.

4. 나가는 말

우리는 지금까지 존 웨슬리의 구원론적 교회론과 이에 기초한 소그룹의 실제 형식을 논의했다. 그는 구원에 관심이 있었다. 그러나 그것은 행함이 동반된, 성화 그 자체였다. 그는 모라비안을 만나 회심하여 성화의 진정성을 회복했다가 올더스게이트 회심 후 칭의를 회복시킨 다음에는 더욱 그의 성화론을 심화 발전시켰다. 그가 성화론에 집중한 것은 개인적이 아닌 교회적 필요에 의해서였다. 하나님의 말씀대로 사는 것을 강조하던 성공회마저도 교회 안에는 여전히 죄로 가득했다.

그런데 그는 모라비안을 만나서 교회 개혁을 위한 모델을 찾은 후, 비로소 구원론적 교회 구조를 세우게 되었다. 바로 신도반(band)과 같은 모라비안의 소그룹 교회 구조가 그것이었다. 그는 이러한 소그룹들을 교회 안에 이식시켰다. 신도회, 속회 등을 만들어 실질적으로 성도들이 성화될 수 있도록 했다. 이 모든 소그룹 교회 구조의 탄생은 구원론적 동기에 의해서 가능했다.

완전 성화를 제안한 그의 성화론은 실천적 교회론을 위해 구성되었고, 이에 따른 그의 소그룹 교회 구조론은 교회 개혁을 위한 성공적인 기초를 제공했다. 슈페너의 교회 안의 작은 교회(ecclesioloa in ecclesia)와 같은 의미로서 웨슬리의 '교회 안의 소그룹 교회들'은 구원론적 교회론의 구체적 형식이었다. 비록 직고제와 같은 충격적이고 이상적인 프로그램을 도입했지만, 그의 의도가 진정한 그리스도인으로 구성된 교회를 만들고자 했다는 것을 인정한다면, 그의 지극히 열정적인 성화론의 실제화 틀은 교회 개혁의 모멘텀을 제공했다고 평가할 수 있겠다.

나아가 그리스도 안에서 한 가족과 같은 공동체를 현실화하여 교회 안에 모든 계층의 신자가 하나를 이루게 했다. 웨슬리의 소그룹 교회 구조 실현은 갈라디아서 3:28-29의 말씀에 따라 인종별, 계층별, 성별과 무관하게 모든 사람이 아브라함을 한 조상으로 하는 믿음의 한 가족을 만드는 방법론이었다.

다음 장에서 우리는 그리스도 안에 '한 가족'이라 할 때, 그 의미가 구체적으로 무엇을 의미하는지 살펴본다.

제5장

소그룹의 목표: '가족' 의식에 기초한 '연합'[1]

앞에서 우리는 소그룹이 교회 개혁의 동기로 인해 출발하였음을 확인했다. 칼빈이 제시한 계급주의적 교황제를 극복할 수평적 공동체 교회 구조에서는 소그룹의 교회론적 원리를 발견하고, 슈페너에게서는 교회 개혁을 위한 구체적인 교회 안의 체계로서의 '교회 안의 작은 교회' 소그룹을 배우며, 웨슬리에게서는 평신도의 적극적인 교회 사역과 여성 리더십의 계발 등을 통해 성화공동체의 확립을 구체화하는 다양한 소그룹의 형태를 확인했다.

소그룹 사역을 통한 교회의 개혁적 시도는 성도들이 그리스도 안에서 서로 진정으로 공동체적 가족을 만들어 교회가 하나 되게 하려는 데에 목표를 두고 있다. 소그룹 중심의 교회 구조는 이러한 목표를 이루게 한다. 소그룹 중심의 교회 구조라는 하드웨어가 성도들이 연합을 이룰 능력을 제공하고 나아가 이 소그룹 개념을 확장한 개교회 안에서의 연합은 물론, 또한 개교회 연합의 확장 개념으로서 한국 교회 전체의 연합이 가능하게 하기 때문이다.

다만, 이 연합이 가능하게 하는 소프트웨어 곧 성도들과 교회의 의식 구조를 잘 갖출 필요가 있다. 그것은 곧 가족공동체 의식이다. 여기에서

---

[1] 이 글은 다음의 논문을 수정, 보완한 것임을 밝힌다. "한국 교회 연합과 '가족' 신학", 「성경과 신학」 57 (2011), 163 - 96.

는 이 '연합'의 목표를 이루기 위한 성도들과 교회 상호 간의 가족의식 곧 '가족신학'을 다룬다.

1. 가족의식이 아닌 '가족주의'

교회 안에 긴장과 분리, 분란이 잦고 한국 교회가 분열을 거듭해 온 이유는 우리의 문화적 코드가 협조해 주지 못해서이다. 연합을 위해 소리는 외치지만 설득력이 없었던 이유가 여기에 있다. '일치'나 '연합'을 위해, 상대의 감성에 기대어 결과를 도출하려 하니, 상대의 감성 상태가 냉기류이면 원하는 연합이 물 건너간다. 합리적이고 이성적인 접근을 통해 합의를 끌어내는 문화에 익숙하지 못해서이다. 아무리 피차간에 신앙적 양심에 호소하고 대화해도 우리의 문화는 '지배 욕구'를 쉽게 못 버린다. 아울러 파벌 의식이 강하기 때문에 정략적 접근에 근거한 리더십이 구성되므로 진정한 연합은 늘 미래의 과제로만 남게 한다.

물론, 한국의 경우만 여기에서 비판적으로 보는 것은 공평하지 않을 것이다. 기독교가 공인된(A.D. 313) 이후부터 교회 안에는 신학적 갈등을 겪으면서 분열되기 시작했었고, 개신교가 출범한 이후로는 그 분열의 속도가 더욱 강렬했으며, 그 범위도 매우 넓어 수많은 교파와 교단을 만들었다. 아직도 이 세상에는 여전히 분열하여 생겨난 다양한 교파와 교단이 잔재하고 있다. 물론, 일부 교단들이 다시 연합하고는 있지만 말이다.

이렇게 교회가 분열되어 하나됨을 만들어 내지 못하는 것은, 나름의 불가피한 이유가 있다고 하더라도, 적어도 교회 밖의 시각에서는 부정적인 것은 사실이다. 이런 의미에서 "교회 분열의 역사는 기독교 패배의 역사였다. 교회는 그 역사를 시작하면서 분열된 세계를 향하여 평화와 형제애의 약속을 가지고 등장했다. 그러나 교회는 변화시켜야만 하는 사회의 분열을 오히려 그대로 받아들였고, 초연해야만 한다고 생각했던 싸움에 가장 열심히 뛰어들었다."[2]

이 글에서 세계 교회의 분열사를 상세하게 논의하지는 못해서 세계 교회의 실상을 더 깊이 다룰 수는 없지만, 적어도 교회의 분열은 동·서방을 막론하고 세상에 화해와 평화의 복음을 전하는 주체로서 제 역할을 다하지 못했음은 인정할 수 있을 것이다. 그리고 이러한 세계 교회적 분열 현상이 한국 선교에도 일부분 영향을 주어 오늘날 한국 교회가 분열하는 원인을 제공했다. 각 교파의 선교사가 선교 지역을 나누어 선교하게 되어 교단이 각기 다르게 만들어졌기 때문이다.[3]

하지만, 한국 교회의 분열은 단순히 외부적 요인에만 돌리기에는 너무 그 도가 지나치다. 선교사가 수백 개의 교단으로부터 파송되어 이 나라에 290개나 되는 교단[4]을 만든 것은 아니기 때문이다. 오히려 선교사들은 선교를 위해 연합하곤 했다. 비록 선교사들이 한반도 지역을 나누어 선교하긴 했지만, 이들은 교파를 초월하여 기도하며 한국 선교를 위해 힘을 모았던 것이다.[5]

한국 교회 안의 작고 큰 분열은 근본적으로 문화적 요인이 결정지었다. 그것은 바로 폐쇄적 가족주의였다. 한국인의 세계관을 체계화, 규범화시

---

[2] Richard Niebuhr, *The Social Sources of Denominationalism*, 노치준 역, 『교회 분열의 사회적 배경』(서울: 종로서적, 1991), 249.
[3] cf. 이만열, "한국 교회사를 통해 본 분열과 연합의 변주곡", 「목회와 신학」 (1995년 3월호), 47ff.
[4] 문화체육관광부 2008년 통계에 의하면 개신교는 근거 자료가 제출된 교단이 124개(장로 교단 94개 포함)이고 자료 미확보로 구체적 통계가 이루어지지 않은 교단이 166개(장로 교단 145개 포함)에 이른다. 자료 제출하지 못한 교단까지 포함하면 한국의 개신교 교단은 거의 290개에 이를 정도이다. 이들 교단들 중에 장로 교단이 239개 교단으로 전체의 82.4퍼센트를 차지하고 있는 것을 볼 때, 한국 교회 분열의 책임이 상당부분 장로교에 있음을 발견하게 된다.
[5] 권문상, 『부흥 어게인 1907: 유교적 가족주의를 극복할 공동체 교회가 답이다』(성남: 브니엘 출판사, 2006), 65.

킨 유교적 가족주의는 한국의 모든 사회 전반에 걸쳐 각종 갈등과 분열의 중심에 서 있다.[6]

우리의 가족주의는 자기 가족의 경제적 번영과 정치적 지배력에 최고의 가치를 부여한다. 맹자는 이를 노골적으로 친친인민애물(親親人民愛物)이라 했다. 사랑의 대상은 자기 가족이 우선이라는 말이다. 이웃은 사랑의 대상에서 자기 가족 다음이고, 세상 만물은 제일 마지막이다. 공자가 이미 제시한 사랑의 체감 법칙, 곧 차별애주의(差別愛主義)를 더 분명히 했다.[7]

이러한 가족주의는 사회생활에서 타인에 대한 이해와 포용은 그렇게 중요하지 않게 만든다. 이는 곧 타인과의 관계에서 혈연적 '우리'의 이익과 충돌할 때는 문중주의라는 옷을 갈아입고 가족 중심의 '우리' 보호막을 만들어 내기 때문이다. 여기서는 자기와 조금이라도 혈육이 연결되어 있다는 이유로 같은 식구, 또는 '우리' 식구가 되어, 각종 이권을 쉽게 나누어 가지게 되는 것이다. 이런 구도 속에서 '타인'은 그 '우리' 안에 초대받지 못한다. 그래서 소위 출세를 위해서는 혈육의 '우리' 끈이 절대적 밑천이 되는 것이다.

그리고 이러한 가족주의는 일종의 세력을 형성하게 하여 집단이기주의라는 '사회적 우리' 구조를 낳게 한다. 혈육은 다르지만, 혈육처럼 느껴질 정도로 하나를 만들게 하는 포괄적 가족주의 때문이다. 이러한 가족주의는 혈연적 '우리' 의식 못지않게 소위 지연, 학연 등을 중심으로 하는 '우리' 식구를 만들어 내는 것이다. 이러한 가족주의적 '우리' 의식은 혈연을 중심으로 하든 학연이나 지연을 중심으로 하든 그 구조는 폐쇄적이다. '우

---

6 권문상, 『부흥 어게인 1907: 유교적 가족주의를 극복할 공동체 교회가 답이다』, 121.
7 금장태, 『유교사상의 문제들』(경기: 한국학술정보, 2003), 33. 이러한 인간관계의 가족적 친밀감이 현대 시민 사회의 건강성을 해치는 것은 자명하다. 유교 학자인 금장태도 이러한 유교적 가족주의의 가족적 친밀감은 객관적 비판 기능을 약화하고 합리적이고 공정한 사회를 가볍게 여긴다고 했다(위의 책, 33).

리'를 만드는 것은 원천적으로 '우리 밖'의 구조를 형성케 하기 때문이다. 그 우리 '밖'의 구조를 의도적으로 만들든지 그렇지 않든지, 그 '우리 밖'의 사람들은 자연스럽게 '그들'이 된다.[8] 그리고 그 '그들'은 거의 예외 없이, 특별한 변수가 생기지 않는 한, 그 '우리' 안에 들어오지 못한다.

이러한 폐쇄적 가족주의는 전적으로 유교적 영향만은 아니다. 샤머니즘의 가족주의가 유교 시대를 거치면서 규범화되었을 뿐이다. 유교 이전 한국인의 가족주의는 관습적 차원을 넘어서지는 못했다. 하지만, 그렇다고 하여 그 강도가 약했던 것은 아니다. 한국의 샤머니즘은 기복사상을 최고의 가치로 삼는데, 이는 죽은 자기 집 식구의 자녀가 물질적으로 풍요해야 그 돈으로 큰 제사를 하여, 죽은 자신이 좋은 곳으로 갈 '여비'를 갖게 되어서이다. 그리고 이 노잣돈 마련을 해준 대가로 자녀는 부귀 안녕의 복을 받는 것이다. 따라서 자기 가족의 기복 강령은 하나의 종교가 되게 한다.

그러나 유교가 들어오기까지는 '법적' 의무는 아니었다. 이제 유교는 이 제사 문화를 온 국민이 지켜야 할 제도로 만든다. 이전에는 제사 지내지 않는다고 사회적으로 매장되지는 않았지만, 이제는 우리의 '삶'이 되었다. 그래서 한국인은 아무리 먹고살기 어려워도 제삿날은 반드시 지키려 하는 것이다. 한국인처럼 기일 따지는 나라가 없는 것은 이런 이유 때문이다. 같은 유교권 나라인 중국이나 일본도 절대로 우리의 제사 열심을 못 따라온다. 그래서 기독교인들에게도 제사는 '추도식'으로라도 명맥이 이어지게 되었다.

그런데 이 제사가 무슨 문제라는 말인가?

---

8   최상진, 한규석, "교류 행위를 통해 본 한국인의 사회심리", 국제한국학회 편, 『한국문화와 한국인』 (서울: 사계절, 1999), 164.

제사는 죽은 조상이 여전히 살아 있는 '가족'이 되게 하고 '효'의 대상이 되게 한다. 그래서 제사는 철저하게 가족주의를 계몽시키고 심화시키는 학습장으로 만든다. 그리고 온 국민이 동참해야 할 소위 '의무 교육 현장'이 되는 것이다. 제사의 학습 효과는 가족주의 문화, 더 정확히 말하면 폐쇄적 가족주의를 만들어 우리의 뼈와 피에 녹아들게 했다. 그래서 가족에 드는 자는 '우리'가 되고, 그 우리 밖에 있는 자는 배제하는 게, 우리의 문화 또는 삶이 된 것이다.

물론, 제사 문화를 중심으로 하는 샤머니즘과 유교만이 우리의 인간관계를 폐쇄적 틀 안에서 기득권을 누리게 했던 것은 아니다. 우리의 지정학적 요소 또한 이런 '우리'-'그들' 구조를 만드는 인지적 요인이 되게 했다. 특히, 국토의 77퍼센트 이상을 산이 차지하는 한반도 지형은 산 넘어 다른 '한국인'이 사는 동네를 평생 못 보고 죽게 했고, 길을 내는 일을 불가능하게 만들어 타인과 소통하는 경험을 거의 만들지 못하게 했다. 생각이라도 폭이 넓었으면 경부고속도로 뚫듯이 신작로를 크게 만들 수도 있었지만, 왜적이 침입할 길을 만들어 준다는 소극적 논리로 길 만드는 데 인색했다.

농경문화 역시 길 만드는 일이나, 산 너머 이웃 마을로 여행 가는 것을 사치로 만들었다. 평생 대를 이어 한 군데에서 농사짓고 살다 죽게 되는 구조이니 다른 농토나 밭을 구경하러 다닐 여유가 없었을 것이다. '남'하고 소통하는 훈련이 없게 되어 대화 상대라 봐야 친족 몇 명 정도이니, 혈연을 달리하는 이웃과 토론하는 것은 불편했다. 그리고 유교와 전통적 제사 문화가 함께 곁들여졌으니, '남'과의 대화는 어색할 뿐만 아니라, 보호 본능이 이미 우리의 삶이 되어 버린 가족주의적 국민은 '남'을 토론의 대상이 아닌 정복의 대상으로 인식하게 된 것이다.

이러한 폐쇄적 대인 관계는 우리의 지배 욕구를 강화하는 데 이바지했다. 일종의 보호 본능에 따라 생겨난 것인지도 모르겠으나, 우리는 타인

지배 욕구가 매우 강하다. 어느 심리학 교수의 조사에 따르면, 한국의 대학생은 중국과 일본의 대학생보다 배려, 이해심, 동정 등의 감정은 떨어지지만, 남을 지배하려는 욕구는 제일 강하다고 했다.[9] 이는 곧 우리 '안'에 든 자들은 소위 기득권 달성과 유지에 힘을 쏟고, 우리 '밖'에 있는 자들 역시 또 다른 자기들의 '우리'를 만들어 기득권 쟁취에 열을 다하는 데에서 오는 심리적 보호 기재이다. 이런 인간관계에서 대화, 토론, 소통, 합의를 만들어 낸다는 것은 매우 어려운 것이다. 이러한 지배 욕구는 연합을 이루게 하는 데 장애로 작용함은 명약관화하다.[10]

이러한 한국의 가족주의가 한국 교회 안에도 그대로 들어와 있다. 차분한 대화와 토론보다는 세력 다툼하듯이 일단 기선부터 제압하려는 몸짓 등이 합의 도출, 연합을 이루는 일을 제한시키고 있다. 그래서 좀 부끄럽지만, 우리나라의 갈등 지수가 압도적으로 세계 최고라는 최근 조사는 당연한 것처럼 들린다.

> 파리에 있는 여론조사 기관인 입소스(Ipsos)는 런던킹스칼리지의 정책연구소와 함께 28개국에서 18세 이상 75세 이하 인구 23,004명을 대상으로 2020년 12월부터 2021년 6월 초까지 사회분열상에 대한 여론조사를 실시했다. 그리고 2021년 7월 "세계의 문화전쟁: 국가별 사회분열상에 대한 인식"(Culture wars around the world: how countries perceive divisions) 이라는 제목의 보고서를 냈다. 이 보고서에 따르면 한국은 문화전쟁으로 인한 사회분열이 가장 심각한 나라로 나타났다. … 이 조사 결과에 따르면 한국은 세

---

9 이광규, 『한국 문화의 심리인류학』(서울: 집문당, 1997), 99.
10 이런 문화는 교회를 포함한 다른 종교기관과 기타 여러 사회 조직에 그대로 스며들어 있다. 불교 교단이 이를 증명한다. 불교의 종단은 공식적으로는 103개, 구체적으로 파악되지 않은 종단은 65개로 총 168개나 된다. 우리 한국 교회만큼은 아니지만, 얼마나 폐쇄적 가족주의의 뿌리가 깊은지를 확인할 수 있는 것이다(문화체육관광부, 「한국의 종교현황」, 2008, 24-37).

계에서 사회 갈등이 가장 첨예한 갈등 국가이다.[11]

높은 갈등 지수와 분열은 교회 안에도 그대로 투영된다. 당회가 그렇고, 제직회가 그렇다. 노회와 총회는 종종 총성 없는 전투장이 되었다. 이러한 전투태세가 한국의 국회에만 있는 게 아니라 교회에도 있다는 사실이다. 한국의 국회는 늘 고함과 삿대질로 가득하고, 정치권은 밥 먹듯이 이합집산을 끊임없이 지속하는데, 교회 안에서도 이와 비슷하게 갈등과 긴장, 집단주의 현상이 나타난다. 그래서 쉽게 분열이 가능한 것이고, 국회만큼이나 시끌벅적한 게 우리네 교회이다.

이것이 교파주의를 낳는 데 일조했고, 교단 '생산성'(?) 지수를 날로 치솟게 했다. 이 좁은 땅덩어리에 거의 300개가 넘는 교단이 있다는 것이 이를 입증한다. 이런 기독교가 한국의 개신교다. 국민이 제일 신뢰하지 않는 직업군을 보면 국회의원이라 하여 국회에 별 희망을 두지 않는데, 그러한 국회 못지않게 자기 할 일 제대로 못 하고 늘 분열의 중심에 있는 교회를 보면 역시 희망이 생길 수 없는 것이다. 파당의 중심이 되어 버린 국회, 파벌로 세워지고 분리되는 분파주의적이고 교파주의적 개신교, 똑같이 아무런 희망이 없다.

다음과 같이 니버(Richard Niebuhr)가 말한 것은 옳다.

> 교파주의적인 기독교는 국가나 경제생활 속에서 나타나는 사회적인 힘에 대한 지도력을 포기한 기독교이며 이러한 기독교는 쪼개져 있는 세상에 대하여 아무런 희망도 줄 수 없다.[12]

---

11 서경주, "[칼럼] 문화 전쟁: 총성없는 투쟁", 「언론중재」 160 (2021년 가을호), 94-95.
12 Richard Niebuhr, 『교회 분열의 사회적 배경』, 259.

이는 곧 교회가 사회의 리더가 당연히 될 수 없음을 보여 준다.

2. 신학적 기초의 결여

한국의 교회 안의 성도들 사이의 분열과 교회들 사이의 분열 원인이 교회 외적인 혹은 이 사회의 정신과 문화를 지배하는 폐쇄적 가족주의임을 든다면, 교회 내적으로는 교회 연합을 위한 신학적 기초의 결여에 있다. 비록 우리의 세계관이 폐쇄적 가족주의로 점철되어 있다고 하더라도 성도들의 하나됨을 모색하고 교회 연합을 지켜내기 위해서 치열하게 신학적으로 탐색해야 했다.

세계 교회의 분열 역사도 역시 마찬가지로 뚜렷하게 교회 연합을 위한 진정한 신학 탐구를 하지 못했다. 특정한 신학이 기저를 이루게 되었기 때문이다. 성경관이나 신론, 기독론, 구원론에서 의견을 달리하는 신학은 같이 자리할 수 없게 하여 교회 연합은 몇몇 의견을 같이하는 세력 안에서만 가능했다. 이것은 진정한 의미에서 교회 연합은 아니었다. 분열의 결과만 초래했을 뿐이다.

한국도 마찬가지이다. 교회 연합을 위한 신학 작업의 태만이 개교회 안의 분리, 분란과 분열 나아가 전체 교회의 분파가 일어나게 했다. 아니 오히려 대화와 타협의 여지마저 없게 만들 정도로 극단적 대결 구도 속에서 게토에 머무는 신학이 되곤 했다. 하지만, 최근에는 학자들 간의 활발한 교류로 인하여 서로 간의 차이를 메우고 있기는 하다. 그런데도 아직도 교단 신학의 '우리' 안에서 교회 연합을 위한 신학을 진지하게 고민하고 있지는 않다. 이러한 신학 연구의 게으름으로 인해 신학자들은 개교회의 분란과 교회 분열의 책임을 피하기 어렵게 되었다.

아마도 교회 연합을 위한 신학적 연구를 하는 데에 근본적 한계가 있을 것이다. 그것은 지금까지 논의한 한국의 폐쇄적 가족주의 세계관이 그 근저에 있기 때문이다. 여전히 가족적 '우리' 의식이 우리 밖의 '그들'을 경쟁의 대상 혹은 지배의 대상으로 삼아서일 것이다. 특정한 신학이 '우리' 의식을 공고화했는데, 새로운 혹은 새롭게 보이는 신학이 견고한 '우리'성을 무너뜨릴지 모른다는 패배주의에 의해서이다. 사실 이러한 편견 혹은 폐쇄적 '우리' 신학은 진정한 의미에서 신학을 '하는' 것은 아니다.

교회는 늘 새롭게 '개혁되고 있는' 것이어야 (*ecclesia reformata semper reformanda*) 하고 신학이 이러한 '지금도 개혁 중인' 교회를 위한 것이라고 할 때, 신학 역시 완성을 향해 '만들어지고 있는' 것이다. 이것을 우리가 인정한다면, 하나의 연합된 교회를 만들기 위해 신학적 기초를 계속 만들어 나가는 일에 주저할 필요가 없다.

3. 가족신학의 성경적·신학적 기초

이제 우리는 소그룹이 지향하는바 교회 개혁의 구체적 상태로서의 성도들의 하나됨과 한국 교회 연합을 위한 신학적 기초를 다루고자 한다. 여기서 우리는 왜 우리가 연합을 이루어야 하는지 성경적·신학적 자료에 근거하여 '가족신학'을 탐구할 것이다.

가족신학이란 믿음으로 하나님의 백성이 된 자들이 삼위일체 하나님의 가족적 조직을 본받아 일방적 사랑과 헌신을 보여 줌으로써 상호 의존적인 가족적 실존의 체계를 탐구하는 학문이다. 물론, 이 신학은 앞에서 다룬 '가족주의'와는 구별된다. 우리의 가족주의 문화가 폐쇄적이라면 성경이 증거하고 있고, 신학적으로 정제된 가족 개념은 개방적이다. 갈라디아서 3:28-29의 말씀에 충실한 인종적, 성별적, 사회계급적 차별이 없는 아브라함을 아버지로 하는 믿음의 '개방형' 공동체를 지향하고 있기 때문이다. 이런 의미에서 가족신학은 우리의 세계관을 지배하고 있는 폐쇄적 가족주의적 사고와 행동을 해체할 무기를 제공해 줄 것이다.

1) 성경에 제시된 '가족' 공동체

성경은 인류가 처음 시작할 때 하나님이 부부를 창조하셨다고 말한다. 인류가 처음 등장할 때 하나님은 둘로부터 출발하게 하셨다. 하나님은 인간을 창조하시되 서로 의지하고 살아가는 상호 의존적 가정을 주셨다.

> 남자가 부모를 떠나 그의 아내와 합하여 둘이 한 몸을 이룰지로다(창 2:24).

이 말씀은 인류 삶의 기본 구조가 가족적임을 선언하는 것이다. 그래서 사회학자도 인정한 바와 같이 가족은 이 세상에서 가장 기본적인 사회적 기구이다.[13] 인간은 누군가의 도움을 받으며 사는 것이고 누군가의 의지가 되는 존재로 살아가는 것임을 선언하는 것이다. 인류 최초의 부부는 이러한 인간의 상호 의존적 실존을 웅변적으로 표현해 준다.

이스라엘 백성은 이러한 가족적 실존의 대표성을 띤 자들로 훈련받았다. 형제의식이 기본적인 인간관계요, 사회적 존재 양식으로 자리하게 했다. 그래서 다윗왕마저도 자기 백성을 '형제'라 칭하기를 주저하지 않았던 것이다(삼상 30:23; 대상 28:2).

고대 어느 사회를 막론하고 절대 군주가 자기 백성을 형제로 부른 사례가 거의 없는 것을 보면 다윗의 형제의식은 파격적이라 하겠다. 나아가

---

[13] Gerald R. Leslie, *The Family in Social Context*, 2nd., (NY: Oxford University Press, 1973), 7.

하나님은 입으로만 형제로 부르게 하지 않고 실질적인 형제 관계를 형성하도록 규범화시켰다. 안식년 제도를 통해 빚을 탕감해 주는 면제년을 정하여 형제애를 바탕으로 가난한 동족을 구제해야 했다(신 15:1-11). 나아가 빚 탕감은 물론 종이 된 자에게는 자유를 주고, 재산도 주어 자립하도록 도와야 했다(신 15:12-15). 심지어는 에돔 사람과도 3대를 지난 후에는 형제 관계를 맺도록 했다(신 23:7-8). 희년 제도(레 25:40-41)를 통해서도 역시 이스라엘의 가난한 백성은 형제이므로 구제의 대상이 되었다. 가나안을 정복할 때도 여호수아는 먼저 형제를 도운 다음에야 비로소 르우벤, 갓, 므낫세 반지파는 모세가 준 땅을 차지할 수 있었다(수 1:12-18).

신약에서는 혈연적 이스라엘 백성을 넘어서 신앙으로 하나님의 백성이 되는 성도와 교회가 한 가족, 여러 가족임을 말하고 있다. 믿음으로 아브라함의 후손이 된 모든 성도는 아브라함을 아버지로 하는 한 가족인 것이다. 유대 혈통을 넘어서 이방인에게도 그 가족이 되게 할 정도로 그 가족 범위는 보편적이다. 나아가 성별, 인종별, 사회적 지위의 차이를 극복하는 통합의 의미를 갖게 한다(갈 3:28-29). 이제는 혈연적, 사회적 벽을 넘어 "하나님의 뜻대로 행하는 자" 모두는 그리스도의 가족이 되는 것이다(마 12:48-50; 막 3:33-35). 예수님이 그의 제자들을 향하여 형제라 칭한 것은 구원받는 백성 혹은 교회는 가족적 존재임을 선언하신 것이다.

하나님의 구원받는 백성을 가족이라고 표현하신 예수님의 말씀은 이제 그대로 바울에게로 전수 되었다. 바울이 제시하는 가족적 공동체로서 하나님의 백성 또는 가족적 공동체로서의 교회는 위의 본문에서와 같은 예수님의 선언과 다를 바 없다. 바울은 그의 서신서 중 많은 곳에서 교회 성도들을 향하여 가족임을 지칭하기를 즐겨 했다. 형제라는 칭호를 사용하든 우리가 하나님을 "아바 아버지라 부르게"(갈 4:6) 한다는 표현이든, 바울은 교회 성도들이 한 가족임을 공표한 셈이었다.

바울이 예시로 든 여러 비유 가운데 가장 핵심적인 것으로 '가족'이라고 말하는 것은 과장되지 않는다.[14] 바울은 실제 교회를 지칭할 때 '가족' 비유를 들었는데, 다음의 말씀에서 이를 확인할 수 있다.[15]

> … 내가 하늘과 땅에 있는 모든 가족에게 이름을 주신 아버지 앞에 무릎을 꿇고 비노니(엡 3:14-15).

우리 한글 번역에는 "이러므로 내가 하늘과 땅에 있는 각 족속에게 이름을 주신 아버지 앞에 무릎을 꿇고 비노니"라고 했지만, 여기서 '파트리아'(πατριά, family)에 대한 정확한 번역은 족속이 아니라 '가족'이다. 바울은 교회가 하나님으로부터 '가족'이라는 이름을 부여받은 것으로 말했던 것이다. 예수님 방식의 표현으로는 하나님의 자녀, 예수님의 형제, 누이, 어머니인 것이다("누구든지 하나님의 뜻대로 하는 자는 내 형제요 자매요 모친이니라", 막 3:35). '가족이 된' 교회를 즐기던 1세기 그리스도인들은 진정으로 서로를 가족으로 여기고 가족으로 대우할 수 있었다.[16] 또한, 바울은 바로 그 '가족'의 본질이 어떤 형태인지 말해 주면서 동시에 하나님 자신이 그 본질이 되심을 증거하고 있다.[17]

성경이 말하는 이러한 하나님 백성의 구조적 본질은 구원받은 모든 성도, 모든 교회가 '한' 가족임을 선언한다. 교회는 본질적으로 가족이어서 언제든 어디에서든 보편적으로 하나로 존재한다는 것이다. 시공간을 초

---

14 Robert John Banks, 『바울의 그리스도인 공동체 사상』, 90.
15 Ray S. Anderson, "The Old Commandment which is also a New Commandment," *On Being Family: A Social Theology of the Family*, ed., Ray S. Anderson & Dennis B. Guernsey, (Grand Rapids: Eerdmans, 1985), 15.
16 Halvor Moxnes ed., *Constructing Early Christian Families: Family as Social Reality and Metaphor*, (London and NY: Routledge, 1997), 1.
17 Ray S. Anderson, "The Old Commandment which is also a New Commandment," 15. 하나님 자신이 가족의 본질이라는 점에 대해서는 다음 항에서 곧 논의한다.

월하여 '가족적' 하나로 있는 존재라는 말이다. 마치 가족이 일터로 나가 있어도 저녁에는 집에 돌아와 같이 머물듯이 시공간을 떠나 있더라도 '본질적으로' 한 울타리에 같이 '사는' 것이다. 식구들 사이에 긴장이 조성되어 다툼이 있더라도 정상적인 가정이라면 모든 잘잘못을 덮고 같이 '사는' 것이다. 교회가 가족이라고 할 때는 이와 마찬가지임을 성경이 말하고 있다고 생각할 수 있다. 새들백교회의 릭 워렌(Rick Warren, Saddleback Church)도 교회의 한 가족 됨을 강조하고 있으며 심지어 교인들에게 하나의 교회 보호 약속을 서약서에 서명하게 했다.

> 나는 당신에게 교회의 하나됨을 보호하고 증진 시키는 책임을 받아들일 것을 요구한다. 그것에 전력을 다하라. 그러면 하나님이 기뻐하실 것이다. 그렇게 하는 것이 항상 쉽지는 않다. 때로 당신은 당신 자신이 아닌 교회를 위해 … 이것이 하나님이 당신을 교회라는 가족공동체로 묶으신 이유이고, 이기심을 버리는 방법을 배우는 것이다. 공동체에서는 '나'보다는 '우리', '내 것'보다는 '우리 것'이라고 말하도록 배운다. … 하나님은 하나된 교회에 복 주신다. 새들백교회에서는 모든 멤버들이 교회의 하나됨을 보호하겠다는 약속이 포함된 서약서에 서명했다. 그 결과 지금까지 한 번도 교회를 분열시키는 갈등이 생긴 적이 없다. 또한, 중요한 것은 이렇게 사랑하고 하나 된 교제 덕분에 많은 사람이 이 교제 안으로 들어오기를 원한다는 것이다.[18]

나아가 가족적 하나로서의 교회는 상호 의존적이라는 의미이다. 아버지 없는 자녀 없고, 자녀 없는 어머니는 존재하지 않듯이, 형이 없는 동생

---

18 Rick Warren, *The Purpose Driven Life*, 고성삼 역, 『목적이 이끄는 삶』 (서울: 디모데, 2003), 223.

이 없고, 동생이 없는 형이 없듯이, 가족은 상호 의존적 존재이다. 물론, 이 말은 반드시 물리적인 하나됨 혹은 일치를 의미하지는 않는다. 개인의 실존을 상정하지 않고 가족을 말할 수 없기 때문이다. 이런 의미에서 개교회의 주체가 사라진 교회의 연합은 성경이 말하는 가족적 교회가 아니다. 그것은 파시스트적·공산주의적 일치이다. 개성이 사라진 일치는 획일적 집단일 뿐이다. 여기에는 통일성만 존재하지 다양성은 사라질 것이다. 이러한 구조는 성경이 말하는 가족이 아니다.

따라서 교회 안에서 하나 되는 것은 교회 안의 '여러' 조직체와 기관의 연합이다. 물리적으로 하나의 기관 중심의 연합이 아니다. 마찬가지로 교회의 연합 역시 '여러' 교회 혹은 '여러' 교단의 연합이지, '여럿'은 없고 하나의 기구만 존재하는 구조를 말하는 것이 아니다. 개교회에서건, 한국 교회 전체에서건, 그 연합은 "'유기체적' 연합이지 '단세포적' 연합이 아니다. 여러 독특한 생명체가 모여 하나의 완전한 인격체를 이루는 것이지 그 독특성을 죽인 채 어느 이데올로기 하나를 중심으로 '헤쳐 모여' 형식으로 연합하는 것은 아니다."[19]

이런 연합은 연합이라기보다 '물리적' 일치에 가깝다. 여기서 말하는 일치가 다양성이 배제된 획일화된 하나됨(oneness 또는 conformity)을 의미하는 것으로서 당사자들 사이에 물리적 혹은 화학적 하나됨을 추구하는 것이라면, 연합(union)은 각각의 실체는 살아 있으면서 하나됨을 추구하는 것이다. 바울은 로마서 12:4-5에서 몸 비유를 들어 이러한 의미에 따른 공동체적 '연합'을 잘 설명해 주고 있다. 개교회가 공동체적으로 하나를 이루고 한국 교회가 연합하는 게 우리에게 어려웠던 것은 아마도 우리가 교회는 한 몸, 하나라고 할 때, 종종 물리적 하나됨을 떠올리게 되곤 해서일지 모르겠다.

---

[19] 권문상, 『부흥 어게인 1907: 유교적 가족주의를 극복할 공동체 교회가 답이다』, 225.

한국(인) 개교회 안의 분리와 분란과 한국 교회의 분열은 어떤 의미에서 이해관계 세력들 사이의 동상이몽 때문이다. 한쪽은 '물리적 일치'를 원하고 다른 쪽은 '거리를 둔 연합'을 바래서이다. 일치를 원하는 자들은 물리적 하나됨을 추구하는 데, 이는 아직 '한 몸'이 되기에는 마음의 준비가 덜 된 상대편에게 경계심을 갖게 만들어서 궁극적으로 '연합'이 되지 못하게 한다. '거리를 둔 연합' 희망자들은 궁극적으로 분리하도록 만들어 결국, 말로만 연합을 들먹인 셈이 되게 한다. 한 마디로 교회 연합의 의미를 정확하게 알지 못해서이다. 그래서 한국(인) 개교회 안에서와 한국 교회의 연합은 쉽지 않았다.

2) 가족공동체로서의 삼위일체

바울의 서신서(엡 3:14-15)에서 우리 교회의 성도들과 각 교회가 가족임을 확인할 수 있다. 여기서 아버지 하나님이 이름을 주신 '각 족속에게' 바울이 빈다고 했는데, 원어로는 '모든 가족에게'($\pi\tilde{\alpha}\sigma\alpha$ $\pi\alpha\tau\rho\iota\grave{\alpha}$, every family)라고 되어 있음에 유의할 필요가 있다. 믿는 우리 모두를 '가족' 개념으로 하나님이 명명한 것은 의미가 있다. 위의 말씀에서 왜 하나님이 '가족'이라고 이름을 지었는지 그 이유를 알아보자.

가족이 무엇인지 이제 하나님의 존재론적 측면에서 탐구할 때 우리는 하나님은 성부, 성자, 성령으로 존재하면서 무한한 사랑 안에서 하나를 이루는 삼위일체로 계신다는 것에서 그 실마리를 얻을 수 있다. 삼위 하나님이 어떻게 하나 되는지는 성경이 잘 증거하고 있다.

대표적인 성구는 다음과 같다.

- 창세기 1:26-27
- 신명기 6:4

- 마태복음 28:19
- 고린도후서 13:13
- 요한복음 17:11, 21, 22

창세기 제1장에서 하나님을 지칭한 '우리가'는 하나님이 복수로 계심을 잘 증거하고 있다. 하나님이 하나로 계심에 대해서는 신명기를 통해 확인할 수 있다. 그리고 삼위의 실재를 입증해 주는 마태복음과 고린도후서에서 성부, 성자, 성령이 동일한 신적 본질을 지니고 있음을 확인할 수 있다.

삼위가 어떻게 하나로 계시는지는 요한복음에서 발견하게 된다. 무한한 사랑 안에서 예수님과 성부 사이의 상호 존중과 이해, 상호 의존적 삶이 발견되는 것이다. 하나님은 분명한 위격(persona)을 지니면서도 독립적으로는 계시지 않는다. 오히려 무한한 사랑 안에서 상호 간의 페리코레시스(관통, 순환) 방식을 통해 공동체적으로 하나를 이루며 실존하시는 것이다(이것에 관한 논의는 이 책 제1장을 참고할 수 있다).

이러한 삼위일체(三位一體) 하나님은 각 위(位)의 하나님이 서로 필요로 하며 또한 서로의 필요를 채워 주는 공동체로서의 실체를 지니고 있음을 보여 준다. 각 위는 결코 자기중심적이지 않다. 상호 간에 영원한 사랑 안에서 상대의 존재를 인정하고 완벽하게 교류한다. 삼위 하나님은 관계적 존재로 계신다는 말이다.

따라서 성부, 성자, 성령은 서로의 존재를 전적으로 신뢰하면서 상대의 권한과 권위를 침해하려 하지 않는다. 서로를 완벽하게 이해하며 존중하고 배려하는 것이다. 그래서 각기 독립해서 존재하지 않는다. 오히려 철저하게 서로 함께한다. 서로에게 구별된 존재로 계시지만 삼위는 사랑 안에서 모두 "함께하는-타자로서 존중하며 가족"이 되는 것이다.[20] 삼위는

---

20 Cornelius Plantinga Jr., "Perfect Family: Our Model for Life Together is Found in the Father, Son, and Holy Spirit," *Christianity Today*, 32 no 4 (March 1988), 27.

결코 서로를 떠날 수 없는 가족이다. 상호 의존적이어서이다. 그래서 성자 없는 성부는 실존적으로 불가능한 것이다. 마치 아들 없는 아버지가 존재하지 않듯이 말이다. 하나님은 이러한 가족으로서의 '연합된' 자기의 삶을 그의 인류 창조에서 하나의 유비를 보여 주셨다.

하나님은 자기 형상 곧 복수로 계시는 또는 삼위로 계시는 삼위일체적 하나님의 형상으로 인류를 창조하셨다(창 1:26-27). 그런데 하나님은 이 창조 사역에서 부부의 구조로부터 시작하게 하는 '한 몸'을 출발시키셨다(창 2:24). 완전히 다른 생물학적 구조를 지닌 아담과 하와, 두 남녀가 하나가 되었다고 말하는 것이다.

여기서 '하나'는 무슨 의미일까?

창세기 2:24에 등장하는 '한'은 에하드(אֶחָד, ehad)로서 연합(union)의 의미이다. 혹은 "연합하여 하나"(united one) 된 것을 말한다.[21] 이런 사실에서 우리는 하나님의 형상, 즉 삼위일체의 형상이 어떤 존재인지 추론할 수 있다. 이는 곧 신명기 6:4의 "하나인 여호와시니"에서 사용된 '하나' 혹은 '유일한'(개역개정판 한글 성경)이 창세기 2:24의 '한' 몸과 같은 단어인 에하드를 사용한다는 사실에서 확증할 수 있다.

여기서 우리는 하나님이 숫자상으로 하나로 계시는 것이 아니라 연합하여 하나인 것을 알 수 있다. 즉, 삼위일체 하나님은 물리적으로 일치(conformity)를 이루는 것이 아니라 삼위 실재가 함께 모여서 연합(union)을 이루고 계셨다는 말이다. 요한복음 17장에서 예수님이 성부 하나님께 기도하는 모습이 이를 명백하게 증명하고 있다. 여기서 삼위일체 하나님은 가족적 공동체로 계심을 확실하게 보여 주고 있다.[22]

21　Millard J. Erickson, *God in Three Persons: A Contemporary Interpretation of the Trinity*, (Grand Rapids: Baker Books, 1995), 174.

22　Cornelius Plantinga Jr., "Perfect Family: Our Model for Life Together is Found in the Father, Son, and Holy Spirit," 9.

나아가 이러한 삼위일체 하나님이 우리의 아버지가 되시고, 우리는 모두 그의 가족이 된다는 사실이다. 세례 의식은 세례를 받는 자들을 이러한 하나님의 가족이 되는 기쁨과 하나님은 이들을 따뜻한 품으로 받아들인다는 표이다.[23] 성례 역시 성례에 참여한 회중은 상대의 기쁨이 우리의 기쁨이 되게 하고, 상대의 관심사가 우리의 관심사가 되게 하는 바로 가족이 담보하는 보증을 나타내 보이는 것이다.[24]

그래서 우리는 서로의 아픔도 같이 나누게 되고 의로운 싸움에도 같이 동참하는 것이다. 예수님은 겟세마네 동산에서 바로 이러한 가족적 삼위일체 되심을 증명하면서 "저희도 하나가 되게" 해 달라고(요 17:21) 기도하셨다. 즉, 그의 제자들 혹은 그리스도의 교회들이 가족적 공동체를 이루게 해달라고 기도하신 것이다. 성자 하나님이 성부 하나님에게 양보하듯이, 성도들과 각 교회는 서로를 양보하는 것이고, 서로 순종하는 방식으로 하나를, 혹은 연합을 이루도록 하게 하는 것이다.

이러한 가족적 삼위일체 하나님은 결코 삼신론이 아니다. 삼신론이란 독립적으로 존재하면서 교류도 없고 상호 의존도 없다. 제각각인 경우가 된다는 말이다. 그리스 신화에 나오는 신들이나 한국의 무속적 신들 개념이 그 실례가 될 것이다. 특히, 한국의 무속에서 말하는 신들은 모두 각각 제멋대로이다. 한국의 토속 신들은 상호 간섭이 전혀 없다. 이런 신들이야말로 삼신론을 넘어선 다신론의 전형이다.

하지만, 가족적 삼위일체 하나님은 영원한 사랑 안에서 무한한 교통을 나누는, 영원한 관통, 교제와 순환(페리코레시스)을 지속하는 분이시다. 실존적으로 상호 의존적 존재다. 그래서 '성부' 하나님이라 말하는 것이다.

---

23 Cornelius Plantinga Jr., "Perfect Family: Our Model for Life Together is Found in the Father, Son, and Holy Spirit," 9.

24 Cornelius Plantinga Jr., "Perfect Family: Our Model for Life Together is Found in the Father, Son, and Holy Spirit," 9.

'성자' 하나님을 전제하지 않고 '성부' 하나님을 말할 수 없어서이다. 역으로도 마찬가지다. 각 위는 다른 위와의 실존적 관계를 통해 자아가 드러나는 것이다. 따라서 가족으로서의 삼위일체는 관계적 존재를 갖는다.[25] 타자와의 필연적 관계가 없는 자아는 존재하지 않게 되는 것이다.

개교회 안에서와 한국 교회의 연합은 바로 이러한 가족적 신학에 바탕을 둔다. 실존적으로 한 가족임을 전제하고 무한한 사랑 안에서 상대를 존중하고 공경하는 가운데 공교회 안에서 교제하고 신학적으로도 교류하고 상호 이해하는 것이다. 마치 인간이 관계적 존재로 실존하는 것과[26] 마찬가지라 하겠다. 따라서 '가족신학'은 일회성 교류를 일축한다. 가식적인 신학적 교류도 위선적인 것으로 본다. 물론, 이단성 집단이나 공교회적 정통 신학을 상실한 경우는 예외로 하고 말이다.

이 외에는 모두 상대 안에서 교회의 실존을 찾는 것, 다른 신학적 견해 안에서 나의 신학적 견해를 갖는 것, 이러한 상호 의존적 교제와 신학이 교회 안에서의 성도들 사이에서와 한국 교회 연합의 진정성을 찾아가게 한다. 예수님의 마지막 겟세마네의 유언적 기도가 이런 열망을 증명한다. 따라서 가족으로서의 삼위일체 하나님은 교회와 신학자들이 배려의 마음, 적응의 정신 그리고 양보의 의지를 갖도록 요청하고 계신다고 하겠다. "우리가 하나인 것 같이 저희도 하나가 되게 하소서"(요 17:21)의 기도는 우리에게 '가족적' 삼위일체 하나님을 따르라는 명령과 같다고 하겠다.

나아가 이러한 '가족적 삼위일체 하나님' 신학은 개교회 안에서는 물론이거니와 넓게는 교회들이나 교단들이 개방형 공동체임을 가르쳐 준다. 개교회 안에서와 각 교회, 교단, 교파들은 상호 의존적 실체로서 사랑 안

---

25 cf. 박찬호, "관계성의 신학으로서의 삼위일체론의 부흥", 「개혁신학」 16권 (2004), 13-49.

26 John Macmurray, *The Self as Agent: Being the Gifford Lectures Delivered in the University of Glasgow in 1954*, (London: Faber and Faber Limited, 1957), 12.

에서 신뢰하며 하나를 이루는 관계적 존재들이다. 비록 서로 간에, 앞에서 말한 기준에 따라, 용납할 수 없는 범위를 넘는다고 해도 서로의 도움이 필요한 '약한' 존재들이라면 공교회라는 틀 안에서 용인하고 포용하여 연합해야 할 것이다.

이러한 틀 안에서 만일 신학적으로 의견을 달리해도 연합을 제한할 정도는 아니다. 바울도 '음식 문제로' 의견을 달리해도 "그리스도께서 대신하여 죽으신 형제를" '너의' 음식으로 "망하게 하지 말라"고 했다(롬 14:15). 이것을 오늘의 교회 연합을 위한 신학적 문제의 유비로 생각하는 것은 지나치지 않을 것이다. 각 교회, 교단들과 교파들이 공교회적으로 인정하는 "그리스도께서 위하여 죽은 형제들"이라면 나의 "지식으로 그 약한 자가 멸망"하지 않도록 해야 하는 것이다(고전 8:11).

이런 의미에서 개교회 안에서 성도와 한국의 지역 교회 그리고 여러 교단은 서로에게 열려 있다. 특히, 수백 개로 나누어진 한국 교회에는 "자기 교파나 자기 교회의 아집과 독선에 머물지 않고 또 자기 교단의 신학을 절대시하는 교만에 빠지지 않고 … 모든 교단과 연합하여 복음을 전하고 오늘날의 문제를 해결하고자 하는 에큐메니컬 정신이 요구된다."[27] 가족신학은 공적으로 인정받는 것이 교회의 모든 성도와 한국의 각 교회 사이에 서로의 마음을 열게 한다. 폐쇄적 '우리' 부서, 위원회, 나아가 '우리' 교회, '우리' 교단 그리고 '우리' 교파를 만들게 하지 않는다.

---

[27] 김영한, "한국신학의 패러다임의 진단과 전망", 「목회와 신학」 62권 (1994년 8월), 124.

4. '조직'(system)으로서의 가족

개교회 안에는 닫힌 마음으로 인해 분리와 분열이 난무하고, 한국 교회 전체는 교파주의를 낳고 말았다면, 이제 앞에서 설명한 가족신학의 패러다임으로 이를 극복할 에너지를 얻을 수 있기를 기대한다. 그런데 이 에너지는 좀처럼 쉽게 얻어지지 않는다. 이미 교회의 분열을 즐길 정도로 여러 교회로 나뉘거나 여전히 교회 안에 긴장과 갈등이 식지 않고 있고, 한국 교회의 교파주의는 우리의 삶이 되었으며 교회의 연합은 히말라야 산맥처럼 보통 노력으로는 정복하기 힘든 과제가 되었기 때문이다.

서양에서도 역시 마찬가지다. 서구 교회도 역시 분열의 역사를 거듭한 것을 우리가 잘 알고 있다. 양식 있는 서양 학자라면 서구 교회의 교파주의에 대해 비판적이지 않을 수 없다. 서양이건 한국이건 가족신학 패러다임에 대한 이해 부족으로 교회는 성도 사이의 분쟁과 여러 교회의 분열을 지속시켰다. 그것은 곧 한국의 경우는 폐쇄적 가족주의가, 서양의 경우에는 헬레니즘의 이분법적 사고가 가족신학의 출범을 가로막아서이다. 그것들이 교회 안의 분리주의와 교회들 사이의 교파주의를 용인해 왔다.

이제 여기서는 앞에서 논의한 성경적·신학적 가족신학 패러다임이 동서양의 문화적 틀과 대비되는 형식을 분석할 것이다. 이렇게 함으로써 교파주의를 극복할 '조직주의'(systematism)의 틀을 발견하며, 이를 통해 우리는 가족신학의 실체를 더 상세하게 들여다볼 수 있을 것이다.

1) 조직 '안의' 개체

가족신학은 개교회 안에 여러 '독립된' 기관으로 구성하지 않게 한다. 당연히 같은 원리로, 개교회 중심으로 느슨하게 맺어진 한국 교회를 진정한 교회로 규정하지 않는다. 가족신학은 '조직'의 구도를 지향하기 때문이다.²⁸ 개교회의 각 기관 그리고 각 교회와 교단 및 교파는 치밀한 '조직' 안에서 비로소 상호 의존적으로 연합된 '하나의' 유기체적 교회를 제시한다는 말이다.

한편, 여기서 각자의 정체성은 무시되지 않는다. 따라서 교회의 각 기관의 독특성은 존재할 수 있다. 각 교단과 교파 역시 가능하다. 하지만, 교회 안에 여러 기관을 독립적인 단체로 규정하는 한, 나아가 전체 교회와 분리하여 특정 교단과 교파의 배타성만 주장하는 교파주의를 인정하는 한, 진정한 의미에서 이것들은 '교회적'일 수는 없다. 모두 함께 '조직적인' 하나의 개교회, 하나의 한국 교회를 구성하지 않으면 집단주의와 교파주의에 머무는 것이다. 각각의 교회 기관과 교단이나 교파는 상대 기관과 교단과의 상호 의존적 '조직' 체제 '안에서' 자유로운 것이다. 개별 기관과 각 교파나 교단의 자유가 개별 교회 전체와 한국 교회 전체의 이익을 넘어설 수 없다. 전체 안에서 개체가 실존하는 것이다.

따라서 각 개체가 '독립 주체'로 구성되는 개교회 기관, 개별 교회, 교파, 교단은 교회 분리주의와 개교회주의 그리고 교파주의를 낳는다. 그래서 교회마다 분쟁과 분리가 끊임없이 일어나고 한국의 경우 300개 이상이나 되는 교단이 생겨난 것이다. 후자의 경우, 그중 상당수는 교단이라고 말하기도 부끄러울 정도로 극히 적은 수의 교인을 갖고 있다. 이러한 개교회 안에서의 분리주의와 교파주의는 폐쇄적 가족주의의 산물이기도 하다.²⁹

---

28   Dennis, B. Guernsey, "A Social Theology of Family," *On Being Family: A Social Theology of the Family*, ed., Ray S. Anderson & Dennis B. Guernsey, (Grand Rapids: Eerdmans, 1985), 8.
29   권문상, 『부흥 어게인 1907: 유교적 가족주의를 극복할 공동체 교회가 답이다』, 75-171.

그러나 가족신학의 진정성과 이를 바탕으로 하는 올바른 신앙의 모멘텀이 실질적인 교회의 연합을 도모하게 할 수 있다. 교회가 하나를 이루는 것은, 앞에서 살펴본 바와 같이, 예수님과 바울 사도에게서 제시되는 가족신학적 모멘텀을 따르는 것과 같다. 성도가 하나가 되는 것 그리고 교회 연합은 교회의 실존적 형식이요 내용이라는 말이다. 예수님은 성례를 통해 이러한 의미를 전달했으며, 바울은 '몸' 비유를 통해 하나됨이 교회와 신앙인의 실존임을 역설하고 있다(예: 롬 12-14장; 엡 4:1-16). 교회는 영적으로 보아 구조적으로 하나인 조직인 것이다. 치밀하게 연결된 유기적 연합체인 것이다.

만일 우리가 개교회 안에 서로 하나가 되는 것과 한국 교회의 연합을 하나의 '조직' 혹은 '체계'로서 이해하지 못하게 하여 교회 안의 기관을 독립적인 집단으로 생각하거나 넓게는 개교회가 각각 개교회주의 성향을 보이게 한다면, 그것은 아마도 우리의 폐쇄적 가족주의 영향과 더불어 우리가 무분별하게 받아들인 서양의 이분법적 세계관에 따른 것일지도 모른다. 데카르트의 이분법은 개체의 실존을 중시하여 가족적 연합의 의미를 찾지 못하도록 만들었다. 가족이 있다면 그것은 개인들이 모여 구성되는 정도일 뿐이다.

"가족과 구성원 사이에 내재하고 있는 관계의 역동성을 이해하지 않는 것이다. 데카르트적인 방법은 항상 관찰자로 하여금 가족을 가장 작은 부품들이 모여 있는 것 정도로 평가절하하게 한다."[30]

그래서 각각의 사물은 독립하여 존재하며 개별적 실체로 인식하게 된다.[31] 따라서 인간들은 어떤 조직이라도 근본적으로 변화되거나 바뀔 수 없는 자주적 자유인이 된다. 이런 의미에서 개교회주의를 종종 합리화하

---

30 Dennis, B. Guernsey, "A Social Theology of Family," 10.

31 Richard Nisbett, *The Geography of Thought*, 최인철 역, 『생각의 지도』 (파주: 김영사, 2004), 36.

곤 하는 경우, 이러한 서양의 문물을 스펀지처럼 빨아들인 현대 한국인의 사고가 영향을 끼쳤기 때문이 아닌가 생각하게 한다. 개교회의 주인은 주님이시므로 전적으로 그 개교회의 주권이 보장된다는 사고는, 개교회주의를 변호하는데 악용되곤 하기 때문이다. 실상은 '각 교회'의 머리가 예수님이라는 사실을 강조하는 것 이외에, '모든 교회'의 머리가 예수님이므로 하나의 연합된 교회를 동시에 요구하고 있는데도 말이다. 가족신학은 이러한 서양의 이분법적 사고를 거부한다. 오히려 교회는 '조직' 안에서 그 자유와 주권을 찾는다.

2) 복선적 인과율

한편, 종종 우리가 교회 안의 분쟁과 분리, 분열을 놓고 누구 책임이냐고 따져 물을 때 한결같이 남 탓이지 자기 책임은 없다고 한다. 분열의 원인은 오직 한 방향이지 쌍방향은 아니라는 이야기다. 이러한 행동은 철저하게 자기중심적 사고에서 비롯된다. 한국의 교회를 조직 혹은 체계 속에서 개교회, 개교파를 보기보다는 자기 교회, 자기 교파를 중심에 놓아서이다. 이러한 단선적 사고는 문화적으로는 폐쇄적 가족주의가 낳은 '우리'-'그들'의 집단주의와 같다.

아울러 아마도 서양의 직선적 인과율에 영향을 받아, 책임의 공유보다는 확실한 책임의 '소재'를 밝히려는 행동이 한몫했을지도 모르겠다. 직선적 인과율에 따른 원인과 결과의 형식은 도미노 틀과 매우 밀접하게 관련이 있어서 인과 관계를 단편적으로 생각하게 했다.[32] 직선적 인과율은 부부 싸움을 남편 책임이든지 아내 책임이든지 둘 중의 하나가 되게 한다. 이것 아니면 저것(either or not)이 올바른 판단 된다는 것이다.

---

32 Dennis, B. Guernsey, "A Social Theology of Family," 10.

물론, 이러한 이분법은 헬레니즘적 직선적 사고 혹은 개개의 사물 본질에 더 관심을 둔 것에서 근원하고 있다. 모든 삼라만상, 인류와 사회가 복합적 구조를 띤 사실에 덜 주목하도록 만들었다.

하지만, 만일 우리가 인과율을 직선적이 아닌 복선적 조직의 구조 안에서 사고한다면, 갈등과 분열의 원인을 논할 때 쌍방향 혹은 다중 방향을 띠게 될 것이다. 책임 소재를 밝힐 때 반드시 한 쪽은 승자가 되고 다른 쪽은 패자가 되는 형식이 아니라 양쪽 모두 그 책임을 서로 인정하게 한다. 이것이면서 저것도(both and) 되는 형식이 그것이다. 이러한 구조는 사회를 '조직'의 틀로 이해할 때 수용할 수 있다.

교회의 연합을 말할 때도 마찬가지다. '조직'의 구조는 갈등과 긴장이 있더라도 승패를 빨리 만들게 하지 않는다. 서로를 돌아보게 하여 쉽게 상대에게 모든 갈등과 분쟁의 책임을 일방적으로 돌리지 않는다. 심지어 분열까지도 궁극적으로 화해, 포용, 연합으로 나가도록 만든다. '조직적' 모델은 결과에 대해 피드백의 과정을 통해 그것이 원인으로 기능할 수 있는 의미를 갖게 하여, 원인과 결과 모두를 이해 당사자들이 동시에 고려하게 만드는 것이다.[33] 각 구성원은 '조직' 안에서 치밀한 관계를 유지한다고 믿기 때문에 결과에 대해 함께 깊이 숙고하여 책임을 논의하는 것이다.

가족신학은 이러한 '조직'의 관계를 역동적으로 만든다. '조직주의'(systematism)는 한국 교회가 서로 거리를 두는 것이 아니라 매우 빈번하게 소통하며 대화할 수 있게 한다. 우리가 모두 한 가족이라면 한국 교회는 교파주의적이기보다는 조직주의의 틀을 가질 것이고 그 결과, 상호 매우 역동적인 관계를 만들어 나갈 것이다.

---

33 Dennis, B. Guernsey, "A Social Theology of Family," 10-11.

따라서 가족신학은 성도들과 교회가 서로에게 책임을 다할 수 있게 하며 피차간에 상대를 적응하면서 융통성을 발휘할 수 있게 할 것이다.[34] 여기서 우리는 교회 연합의 실체를 발견하게 된다.

5. 가족의 실존과 일방적 사랑

가족신학이 조직주의 구도를 갖는다는 말은 자칫 가족이 기계적 인간관계 혹은 교회관계를 의미하는 것처럼 들릴 수도 있다. 그러나 이는 조직주의에 대한 이해 부족이며 가족신학의 핵심 원리를 간과한 것이다. 가족신학에서 조직을 그 구조의 틀로 제시하는 것은 구성원의 유기적 연합을 통해 상호 간에 능동적이며 역동적인 관계를 도모한다는 것을 제시한 것에 불과하다.

여기서 우리는 가족신학이 조직주의적 구조에 대한 오해를 불식시키기 위해 불가피하게 가족신학의 핵심 원리를 고찰하지 않으면 안 된다. 가족의 원리를 이해하면 이는 제대로 가족신학의 능력을 파악하는 셈이 된다. 성경적·신학적 가족의 원리는 일방적 사랑이다. 그것은 위에서 아래로의 소통, 적응 그리고 융통성이다. 하나님이 인간을 사랑하는 원리이며 성육신이 그 모델이다. 가족의 구조는 쌍방향의 사회적 조직을 갖지만, 가족의 생명력은 일방적 사랑으로 지탱되는 것이다.

---

34 cf. Dennis, B. Guernsey, "A Social Theology of Family," 11.

1) 부모의 자녀에 대한 사랑

가족이란 일종의 사회적 구성단위를 넘어선다. 전체 사회와 국가, 혹은 교회를 가족이라 부를 때, 각각 하나의 사회적 단위로만 볼 수 없다. 사회와 국가, 한국 교회는 단순히 각 사회적 단위 안에 있는 존재라는 사회적 집단의 차원을 넘어선다. 아울러 가족은 단순히 사회적 질서도 아니다. 어떤 계급적 순서와 질서로 잘 짜인 조직체가 아니라는 것이다. 가족은 사회적 구조도, 사회적 질서의 의미도 아니다.[35] 이러한 의미의 가족은 성경이 제시하는 개념이 아니다.

앤더슨(Ray S. Anderson)은 성경적 근거에 의존하여 가족의 원리를 잘 규명하고 있다. 성경이 말하는 가족이란 집단으로서의 개념이 아닌 부모와 자녀 사이의 관계인 것이다.[36] 하나님이 이스라엘 백성을 일방적으로 사랑하셨듯이 하나님이 교회를 '가족'으로 살도록 하신다면, 곧 그것은 상대에 대한 '일방적' 사랑을 그 원리로 삼아야 한다.

가족이 자녀에 대한 부모의 일방적 사랑으로 만들어지고 지탱되는 것처럼, 교회 역시 일방적으로 상대에게 권위를 부여하고 능력을 인정하며 포용하는 데에서 그 실존을 찾는 것이라는 말이다. 가족신학의 능력이 여기에 있다. 각 교회 혹은 성도들은 자기의 권위와 능력, 자존심, 지위를 '인정받는' 데에서 자아를 성취하지 않는다. 오히려 진정한 성도와 교회, 교파는 다른 성도와 다른 교회, 다른 교파의 권위와 능력, 자존심과 지위를 '인정하는' 데에서 자아가 발견된다.

하나님은 아브라함 또는 이스라엘을 인격적으로 인정하면서 공적인 관계를 법제화하기 위해 언약(covenant, בְּרִית; berith)을 맺을 때에도(이 언약은

35　Ray S. Anderson, "The Old Commandment which is also a New Commandment," 32.
36　Ray S. Anderson, "The Old Commandment which is also a New Commandment," 32.

일반적으로는 '상호 간에' 이루어진다),[37] 실제로는 이 과정에서 하나님은 이들을 '일방적으로' 부르셔서 언약을 맺는 등 언약 관계에서 주도적 역할을 하셨다. 하나님이 아브라함과 이스라엘 백성을 사랑하는 방식이 하나님 자신으로부터의 일방적 구애라는 형식이었다.

이런 의미에서 "가족은 … 구속사를 통해 표현된 신적 사랑이라는 특이한 본성에서 그 본질적 형태가 존재"한다.[38] 여기서 말하는 '신적 사랑'은 당연히 하나님의 일방적 사랑을 의미한다. 개교회의 성도가 한 가족이요, 한국 교회 역시 같은 의미에서 가족이라고 할 때, 교회의 진정성은 이러한 하나님의 일방적 사랑의 행위와 같은 사랑으로 상대를 대하는 차원에서 드러난다. 삼위일체 하나님이 무한한 사랑으로 삼위 하나님이 서로 각 위격을 존중하고 포용하듯이, 성자 하나님이 인류 구원을 위해 무한한 사랑 안에서 자신을 비우면서 인간이 되어 죽으신 것처럼(빌 2:6-8), 교회가 가족이라면 교회는 이러한 일방적 사랑의 행위를 통하여 때로는 희생과 양보를 통하여 자신의 실존을 올바르게 구현한다.

이것이 바로 이 책 제1장과 제2장에서 내가 주장한 '손해 보는' 각오의 의미와 같다. 진정한 공동체와 그것을 유지하기 위한 내적 구조로서의 수평적 직제 완성은 바로 이러한 교회와 소그룹 안에서 누군가의 일방적인 '손해 봄'만이 가능하게 하는 것 말이다. 그리고 그러한 행동의 원동력과 근원은 바로 교회에 대한 이러한 개념의 '가족' 인식에 있다. 결과적으로 이러한 방식이 진정한 의미에서 성도의 연합과 교회 연합으로 이끌게 된다.

일방적 사랑의 행위는 일방적 매도, 비판, 정죄와 당연히 대비된다. 도나투스의 신학이 어설픈 것은 상대에 대해서는 정죄하고 자신에 대해서

---

[37] 송제근, 『오경과 구약의 언약신학』 (서울: 두란노, 2003), 112ff.
[38] Ray S. Anderson, "The Old Commandment which is also a New Commandment," 36.

는 의를 주장하기 때문이다. 도나투스가 배교자들에 의해 세례를 받고 성직 받은 것을 무효로 하면서 자기들의 거룩함을 과시하고 재세례를 시행하지 않는 다른 교회를 타락한 자들로 규정한 것이 그것이다.

하지만, 어거스틴은 도나투스파들의 엄격주의 혹은 거룩성은 사랑 혹은 관대함(*charitas*)을 넘어서지 못한다고 하여 이들의 교만을 지적한 바 있다.[39] 어거스틴에게는 사랑이 성도와 교회가 갖는 최고의 덕목이요, 교회 연합의 본질적 원리이다. 사랑의 마음을 가지고 상대를 대한다면, 교회의 분열에 대해서는 상상할 수 없게 한다. 거룩성의 이름 아래 일방적으로 상대를 정죄하지도 않는다. 거룩성이 있다면 보편 교회 차원에서나 가능할 뿐이다.

도나투스파들은 교회의 가족적 공동체성을 간과한, 진정한 의미에서 그리스도인 또는 교회가 아니었다. 일방적 사랑에 충실하여 상대 교회를 대하며 공교회 안에 머무를 수 있었다. 따라서 보편 교회의 거룩성을 부정하고 단 하나의 자기 교회만 거룩하다는 그릇된 교회관은 잘못된 것이다. 모든 교회는 사랑 안에서 보이는 교회 안에 들어와 모두 하나 된 교회, 혹은 교회 연합을 이루어야 한다.[40]

나아가 성경적 사랑의 형태는 수동적이지 않다. 상대에 대한 사랑은 적극적이고 능동적이다. 삼위일체 하나님이 영원한 사랑 안에서 자발적으로 페리코레시스 방식의 상호 의존적 삶을 살아가신 사실에서 최고의 유비를 찾을 수 있다.[41]

---

[39] Augustine, *On Baptism, Against the Donatists*, ed., Philip Schaff, tr, J. R. King, (Grand Rapids: Eerdmans, 1956), II, iii, 4.

[40] 권문상, "교회 연합의 원리: 어거스틴의 교회관을 중심으로", 「개혁신학」 14권 (2003), 120-123.

[41] 권문상, 『부흥 어게인 1907: 유교적 가족주의를 극복할 공동체 교회가 답이다』, 238. 공동체는 자발성을 그 특징으로 한다. 이러한 공동체성이야말로 교회의 진정성 및 한국 교회의 연합과 관련하여 매우 유익한 정보를 제공한다(위의 책, 184-86).

그리고 그러한 하나님의 자발적 사랑의 행동은 하나님의 자발적 희생 곧 성육신에서 표출되었음을 우리는 잘 안다.[42] 성경적·신학적으로 사랑의 진정성이 자발적임을 확인할 수 있다. 하나님의 자발적 사랑의 실천은 아울러 우리에게도 그대로 요구되고 있음은 자명하다. 하지만, 사회의 보편적 이념에 따라서도 역시 진정한 사랑이란 자발성에 기초한다고 하겠다.

"가족을 형성하는 데 독특한 사회적 관계의 '내적 논리'를 만드는 실질적 구조는 사랑의 자발성과 실천에 기초하고 있다."[43]

부모의 자녀에 대한 사랑은 이처럼 일방적이고 자발적이다. 이러한 사랑의 원리는 오늘 우리의 교파주의를 극복할 영적인 에너지를 제공한다. 그리고 그 에너지는 사실 우리 안에 이미 주어졌다. 하나님이 자신의 일방적이고 자발적인 사랑을 가족적 교회공동체에 심어 주셨다. 이러한 가족적 사랑의 에너지로 교회 연합을 이루고 기독교의 능력을 세상에 알려야 한다.

"기독교의 목적은 인간 속에 잠재해 있는 하나님의 자녀로서의 속성을 온전히 드러내고, 인간 상호 간에 존재하는 형제 됨의 가능성을 온전히 보여 주는 데 있다."[44]

가족신학의 핵심 원리가 일방적이고 자발적인 사랑의 실천이라면 이러한 행위의 주체는 헌신적인 삶을 사는 게 당연하다. 부모의 헌신 없이 자녀가 양육 받을 수 없는 것처럼, 기독교가 말하는 진정한 사랑의 정신은 희생과 양보라는 헌신을 수반한다.

니버(Richard Niebuhr)는 기독교인에게 이러한 사랑과 헌신이 진정한 자기 정체성을 확인하게 한다고 했다.

---

[42] 권문상, 『비움의 모범을 보이신 예수 그리스도』 (서울: 새물결플러스, 2008), 129-30, 345ff.
[43] Ray S. Anderson, "The Old Commandment which is also a New Commandment," 22.
[44] Richard Niebuhr, 『교회 분열의 사회적 배경』, 262.

기독교 신앙이 인간 앞에 내놓은 최고 선(*summum bonum*)이란 오직 사랑을 통한 영원한 조화일 뿐이다. 이러한 조화 가운데서 개개인은 아버지와 모든 형제로 이루어진 사랑의 공동체(Beloved Community)에 자기희생의 헌신을 드림으로써, 영원한 생명에 포함되어 있는 온전한 의미를 깨닫게 되는 것이다.[45]

나아가 헌신은 일방적 사랑의 증거이기도 하다. 이러한 헌신이 가족을 만들게 하고 지탱하게 한다. 그래서 사회학자는 이러한 헌신을 구애 또는 구혼을 이해하기 위한 중요 요소로 다룬다.[46] 이와 같은 차원에서 가족신학은 교회가 이러한 종류의 구애이어야 진정한 헌신임을 말한다고 하겠다. 이 책 제1장의 결론이 바로 여기서 말하는 이러한 의미의 일방적 헌신을 의미한다.

2) 자기 변혁

가족신학은 개체의 고유성을 존중하고, 진정한 사랑 안에서 상호 교류를 통해 자기 변혁을 시도한다. 위에서 논의한 자기희생적 헌신이 의미하는 바는, 반드시(*simpliciter*) 개인 혹은 개교회, 교단 또는 교파의 본질 그 자체의 제거를 전제하는 것은 아니다. 때로는 대승적 결단으로 구성원 전체가 합의하여 성도가 하나를 이루고 교회의 연합이 이루어질 수도 있다. 하지만, 현실적으로 각 교회 기관과 교단과 교파가 고유성을 버릴 수 없다면, 구태여 각자의 본질을 부정하는 방식을 취하지 않고도 연합이 불가능하지 않다. 본질은 지키면서 변화를 수용할 수 있기 때문이다.

---

45 Niebuhr, Richard, 『교회 분열의 사회적 배경』, 262-63.
46 Ray S. Anderson, "The Old Commandment which is also a New Commandment," 48.

가족신학은 근본적으로 이 세상의 교회가 완전한 것으로 전제하고 있지 않기 때문에 교회 변혁은 늘 열려 있음을 말한다. 개혁신학적 모토라 할, '지금도 개혁 중인'(reformanda) 교회가 참 교회라는 정신을 계승하고 있는 셈이다.

이 세상에 있는 가족 또한 완전하지 않은 만큼, 비록 하나님과 성경이 교회를 가족으로 규정한다고 해도, 이러한 차원에서 사회적 가족 개념을 넘어서지는 않는 것이다. 앤더슨에 따르면 인간 가족은 불확실한 체제(contingent order)이다.[47] 완전하지 못하여 가변적 성질을 내재적으로 지닌 집단이다.

하나님이 허락한 이 세상의 질서는 모두 완전하지 않다. 비록 인간에게 가족 제도를 주시고 이스라엘 백성에게는 율법을 허락하시기도 했지만, 그 형식은 늘 가변적인 것이다. 그 본질만 변하지 않는다면 율법이라도 그 형식은 변할 수 있는 것이다. 안식일 제도가 그것이다. 우리가 안식년과 희년의 가족신학적 의미를 논의한 바와 같이, 이와 동일 선상에서 안식일 제도는 언약공동체를 이루는 핵심 구조이다. 하지만, 이 제도 역시 불확실한 질서로 주어진 것이어서 영구적으로 적용된다는 결정론적 의미를 제공하는 것은 아니다.[48]

이런 의미에서 율법주의적 태도는 신학을 할 때나 성도들이 공동체적 연합을 이루는 일과 교회의 연합에 대해 논의할 때 모두 환영받을 수 없

---

[47] Ray S. Anderson, "The Old Commandment which is also a New Commandment," 19.
[48] Ray S. Anderson, "The Old Commandment which is also a New Commandment," 20. "안식일을 지키라는 명령도 언약공동체의 사회적 핵심 구조를 세워 나가되 하나님의 능력과 사랑에 따라 살아야 한다는 차원에서 주어진 것이지 영원히 그렇게 살도록 결정되었다는 의미에서 주어진 것은 아니다"(위의 책," 20). 예수님은 "인자는 안식일의 주인"(눅 6:5)이라고 말씀하심으로 이 계명을 상대화시켰고, 나아가 "안식일이 사람을 위하여 있지 사람이 안식일을 위하여 있지 않느니라"(막 2:27)라고 사실상 안식일의 규범화가 옳지 않음을 가르치셨다. 그러나 율법주의자들은 이 명령을 절대화하여 하나님의 심판과 결부시켜 안식일 제도를 법제화시키는 잘못을 범했다.

다. 오히려 "너희 모든 일을 사랑으로 행하라"(고전 16:14)는 말씀을 따를 때 나머지 요소, 예를 들면 관행, 규정, 법, 이념, 신념 등까지도 모두 상대화할 수 있는 것이다. 이러한 사랑 외의 다른 요소들은 "사랑이라는 핵심적 실체에 부속"하는 것이기 때문이다.[49]

따라서 진정한 사랑 곧 일방적이고 자발적인 사랑은 상대를 수용, 환대하는 것이며, 이를 통해 언제든지 자기 변혁을 위해 준비하게 만든다. 이러한 가족신학적 사랑의 원리는 소통을 원활하게 하여 변화의 대상이 되는 것을 주저하지 않게 하는 것이다. 그리고 이 변화는 상대에 대한 존중과 신뢰를 전제로 한다. 즉, 상대의 본질을 상하게 하지 않으면서 화합을 끌어내게 하는 것이다.

이를테면, 바울이 말한 바와 같이, 상대가 아브라함의 자손임을 확인하는 한 모든 사회적 장벽뿐만 아니라 문화적 이데올로기까지라도 극복할 수 있다(cf. 갈 3:28-29). 즉, 기득권도 내려놓는 자기 변혁에의 의지가 발동하게 하는 것이다.

이와 같이 가족신학은 성도들이 하나를 이루고, 교회가 연합을 만들어내기 위해 이러한 바울의 개방형 교회공동체 틀 속에서 제시하고 있다고 할 수 있다. 이러한 개방형 교회 구축이 하나님의 명령이라면 우리는 그 누구도 우리의 폐쇄적 가족주의 안에서 기득권을 수호하거나 묵인하여 자신을 변호할 수 없을 것이다. 아울러 교회 연합을 위하여 '신적인 사랑'을 행사할 각오를 다지게 될 것이다.

---

[49] Ray S. Anderson, "The Old Commandment which is also a New Commandment," 22.

6. 나가는 말

지금까지 우리는 소그룹이 지향하는 교회 개혁의 구체적 상태로서의 성도의 연합 및 한국 교회의 연합을 위한 신학적 혹은 이론적 기초를 탐색했다. 먼저, 한국 교회가 왜 분열로 치닫게 되었는지 문화인류학적 분석을 시도하여, 분열의 원인이 상당 부분 우리의 폐쇄적 가족주의에 근거하고 있음을 확인했다.

또한, 이 분열이 신학적 확신의 부족에서 혹은 신학적 기초의 부실로 인하여 가속됐음도 살펴보았다. 이러한 분열의 원인을 모두 제거할 방향을 우리가 완벽하게 제시할 수는 없어도, 적어도 우리가 성경적이고 신학적인 교회 연합의 기초를 찾는 데 주력했다.

이 작업을 통해 우리는 '가족신학'이 성도들의 하나됨과 여러 교회의 연합을 위한 신학적 기초가 된다는 사실을 확인했다. 나아가 '가족'이 암시하는 사회학적 개념도 아울러 살핌으로써 우리의 가족신학의 틀을 공고히 다지는 데 큰 도움을 얻었다.

이를 통해 우리는 비록 한국의 교회가 폐쇄적 '우리' 의식을 지니고 있으며 가족신학 이해도가 부실한 이유로 인해 성도들이 하나가 되고 교회가 연합하는 일에 대해 소극적이기는 하지만, 우리는 지금까지 논의한 가족신학의 성경적·신학적·사회학적 원리로부터 소그룹의 목적인 성도들 사이의 연합에 대한 일종의 소명도 확인할 수 있었고 사명감도 느낄 수 있었다.

그뿐만 아니라 교회가 가족임을 선언하고 가족이 갖는 내면적 필연성, 즉 연합에의 구조를 밝히는 말씀에서 우리는 가족신학의 출발을 알릴 수가 있었고, 삼위일체 하나님의 가족적 구조를 확인함으로써 가족신학의 틀을 만들 수 있었다. 아울러 교회가 상호 의존적인 '조직'으로서 관계적 실존을 갖는다는 것과 이 교회 '조직'은 '일방적' 사랑과 헌신을 통해 세워지고 유지된다는 사실을 알게 되면서, 이러한 조직 개념에 대한 이해를 통해 우리는 개교회 내의 여러 다른 기관과, 여러 교회, 교단 그리고 교파 사이에서의 연합이 가능하다는 점을 확인하게 되었다.

따라서 진정으로 교회가 가족이라고 믿는다면 우리는 성도들의 연합을 위하여 자신을 내어주고 이를 통해 자기 변혁에의 의지를 보여 줄 준비를 해야 한다. 감사하게도 이 글(한국복음주의신학회의 주제 발표 논문)을 2010년 가을 지구촌교회(수지)에서 발표할 때, 어떤 성도(지구촌교회 출석 추정)가 상기된 표정과 말투로 자기가 궁금했던 교회의 모습과 자기가 출석하는 소그룹의 실체에 대해 확신하게 되었다고 내게 감사를 표했었다. 이러한 확신이 모든 교회에 확산하여 실질적인 개교회와 한국 교회의 연합에 이바지하길 기대한다.

이러한 가족신학적 논리는 한국 교회가 분열의 내부적 요인인 '우리'-'그들'의 폐쇄적 우리 의식을 극복하게 하는 힘을 제공하고, 어느 교회나 교단이든 각각 가족적 정체성 안에서 자신의 실존을 찾게 할 것이다. 이러한 가족신학적 확신은 우리가 교회 안에서 성도들의 교제, 특히 소그룹 안에서의 친밀도를 강화하여 하나를 이루는 일을 더 공고하게 만들 것이다.

물론, 소그룹의 핵심 가치로서 교인들의 '가족의식'을 한국 교회 전체로 확대해서 적용한다면, 어떤 형태로든지 소그룹을 만들어 이 안에서 각 교회가 또 하나의 '큰 가족'임을 알게 하여, 교회마다 교회 연합을 위하여 능동적이고 적극적인 노력을 기울일 것이다. 모든 성도와 개교회들과 교단 및 교파는 '일방적' 사랑의 정신, 곧 신적 사랑으로 상대를 존중하는 가운데 서로 교류하면서 연합을 이루어야 할 것이다.

이렇게만 이루어진다면, 교회, 교단, 교파는 개교회주의, 교파주의를 극복할 것이고, 신학교는 도나투스파들과 같이 자기들만 '거룩한' 신학을 하는 것처럼 교만한 행동을 하지도 않을 것이다. 우리는 어거스틴이 요구하는 사랑의 정신을 가지고 적어도 에큐메니컬 신조에서 밝히는 기독교 신학의 본질적 내용에서 벗어나지 않는 한 다른 신학과 대화할 줄도 알아야 한다. 어거스틴이 도나투스파들도 수용하려 했던 것처럼 말이다. 이것이 '늘 개혁하고 있는' 교회가 갖는 마음이고, 교회를 위한 신학을 수행하는 모든 그리스도인의 자기 개혁의 모습이다.

　이것은 교회 안의 여러 성공적인 소그룹과 여러 교회가 가족신학 정신 아래 연합을 이루는 실제 역사의 현장을 구체적으로 만들 때 그 의미가 있다. 현장이 없는 '가족신학' 이론은 공허하기 때문이다. 소그룹 안에서 그것의 핵심 가치인 '가족의식'을 생활화하는 효율적 현장을 구성할 필요가 있는 것이다. 이와 같이 교회 현장의 '작은 교회' 소그룹을 통해 교회 안에 수평적 직제 구조의 완성과 소그룹원들의 일방적 사랑과 헌신을 통해 자기 변혁을 이루고 영적 쇄신 및 교회 내외적 봉사가 자연스러운 기독인의 삶을 누리길 기대한다.

　그러면 어떻게 가족신학의 실질적 구현체를 만들 수 있을 것인가?

　우리는 다음 글에서 가족신학을 실제화할 수 있게 하는 소그룹 모델을 찾아보도록 한다.

제6장

가정교회 혹은 가족교회 소그룹 유형[1]

'가정교회'에 관해 2015년에 대한 장로교 합동 측 교단 신학부의 '주의' 결정이 내려진 바 있었다.[2] 이후 같은 해에 위 교단 총회에서 위의 '주의'보다 가정교회 용어에 대해 '당회장이 잘 지도해 주기를 바라는' 결정을 내렸다. 다소 완화된 결정이기는 하지만 가정교회 논란을 종식한 것은 아니다.

---

[1] 이 글은 다음의 논문을 수정, 보완하여 작성되었다. "한국 교회 구조의 새 창조: 개혁교회 원리와 가정(또는 가족)교회", 「개혁신학」 26 (2015), 10-33.

[2] 기독신문 (2015. 7. 22.). 대한예수교장로회(합동측) "신학부는 7월 21일 총회회관에서 임원회를 열고 한 회기 사업을 결산했다. 신학부는 운동을 '장로교의 정체성을 오해할 위험성이 있다'면서 '장로교 정치체제와 부합하지 않는 태생적인 한계가 있다'고 지적했다. 가정교회는 또한 교회 안 직책에 혼란을 주고, 주일 공예배 기능을 약화시킨다고 밝혔다. 가정교회가 목양적인 측면에서 장점이 있지만, 장로교의 교회론을 훼손할 우려가 있기 때문에 '주의해야 한다'고 결론을 맺었다." 이후 같은 해 제100차 총회에서는 '주의'보다는 다소 하향 조정된 결정을 내렸다. 당회장이 '가정교회' 용어 사용에 있어 '잘 지도'할 것을 주문한 것이다. "가정교회 운동이 새 길 찾았다. 가정교회 운동은 교회에서 용어만 잘 사용하면 된다. 신학부는 당초 '회중 교회(침례교회)의 극단적 가정교회 사역은 주의할 필요가 있다'고 판단했다. 그러나 최종 보고에서 '당회장이 용어 사용에 잘 지도해 주길 바란다'고 하향 조정된 내용을 발표했다. 신학부는 '가정교회가 현대 사회의 목양적인 측면에 장점이 있다'면서도 '가정교회 목회의 정체성과 시스템이 회중 교회에 뿌리를 두고 있으므로 장로교의 교회론을 훼손할 우려가 있다'고 밝혔다. 따라서 개교회별로 용어 사용에 적절한 지도가 필요하다고 판단했다. 이는 총회 내 가정교회 운동을 벌이고 있는 2,300개의 개교회를 고려한 것으로 분석된다. 즉 총회가 가정교회 운동에 '주의'를 주면 21세기 목회 대안으로 급부상하고 있는 가정교회 운동이 위축될 우려가 있고, 이는 교단적 피해로 이어질 수 있다는 것이다. 따라서 장로교회 정치와 교회론을 훼손하지 않는 범위 안에서 교회 자체적으로 잘 지도해 가면서 적용하라는 뜻으로 분석된다"(기독신문 2015. 10. 14.).

왜, 장로교 교단 혹은 개혁교회 전통을 따르는 교회 안에서 가정교회에 대해 부정적 시각을 지우지 못하는가?

개혁교회는 가정교회와 같이할 수는 없는가?

이 글에서는 나는 개혁교회가 원리적으로 그리고 실제적으로 '가정교회'(하지만 나는 '가족교회' 개념이 옳다고 본다)[3]와 같이할 수 있음을 논의할 것이다. 한국에서의 가정교회 논쟁이 본격적으로 장로교 안에서 지속되어 온 것은 아마도 7~8년 전에 개혁교회 전통을 갖는 몇 개의 장로교 교단에서 가정교회에 대한 비판적 논의를 전개한 것이 중요한 요인이 되었다고 보고, 이 글에서는 이들의 가정교회에 대한 장로교 신학적 해석에 대해 분석하고자 한다.

이 연구를 통해 이들의 논의가 칼빈의 혹은 개혁교회의 교회론이 '공동체'로서의 교회, 교황제와의 차별화를 염두에 둔 교회 정체성의 '본질적인' 측면에 주의를 기울이지 않은 채, 교회의 표지론과 직분론의 '형식'에만 기준을 둔 결과 장로제가 없는 침례 교단의 미국 휴스톤서울교회를 손쉽게 비판하게 되었음을 확인하고, 이에 따라 한국의 장로교 안에 일어나

---

[3] 이 글에서 나는 개혁교회의 원리가 '가족교회'라는 것을 전제하고 설명할 것이다. 이에 대한 논의는 이미 나의 글(권문상,『성경적 공동체: 삼위일체 하나님을 닮은 가정교회』, 204-293)에서 밝힌 바 있다. 가정교회라는 용어는 1세기의 특수한 상황에 따라 초대 교회 성도들이 '가정' 안에서 성도의 교제를 만들어 낸 '모임'의 개념일 뿐 '가정'이라는 '절대적 공간'을 의미한 것은 아니다. 기독교가 공인(313년)되기 전에 이미 3세기를 지나면서부터는 '가정'에서 '큰 건물'로 옮겨 성도들이 예배를 드리기 시작했기 때문이다. 교회는 믿음으로 한 가족을 이룬 성도들이 교제를 나누는 삶이지 특정한 공간에 메이는 장소는 아닌 것이다. 하지만, 유감스럽게도 우리나라 교회에 휴스톤서울교회의 '가정교회' 운동이 도입되면서 이 용어로 고착되었다. 따라서 불가피하게 이 글에서는 가정교회로 지칭하면서 논의하게 됨을 양해하기 바란다. 물론, 내가 그려낸 '가족교회' 개념은 상당부분 소위 '가정교회' 내용과 유사하기도 하고 대부분의 한국의 가정교회는 가족교회의 내용을 담고 있는 것도 사실이어서 이 글에서는 '가정교회' 용어를 수용하여 논의하겠다. 가정교회 소그룹의 성공적인 사례에 대해서는 다음의 글을 참고하라: 최상태,『21세기 新교회론, 이것이 가정교회다』(서울: 국제제자훈련원, 2002); 최상태,『제자훈련 이후의 제자훈련: 제자훈련으로 꽃피운 가정교회 목회 매뉴얼』(서울: 국제제자훈련원, 2014).

고 있는 가정교회 운동에 대해 여전히 신학적 논란을 지속하게 했음을 논의할 것이다. 이러한 논의 전개를 위해 우선 칼빈이 의도한 교회 정치 원리를 살펴보고 장로교 교단에서 가정교회 비판을 전개한 글들을 분석한 후 끝으로 가정교회가 개혁교회와 함께할 수 있음을 설명하겠다.

여기서는 장로교 교단의 지속적인 가정교회 논란에 대해 논의하는 관계로, 가정교회를 비판한 지금까지 발간된 여러 글 중에서 두 개의 장로교 교단인 장로교 고신 측과 장로교 합신 측의 논문집을 중심으로 살펴볼 것이다.

1. 개혁교회의 교회 정치 원리

개혁교회의 교회 정치 원리 의도는 공동체로서의 연합된 '하나의' 교회 의식과 로마가톨릭의 교황제와의 차별화에서 발견될 수 있다. 이에 관해서는 이 책 제2장에서 충분히 살펴본 바 있다. 칼빈은 하나의 교회를 파괴하는 재세례파와 가톨릭의 교황제에 대해 매우 공격적이었다. 그의 『기독교 강요』 4권에서 처음부터 다룬 것은 교회의 표지에 관한 주제였다. 완전주의를 표방하면서 공동체로서 하나 된 교회를 떠난 자들과의 차별화를 위해 그리고 로마가톨릭의 이단 시비를 잠재우려는 방편을 마련하기 위함이었다. 특히, 후자에 대해서는 말씀이 없는 '거짓 교회' 됨을 파헤쳤고 '참 교회'가 되지 못하는 그 중심에는 교황제가 있음을 역설했다.

칼빈의 교회론, 곧 개혁교회의 교회론은 공동체 교회 의식과 교황제 타파에서 출발한다. 개혁교회의 차별화는 교회 안에 흠이 있더라도 그리스도인들은 하나의 공동체 교회에 속해야 한다는 것과 로마 교회가 내던져 버린 '그리스도의 주되심'을 회복하는 데에 있는 것이다. 여기에서는 칼빈이 얼마나 배타주의적 교회론과 인간과 조직이 '주의 자리'와 말씀 위에 올라서는 것을 혐오하는지 살펴볼 것이다. 개혁교회의 표지론과 직분론 역시 여기에서 출발함을 우리는 알게 될 것이다.

1) 공동체로서의 교회

칼빈이 제시한 교회는 바울의 몸 비유에 기초한 공동체이다. 그리스도를 머리로 하고 모든 성도는 서로 상호 의존적 지체가 되어 가견적 '하나'의 교회를 이루는 것이다. 그래서 칼빈은 교회론 첫머리의 제목을 "모든 경건한 자의 어머니인 진정한 교회: 우리는 이 교회와 연합되어 있어야 한다"라고 했다.[4]

그 이유는 다음과 같다.

첫째, 성도들은 근본적으로 어머니로서의 가견적 교회 안에서 돌봄과 교육을 받아 성장하기 때문이다.

따라서 그리스도인들은 자신을 단순히 하나님의 선택받은 어떤 무리로만 생각하기보다는 보이는 교회 안에 '연합'되어 있도록 해야 한다. 마치 자녀가 집을 나가서는 육체와 정신이 올바르게 성장할 수 없는 것과 같다. 선택받은 사람은 당연히 그리스도 안에 있으므로 그리스도를 머리로 하는 '한 몸' 안의 지체로 "단단히 결합된다"는 말이다.[5] 이에 따라 성도들은 교회 안에서 서로 자라게 할 기초를 얻게 되는 것이다.

둘째, 교회는 상호 의존적 형제적 교통을 나누는 공동체이기 때문이다.

한 몸 안에 있는 지체는 사랑 안에서 서로 교제함으로써 형제적·가족적 삶을 나누게 한다. 바울의 몸 비유(엡 4:4, 16)는 바로 성도들이 한 그리스도

---

4 John Calvin, 『기독교 강요』, IV.i.
5 John Calvin, 『기독교 강요』, IV.i.2.

에게 의지하는 한 식구로서 한 소망을 소유하고 있는 "공동체인 것이다."[6]

따라서 "하나님께서는 모든 신자의 아버지시며 그리스도께서는 그들 모든 신자의 머리시라는 것을 참으로 확신한다면 그들은 형제애로 연합되지 않을 수 없고 또 그들이 받은 은혜를 서로 나누지 않을 수도 없다."[7] 우리가 진정한 그리스도인이라면 우리는 그리스도가 머리인 교회 안에 있어서 공동체적 연합을 이루며 형제애를 나누는 자인 것이다. 따라서 "교회에의 참여는 힘이 강하여 우리를 하나님의 공동체 안에 머물게 한다."[8]

교회가 공동체인 것은 사실 구약에서 모형적으로 우리에게 보여 주셨다. 하나님은 이스라엘 백성에게 안식년과 희년 제도를 제정하시어 아무리 극심한 가난의 삶을 살고 심지어 노예로 살아갔던 자라도 같은 민족이라는 이유로 이들의 빚을 탕감해 주며, 가난에서 해방해 주고 종살이에서 자유하도록 하여(신 15:1-15), 이들이 상호 의존적 한 공동체임을 알려 주셨다.[9]

신약에서도 역시 초대 교회의 코이노니아는 성도들이 가족애적 상호 의존의 삶을 사는 공동체였다. 이들은 하나님을 아버지라 부르는 형제가 되어 사랑을 나누는 한 가족공동체였으며 서로 짐을 나눠서 지는 무한 책임의식의 사람들이었고 유기적 연합의 실체로서 칼빈이 말하는 성도들의 연합으로 결속된 가견적 교회였으며, 권위주의적 위계 구도가 아닌 형제애에 바탕을 둔 수평적 섬김의 공동체였다.[10]

따라서 공동체로서의 교회는 그리스도를 머리로 하고 그리스도의 사랑에 기초한 상호 존중과 배려로 서로를 세우고 섬기는 수평적 관계를 지향한다. 그래서 교회 안에 다소 흠이 있고 부족하더라도 그는 우리의 형제

---

6   John Calvin, 『기독교 강요』, IV.i.3.
7   John Calvin, 『기독교 강요』, IV.i.3.
8   John Calvin, 『기독교 강요』, IV.i.3.
9   권문상, 『성경적 공동체: 삼위일체 하나님을 닮은 가정교회』, 218-222.
10   권문상, 『성경적 공동체: 삼위일체 하나님을 닮은 가정교회』, 222-230.

이기에 그와 '함께' 교회 '안에' 있어서 사랑으로 상호 용납과 배려를 보임으로써 그 사람과 내가 서로 자라나게 해야 하는 것이고, 그리스도만 머리로 하는 상호 수평적 관계 안에서 섬김을 보이는 직분제를 고려해야 하는 것이다.

이러한 교회론적 인식 아래, 칼빈은 교회 안에 가라지가 있는 경우 그러한 곳이 교회가 아니라고 하여 이탈하는 자들에게 경고하기 위해 그리고 로마가톨릭이 개혁교회를 이단이라고 규정하는 것이 터무니없음을 밝히기 위해 참된 교회의 표지를 제시했다.

2) 교회의 표지

칼빈이 교회의 표지를 제시한 것은 순전히 '변증적' 차원이었다. 16세기 재세례파의 개혁교회 부정과 가톨릭의 개혁교회 이단 규정의 부당함을 역설한 개혁교회의 '참된 교회 됨' 선언이었다. 칼빈은 비록 결함이 있더라도 그리스도의 말씀을 순수하게 전파하고 성례를 성실하게 집행한다면 그 단체는 교회라고 인정받아야 한다고 보았다.[11] 만일 재세례파의 극단주의적 교회론에서와 같이 교회의 완전한 거룩을 필수 요소로 생각하고 교회의 순수성 확립과 보존에 강조를 둔다면 "주께서는 … 그런 그리스도인의 공동체를 떠나는 교만한 사람을 배반자와 배교자로 여기신다"라고 비판했다.[12]

이들 재세례파는 마치 도나투스파와 같이 자기들만 거룩하며 말씀대로 생활하는 자라고 생각하는 광적 자만에 가득한 자로서 비난받아 마땅한 자들이다. 우리가 무엇이 참된 교회인지를 정의할 때 그 기준으로 삼는

11　John Calvin, 『기독교 강요』, IV.i.9.
12　John Calvin, 『기독교 강요』, IV.i.10.

것이 바로 이러한 두 가지 표지, 곧 '말씀의 순순한 전파'와 '성례의 성실한 집행'이 있으면 비록 여러 가지 흠이 있어도, 바울이 도덕적으로 부패하고 분쟁으로 일삼던 고린도 교회를 인정한 바와 같이, 그러한 단체 역시 교회라는 것이다.

그뿐만 아니라 교회란 가족공동체여서 마치 집 안에서 서로 사랑 안에서 용납하고 배려하면서 서로 인격적으로 성장하게 하는 행복한 가정을 이루어 가는 것과 같다. 칼빈은 거룩성을 절대시하는 배교자 혹은 이단과의 차별을 염두에 두고, 두 개의 표지를 갖는 '우리의 모임이 참된 교회이다'라고 선언한다.

칼빈은 재세례파 못지않게 로마가톨릭교회 역시 자기들만 교회라고 말하는 이들에게 변증할 필요를 느꼈다. 개혁교회를 분리주의자요, 이단이라고 하는 로마가톨릭에 대해 무엇이 참된 교회인지를 보여 주겠다는 마음으로 두 개의 교회 표지를 선언했다. 이 표지에 부합한 개혁교회는 '참된 교회'라는 것이다. 오히려 그는 로마가톨릭이 교회의 내적 가치에는 무관심하고 오히려 외적인 모양과 주의 자리를 대신하여 교황제도를 세운 '거짓 교회'라고 공격했다. 로마가톨릭이 개혁교회를 '교회로' 취급하지 않을 때 칼빈은 자신의 개혁교회야말로 하나님의 말씀에 기초를 둔 참된 교회라고 선언하고, 오히려 말씀이 없고 오로지 교황 조직만 있는 로마가톨릭은 거짓 교회라고 했다.[13]

칼빈은 교황제를 비판하면서 다음과 같이 '그리스도의 머리 됨'을 강조했다(이 주제에 대해서는 이미 이 책 제2장에서 충분히 논의했다).

> 교회에서는 그리스도께서 유일한 머리이시며, 우리는 모두 그의 지배하에서 그가 제정하신 질서와 조직에 따라 서로 연합된다. 교회에 머리가 없을

---

13 John Calvin, 『기독교 강요』, IV.ii.4.

수 없다는 구실로 세계 교회 위에 한 사람을 앉히려고 하는 그들은 그리스도를 현저히 모욕한다. 교회의 머리는 그리스도이시기 때문이다.[14]

개혁교회가 로마가톨릭으로부터 교회 됨을 변증하면서 후자와의 차별화를 교회의 공동체성에[15] 찾은 것은 로마가톨릭의 거짓 교회 됨을 성공적으로 부각하게 한 결정타였다.

앞에서 살펴본 바와 같이 교회가 공동체이기에 하나님의 백성 모두는 교회 안에서 지체로만 존재할 뿐 그 누구도 그리스도 외에는 머리가 될 수 없다. 그런데 로마 교회는 그리스도 대신에 교황이 머리 노릇하고 있었다. 이런 교회가 어떻게 참된 교회일 수 있으며, 그러한 거짓 교회가 어떻게 그리스도를 머리로 하며 성도들의 상호 의존적 수평적 코이노니아인 개혁교회를 이단시할 수 있겠느냐는 말이다.

칼빈이 왜 교회론을 다룬 책 전체의 약 2분의 1 정도의 매우 많은 지면을 할애하면서 교황제를 비판했는지를[16] 안다면 칼빈이 의도한 개혁교회의 본질적인 면이 어디에 있었는지 확연하게 알 수 있다. 개혁교회는 교황제와 같은 수직적 위계 조직과 직분제를 거부했던 것이다. 오히려 그리스도만 머리로 하고, 목사를 비롯한 모든 직분은 '섬기는 자'로서 있는 것이다.

그래서 칼빈은 제네바 교회의 청빙을 받았을 때 목사 독주의 교회 조직을 경계하고 자기를 포함한 목사들도 견제받도록 "제네바 교회 규정"("Genevan Ecclesiastical Ordinances", 1541)을 제안하고,[17] 또한 목사 중심의

---

14   John Calvin, 『기독교 강요』, IV.iv.1-4.11.16.
15   교회의 공동체성은 삼위일체론적 메타포에서 찾아야한다. 이에 대해 이미 나는 다른 곳에서 상세하게 논의한 바 있다(권문상, 『성경적 공동체: 삼위일체 하나님을 닮은 가족교회』, 236-52).
16   John Calvin, 『기독교 강요』, IV.vii.30.
17   Mark J. Larson, "John Calvin and Genevan Presbyterianism," *Westminster Theological*

권위주의적 조직이 아닌 장로와 '함께'하는 치리회 혹은 교회법원(consistory)을 두어 '협력 목회'를 하도록 했다. 교회 안에 누구도 권위주의적 '신종 교황'이 들어서게 해서는 안 되었기 때문이다. 교황제가 교회 부패의 온상이 되었음을 누구보다 잘 아는 칼빈은 개혁교회가 교황제와 같은 권위주의적 교회 조직과 직분제를 선호할 리 없었다. 이것이 교회 조직과 표지 그리고 직분제와 관련한 개혁교회의 본질적인 모습이다.

개혁교회는 목사와 장로와 집사라는 세 개의 직분을 그리스도의 머리 됨의 기준 아래 세운다. 칼빈은 바울의 그리스도만 주 되시고 각 지체는 은혜의 분량에 따라(엡 4:7) 독특한 기능을 갖는다(엡 4:16)는 말씀을 인용하며 사역자들의 머리 됨에 대해 말하지 않았다.[18] 오히려 교회 직분을 맡은 사역자들은 각자 은사받은 대로 봉사함으로써 한 몸을 이루게 하여 하나님께서 교회를 다스리시는 모습을 보여 주는 것이다.

즉, 사역자의 직분은 봉사이며 공동체를 이루는 데에 기여해야 한다. 그 누구도 목사나 장로, 집사 어떤 사람도 교회의 머리가 되어서는 안 된다. 이것이 교회 직분론이 갖는 근본 의의이다.

2. 장로교 교단이 제기한 가정교회 소그룹 논란

칼빈이 매우 강하게 교황제를 비판했다는 점에서, 그는 개혁교회가 온갖 부패의 온상을 가져오게 한 로마의 권위주의적 위계 교직제와는 달리 목사도 견제받을 수 있고, 장로도 견제받을 수 있는 견제와 균형에 초점을 둔 교회 정치체제를 희망했음을 우리는 알 수 있다. 하지만, 2008년에

    Journal 60 (1998), 50-51.
18 John Calvin, 『기독교 강요』, IV.vi.10.

몇몇 장로교 교단에서 가정교회를 비판적으로 다룬 논의는 앞에서 논의한 바와 같은 공동체적 본질을 구현하려는 개혁교회의 교회 정치체제의 의도에 대한 깊은 논의 없이 교회의 표지와 직분론 등을 표피적 기준으로 삼아 침례 교단에 기원을 둔 가정교회를 공박했다.

칼빈이 교회의 표지 기준을 제시한 것은, 재세례파와 로마가톨릭으로부터 개혁교회의 참 교회 됨을 밝히기 위한 '변증적' 차원이, 그 배경이 되었다는 사실을 진지하게 고려하지 않았던 것이다. 이러한 '교회의 표지' 개념 탄생의 배경을 무시한 채, 침례교회와 전통적인 장로교회를 대결적 구도 아래에서 보려고 한 결과, 이들은 가정교회가 시도한 '공동체로서의 교회'를 실현하려는 교회 정치체제의 개혁적 의도를 간과했다.

장로 교단이 도입한 여러 한국의 가정교회는 제왕적 권위주의로 점철된 장로 교단의 제도화된 수직적인 정치체제에 대한 불만에서 시작된 점 외에 성도들을 목자의 심정으로 목양하고자 하는 목회적 몸부림 그리고 개인주의화 시대에 부응할 적절한 교회 목회 프로그램에 대한 갈망 등 여러 선한 동기가 있었다. 한국에서 자생한('가족교회' 개념을 2006년에 내가 처음 한국 교회에 제시할 때 유감스럽게도 나는 최영기 목사의 가정교회에 대해 전혀 알지 못했었다) 상당수 가정교회는 위의 여러 목회적 갈등과 고민에서 도입되었던 것이다.

이런 측면에서 가정교회를 침례교 출신 성분으로 단정 짓고 쉽게 여러 장로교파의 가정교회를 난도질한 것은 사려 깊지 못했다. 이들은 칼빈의 공동체 교회 의식과 반 교황제 철학 그리고 상호 견제받는 직분제를 충분히 발휘한, 진정한 의미에서 '교회' 구현의 의도를 애써 고려하지 않고 교회 표지론의 '형식적' 구도에 근거하여 가정교회를 재단함으로써 잘못된 가정교회 교회 비판론을 오늘에까지 확산시켰다.

1) 가정교회에 대한 비판적 주장들과 제안

앞에서 언급한 두 장로교 교단 신학대학에서 발간한 논문에 따르면 다음과 같이 몇 가지 공통적인 비판적 주장이 발견된다.

첫째, 장로교의 교회 '표지'에 근거하여 가정교회로 부르는 것의 부당성을 지적하고 '교회' 호칭에 문제를 제기했다.

가정교회를 '교회'라고 부르는 것이 주석적으로도 약하고 실제로 세례와 성찬을 시행하지 않으므로 교회가 될 수는 없는 것이다.[19] "어떠한 형태의 소그룹 모임을 가지든 간에 그것을 '교회'라고 부르는 것은 옳지 않다. 왜냐하면, '교회'가 되려면 참 교회의 표지인 말씀의 전파와 성례의 거행과 권징의 실시가 있어야 하기 때문이다"라고 주장한다.[20] 칼빈의 『기독교 강요』에 근거할 때(4.3.9.; 4.3.5.; 4.15.20.) "평신도 목자를 중심으로 모인 가정교회를 '교회'로 칭하는 것은 개혁주의 교회론적 입장에서는 불가하다"라는 것이다.[21] 교회의 표지를 따르는 장로교 전통과도 같지 않아서 장로교 안에서 교회의 질서가 흔들리게 하는 결과를 초래하므로 '교회' 명칭을 바꾸어야 한다고 주장한다.[22]

---

19 유해무, "개혁교회론과 가정교회", 「개혁신학과 교회」 21호 (2008년), 21-22. 이상규 교수 역시 용어 사용에 문제를 제기했다. "가정교회라는 용어 자체가 상당한 혼란과 부정적인 영향을 주는 것으로 보인다"("교회사에서 본 가정교회", 「개혁신학과 교회」 21호 (2008년), 93. 정창균, "목회적 관점에서 본 가정교회의 가능성과 한계성", 「신학정론」, 26권 1호 (2008년 6월), 139.
20 변종길, "가정교회는 성경적인가?", 「개혁신학과 교회」 21호 (2008년), 64.
21 김순성, "가정교회 소그룹 구조와 기능의 실천신학적 의의", 「개혁신학과 교회」 21호 (2008년), 108, (각주 37번).
22 조진모, "가정교회에 대한 다양한 역사 이해 연구", 「신학정론」 26권 1호 (2008년 6월), 120.

현대의 가정교회는 신약성경의 가정교회와는 다른 "교회 안의 교회", "2층 구조로서의 교회"를 만들어 낸다는 것이다.²³ 따라서 개혁교회의 교회 표지론에 어긋나는 가정교회의 '교회'라는 호칭은 교리적으로 수용 불가하다는 것이다. 아무리 소그룹의 형태로서 가정교회를 인정한다고 해도, 가정교회가 '교회'라는 주장은 허용될 수 없는 것이라고 한다.²⁴

둘째, 이들은 가정교회의 독립성 주장에 대해 비판하고 있다.

가정교회는 '구역'이 아닌 "독립된 교회 역할을"²⁵ 하는 곳이라는 주장은 '지교회' 역할을 의미하는 것이라 볼 수 있는데, 이는 "성경적이지도 않고 장로교회 교회론에 비추어 용납될 수 없다"²⁶는 것이다. 가정교회가 교회 안에서 소그룹으로서 활동하면서 한 교회 안에 '부속기관으로' 존재하지 않으려는 것을 장로교회 안에서는 수용할 수 없다고 했다. 가정교회가 지교회로서 독립된 역할을 한다면 치리회 혹은 당회와의 충돌을 가져오게 할 수 있는 여지를 줄 수 있는 것이라고 했다.²⁷

셋째, 직분제의 부당성을 지적했다.

평신도가 목사처럼, 목사는 평신도처럼, 직분의 명함보다는 섬기는 삶을 보이며 만인 제사장적 개념을 도입하려는 시도에 대해 그 의도와 동기는 이해할 수 있다고 해도 실제로 개혁교회의 삼직분제(목사, 장로, 집사)와 충돌한다는 것이다.

목사, 장로, 집사는 각기 다른 역할을 하도록 부름을 받은 것이다. 이를 무시하면 교회 안에 직분의 구별성이 희석되는 것이다. 가정교회는 장로제가 없는 침례교회에서 출발했기 때문에 근본적으로 장로교에 가정교회

---

23 변종길, "가정교회는 성경적인가?", 37.
24 김병훈, "'가정교회'에 대한 장로교 교회론적 비평", 「신학정론」 26권 1호 (2008년 6월), 79, 108.
25 최영기, 『구역조직을 가정교회로 바꾸라』 (서울: 나침반 출판사, 1996), 19.
26 김병훈, "'가정교회'에 대한 장로교 교회론적 비평", 78.
27 정창균, "목회적 관점에서 본 가정교회의 가능성과 한계성", 140-41.

의 직분제를 수정하지 않고 가정교회를 맹목적으로 도입하려는 것은 위험하다는 경고이기도 하다. 더 중요한 것은 가정교회가 주장하는 평신도 목회가 옳지 않다는 것이다. 그것은 "마치 목사의 사역과 별개로 평신도의 목회 영역이 독립적으로 있다는 의미를 담고 있어서 평신도의 섬김의 활동에 과도한 의미를 부여한 부적절한 것이다."[28] 가정교회가 사용하는 '평신도 목회'라는 용어는 회중 교회의 성격을 지닌 것이므로 장로교 직분제에 어울리지 않는다는 말이다.

"이 용어는 침례교회나 회중 교회적 배경을 보여 준다. 즉, 평신도를 활성화해 이들이 교회 안에서 구체적인 사역을 감당하게 한다."[29]

가정교회 안의 목자라는 직분에 대해서도 장로교 직제에 어긋난다고, 말하며 다음과 같이 이의를 제기한다.

> 가정교회 지도자들을 목자라 일컬으며, 이들에게 교회공동체의 선출 과정을 통하지 않은 채, 목사가 당회 또는 위원회를 통하여 임의로 일반 평신도들 가운데서 임명하는 것은 장로교회의 직분론에 어긋날 뿐 아니라 성경적으로 잘못된 것이다. ⋯ 목사와 목자와의 관계는 마치 지교회 성직자의 임명권과 감독권을 가지고 있는 주교 제도와 비슷한 계급적 권위 체계(hierarchical system)를 개교회 안에서 반영하고 있다는 우려를 야기한다.[30]

이러한 우려를 지우기 위해서라도 어떤 분은 이미 임명받은 장로가 목자가 되는 혹은 소그룹을 인도하는 자가 되어야 한다고 주장했다.[31] 하여튼 장

---

28 김병훈, "'가정교회'에 대한 장로교 교회론적 비평", 83.
29 유해무, "개혁교회론과 가정교회", 23.
30 김병훈, "'가정교회'에 대한 장로교 교회론적 비평", 80.
31 변종길, "가정교회는 성경적인가?", 65. 여기서 변 교수는 화란 개혁교회의 모범을 예로 든다. 화란개혁교회에서는 장로가 구역을 맡아 일주일에 한두 번 정도 성도들을 심방한다는 것이다. 교인이 증가할 경우에는 구역을 늘려서 늘어난 구역의 수만큼 장

로교의 직분제와 '평신도 목회'를 주장하는 가정교회는 서로 불가피하게 충돌할 수밖에 없기에 장로교 교회들이 가정교회 도입을 주저한다고 했다.[32]

이상과 같이 가정교회에 대해 크게 세 가지 점에서 이들이 비판한 것을 요약했는데, 특이한 것은 이들이 가정교회에 대해 일방적인 비판만 한 것이 아니라는 것이다. 어떤 글에서는 가정교회의 원리를 정확하게 파악한 내용도 눈에 띈다. 소그룹으로서의 가정교회를 인정하고 그것의 목회적 기여도를 평가하기도 했다. 나아가 교회의 공동체성을 발전시키기 위해 이러한 가정교회 소그룹이 필요함을 역설하기도 했다.

> 최영기 목사의 '가정교회'는 소그룹공동체 운동의 가능성을 열어 주고 있다는 의미에서 어느 정도 긍정적인 평가를 받을 만하다. 소그룹공동체를 목회적 방법론으로 고려하는 장로교회가 있다면, '가정교회'를 참조하고 어떤 의미에서는 벤치마킹을 하여 훌륭한 장점들을 배워 적용할 필요도 인정된다.[33]

나아가 장로교회에서 가정교회 운동이 일어나게 된 주된 목회론적, 교회론적, 사회학적 동기를 인식하여, 장로교회의 자기반성을 촉구하는 의도도 엿보인다. 가정교회 운동은 교회의 본질적 구조로서 공동체성의 재발견이고 여기에서 키워드는 '가족'이라는 것,[34] 그래서 가정교회는 상호 간에 영적으로 섬기고 도움을 주는 것은 물론이거니와 심지어 물질적인 필요까지

로를 뽑는다는 것이다. 그는 이러한 방식을 한국에도 그대로 도입할 것을 제안했다(위의 책, 65-67).
32 김순성, "가정교회 소그룹 구조와 기능의 실천신학적 의의", 112.
33 김병훈, "'가정교회'에 대한 장로교 교회론적 비평", 81.
34 김순성, "가정교회 소그룹 구조와 기능의 실천신학적 의의", 107, 95. 정찬균, "목회적 관점에서 본 가정교회의 가능성과 한계성", 129.

도 채워 주는 가족과 같은 공동체성을 강조하는 곳[35]이라는 것이다.

아울러 관계 중심의 전도를 실천하여 전도에 있어 하나의 돌파구를 제시하고, 평신도들이 교회 사역에 적극적으로 참여할 수 있도록 사역 분담을 시행했고 나아가 장로 직분의 목양적 섬김과 헌신에 이바지하게 했음을 평가했다.[36] 이를 통해 평신도들이 구경꾼으로 머물지 않고 교회의 헌신 된 일꾼으로 변화하게 하여 교회의 역동성을 제고하게 하는 등 가정교회의 목회적 기여를 인정했다.

평신도의 잠재 능력을 활성화하도록 하여 평신도들이 교회 안에서 목회자와 동역할 기회를 부여했다는 점, 즉 평신도 목양이 가능하게 했다는 점은 교회 개혁적 의미가 있다고 평가하기도 했다.[37] 물론, 전도 목적의 소그룹 필요에 부응했다는 점에서도 그 가치를 인정하고 있다.[38] 이상과 같이 한국 교회가 안고 있는 목회적 여러 고민을 해결하는 데에 있어 가정교회가 이바지한 바는 충분히 인정되고 있다.

특히, 장로교회의 경직된 수직적 직분제와 권위주의적 목회 구조의 극복과 장로직의 세속화 문제 해결, 소통을 갈망하는 아래로부터의 목소리, 개인주의화 되어 가는 시대에서의 공동체 구현 방법 등 목회자로서의 위기의식을 해소할 대안을 찾고 있는 상황에서 가정교회 운동이 일어났다는 점을 직시하고 있었다는 점 등 역시 몇몇 신학자가 인식했다. 이러한 목회자의 시대적 위기의식과 목회 대안을 찾던 중에 이들은 가정교회가 장로교회 안에서 탄생 되었음을 발견했다.

---

35   김명호, "제자훈련과 가정교회 운동의 비교 연구", 「신학정론」 26권 1호 (2008년 6월), 170.
36   정창균, "목회적 관점에서 본 가정교회의 가능성과 한계성", 132-33.
37   김명호, "제자훈련과 가정교회 운동의 비교 연구", 172.
38   김병훈, "'가정교회'에 대한 장로교 교회론적 비평", 55

나아가 가정교회가 시대적 목회 대안으로서 "새 포도주는 새 부대에"라는 원리에 따라 가변적 목회 방법론으로 장로교 안에서 수용되었음을 평가했다.[39] 가정교회는 한국 교회의 부정적인 현실태와 한계적 상황을 극복할 돌파구 모색의 결과라고 진단한 것이다.[40]

이런 의미에서 가정교회는 장로교회에도 어떤 식으로든 도입할 수도 있는 목회에 유익한 프로그램이 된다. 그래서 이상규 교수는 최근에 일고 있는 가정교회 논란에 대해 너무 긴장할 필요가 없다는 것과 교회 구조에 있어서 가변성을 인정하고, 가정교회의 장점을 부각하면서 몇 가지 고쳐야 할 점만을 제시하는 조건으로 제한적으로 도입해야 할 것을 역설했다.[41]

유해무 교수 역시 "공동 식사와 기도회, 서로의 비밀을 털어놓을 수 있고 전도와 선교의 사명을 확인하는 가정교회는 현대병을 치유하는 좋은 방편이며, 교회를 활성화할 수 있는 방법론이기도 하다"라고 주장했다. 그리고 "비록 이 배경에 침례교나 회중 교회론이 있다 하더라도, 장로교화하여 도입하고 배울만한 방법론"이라고 평가했다.[42] 따라서 가정교회에 대해 비판적인 학자들이 신학적 문제가 명백하게 존재한다고 지적하

---

39 김순성, "가정교회 소그룹 구조와 기능의 실천신학적 의의", 102. "목회란 변치 않는 복음을 변하지 않는 상황 속에 적용하는 실천적 기술(art)이다. 복음은 예수 그리스도이며 구원의 능력이다. 이것은 불변하며 언제나 새 것이다. 하지만, 그 복음이 선포되고 적용되는 방식은 시대와 상황에 따라 변한다. … 복음의 새 포도주는 언제나 새 부대를 요구한다. 낡은 전통, 구태의연한 제도와 관습이라는 낡은 부대는 새 포도주를 담을 수 없다. 오늘날 목회현장이 맞고 있는 위기는 이런 의미에서 낡은 부대의 문제이다"(위의 책).
40 정창균, "목회적 관점에서 본 가정교회의 가능성과 한계성", 156.
41 이상규, "교회사에서 본 가정교회", 91-92. "근본적으로 교회 구조, 목회형태는 불변적인 어떤 고정된 구조나 체제는 아니다. … 심지어 교회 직분조차도 허순길 교수가 지적했듯이 그 시대의 필요에 따라 '자연스럽게 발전'하여 오늘의 형태로 고정되었다. 복음은 변치 않고 변할 수 없지만 그 복음을 선포하는 그릇은 시대를 따라 변천해왔다"(위의 책, 91).
42 유해무, "개혁교회론과 가정교회", 26.

면서도 가정교회 출현의 동기와 그것의 목회적 가치를 확인하면서, 궁극적으로는 가정교회 박멸을 제안하지 않고 오히려 가정교회의 장점을 잘 살려 장로교회에 접목할 것을 제안했다.

그런데도 근본적으로 이들이 문제 삼은 교회론적 한계를 주지시켜 주고 있다는 점에서, 가정교회가 자기들의 비판적 평가를 받아들여서 자기 변신을 하지 않는 한 여전히 비판과 경계의 시선을 피하기 어려울 것으로 결론 내렸다.

예를 들어, 앞에서 유해무 교수가 '가정교회의 장로교회화'를 제안한 후, 바로 이어서 "그렇지만 가정교회론을 장로교회화 하는 것은 결코 쉬운 일이 아니다"라고[43] 가정교회의 장로교회화에 대한 회의론을 제기한 것과 가정교회라는 용어보다는 '소그룹' 모임을 사용하고, 목자는 장로로 대체시키며, 당회의 치리회에 지도받는 "특활"[44] 혹은 "부속기관"으로[45] 제도적 보완을 거쳐 목회에 적용할 것을 제안한 것이다.

나는 위의 장로 교단 학자들이 가정교회에 대해 일부 문제점을 지적하고 '수정된' 가정교회 구조를 제안한 점들을 평가한다. 하지만, 거의 공통적으로 이들은 장로교에서 가정교회를 교회의 표지, 직분론 등에서 긍정적으로 수용할 수 없다고 결론 내린 것은 유감스럽게도 칼빈의 교회론의 근본 의도를 간과한 것의 결과였음을 지적하고자 한다.

---

43 유해무, "개혁교회론과 가정교회", 26. 이 회의론에 대해 그는 좀 더 구체적으로 지적한다. "가정교회론을 교회법에서 보완하여 장로교회화할 수 있다 하여도 언약론만은 여전히 해결하기 어려운 교리적 문제이다. 가정교회론이 성인중심의 목회방법론임이 여실하며, 이 때문에 장로교회의 정체성을 위협할 수밖에 없다. 가정교회를 시행하는 장로교회는 성도의 자녀들이 신도 사무총회의 정식 결의와는 무관하게 교회의 정식 회원임을 어떻게 확립할 것인가를 깊이 고민해야 한다"(위의 책, 29).
44 유해무, "개혁교회론과 가정교회", 22.
45 김병훈, "'가정교회'에 대한 장로교 교회론적 비평", 81.

2) 가정교회에 대한 비판적 주장들에 대한 평가

위의 비판적 주장들이 갖는 가장 큰 약점은, 위의 장로교 교단의 교수진들이 연구 대상으로 삼은 가정교회를 최영기 목사가 세운 미국 휴스톤서울교회의 가정교회에만 집중한다는 점이다. 물론, 최영기 목사의 가정교회가 한국의 장로교에 소개되고 보급된 것은 사실이다. 하지만, 한국에서의 가정교회는 반드시 휴스톤서울교회를 그대로 본받아 운영하고 있지 않다. 장로교의 장로제를 유지하면서 교회 안에서의 섬김의 공동체 의식을 심화 발전시키는 가정교회가 많다.

이런 점에서 한국의 모든 가정교회가 침례교 교단의 배경을 갖는 장로제 없는 최영기 목사의 가정교회에만 집중하여 가정교회의 모든 특징을 단정 지으려 한 것은 가정교회에 대한 비판적 논의의 한계를 드러낸 것이다. 한국의 목회적 고민에서 도입한 장로교의 가정교회가 갖는 자생적 구조를 인식하지 못했던 것이다. 단순히 장로교 직분제와 교회의 표지론의 형식적 틀에 근거하여 한국의 모든 장로교의 가정교회가 회중교회와 장로제가 없는 침례교를 따랐다고 매도해 버렸다. 물론, 아무리 자생적 가정교회라도 최영기 목사의 가정교회로부터 조금이라도 영향을 받았을 가능성이 있다.

하지만, 근본적으로 이들 교회는 한국 장로교의 경직화되고 세속화된 수직 구조와 그 안에서 '하나'로, 공동체적 교회가 되기를 거부하는 구조적 폐쇄성 그리고 이러한 장로교 제도 안에서의 각종 교회 분란과 부패 등을 극복하고자 했던, 일종의 장로교회 개혁론을 제창했던 것임을 간과했다.

비록 최영기 목사의 영향을 일정 부분 받았다고 해도, 대부분의 장로교 가정교회는 장로교의 장로제를 부정하지 않으면서, 교회 정화 운동과 공동체적 섬김과 삶을 실현하려 몸부림쳤다. 그래서 가정교회를 최영기 목사가 '독립적'인 교회로 본다고 해도 장로교 가정교회는 기존의 장로교 정치체도, 즉 당회를 치리회로 인정하면서 유기적 성도의 교제를 구현시켰다. 대다수 장로교 가정교회는 장로를 가정교회 목자로 두었고, 가정교회가 부흥한 이후에 또는 처음부터 다수의 가정교회를 세워 나간 경우에만 불가피하게 안수집사와 권사 등의 직분자에게도 목자라는 직책이 허락되었기 때문이다.

물론, 이들의 비판적 주장이 모두 타당하지 않은 것은 아니다. 목사는 가르치는 자일 뿐, 전도하는 자가 아니라는 최영기 목사의 가정교회의 주장은 유해무 교수가 지적하듯이[46] 옳은 것은 아니다. 가정교회에서 말하는 '가정'이기 이전에 언약적 의미를 지니고 있는 것이라는[47] 주장도 역시 옳다. 최영기 목사가 주장하듯이 가정교회는 '독립된' 교회라고 주장한 것에 대해 비판적으로 의견을 제시한 것 역시 옳다. 한 교단 안의 여러 노회와 한 노회 안에 여러 지교회가 상호 의존적으로 하나의 교회를 이룬다는 측면에서, 각 노회든, 각 지교회든 '독립'해서 존재하는 것은 아니다. 우리가 정통 교회론을 삼위일체론의 유비에서 찾을 때 이러한 혼란은 피할 수 있다.[48]

각 노회는 다른 노회와 '구별'되는 것이고, 각 지교회는 다른 지교회와 '구별'되는 것이지 서로 '나뉘는' 것이 아니다. 성부, 성자, 성령 하나님이 구별되어 계시지만 신성 안에서 영원한 사랑으로 페리코레시스적 연합을 이루는 것과 같은 것이다. 마찬가지로 지교회 안에 여러 가정교회가 있다고 하더라도, 각 가정교회는 같은 지교회의 다른 가정교회와 '구별'되어 있는 것이지 서로 '나뉘어 독립해서' 존재하는 것은 아니다. 후자를 고집할 경우, 침례교든 장로교든 교파를 떠나 바른 교회론이라 할 수 없다. 이는 유해무 교수가 지적한 대로 자칫 가정교회가 독립적으로 재량권을 소

---

46 유해무, "개혁교회론과 가정교회", 19-20.
47 유해무, "개혁교회론과 가정교회", 25.
48 권문상, 『성경적 공동체: 삼위일체 하나님을 닮은 가족교회』, 236-252.

유하고 있는 만큼 독자적 발전의 가능성과 위험을 안을 수 있게 만드는 것이다.[49] 이런 경우, 실제적으로도 가정교회 사이에 교제란 불가능하다.

그런데 휴스톤서울교회는 물론 다른 가정교회도 과연 이처럼 서로 나뉘어 교제가 불가능할 정도로 분리된, 실제로 '독립한' 가정교회들로 이루어지고 있는가?

말은 독립적 교회라고 주장하지만 실제로는 그렇지 않다.[50] 당연히 장로교 안의 가정교회들의 경우는 두말할 나위도 없다. 따라서 가정교회가 독립하여 존재한다는 주장은 최영기 목사의 오해이거나 착각이다. 한 교회 안에 '구별된'(different) 가정교회를 '구분된'(divisionalized) 가정교회로 오해한 것이다. 그래서 한국의 장로교 안에 있는 가정교회는 성례도 시행하지 않고 재정적으로도 실제로는 독립한 것이 아니어서 그냥 '가정그룹'일 뿐이다.[51]

또한, 가정교회가 목표로 하는 것이 성경으로 돌아가는 것이라고 말하면서, 신학과 전통에 관해서는 관심을 두지 않았던 것은 비판받을 소지가 있다. 이러한 점을 지적한 것은[52] 옳다. 신학과 전통을 유보하고 성경으로만 돌아가자고 한 것은 신학이 성경을 근거로 만들어졌다는 사실을 간과한 유아적 발상이다.

그래서 가정교회가 성경 공부는 의도적으로 약화하고 섬김만 강조하게 되었는데, 이 점에 대해서 비판한 것도 옳다. 가정교회의 목자 혹은 지도자가 되는 길을 단순화하여 섬김과 헌신도에만 부합하면 리더십 행사가 가능하게 만든 것은 문제이다.

---

49 유해무, "개혁교회론과 가정교회", 22.
50 정창균, "목회적 관점에서 본 가정교회의 가능성과 한계성", 124.
51 정창균, "목회적 관점에서 본 가정교회의 가능성과 한계성", 137.
52 정창균, "목회적 관점에서 본 가정교회의 가능성과 한계성", 127.

김명호 교수가 지적한 바와 같이[53] 이 경우, 검증이 가능한 지도자를 세우게 될지 회의적이며, 가정교회 소그룹 문화에 적응하는 데 걸리는 시간을 안이하게 본 것 그리고 담임목사와의 인격적 관계 확보하는 데 실제로 어려움을 갖게 할 것이라는 지적은 옳다.

하지만, 이들이 비판적으로 지적한 사항 중에 적절하지 못한 것이 있다. 여기서는 지면상 두 가지 핵심적인 비판적 내용에만 집중하여 논의하도록 하겠다.

첫째, 가정교회는 비록 성례를 집행하지 못해도 그리스도의 말씀이 전파되고 그리스도만이 머리가 되고 성도들은 지체가 되는 상호 의존적 섬김의 공동체라는 사실과 특히, 실제로 말씀 전파는 물론 성례가 집행되는 지교회 안에 유기적 연합체로 구성되어 있으므로 '교회'라 불릴 수 있는 것이다.

앞에서 분석한 바와 같이 이들은 교회의 표지론에 근거하여 가정교회 소그룹공동체를 '교회'라고 호칭하는 것이 불가능하다고 했는데, 이는 칼빈이 '표지'론을 제창하게 된 것이 '변증적'임을 간과한 무리한 주장이다. 칼빈은 진정한 교회가 아니라고 떠난 재세례파를 향해 그리고 개혁교회를 이단시하는 가톨릭 교회를 향해, 개혁교회는 비록 흠이 있고 완전하지 못해도 하나님의 말씀을 신실하게 선포하고 거룩한 성례를 성실하게 집행하기 때문에 교회라고 변증한 것이지, 교회가 되기 위한 필요불가결한 형식적 기준을 제시한 것은 아니다.

만일 섬마을 교회에서 말씀을 신실하게 선포하면서도 성례를 집행할 권한이 없어서 세례식과 성찬식을 거행하지 못할 경우, 그 교회는 교회가 아니라는 말인가?

---

53 김명호, "제자훈련과 가정교회 운동의 비교 연구", 172-179.

교회가 되기 위한 필수 조건을 말하는 것이 아니라, 16세기 특수한 상황에서 재세례파는 배교자요, 로마가톨릭은 거짓 교회인 반면에 개혁교회만이 참된 교회 됨을 선언한 것이다. 따라서 가정교회는 비록 성례를 집행하지 못해도 그리스도의 말씀이 전파되고 그리스도만이 머리가 되고 성도들은 지체가 되는 상호 의존적 섬김의 공동체라는 사실과 특히, 실제로 말씀 전파는 물론 성례가 집행되는 지교회 안에 유기적 연합체로 구성되어 있으므로 '교회'라 불릴 수 있는 것이다.

비록 칼빈이 오늘날 가정교회를 염두에 두고 한 말은 아니지만 그의 고린도전서 16:19를 주석하면서 '모든 경건한 가정은 많은 작은 교회로서 규정되어야 한다'라고 선언한 것을 염두에 둘 때, 칼빈의 교회 표지 개념 아래 오늘날 가정교회를 비판적으로 보는 것은 칼빈을 잘못 읽은 결과다(이에 관해서는 이미 이 책 제2장에서 살펴본 바 있다).

우리는 칼빈이 교회의 표지론을 제안하기 전에 두 개의 교회를 제시한 바 있음에 주목할 필요가 있다. 보이지 않는 교회(불가견적 교회)와 보이는 교회(가견적 교회)가 그것이다. '교회의 표지'라는 형식적 구조를 중시한다고 하더라도 칼빈은 보이지 않는 불가견적 교회를 성경이 인정한다고 말한 것에 주목한다면, 가정교회가 바로 그러한 교회에 속한다고 말할 수 있기 때문에, 단순하게 가정교회는 가견교회의 '표지'론에 어긋난다고 주장하는 것은 옳지 않다.

"성경에서 '교회'라고 하는 말은 어떤 때에는 하나님 앞에 있는 모든 사람을 의미한다. 이 교회에는 양자로 삼으시는 은혜에 의해서 하나님의 자녀가 된 사람들과 성령의 성화에 의해서 그리스도의 진정한 지체가 된 사람들만이 들어갈 수 있다."[54] 가정교회는 믿는 성도들이 그리스도의 이름으로 모여 말씀을 나누고 그리스도의 모범을 따라 섬김의 삶을 살며 성도의 교제를 나누는 그리스도를 머리로 하는 '불가견적 교회의 지체'이다. 우리는 불가

---

54 John Calvin, 『기독교 강요』, IV.i.7.

견적 교회 안에 가정교회라 불리는 소그룹 모임이 속할 수 있다는 측면에서 '교회'라(에클레시아) 부를 수 있다. 불가견적 교회가 하나님이 불러낸 사람들(카할)로 구성된 단체이고 가정교회가 그 단체에 소속되어 있다고 확신하면 단순히 교회 표지의 형식 논리로 가정교회는 '교회'로 불릴 수 없다고 비판하는 것은 무리한 주장이다.

가정교회를 교회라 부르고자 하는 것은 이러한 그리스도인의 진정한 지체 의식의 활성화로 보자는 의미이다. 가족공동체 의식을 심화하면서 말씀을 서로 나누고 전도하며 서로를 섬기고 헌신과 봉사 활동을 적극적으로 시행하는 믿는 자들의 소그룹 모임이라는 측면에서 교회라 불릴 수 있는 것이다.

특히, 이 책 제1장에서 논의한 바와 같이, 각 소그룹에 성도의 교제가 활성화되도록 교회 지도부에서 이들 소그룹에 자율성을 부여한다는 측면에서 또한 각 소그룹은 가정교회가 된다. 이는 곧 제2장에서 칼빈이 제시하는 수평적 교인 관계를 도모하는 실제 교회 행적 구조이며 3장 이후에 우리가 살펴본 슈페너와 웨슬레의 '교회 안의 작은 교회들'을 의미한다. 이를 통해 각 교회가 권위주의적 목회로부터 평신도와 동반 목회 혹은 동역 목회로 전환하여 교회의 수직적 직제를 버리고 교인 간의 수평적 관계를 실제화함으로써 제5장에서 밝힌 소그룹이 목표로 하는 성도의 하나됨 곧 교회 연합을 이루게 한다.

이러한 '작은 교회'로서의 소그룹 역할을 하는 대표적인 교회가 미국의 새들백교회다. 이 교회는 "소그룹이 하나의 교회"로 역할을 하여 "각각의 소그룹이 친교나 성경 공부만이 아니고 예배, 친교, 제자 훈련, 선교, 봉사의 사명을 감당해야 함을 주장한다."[55] 릭 워렌 목사가 소그룹의 목표를

---

[55] 계재광, "코로나 상황 속 디지털 미션 필드(Digital Mission Fields)사역에 대한 연구: 새들백교회의 온라인 소그룹 사역을 중심으로", 「제79회 한국실천신학회 정기학술대회 발표논문집」(2021.2.5.), 21-22.

"소그룹을 하나의 교회로 만들어 가는 데" 두었기 때문이다.[56]

가정교회는 권위주의적 직분제를 지양하고 신종 교황제와 같은 군림형 권위주의적 목회 양식을 거부하면서 상호 간에 서로 종노릇 하는 공동체를 만들려는 일종의 '교회 개혁'의 일환이다. 각 가정교회는 삼위일체 하나님의 구조와 같이, 서로 동등한 지위를 누리며 사랑 안에 상호 인정, 존중, 섬김을 이루어 천국의 삶을 교회 안에서 이루자는 것이다.

그러나 앞에서 지적한 것처럼 각 가정교회는 독립적이 아니고 각 가정교회가 개교회 안에서 유기적 교제가 가능하도록 교회 안의 치리회를 존중하고 그것에 순종한다. 물론, 치리회는 각 가정교회를 존중하면서 사랑 안에 용납하는 개방적 소통을 가능하게 한다. 이에 관해서도 이 책 제1장과 제2장에서 충분히 설명했다.

둘째, 이런 '교회' 호칭을 가능하게 하는 것은 경직된 직분제를 완화하는 역할을 하게 한다.

가정교회 비판자들이 장로교 직분제를 무너뜨린다고 하는데, 개혁교회 직분제를 제시할 때 칼빈이 의도한 바를 이해한다면, 이러한 성급한 판단은 옳지 않았을 것이다. 앞에서 우리가 논의한 바와 같이 칼빈은 교회 부패의 온상 역할을 한 로마가톨릭의 교황제를 격렬하게 비판했다. 개혁교회의 직분제는 상호 견제를 가능하게 하여 교회 안에 부패를 막자는 것이었다. 그래서 목사의 독단적 목회를 막기 위해 장로들을 세우게 한 것이다.

장로들 역시 독주하지 못하게 하려고 제네바에서는 1년 임기제를 실시했다.[57] 장로 중 신실한 사람을 칼빈과 여러 목사가 선출하고 이들을 성도

---

56   계재광, "위드코로나 상황 속 디지털 미션필드 사역에 대한 연구", 「신학과실천」 79 (2022), 544.

57   Mark J. Larson, "John Calvin and Genevan Presbyterianism," 50-51. 심창섭, "장로교 정치제도의 기원은 무엇인가?(I)", 「신학지남」 251권 (1997, 여름호), 81. 존 낙스도 『제1치리서』에서 1년의 장로 임기제를 정했다. "1년마다 장로 투표를 한 것은 오랫동안 직책을 맡아 일하다 보면 교회의 자유를 남용할 소지가 있다고 판단했기 때문이

들의 투표를 거쳐 신임 혹은 재심임을 얻게 했다.

같은 원리로 가정교회에서 지도자로 세움을 받는 목자에게 상당한 권한을 부여하는 것은 목사 독주의 권위주의 목회를 청산하자는 순수한 마음에서 비롯된 것이다. 아울러 가정교회마다 기왕에 선출된 장로들이 실제로 목자로 섬기게 하고 있다.

이런 의미에서 장로교의 경직된 '왕과 같이 군림'하는 목사와 장로보다는, 가정교회는 칼빈이 의도한 상호 동등과 섬김 그리고 선한 상호 견제를 통해 서로 성장하도록 만들어 교회 안의 부패를 차단할 장치로 고안된 것이라고 평가하고 이를 존중해야 할 것이지, 장로교 직분제를 파괴할 불순한 집단으로 매도해서는 옳지 않다.

이로 인해 우리는 가정교회가 개혁교회가 목표로 했던 공동체 교회 그리고 교회를 부패의 온상으로 만든 교황제를 제거하는 형식의 상호 견제가 가능한 섬김과 종 의식을 실천에 옮기는 직분제에 충실한 교회임을 확인하게 되었다.

가정교회 비판자들의 비판 중 일부는 우리가 겸허하게 받아들여야 하지만 근본적으로 가정교회는 장로교에서 수용하고 적용해서 실천에 옮겨야 할 소그룹임을 인정해야 할 것이다. 단순히 목회적 가치나 전도의 효율성 때문만이 아니다. 장로교 교회 제도의 칼빈주의적 개혁을 가능하게 하는 소그룹이기 때문이다.

다"(배광식, 『장로교 정치사상사』 (서울: 이레서원, 2008), 135). 재인용. 권문상, "한국 장로교회와 장로직: 장로임기제 도입에 대한 개혁신학적 탐구", 「한국개혁신학」 35권 (2012), 57.

3. 나가는 말

지금까지 우리는 개혁교회가 공동체성을 본질로 하는 교회임을 확인하게 하는 개혁교회의 원리를 살펴보고 교회의 '표지'는 변증적 발로에서 기인한 것임을 논의했다.

아울러 가정교회 비판자들의 비판은 일부 수용해야 할 주장이 있음에도 불구하고 교회의 표지론이 갖는 형식적 측면만 부각하여 칼빈이 제시한 교회의 본질적 측면에 가정교회가 속하고 있다는 사실과, 가정교회가 교회의 형식보다는 본질에 충실하다는 면에서 그리고 불가견적 교회 안에 속하기에 '교회'로 불릴 수 있다는 사실을 간과했음도 살펴보았다. 가정교회의 '평신도 목회'는 공동체 교회를 세우기 위한 상호 섬김의 모범이며 지체 의식의 실현이고 경직되고 수직적인 세속화된 장로제를 보완할 교회의 제도임도 확인했다.

따라서 가정교회는 개혁교회가 장로교의 실질적 탄생을 이루어놓은 칼빈의 의도에 충실한 성도의 삶을 구현시키는 것이므로 장로교는 가정교회(또는 가족교회)와 함께 할 수 있다.

그런데 우리가 소그룹 형식으로서의 가정교회를 성공적으로 개교회에 잘 구축하려면, 먼저 공동체 교육에 대한 충분한 이해가 전제되어야 한다. 이 책 앞부분에서 교회 안에 교회 학교를 세워, 교회가 공동체임을 성경적, 신학적, 여러 인문학적 훈련을 시켜서 소그룹이 성공적으로 공동체적 교회 됨을 안착하게 할 수 있도록 해야 한다고 밝힌 바가 있다. 그래야 가정교회 소그룹의 경우, 외부로부터 비판받을 분리주의적 '독립적' 교회 의식과 행동이 이루어지지 않을 수 있기 때문이다.

아울러 가정교회 소그룹이 교회 안에서 상호 소통이 잘 이루어지도록 하여 교회 안에서 분쟁과 분열을 막고 오히려 늘 하나를 이루는 교회가 되도록 할 것이기도 해서이다. 다음 글에서 우리는 어떻게 교회 안에 공동체 교육을 활성화할 것인지, 특히 유대인의 공동체적 삶을 참고하여 논의하도록 하겠다. 이를 통해 교회 안에 수직적 직분제를 대체할 수평적 직제를 수립할 동력을 얻게 할 것이다.

제7장

공동체 교육에의 기여: 소그룹을 통한 상호 존중과 이해 훈련[1]

우리에게는 실제로 공동체 교육이 매우 부족하다. 그래서 소그룹을 운영하더라도 앞에서 우리가 살펴본 바와 같은 상호 배려하고 용납하며 심지어 손해보는 것을 감수하여 교회가 하나 되게 하는 공동체를 이루기 쉽지 않다. 여전히 지배와 피지배 구조에 익숙한 우리의 세계관이 교회 안에 남아 있어서, 교회 직분자들과 리더들은 경직된 계급적 권위주의에 익숙하다. 그 결과 교회 안에는 긴장과 다툼, 분리와 분열이 잦을 뿐이다. 심지어 교회 안에 소그룹이 있어도, 여전히 교회의 분쟁 이미지는 대내외적으로 좀처럼 개선하지 못하고 있다.

한국 교회가 대내외적으로 신뢰를 잃고 있는 것은 이미 알려진 바이다. 2010년 기독교윤리실천운동에서 발표한 한국 교회의 사회적 신뢰도 여론조사 결과에 따르면 교회가 사회적으로 신뢰를 받는지에 대한 질문에 대해 17.6퍼센트가 긍정적, 48.4퍼센트는 부정적 답변을 했다고 한다.[2] 3년 뒤인 2013년 조사에서는 한국 교회에 대한 사회적 신뢰도가 이전 조사 보다는 겨우 1.8퍼센트 상승한 19.4퍼센트의 긍정적 답변에 그칠 정도로 여

---

1   이 글은 다음의 논문을 수정, 보완하여 작성되었다. "공동체 교육과 교회 구조의 혁신: 소그룹 중심의 교회 구조를 통한 공동체 신앙의 회복", 「성경과 신학」 75 (2015), 285 - 317.
2   기독교윤리실천운동, "2010년 한국 교회의 사회적 신뢰도 여론조사 결과발표 세미나", (2010), 11.

전히 한국 교회에 대한 사회적 신뢰도는 바닥이다. 두 차례에 걸친 위의 여론조사에서 한국 교회가 얼마나 국민적 신뢰를 지속적으로 얻지 못하고 있는지 드러났다.

특히, 기독교인 중에서도 한국 교회에 대한 신뢰가 절반도 안 되는 47.5퍼센트를 기록했다는 것은[3] 제 집 식구도 단속 못 하는 형국이 되어 버린 것이라 한국 교회의 장래가 암담함을 예측게 했다. 여기서 특기할 사항은 한국 교회가 신뢰받기 위해 바뀌어야 할 점 중 제일 먼저 꼽은 것이 교회의 지도자라는 사실이다.[4] 비록 2013년 조사에서는 교회의 지도자는 바뀌어야 할 순위에서 약간 밀리긴 했지만, 2010년 조사의 결과와 큰 차이가 없다는 것과 기독교인 중에서는 교회의 지도자 개선 문제가 여전히 2010년에 이어 연거푸 제일 우선시 되어야 할 것으로 꼽힌 것을 보면,[5] 교회의 지도자 문제가 한국 교회 신뢰도에 결정적 영향을 주고 있다는 것을 확인할 수 있다.

여기서 교회의 지도자들을 신뢰하지 않는다는 의미는 주로 교권주의에 사로잡힌 자들의 행태를 비난하는 것이라 해석한다. 이런 의미에서 한국장로교 총회 설립 100주년을 기념하는 학술 세미나(2012.4.7.)에서 "한국장로교 100주년, 역사적 고찰"을 주제로 발표한 이상규가 한국장로교회의 교권주의가 개교회주의적 경향을 보이게 했다고 주장한 것은[6] 옳다. 권력을 좇는 교계 지도자들의 추태와 불법과 탈법 행위는 한국 교회를 하나 되지 못하게 하는 데 결정적 역할을 해 왔던 것이다.

---

3 기독교윤리실천운동, "2013년 한국 교회의 사회적 신뢰도 여론조사 결과발표 세미나", (2014), 11.
4 기독교윤리실천운동, "2010년 한국 교회의 사회적 신뢰도 여론조사 결과발표 세미나", (2010), 25-26.
5 기독교윤리실천운동, "2013년 한국 교회의 사회적 신뢰도 여론조사 결과발표 세미나", (2014), 23.
6 크리스천투데이, "한국 교회 개교회주의, 구조의 계급화와 교권 때문", (2012.4.9.).

교회와 교단 안에서의 권력 지향은 교회의 개교회주의와 한국 교회 안에서의 개교단주의를 부추긴다.[7]

"개교회주의란 한 교회의 영향력이나 사역과 성장을 그리스도 교회 전체의 영향력이나 사역과 성장보다 더 중요시하고, 같은 그리스도를 전하고 섬기는 다른 교회와 경쟁적인 관계를 이루는 경향이 있다고 정리할 수 있다."[8]

한국의 이러한 개교회주의, 더 나아가 개교단주의는 한국 교회 전체의 하나됨을 이룩하게 할 수 없었다(이에 대해서는 앞의 제5장에서도 살펴본 바 있다).

우리는 이러한 개교회주의적 교회 구조 개선의 필요에 응답할 의무가 있다. 교회 안에 공동체 신앙교육 시스템 구축이 그 대안이며, 이를 현실화하기 위한 교회 학교의 공동체 신앙교육 커리큘럼을 이미 앞 장에 여러 곳에서 제안한 바 있다. 이를 통해 개교회 안에서의 건강한 성장을 이룩하고 공동체 의식으로 거듭난 개교회 사이의 수평적 관계 수립과 연합 활동을 제고시켜 한국 교회의 신뢰를 회복하고 실질적으로 하나 된 한국 교회를 구축하길 희망한다. 이는 곧 앞에서 말한 우리의 가족주의적 교회 구조의 한계를 극복하는 데 유용할 것이다.

이러한 공동체 신앙과 교육은 교회 구조의 혁신적 전환, 곧 소그룹 중심의 교회로의 구조 개편을 통해 이루어질 수 있음을 우리는 여기서 제안한다. 공동체성을 기반으로 수립된 소그룹 구조는 성도들 사이의 개방성, 소통, 친밀도 등을 제고하여 공동체 신앙을 회복하고, 이를 통해 우리의 가족주의 문화가 낳았던 상호 간의 긴장, 분쟁과 분열이라는 부조리를 제

---

7 cf. 한국일, "종교권력과 개교회주의", 「본질과 현상」 통권10호 (2007년 겨울), 88-99.
8 손봉호, "한국 교회와 개교회주의, 그 문제와 대책", 「목회와 신학」 (1995년 3월호), 87.; cf. 노치준의 개교회주의 정의: "교회가 그 목표를 설정하고 그 활동을 전개하며 교회 내의 인적, 물질적 자원을 사용하는 데 있어서 개별 교회 내부의 문제 특별히 개별 교회 유지와 확장에 최우선권을 부여하는 태도 또는 방침"(노치준, "한국 교회의 개교회주의에 관한 연구", 「기독교사상」 329호 (1986. 5.), 81).

거하는 동시에 교회들 사이, 교단 내에서 그리고 교단과 교파 안에서 같은 종류의 긴장을 완화 내지는 제거하는 역할을 할 것이다.

1. 공동체 세계관을 상실한 교회

한국 교회가 괄목할 만한 성장을 이룩하고 사회적 책임을 상당 부분 수행하고 있음에도 불구하고[9] 한국 사회의 자문 혹은 나침반 역할을 제시하고 있지는 못하다. 한국 교회의 신뢰도 하락이 그 이유이며 그 원인으로서는 한국 교회가 사회에서 기대하는 사표 혹은 이 시대 최후의 보루로 인정받지 못해서이다. 이는 한국 교회가 사분오열되어 있고, 분쟁과 분열로 세속 사회와 다름없는 권력 다툼의 집단으로 비쳐 왔기 때문이다.

한국 교회가 통일되고 일관된 고도의 윤리적 지침을 내외적으로 보여 주고 있지 못해온 것은 어쩌면 당연했다. 이는 곧 교회의 공동체적 본질에 대한 무지 혹은 무시가 그 원인이다. 오히려 개교회주의가 교회의 기본 이념인 양 한국 교회 안에 자리하고 있다. 기독교 신앙의 미덕은 개인적인 소원 기도 성취이고 한국 기독교 지도자들은 이러한 기복신앙을 조장 내지는 방조했다.

이러한 개인 중심의 신앙은 자기 교회의 내적 목표와 가치만을 절대화하는 개교회주의를 아무런 문제의식 없이 발전시켰다. 개교회 안에서도

---

[9] "사회봉사활동을 가장 많이 하고 있는 종교를 질문한 결과, '기독교(개신교)'가 42.1퍼센트로 가장 높게 나타났으며, '가톨릭교(39.3%)'>'불교(10.6%)' 순으로 나타남"(기독교윤리실천운동, "2010년 한국 교회의 사회적 신뢰도 여론조사 결과발표 세미나", 20). 2013년 조사에서도 3년 전과 거의 같은 결과를 보여 주었다("사회봉사 활동을 가장 적극적으로 수행하고 있는 종교로 '기독교'가 41.3퍼센트로 가장 높게 나타났으며, '가톨릭교(32.1%)'>'불교(6.8%)' 등의 순으로 나타남", 기독교윤리실천운동, "2013년 한국 교회의 사회적 신뢰도 여론조사 결과발표 세미나", 17).

다른 성도들에 대한 거룩한 책임감과 형제애 등 신약 교회의 코이노니아가 세워지지 않는데, 타 교회와 연대 의식을 자라게 하길 기대하는 것은 지나친 욕심이 되게 했다. 공동체 세계관을 한국 교회는 상실했기 때문이다. 여기서는 한국 교회 안에 이러한 공동체 세계관이 결여하게 된 사회학적, 종교학적 근거를 밝히고 시대와 지역을 초월하는 성경적 공동체 세계관의 실재를 탐구함으로써 한국 교회의 공동체 세계관 결여의 문제점을 지적하고자 한다.

1) 자유주의와 공동체주의

개인의 자유가 우선인가 아니면 공동체의 가치가 우선인가, 인간 실존은 근본적으로 어디에 근거를 하는지 논의해 보자. 자유주의자들은 비록 인간이 사회 안에 실존한다는 사실을 인정한다고 해도 그것이 반드시 사회적 존재 의식 혹은 공동체 의식이 인간의 실존을 구성하지는 않는다고 믿는다.

> 공동체 의식(sense of community)은 이미 개체로 존재하는 자아들이 가질 수 있는 목적을 묘사하는 것이지 그들의 정체성을 구성하는 요소를 묘사하는 것이 아니다. 그리하여 본질적으로 공동체적인 선들은 정의 원칙들에 의해 결정된 틀 속에 있는 무수한 가치들 중 하나에 불과하게 된다.[10]

따라서 위와 같이 주장하는 자유주의를 대표하는 롤스(J. Rawls)에게, 개인은 그의 선한 의도에 따라 공동체적 가치를 존중할 수도 있어서 개인의

---

10 Stephen Mulhall, Adam Swift, 『자유주의와 공동체주의』, 김해성, 조영달 역, 2판 (서울: 한울아카데미, 2001), 88-89.

이익을 우선한다고 하여 정죄 받을 일은 아닐 것이다. 또한, 어떤 사람이 공동체적 이익과 가치를 중시한다고 하여 반드시 칭찬받을 일도 아니다.

자유주의자들은 타인 혹은 집단과 공동체에 의해 인간의 자유가 침해 당할 수 없음을 의식하고 있다. 그것은 노예가 되는 것이고, 구속을 의미한다. 그런 상태를 어떤 인간도 원하지 않는다는 면에서 인간은 자유가 우선이다. 이들에게 인간의 실존은 근본적으로 자율적 삶에 있다고 말할 수 있다. 그리하여 롤스가 주장하는 바와 같이 "인간의 자율성에 대한 존중은 단지 인간의 삶에 수반되는 수많은 가치 중의 하나가 아니라 그 무엇에도 언제나 우선하는 절대적 가치가 된다."[11]

따라서 롤스와 같은 자유주의자들에게 인간의 자율성은 인간의 실존적 특징이 된다. 이런 의미에서 인간은 반드시 공동체적이지는 않다는 것이다. 공동체는 개인의 호불호 혹은 목적의식의 유무에 따라 받아들이는 선택의 대상일 뿐이라는 말이다. 따라서 "공동체적인 틀을 만들더라도 그것은 각 성원, 혹은 개인의 이득을 위해서 그들이 그러한 체제에 참여하는 행동이라고 주장한다. 이 경우 철저하게 자기중심적이다. 더불어 살아가는 것을 상대적인 가치로 평가절하하는 것이다. 공동체적 목표를 이루기 위해 같이 할 수는 있지만 내가 싫으면 그만이라는 것이다."[12]

하지만, 공동체주의자들에게 이러한 인간의 자율성은 그 자체로 홀로 확보될 수 있는지에 대해 회의적이다. 왜냐하면, 인간의 자유와 자율성을 확보하는 데 공동체의 도움이 없이는 불가능하다고 보기 때문이다. 개인의 자유는 이웃과의 관계 안에서 주어지거나 침해당할 수도 있기 때문이다.

"그러므로 우리 자아는 공동체와는 무관하게 독자적으로 인식될 수 없으며, 오히려 공동체 속에 처해짐으로써 공동체에 의해 구체화되며 구성

---

11 Stephen Mulhall, Adam Swift, 『자유주의와 공동체주의』, 82.
12 권문상, 『성경적 공동체: 삼위일체 하나님을 닮은 가족교회』, 179.

된다는 것이다."¹³

개인의 자유는 사회 안에서만 확보될 수 있다는 것이다. 그래서 맥킨타이어(A. MacIntyre)는 "모든 선 혹은 목적(그 내용이 공동체적이든 아니든)은 사회적 기반에 그 기원이 있다-즉, 모든 선은 이리저리 겹치는 공동체의 관행들과 전통들의 틀에서 도출된다-는 점을 전반적으로 인식하지 못하는 것이 정치에 반영된 것이 자유주의라고" 보았다.¹⁴

개인의 자유를 부정하지 않으면서도 공동체주의자들은 그것이 공동체 안에서 비로소 온전하게 확보된다고 주장한다. 공동체란 어떤 의미에서 인간의 자율성을 훼손하지 않기 때문이다. 그렇지 않다면 그것은 공동체가 아닌 집단주의이다. 전체주의 사회 혹은 파시스트 국가 안에서는 개인의 자율성이 확보될 수 없다. 공동체는 이러한 집단을 의미하지 않는다. 공동체주의자들에게 인간의 자율성은 존재론적으로 공동체 안에서 확보될 수 있는 만큼, 그것은 당연히 공동체적 가치 안에 제한적으로 존재하는 것이라고 본다.

"그러므로 자율의 가치는 개인과 공동체 사이의 상호 의존적인 관계라는 배경 속에서 이해되어야 한다는 것이다."¹⁵

공동체 안에서 참된 개인의 자율성이 확보된다는 것은 구성원들 사이에, 위계에 의한 관계가 아닌 상호 평등한 관계 속에서 상호 존중과 배려를 통해 주어지는 것을 의미한다. 그러므로 공동체란 개인들이 상호 간에 평등하고 대등한 관계를 맺고 상호 신뢰와 상호 의존의 정신 아래 개인의 자율성도 확보하면서 서로 하나를 이루어 공동선을 추구하는 것이라 하겠다.

---

13 설한, "공동체주의: 협동, 책임, 참여의 정치사회학", 『도시공동체론』, 한국도시연구소 편, (서울: 한울, 2003), 24.
14 Stephen Mulhall, Adam Swift, 『자유주의와 공동체주의』, 157.
15 설한, "공동체주의: 협동, 책임, 참여의 정치사회학", 26.

2) 유교의 폐쇄적 가족주의[16] 실상

유교는 사실 어떤 의미에서는 이러한 공동체주의적 이상을 목표로 했다. 어느 한 개인의 자유를 실존적 가치로 보기보다는 모든 구성원이 국가와 사회라는 집단 안에서 공동 이익을 위해 하나가 될 것을 주문하고 있기 때문이다. 이 일은 자연에 순응하는 것이어서 유교는 사회 구성원 모두의 자연적 질서를 위계에 따라 체계화했다. 그리고 그 질서의 안정적 확보를 위해 유교적 가르침은 규범적 가치를 지녀야 한다고 믿었다.

이에 따라 유교적 개인 및 사회 윤리는 가정에서부터 온 나라가 준수해야 할 사회법이 되게 했다. 위로는 왕으로부터 시작하여 신하와 관료 그리고 일반 서민에게 이르기까지 유교적 '자연법'에 따라 한 사회의 질서를 효율적으로 유지하고 사회적 안녕을 도모하여 궁극적으로 모든 구성원이 최대의 만족을 누려야 한다는 것이다. 이것이 바로 삼강오륜(三綱五倫)의 근거이다.

유교에서 인간은 상호 간에 본질적으로 부모 형제와 같은 위계 아래 유기적 관계를 맺고 있어서 사회 안에서의 삶에서도 이 가족관계를 유비로 적용해야 한다고 가르친다. 소위 '가족주의'로 온 국민을 무장시켜 부자 관계의 원리인 효(孝)와 형제 관계의 원리인 제(悌)를 모든 사회 체제에 확장적 윤리로 적용했다. 모든 국민은 효제(孝悌)를 기반으로 하는 '한 가족관계'를 갖는다고 하여 장유유서(長幼有序)와 군신유의(君臣有義)를 자연

---

16 이 글에서는 '가족주의'에 대한 논의를 유교적 범주 안에서만 다룬다. 엄밀한 의미에서 한국의 가족주의는 유교가 도입되기 이전에 이미 우리 민족의 영혼 속에 샤머니즘(무속신앙)에 의해 배태되었다(다음을 보라. 권문상, 『성경적 공동체: 삼위일체 하나님을 닮은 가족교회』, 76-119). 하지만, 여기서 유교적 가족주의에 집중하고자 하는 이유는, 유교가 가족주의를 사회법적 테두리 안에 제도화함으로써 이조 500년 이후 지금까지 유교적 가족주의는 우리의 관습법이 되었고 그 결과 여러 가지 반민주적, 반공동체적 사회 문제를 낳아왔다는 데 그 심각성이 있어서이다.

스럽게 받아들이게 했다.

　제(齊)나라 경공(景公)이 공자(孔子)에게 정치에 관한 질문을 했을 때 왜 공자는 "군군신신부부자자"(君君臣臣父父子子)[17]라고 답을 했는가?

　孝를 근간으로 하는 父子 사이의 윤리는 임금과 신하 간의 관계 역시 같은 원리로 적용된다는 말을 하고 싶었기 때문이다. 동생이 형을 공경하듯이(悌) 대인관계에서 한 살이라도 많은 어른을 그와 같이 대하는 것이 자연스럽다고 하여 나이로 대인관계를 서열화시켰다.[18] 孝悌는 온전한 삶의 도리와 결과인 인(仁)을 실현한다고 믿어서였다.[19]

　가족주의에 기초하여 유교는 이른바 인간의 친소관계(親疏關係)와 종법제(宗法制)를 만들어 내어 인간관계를 수직적, 위계적 구도로 법제화시켰고 문중주의(門中主義)를 합리화했다. 이를 통해 유교는 공동체적 국가를 이루려 했다.

　하지만, 실제로 유교는 평등과 신뢰의 관계에 기초한 인간의 자율성과 상호 의존성이 공존하는 공동체를 구현시키지는 못했다. 기껏해야 집단주의를 만들어 내었을 뿐이다. 그래서 유교는 문중주의의 생성을 막을 수 없었고 이는 파벌주의를 낳고 말았다. 오륜(五倫)에 기초한 유교적 가족주의는 태생적으로 '폐쇄적' 구조로 되어 있어서이다. 여러 혈연, 지연, 학연이라는 인간관계에 기초하여 각 집단의 '가족화'를 구축함으로써 그러한 가족은 다른 가족 혹은 집단을 적으로 간주하게 했다.

　유교 학자의 다음과 같은 판단은 매우 정직하다.

　　　오륜의 인간관계는 부모와 자식 사이나 남편과 아내 사이, 친구 사이 등
　　　일상생활에서 누구나 만나는 가장 기본적인 인간관계지만, 그것은 어떤

17　孔子, 『論語』, 김형찬 역, (서울: 홍익출판사, 1999), 제12편 顏淵(안연) 11.
18　孔子, 『論語』, 제1편 學而(학이) 2.
19　孔子, 『論語』, 제1편 學而(학이) 2.

특정한 인간관계의 폐쇄적 공동체를 기초로 한다. 이러한 폐쇄적 공동체는 특별한 심리적 유대감으로 결속력을 제공하는 것이지만, 사회 일반으로 확대하기 어렵다는 점에서 폐쇄사회의 도덕규범을 벗어나지 못한다.[20]

이른바 '우리'는 있지만 이 '우리'는 '다른 우리'를 '그들'로 만드는 구조였다. 유교적 가족주의는 우리나라 사람들로 하여금 옛날이나 지금이나 "타인을 '우리' 또는 '그들'로 구분"하는[21] 습관을 갖게 하고 있어서다. 결국, 이러한 폐쇄적 가족주의 가치관에 따른 한국인의 인간관계는 진정한 공동체를 만들지 못하게 했다. 상호 의존적 관계를 구성하기보다는 집단 이기주의적 관계를 지향하게 했다.

한국 교회 안에도 이러한 유교적 세계관이 인간관계의 기초를 이루고 있다. 한국 사회에 파벌 의식과 집단이기주의가 만연한 것과 마찬가지로 거의 대등하게 한국 교계 안에 그것이 자리하고 있다. 그래서 상호 대립, 긴장, 분쟁, 분열이 '쉬웠던' 것이다. 이러한 하나의 한국 교회를 파괴하는 일이 일어난 것은 '유교적' 제(悌) 이념에 기초한 수직적 또는 위계적 인간관계를 한국 교회 지도자들이 열심히 추종한 결과다.

역으로 말하면, 신뢰를 바탕으로 상호 의존적이고 자율성과 다양성을 동시에 받아들이는 공동체적 세계관이 모자라서이다. 앞에 있는 것은 사회학적으로 보아 거의 자유주의에 가깝다. 왜냐하면, 가족 이기주의 형태를 낳기 때문이다.

그런데 다음에 살펴볼 것이지만, 뒤에 있는 것은 '성경적'이다. 성경은 우리가 어떤 사람이든지 그리스도 안에 하나가 되게 하는 공동체주의적 세계관을 갖게 한다. 인종적, 성별적, 신분이나 나이를 떠나 모두 존중받

---

20 금장태, 『유교사상의 문제들』(서울: 여강출판사, 1990), 33.
21 한규석, 최상진, "교류 행위를 통해 본 한국인의 사회심리", 『한국문화와 한국인』, 국제한국학회 편, (서울: 사계절, 1999), 164.

는 인간관계를 명령한다. 유교에서와 달리 친소관계가 없다. 그런데 교회 안에 공자가 들어서 있다. 이제 교회는 가족 이기주의 혹은 폐쇄적 가족주의로 무장한 유교적 세계관을 버리고 성경이 말하는 공동체주의를 교육해야 한다.

2. 성경적 공동체 교회와 공동체 교육

유교가 공동체적 이상 사회를 만드는 데 실패했다면, 성경은 진정한 의미에서 공동체 사회를 구축할 근거를 제공하고 있다. 그리고 그 실례를 제시하고 있다. 구약의 이스라엘 공동체 사회와 신약의 초대 교회 코이노니아공동체가 그것이다. 하나님은 이스라엘 백성을 모델로 삼아 '공동체 교육'을 시킨 것이다. 이 교육은 상당한 효과를 거두었고 오늘날까지도 이 훈련은 유대인 사회에서 그 성과가 지속되고 있다.

1) 성경적 공동체 교회

하나님은 이스라엘 백성을 택하여 이들이 공동체로 살아갈 것을 기대하시고 여러 제도 혹은 율법을 통해 훈련하셨다. 이스라엘 백성에게 하나님은 안식년과 희년 제도를 실행하게 하여 이들이 자기 가족 외의 다른 가깝거나 먼 친척을 '그들'로 방치하지 않게 하셨다. 이스라엘 백성은 한 '우리' 안에서 보호받아야 했다. 정한 해가 되면 빚진 자들은 당연히 탕감받아야 했다(신 15:1-5). 여러 친척은 노예의 신분에서 자유인이 되고 이들이 잃었던 토지는 되찾게 해 주어야 했다(신 15:12-15).

이런 제도 시행과 무관하게 하나님은 가난하고 궁핍한 형제에게 구제할 것을 명하셨다(신 15:7-10). 이스라엘 백성은 국가 전체적으로 한 부모

형제의식을 가진 한 가족이어야 했기 때문이다. 그래서 모세는 이스라엘 백성을 자기 형제(출 2:11)라고 했고 다윗 왕은 심지어 자기에게 적대적이었던 신하에게까지도 자신의 형제라고(삼하 19:12) 부르기도 했다.

신약에서도 하나님은 주 안에 있는 모든 성도는 한 가족임을 선언하신다.

> 너희는 유대인이나 헬라인이나 종이나 자주자나 남자나 여자 없이 다 그리스도 예수 안에서 하나이니라. 너희가 그리스도의 것이면 곧 아브라함의 자손이요 약속대로 유업을 이을 자니라(갈 3:28-29).

믿음으로 우리는 모두 아브라함의 자손이므로 혈연과 인종, 신분 그리고 성별의 차이를 떠나 영적으로 하나의 가족인 것이다. 우리는 그리스도를 머리로 하는 지체들이기도 하다(고전 12:27).

몸 비유는 사실 앞에서 살펴본 공동체에 걸맞다고 하겠다. 그리스도를 제외한 모든 성도는 어느 사람도 배타적 집단이 될 수 없다. 상호 의존적 존재이다. 우리 몸은 유기적 일체를 이루기 때문에 신체 중 가장 작은 장기나 세포의 움직임도 몸 전체에 영향을 미친다. 어느 한 작은 기관이라도 상처를 입거나 제 역할을 못 하면 몸 전체가 고통을 겪는다.

공동체란 상호 의존적 존재이기에 바로 바울이 제시한 '몸으로서의 교회'는 이러한 상호 신뢰와 소통, 의존이 이루어지는 진정한 공동체를 가리킨다. 그래서 하나님의 공동체적 교회 구조를 잘 구축한 초대 교회는 가족애적 희생과 헌신을 바탕으로 코이노니아를 이루었다. 이를 어느 사회학자는 진정한 공동체 모델로 제시한 바 있다.[22]

---

22   강대기, 『현대 사회에서 공동체는 가능한가』 (서울: 아카넷, 2001), 282.

초대 교회의 가정교회는 구약 시대에 공동체 훈련을 받은 이스라엘 백성의 삶을 진일보시킨 구조이다. 왜냐하면, 앞에서도 말한 바와 같이 신약시대가 시작된 이후 이제는 인종적 벽과 신분의 차이를 넘어 모든 인류가 그리스도 안에서 한 공동체를 이룬다는 것을(갈 3:28-29) 보여 주었기 때문이다.

바울은 유대인이었지만 이방인 선교를 통해 교회공동체 안에 이방인을 한 형제요, 한 가족으로 편입시켰고, 심지어 종의 신분이라도 하나의 교회를 같이 이루어 나가는 데 걸림돌이 되지 않도록 했다(몬 16-18장). 초대 교회는 상호 의존적 삶을 지향했다.

> 믿는 무리가 한 마음과 한뜻이 되어 모든 물건을 서로 통용하고 자기 재물을 조금이라도 자기 것이라 하는 이가 하나도 없더라(행 4:32).

그래서 교회 안에 가난한 사람이 없게 했다(행 4:34). 구제는 교회의 진정성을 표시하는 것이 되었다는 말이다.

성도들이 한 공동체임을 실제로 몸소 행동으로 가르친 분은 예수님이시다. 열두 제자와 함께 생활하면서 하나가 될 것을 3년 동안 훈련하셨다. 예수께서 십자가에 달리시기 전날 밤에 겟세마네 동산에서 기도하셨던 '유언적' 기도에서 그 증거를 찾을 수 있다.

> 아버지여, 아버지께서 내 안에, 내가 아버지 안에 있는 것 같이 그들도 다 하나가 되어 … (요 17:21).

하나가 되기 위해서는 서로 머리가 되어서는 안 된다. 그래서 주께서는 세베대의 아들의 어머니가 높은 자리 요구하는 것을 꾸짖고 큰 자가 되려면 섬기는 자, 종이 되어야 할 것을 말씀하셨다(마 20:20-28). 하나가 되는 것은 상대의 발을 씻는 것이기도 했다. 주께서는 이를 실제로 보여 주시면서 서로 섬기는 자로 살 것을 훈련하셨다(요 13:12-15).

제자들은 주의 유언적 기도에서처럼 서로 '안에' 있는 존재였다. 그래서 예수께서 성부의 구속계획에 순종하신 것처럼, 상대 안에서 서로에게 순종해야 했다. 공동체란 개인의 자율성을 인정하면서도 함께 상호 의존적이고 신뢰하는 관계, 서로의 독특한 실재를 인정하는 다양성 존중 문화 그리고 상대의 자유를 인정하는 자세 등을 그 기초로 한다고 할 때, 그리스도 예수께서는 이러한 공동체적 형식의 페리코레시스(관통, 순환)적 삼위일체의 삶을 제자들이 모방하길 기원했다. 이것을 예수의 부활 이후의 초대 교회는 비로소 깨닫고 공동체적 가정교회를 세워 나갔다.

공동체 의식으로 무장한 이스라엘은 신약 교회의 모형이며, 신약 교회는 진정한 의미에서 주를 머리로 하는 참 공동체의 실현이다. 오늘날 교회의 구조 역시 신약 교회의 연장선에 있다고 할 때 공동체적 모형은 구약의 이스라엘 백성에게서, 그 실제는 신약의 가정교회가 발전시킨 코이노니아에서 찾아야 할 것이다.

그리고 다행스럽게도 종교개혁 이후 특히 독일과 영국의 개신교 교회에서 이를 구체적으로 실험하고 성공적으로 정착시키기도 했다. 앞에서 이 책 제4장에서 우리가 자세히 살펴본 바와 같이, 독일의 모라비안 교회들의 '교회 안의 작은 교회'(ecclesiola in ecclesia) 운동과[23] 영국의 웨슬리로부터 시작된 감리 교회 속회의 소그룹 모임 활동이 그 실례이다.[24] 이미 이러한 실례들을 구체적으로 살펴본 이 책의 앞부분의 내용을 참고할 때 교회사에 나타난 이러한 소그룹 운동을 통해 공동체성을 함양시킨 모델들은 우리 한국 교회에도 도전이 된다.

---

23 Williston Walker, *A History of the Christian Church*, 451.
24 Justo L. Gonzalez, 『종교개혁사』, 서영일 역, (서울: 은성, 1987), 334-335.

그런데 한국 교회는 공동체적 교회 구조를 구축하지 못하고 있다. 한국 교회는 개인과 개교회, 개 교단의 자유와 자율만 내세울 뿐 교회와 교단 내에 한국 교회 전체 안에서의 상호 의존적 관계를 무시하고 있다. 공동체적 의식의 상실 때문이다. 이것은 앞에서 살펴본 바와 같이 우리의 의식구조가 유교의 폐쇄적 가족주의에 뿌리를 내리고 있어서이다.

그러므로 한국 교회의 신뢰도 제고 및 건강한 교회 수립의 길은 이제 확연히 드러난다. 그것은 우리의 반공동체적 세계관을 성경적 공동체 세계관으로 대체시키는 것이다. 이를 위해 교회는 신구약 성경에서 제시된 공동체 신앙교육을 주일학교는 물론 내가 반복해서 강조하듯이 '교회 학교'를 설립하여 성인 교육을 해야 하며, 더 나아가 한국 교회가 이러한 공동체 교육을 우리나라의 교육 전반에 확산하는 데 주도적 역할을 해야 한다. 이 글에서는 후자의 경우를 다루기에는 한계가 있으므로 전자의 경우, 즉 교회 안에서의 공동체 교육에 집중하고자 한다.

2) 공동체 교육: 유대인과 한국 교회와의 차이

앞에서 교회가 이러한 교육을 주도해야 한다고 역설했지만, 사실 우리의 공동체적 교육 주도 선언은 한 박자 늦은 감이 있다. 이미 교회 밖의 일반 교육계에서 '자유주의' 세계관에 기초한 개인의 자유라는 가치에 중점을 두어온 과거의 교육 방식에 대해 자성하고, 공동체 중심의 교육을 새로운 교육 과정에 편입시켰기 때문이다. 실제로 현행 교육 제도, 한 마디로 축약하면 '입시경쟁 교육'은 공동체성 상실의 주범 역할을 했다.[25]

---

[25] 이철승, "입시경쟁 교육에 대한 평가와 기독교적 대안", 「개혁주의 이론과 실천」 제4호 (2014), 106-107.

그래서 1999년에 교육부에서는 제7차 초등학교 도덕과 교육 과정 개편을 시행했고, 2007년에는 도덕과 교육 목표에서 이를 구체화했다.[26]

> 초등 도덕과 교육의 목표(는) … 단순히 개인만이 잘사는 삶을 영위하고자 히는 것이 아니라 공동체 속에서 공동체의 발진에 기여하면서 자아를 실현하도록 하는 도덕적 인간이다. 이것은 초등 도덕과 교육이 궁극적으로 개인의 행복만이 아닌 공동체 구성원 모두의 행복을 지향하고 있음을 함축한다.[27]

공동체 삶을 처음 가르친 것은 하나님이시며 그 어떤 나라나 문화보다도 이스라엘과 기독교권 문화에서 매우 정교하고 체계적이며 사실적으로 가르쳤음에도 불구하고 한국 교회는 그 주도권을 세상 교육 기관에 빼앗겨 버렸다. 이제라도 교회는 공동체 중심의 삶을 아이에서부터 성인에 이르기까지 교육해야 하는 것은 당연해졌다. 사회가 교회를 가르친 것이라고 해도 할 말은 없지만, 원래는 교회 안에서라야 제대로 된 가르침을 줄 수 있다고 자부하고 지금부터라도 시작하자.

이스라엘 백성, 즉 유대인의 '하베림 고르 이스라엘' 정신에서 배운다면 보다 공동체 교육에 대한 이해를 쉽게 가질 수 있다. '하베림 고르 이스라엘'이란[28] '이스라엘 백성은 한 덩어리'란 뜻으로서 자기가 유대인인 한 소외되지 않고 모두 한 공동체에 속한다는 정신이자 '선언'이다. 지금까지도 유대인은 이 사상을 가지고 있다. 그래서 아마도 수천 년 동안 이방인

---

26 김재식, "공동체 의식 함양을 위한 초등 도덕과 교육의 전략 탐색",「초등도덕교육」45권 (2014), 30.
27 김재식, "공동체 의식 함양을 위한 초등 도덕과 교육의 전략 탐색", 31.
28 강신권, 김형종, 정관창,『유대인의 천재교육 프로젝트』(서울: 플레이온콘텐츠, 2007), 57-61.

으로서 천대받으며 살았지만, 유대 민족이 사라지지 않게 된 것은 이러한 독특한 공동체 교육 전수에 있을 것이다.

유대인은 자기와 일면식도 없는 자라도 새로운 이민자일 경우 에서와 같이 잠자리와 식사가 필요한 동포에게 방을 내어주고 함께 식사한다. 이들은 종종 새로운 유대인들을 손님으로 맞는 경우가 있다고 한다. 바로 유대인은 비록 언어와 문화가 서로 다른 새로운 이민자들과도 쉽게 하나가 된다는 말이다.

왜냐하면, 이들은 야웨 하나님의 훈련을 통해 세워진 전통에 따라 서로에게는 '형제'가 되기 때문이다. 그래서 서로의 필요를 아낌없이 채워준다. 유대인에게 '자선'은 종교적 의무이기 때문이다.[29] 가까운 친척이 먼저이긴 하지만 유대인 모두는 서로 가난하지 않도록 도움을 주어야 하는 것이다. 자립하지 못한 자들에게는 성공적으로 정착하고 사업을 잘할 수 있도록 재정적 지원도 적립해 놓은 기금을 통해 제공한다.

유대인의 '하브루타' 교육 방식은 유대인공동체가 하류층 시민공동체가 아닌 상류층공동체가 되게 만든 일등 공신이다. '하브루타'란 '둘이 짝 지어 질문하고 답하는 교육' 방식을 의미한다.[30] 혼자 공부해서 문제를 해결하려 하지 않고 상대의 도움을 받아, 또는 상대에게 가르침으로써 더욱

---

29 전성수, 양동일, 『유대인 하브루타 경제교육: 유대인 자녀들은 어떻게 경제를 공부했을까』(서울: 매일경제신문사, 2014), 246. 유대인의 IQ가 94이고 한국인은 106라고 한다고 하는데, 그렇다면 유대인의 업적은 거의 기적에 가까운 것이다. 이들은 더 나아가 미국 최상위 부자 40명중 40퍼센트, 500대 기업의 간부 중 41.5퍼센트를 차지한다. 전 세계의 0.2퍼센트의 1500만 인구가 세계 억만장자 중 30퍼센트를 차지하고 있다. 그런데 이들은 자기들 배만 채우지 않는다. 이들의 기부금은 천문학적이다. 미국의 기부금의 45퍼센트를 유대인이 내고 있다. 조지 소로스 매년 3-5억 달러 기부한다고 하며, 페이스북의 공동 창업자인 마크 저커버그는 재산의 절반을 기부했다고 한다 (전성수, 양동일, 『유대인 하브루타 경제교육: 유대인 자녀들은 어떻게 경제를 공부했을까』, 5, 241-243).

30 오대영, "이스라엘 유대인의 창의성의 사회문화적 배경", 「교육종합연구」 12/2 (2014), 119. 전성수, 양동일, 『질문하는 공부법, 하브루타: 유대인 아버지들이 수천 년간 실행해 온 자녀교육의 비밀』(서울: 라이온북스, 2014), 115.

효율적으로 공부하는 것을 말한다.

　대화와 토론식 수업 방식에서 특기할 사실은 선생과 학생 사이에 형성되는 인격적 관계이다. 선생은 학생을 존중하지, 어리다고 무시하거나 학생들을 지배하지 않는다. 이상한 질문을 하더라도 선생은 그 학생을 존중한다.[31] 그러니 아이는 질문하는 것을 주저하지 않게 되는 것이다. 이러한 수업 방식으로 훈련받은 유대인은 학교와 사회에서 소통하는 것에 관해 부담을 갖지 않는다. 성인이 되어서도 질문하고 토론하는 것을 거리낌 없이 한다.

　특히, 인상적인 것은 사회에서 토론할 때는 젊은 사람부터 발언권 준다고 한다.[32] 젊은 사람을 차단하면 발전이 없다고 해서이다(고대 유대 대법원 산헤드린에서 사건 심의 때 젊은 사람부터 발언해야 한다는 규정 때문이다). 연장자는 말하기보다 주로 듣다가 최후에야 발언한다고 한다.

　2014년에 EBS에서 대학교육과 관련하여 유대인의 교육 방식을 방영했는데, 이스라엘의 초등학교 수업이 얼마나 시끄러웠는지 확인할 수 있었다. 서로 질문하고 답하는 수업 방식으로 교육이 이루어지기 때문이다. 이스라엘 학생들은 상대와의 대화를 '통해' 지식을 터득하고 있었던 것이다. 이 교육 방식이 갖는 효과는 통상 우리나라의 '나 홀로 공부' 방식과 비교하여 EBS의 위의 프로그램에서 실험한 바 있다. 결과는 하브루타 교육 방식이 월등히 학습 효과가 높았다.

　단순히 교육 효과만이 아닌, 이 하브루타 교육 방식이 사회성 제고, 공동체 의식 함양에 크게 이바지할 것임은 두말할 나위 없다. 실제로 유대인들은 개인의 수월성 교육에 초점을 두기보다는 공동체에 이바지하는

31　오대영, 이스라엘 유대인의 창의성의 사회문화적 배경", 107.
32　전성수, 양동일, 『유대인 하브루타 경제교육 : 유대인 자녀들은 어떻게 경제를 공부했을까』, 208.

것을 학교 교육의 중심에 놓는다.[33] 개성을 무시하는 것이 아니라 공동체 안에서 개인의 능력을 극대화하도록 지도받는 것이다.

왜냐하면, 유대인공동체 없는 개인으로서 유대인의 삶은 실제로는 불가능하다고 인식해서이다. 그래서 학교에서도 상대의 존재를 인정하고 이러한 대화 수업을 지속하는 것이다. 상호 의존성을 높이는 훈련은 덤으로 얻는 효과였다. 1등을 목표로 하는 우리의 교육 방식에서는 내가 알고 있는 것을 상대에게 알려 주는 것은 '기밀 누설'(?)로 엄마한테 혼날지 모른다.

하브루타 교육 방식은 함께 같이 노력하여 문제 해결을 도모하는 것이어서 누가 1등 될지는 모르지만, '유대인 전체'는 이미 전 세계에서 1등을 달리고 있다. 지금까지의 노벨상 수상자 중 22퍼센트 이상이 유대인이고, 2013년 수상자 8명 중에는 4명 곧 50퍼센트가 유대인임이 이를 증명한다. 유대인의 이러한 교육은 놀이에서 시작한다고 한다.[34] 놀이가 교육이다. 놀이는 사회성, 협동성, 상호 의존성 등을 기르게 함은 물론 '창의성'도 계발된다고 한다.[35] 유대인은 여기에 주목한 것이다.

이제 우리네 교회에 적용해 보자. 우리는 한국의 유명한 주입식, 1등 목표 교육을 그대로 답습하고 있다. 필요하면 우리는 성경 구절을 외워야 하는 것은 맞다. 하지만, 우리네 전통적인 교육은 '암기'였음을 자각하자. 천자문 잘 외우는 게 교육의 전부였다. 이러한 암기식 교육이 일반 교육의 전형이다. 이런 차원에서 교회, 노회와 총회가 암송 대회 행사를 시행

---

[33] William Chomsky, "The School and Community in Jewish Education," *Reconstructionist* 10 no 2, (Mr. 3, 1944), 15.
[34] 전성수, 양동일, 『질문하는 공부법, 하브루타 : 유대인 아버지들이 수천 년간 실행해 온 자녀교육의 비밀』, 97-99.
[35] 오대영, "이스라엘 유대인의 창의성의 사회문화적 배경", 107ff.; 전성수, 양동일, 『질문하는 공부법, 하브루타 : 유대인 아버지들이 수천 년간 실행해 온 자녀교육의 비밀』, 89-90. 앞에서 말한 바와 같이 유대인 노벨상 수상자가 그렇게 많은 것은 결코 우연이 아닌 것이다. 놀이의 문화적 능력에 대해서는 김정운의 놀이 예찬론에 주목할 필요가 있다. 김정운, 『노는만큼 성공한다』 (파주: 21세기북스, 2005), 76-123.

하는 것은 비효율적 교육 방식이다. 이미 사회에서의 교육은 이를 지양하고 있다. 효과 없음을 알고 있어서이다. 내용을 얼마나 이해했느냐를 중시하고 있기 때문이다.

이제라도 유턴해야 한다. 성경을 잘 '이해시키는' 교육이 그것이다. 그리고 '대회', 이것은 1등 지상 목표 부추기기이다. 성경 고사 대회, 찬양대회, 율동 대회 등 누가 1등 되느냐의 교육은 이제 지워 버려야 한다. 하브루타 교육 방식처럼, '함께' 성경 이해하기, 찬양 함께 부르며 지내기 등 재미를 느끼면서 놀이하듯이 신앙공동체 훈련이 이루어져야 한다. 상대와 대화를 하는 게 자연스럽고 상대의 호흡을 느끼며 서로를 이해하는 게 정상인 '함께 세워 주는' 교육, 이것을 교회에서 가르쳐야 참 신앙교육이 될 것이다. 이에 더하여 놀이 문화를 교회에 도입하여, 성경을 배우고 서로를 사랑하는 것이 즐거운 일이 되도록 하게 하고 이를 통해 상호 간의 공동체성을 체험하도록 만들게 해야 할 것이다.

이는 일반 교육학자의 글에서도 지지받을 수 있다. 개인의 삶은 사회적 삶의 구조를 벗어나서는 불가능하다는 인식에 따라 전통적인 인간의 자유 교육 대신 '사회적 잘 삶' 교육 혹은 공동체 교육이 대안이 되어야 한다는 것이다.[36] 우리 교회에 공동체 교육이 필요함은 기독교 교육학자들 역시 공감하고 있다.

밀러(Donald E. Miller)는 신앙공동체 교육 이론을 주창하면서, 기독교 교육의 목적을 성도들의 세계 참여와 공동체적인 회개, 기도 및 하나님의 나라를 위한 봉사의 삶임을 제안한 바 있다.[37] 존 웨스터호프(John H. Westerhoff Ⅲ)

---

36 정철민, "교육목적으로서 잘삶: 공동체주의를 중심으로", 「교육철학」 51 (2013), 152.
37 D. E. Miller, *Story and Context- An Introduction to Christian Education*, 고용수, 장종철 역, 『기독교교육개론』 (서울: 대한예수교장로회총회출판국, 1988), 81. 재인용. 윤지욱, "신앙공동체 중심의 교육연구: 도날드 밀러와 웨스터호프를 중심으로", 미출판된 논문, 49.

역시 신앙-문화화 공동체에 기초한 공동의 상호적 관계를 제안했는데, 이것은 곧 지식 전수라는 교회 학교 교육을 떠나 신앙공동체의 삶 속에서 자연스러운 상호 작용을 통한 '기독교적 삶의 스타일 형성'이라는 사회화 과정을 중시했음을 의미했다.[38]

한동안 교회가 가족이요, 몸으로서 인식하고 교육하려는 미국의 전통적인 교회 교육이 실제로는 세속 사회에서 개발된 학교 교육의 연장으로서 개인 신앙교육에 치중했음을 자성하고, 진정한 기독교 교육은 단순히 믿음에 대해서 '말하는' 것이 아니라 공동체 안에서 믿음을 '영위해 나가는' 법을 가르쳐야 한다고 주장했다.[39]

이제까지 한국 교회의 전통적인 신앙교육 방식은 주입식 교육이었다. 이 교육 방식의 폐해성은 이미 상식이 되어 버렸다. 피상적 지식, 기계적 풀이 능력 정도를 배양할 뿐, 창조적 지식, 종합적 지식을 얻지 못하게 했다. 아울러 주입식 교육이 채택한 교육 방식은 하향식 교육, 위계적, 권위주의적 교육이어서 그 부작용은 만만치 않다. 신학 혹은 기독교 교리에 대한 반지성주의적 예찬론자가 되게 한다든지 또는 신앙 지식에 대한 막연한 거부감을 느끼게 하는 것 등이 그것들이다.

그 결과 심오한 기독교 교리에 대한 이해 부족으로 교회에는 등록 교인일 뿐 삶이 없는 유사 기독교인들, 개인주의 신앙 욕구 충족에만 관심을 두는 영적 이기주의자 교인들, 심지어 이단적 회유에 쉽게 현혹되는 '가라지' 교인들이 늘어나고 있다.

이제 한국 교회는 공동체 신앙교육을 펼치기 위해 지금까지의 주입식, 권위주의적 하향식 교육 방식을 지양하고 대화와 소통이 가능한 구조, 상호 존중과 배려 교육에 중심을 둔 기독교 신앙교육이 활성화되도록 교회

---

38 윤지옥, "신앙공동체 중심의 교육연구: 도날드 밀러와 웨스터호프를 중심으로", 32.
39 Edward McAllister, "A Community Orientation for Religious Education," *Religious Education* 76 no 5 (Sept.-Oct., 1981), 526f.

교육의 구조 개혁이 요구된다. 그것은 바로 '하브루타'식 대화 구조, 상호 평등과 신뢰 그리고 상호 의존적 공동체 구조, 열린 사고를 기초로 하는 능동적이고 자발적인 배움 유도의 교육 구조로 바뀌는 것이다.

이제 이러한 실제적 공동체 신앙교육 구조를 살펴보자.

3. 공동체 교육의 실제: 소그룹 구조의 교회

공동체적 삶을 인간의 본질로 보는 것은 성경적으로는 물론 사회 과학에서도 이미 상당 부분 지지하고 있다. 나아가 공동체적 교육을 일반 학교에서도 중시한다는 사실, 교회에서 역시 이것을 구체화한 교회 교육에 갈증을 느끼고 있다는 점에서, 우리는 이제 한국 교회 안에서 공동체 교육을 실제화하는 것에 관심을 기울일 필요가 있다. 만일 우리 교회가 공동체 교육 시행을 결정한다면, 전통적인 개인 신앙 중심의 교육, 나아가 개교회 중심의 에토스를 버리게 하는 데 크게 이바지할 것이다.

그러면 우리는 어떻게 이러한 공동체 교육을 실제화할 수 있는가?

여기서는 대부분의 한국 교회가 취하고 있는 전통적인 대그룹 중심의 신앙 훈련 체계에서 벗어나 소그룹 중심의 교회 교육 방식으로 교회 구조의 혁신적 변화를 주문하고자 한다. 소그룹 중심의 교회 구조란, 몇 개의 구역이나 셀 등을 '가지고' 있다는 것을 말하는 것이 아니라, 교회 행정이 소그룹으로 '이루어진' 교회의 틀 안에서 운영되는 것을 말한다(이것에 관해서는 이미 이 책 앞부분에서 많이 논의했다). 그래서 교회 안에 모든 성도가 어떤 형태이든 소그룹에 속하는 것을 말한다.

이 논의를 통해 우리는 공동체 교육의 실제를 가능하게 할 소그룹 구조의 정당성과 효율성을 확인할 것이다. 다만, 지면 관계상 소그룹의 여러 유형에 대한 신학적 분석과 평가는 생략한다.

1) 소그룹과 공동체 의식

왜 소그룹인가?[40]

소그룹에서 인격적 친밀도가 상승하여서 상호 관계의 증진은 물론 활발한 소통을 통해 공동체 의식이 생겨나기 때문이다.

> 사회학의 관점으로 보면, 소그룹에서 공동체 특성이 나타나게 되는 것은 사회 교섭의 증가 때문이다. 곧 작은 규모의 모임에서 일어나는 친밀한 대면의 교섭이 서로에 대한 신뢰를 낳고 이를 바탕으로 공동체 의식이 형성된다는 것이다.[41]

대그룹 안에서는 상호 간에 친밀감은 물론 상대 인식조차 쉽지 않게 하여 인격적 교제가 어렵게 되고 상호 의존성을 구축하는 데 많은 제약이 따른다. 오히려 개인주의적 삶의 방식을 심화시킬 뿐이다.

앞에서 말한 교육부의 7차 교육 과정의 변신은 위와 같은 문제의식을 같이한다. 그래서 초등학교 도덕과 교육 과정의 공동체 의식 함양을 위한 구체적 방법으로서 "아동 중심의 대화와 토론"이라는[42] 소그룹 구조의 방식을 제안한 것은 매우 인상적이다.

40　"소그룹 운동은 20세기 들어와 급속히 퍼지기 시작했는데, 교회 안에서보다 일반 사회에서 더 큰 관심의 대상이 되었다. 정신병원, 형무소, 사회단체, 교육계 등에서 정신 질환을 치료하고 상담을 하며, 사회 활동이나 연구 활동을 하는 데에서 소그룹 단위의 형식을 이용하는 일이 점점 두드러지기 시작했다. 특히, 제2차 세계대전을 전후하여 소그룹 형식이 생산성에 큰 효율이 있다는 것이 밝혀졌는데, 이후에 소그룹이 단순히 생산성을 높이는 데 유용한 것이 아니라 인간관계에 새로운 의미를 부여해 주며 이 결과로 인격에 변화를 일으켜 준다는 사실에까지 눈을 뜨게 되었다"(정재영, 『소그룹의 사회학: 현대 사회에서 교회 소그룹의 사회학적 의미』 (서울: 한들출판사, 2010), 17-18).

41　정재영, 『소그룹의 사회학: 현대 사회에서 교회 소그룹의 사회학적 의미』, 12.

42　김재식, "공동체 의식 함양을 위한 초등 도덕과 교육의 전략 탐색", 45.

김재식은 이러한 소위 소그룹 형식의 '탐구공동체'가 기대하는 효율에 대해 다음과 같이 설명하고 있다.

> 대화식 토론 과정에서 아동들은 자발적 사고 활동을 촉진하고, 스스로 의미를 발견하고 내면화한다. 소그룹으로 배열된 자리에 앉아 서로에 대한 관심과 배려, 협동과 믿음 그리고 존중과 격려의 분위기 속에서 자신들이 흥미 있어 하는 주제에 대해 탐구한다. 탐구를 진행하는 과정에서 의견을 교환하고, 더 좋은 판단의 근거와 준거를 마련하고, 자기 수정적 사고를 통해 관점을 변경하고 확대하는 활동을 한다. 이러한 과정을 통해 더 좋은 사고와 사고 기술을 습득할 뿐만 아니라 다른 사람을 존중하는 마음과 원숙한 대인 관계를 형성하는 기술을 획득하게 된다.[43]

이러한 형식의 소그룹 공부는 앞에서 살펴본 유대인의 '하브루타' 교육 방식과 흡사하다. 대화와 토론 중심의 수업인 것과 상대에 대한 배려와 존중의 상호 의존적 대인관계 훈련이 가져다줄 생산적 교육 효과를 기대하게 한다는 것 그리고 무엇보다 "교사는 절대적 권위를 소유한 사람이 아니라 탐구 과정에 함께 동참한 한 구성원일 뿐"이라는[44] 의식 등이 그 증거다.

특히, 김재식이 다음과 같이 소그룹 형식의 탐구공동체 교육 과정을 전개하려 했다는 점은, 이미 앞에서 살펴본 공동체주의와 같다는 점에서 평가할 가치가 있다.

---

43 김재식, "공동체 의식 함양을 위한 초등 도덕과 교육의 전략 탐색", 45.
44 김재식, "공동체 의식 함양을 위한 초등 도덕과 교육의 전략 탐색", 47.

> 탐구공동체는 기본적으로 개인 간의 차이를 전제하고, 공동체를 개인들의 합리적 대화 구성체로 간주한다. 구성원들은 기본적으로 서로에 대한 차이를 인정하고, 다양한 의견을 존중해 주면서 대화와 토론을 통해 합리적 탐구를 모색한다.[45]

그러므로 소그룹 구조가 공동체 교육의 실제화 능력을 제고한다는 장점은 의심의 여지가 없다고 하겠다. 미국에서는 소그룹의 이러한 장점을 십분 활용하는 듯하다. 미국인들 약 40퍼센트가 여러 가지 형태의 소그룹 활동에 참여하고 있음이 그 증거다.[46]

그런데 사람은 근본적으로 소그룹에 속하기를 원한다는 사실을 알면, 우리는 더욱 소그룹 구조로 교회를 바꾸는 것을 주저하지 않을 것이다. 사람은 심리학적으로 보아 소속감을 원하며(inclusion), 존재감을 보여 주고 싶어 하고(power), 누군가에게 사랑을 주고 싶고 또한 누군가로부터 사랑을 받고 싶어 하기(care or affection) 때문이다.[47] 그래서 사람은 이러한 욕구를 충족시키기 위해 어떤 식으로든 소그룹에 참여하기를 원한다는 것이다.

이런 의미에서 만일 어떤 사람이 소그룹을 경원시한다면, 그것은 자신을 이끌어 같이 모임에 참여하도록 도와달라는 신호라고 보아야 한다. 그렇지 않다면, 상당 부분 그런 사람은 '정상'이 아니다. 따라서 이제 교회가 이제 공동체 교육을 위한 소그룹 구조로의 전환을 시도해야 하는 이유는 다음 두 가지 이유로 명백하다.

---

45 김재식, "공동체 의식 함양을 위한 초등 도덕과 교육의 전략 탐색", 48.
46 Robert Wuthnow, "How small groups are transforming our lives," 20.
47 W. C. Schutz, *FIRO: A Three Dimensional Theory of Interpersonal Behavior,* (N. Y.: Holt, Rinehart and Winston, 1958), 87-88.

첫째, 소그룹 교육 방식은 이미 검증되었다.

둘째, 성도들이 실제로는 자신의 이야기를 들어줄 교회 구조를 원한다.

2) 소그룹 교회 구조의 신학적 정당성

소그룹 구조로의 교회 개혁은 권위주의적, 톱다운식, 폐쇄적, 위계적 교회 구조의 타파를 의미한다. 이러한 교회 구조는 어떤 의미에서는 종교개혁의 정신이기도 하다. 사실 초기 기독교에서는 소그룹으로 모여 교리를 공부하면서 자연스럽게 기독교인으로 사는 삶이 개인 중심의 신앙보다는 공동체를 세우는 데 목적을 두어야 함을 스스로 깨달았다.[48] 하지만, 타락한 직분자들의 탐욕에 의해 개인의 명예욕 채우기와 재산 늘리기에 관심이 쏠리기 시작했다.

이러한 교회의 세속화는 로마가톨릭의 교황제에서 가속화되었다. 그래서 종교개혁가 칼빈은 제왕적 권위주의 교회 직분 구조인 교황제의 부당성을 논증했던 것이다.[49] 이에 관해서는 이 책 제3장에서 이미 자세하게 논의한 바와 같이, 칼빈은 교황의 수위권과 교회 직분의 위계적 수직 구조를 만들어낸 교황제를 제거해야 한다고 비판했다.

이런 의미에서 교회의 소그룹 구조로의 전환은 환영받아야 할 것이다. 소그룹 구조는 상호 의존과 평등, 신뢰, 다양성을 원리로 하는 공동체성을 기본으로 세워지기 때문이다. 이 구조에서는 제왕적 권위를 한 사람에게 부여하는 교회의 위계적 수직 구조형 직분제는 사라지기 때문이다.[50]

---

48 Edmund Van Huet, "Christian Community and Religious Education," *African Ecclesial Review* 19 no 5 (1977), 307-308.
49 John Calvin, 『기독교 강요』, IV.vi.1-17.
50 이것에 관해서는 이 책 제2장을 참고하라.

교회의 직분제는 이 책 제2장에서 자세하게 논의한 바와 같이, 신약성경에서 등장하는 디아코니아 라는 단어에서 그 기본적 의미를 찾을 수 있다. 이 개념의 뜻은 '식탁에서의 섬김'으로서 교회 안에서의 일은 모두 이러한 '섬김'의 근본 개념에서 출발된다.[51] 교회 안의 모든 직분은 한 마디로 '섬김'인 것이다. 이런 의미에서 근본적으로 모든 직분자는 위계를 전제하는 직책을 갖기보다는 오히려 위계가 없는 평등한 직책의 의미를 갖는다고 하겠다.

따라서 교회 안에서는 그 누구도 권위주의적 직책을 즐겨할 수 없고, 이는 곧 교회 안에 상호 간에 섬기는 자들로만 존재함을 의미한다. 그래서 예수께서 선언하신 바 '지도자'(마 23:10) 혹은 바울이 언급한 '머리'(고전 12:12-27)는 오직 하나님, 주 그리스도만이 되고 나머지 모두는 대등하고 상호 의존적인 지체들일(고전 12:27) 뿐이다. 소그룹 구조는 이러한 상호 평등하고 상호 의존적인 지체 의식을 활성화하는 시스템이다. 그리스도만을 머리로 하면서 각 직분자가 '섬김'의 근본 의미를 극대화할 수 있게 하는 구조이다.

만인 제사장 신학은 물론 성육신적 모델, 나아가 삼위일체 하나님의[52] 무한한 사랑 안에서의 페리코레시스적 상호 존중과 배려, 상호 의존의 삶은 창조 시의 인간과 교회의 모형적 구조이다.

"하나님의 창조 결과인 공동체는 하나님이 갖고 계시는 근본적이고 영원한 모습을 반영한다."[53]

그런데 이러한 기독론적, 신론적 인간론과 교회론의 완성은 소그룹 중심의 교회에서 발견된다.

---

51 최홍석, 『교회론』, 139.
52 권문상, 『성경적 공동체: 삼위일체 하나님을 닮은 가족교회』, 235-252.
53 Gilbert Bilezikian, 『공동체』 (서울: 두란노, 1998), 15.

"하나님은 인간을 공동체로 창조하셨고, 공동체적 친밀한 관계는 실제로 소그룹에서 가장 효과적이기 때문이다."[54]

소그룹 구조는 그리스도만이 머리이고 나머지 모든 믿는 자는 친밀도를 극대화할 수 있는 것이다. "오늘날 교회가 공동체로서 성장하는 곳은 예외 없이 소그룹을 기초로 하여 공동체가 형성되고 있다"[55]는 현장의 증언은 우리가 귀담아들어야 할 가치가 있다.

이러한 소그룹의 유기적, 상호 의존적 관계는 교회의 정체성을 구성한다. 소그룹은 이러한 교회의 유기체적 연합을 이루게 하는 소프트웨어이다. 교회를 '구성하게' 하는 교회 건물과 직분자들이 하드웨어라면 교회를 '구동하게' 하는 것은 소그룹이라는 소프트웨어이다. 이러한 교회가 신약의 초대 교회, 곧 가정교회 소그룹에서 잘 발현되었다.[56]

물론, 유대인은 토라를 가지고 가정 소그룹 예배를 드림으로써 유대인 공동체를 견고하게 했다. 이런 의미에서 가정 소그룹 예배 역시 그 중요성을 더 할 수 있다.[57] 아이스노글(G. Icenogle)은 이러한 소그룹의 성경적 근거를 잘 제시한 바 있다.[58] 하워드 스나이더 역시 교회의 소그룹 구조를 긍정적으로 평가한 바 있다. 소그룹이 분열의 단초 역할을 할 위험을 사전에 단속만 잘한다는 전제 아래 잘 도입해서 활용하면 그 유익은 매우 상당하다고 했다.[59]

---

54 권문상, 『성경적 공동체: 삼위일체 하나님을 닮은 가족교회』, 280.
55 Gilbert Bilezikian, 『공동체』, 68.
56 권문상, 『성경적 공동체: 삼위일체 하나님을 닮은 가족교회』, 258-61.
57 가정 소그룹 예배를 교회 교육의 중요한 과제로 제시하는 것은 옳다. 가정예배의 교회 교육적 방법에 대해서는 다음을 보라: 박진숙, "가정예배를 세우기 위한 교회의 교육적 방안", 「성경과 신학」 68 (2013), 12-17.
58 Gareth W. Icenogle, 『소그룹 사역을 위한 성경적 기초』, 26-32.
59 Howard Snyder, 『그리스도의 공동체』, 206-213. Howard Snyder, 『새 포도주는 새 부대에』, 168-169. 스나이더는 여기에서 소그룹의 실제적 장점으로서 유연성, 유동성, 포괄적, 인격적, 분할에 의한 성장, 전도의 수단을 제공하며 소그룹의 효율적 운영을 위해 최소한의 전문적 지도력이 요구된다고 하고 이미 제도화된 교회에서도 적용 가

교회의 소그룹 구조로의 변환은 교회의 원초적 기능을 강화한다. 교회는 공동체인데 성도들이 한 몸 의식을 확고히 갖게 하는 것은 바로 상대에 대한 책임의식을 확인할 때이다. 그리고 그것은 초대 교회에서 쉽게 발견된다. 초대 교회에서는 가난한 자가 없을 만큼 구제가 자연스러웠다. 기독교인이 그의 삶에서 그 정체성이 발현된다고 할 때, 이러한 것은 바로 칼빈이 "공동체적 현상을 말하는 것"이다.[60] 그리스도 안에서 한 몸이 된다는 공동체 의식은 실제적으로 칼빈이 말한 바와 같이 "교회공동체는 지체들의 영적 생활, 물질적 조건, 육체적 건강에 대해 책임이 있으며, 해외의 신교도들을 위해 봉사하며 하나님의 뜻에 따라 없는 자들을 돌볼 책임을 지는 것"에서 명료화된다.[61] 이러한 공동체 의식이 실제로 잘 발현되는 곳은 바로 사람의 친밀도를 강화하고 상대의 필요를 손쉽게 파악할 수 있는 소그룹 구조라 할 수 있다.

교회의 소그룹 구조로의 혁신적 전환은 오늘날 개인 중심의 '이기적' 신앙을 공동체적 신앙으로 바꾸어 놓게 할 것이다. 폐쇄적 가족주의로 무장된 우리의 집단이기주의 문화를 어느 정도 극복하고 나아가 파벌주의와 교권 지상주의에 따라 가속화되는 개교회주의 현상을 완화할 것이다. 소그룹 중심의 교회는 공동체적 훈련을 위한 최적의 시스템이기 때문이다.[62]

하지만, 이러한 한국 교회의 개혁은 신종 교황제적 위계 직책을 즐기는 한국 교회 지도자들의 결심에 달렸다. 여전히 한국 교회 지도자가 문제이다. 교권 욕심과 권위주의적 목회(나아가 새로운 교권 세력으로 등장하고 있

능하다고 했다.
60 임낙형, "21세기 한국 교회의 과제: 복음적 기독교윤리의 교육과 실천", 「성경과 신학」 29 (2001), 300.
61 임낙형, "21세기 한국 교회의 과제: 복음적 기독교윤리의 교육과 실천", 301.
62 실제적인 공동체적 훈련을 위해서는 이스라엘 백성의 '공동생활' 훈련과 예수님의 제자와의 '공동생활'을 거울삼아 우리의 실제적 가능 모델을 개발하여 실시하는 것을 제안하고 싶다. 하지만, 여기에서는 지면 관계상, 이 훈련의 실제를 다루지 않았다. 이에 관해서는 이 책 다음 장인 제8장에서 다룰 것이다.

는 '장로들'의 기득권을)를 내려놓는 용기 있는 지도자들이 필요하다. 이들이 세력을 더하여 소그룹 구조로의 교회 혁신을 도모한다면 개교회의 건강한 성장은 물론, 한국 교회의 사회적 신뢰도 상승에 이바지할 것으로 확신한다.

4. 나가는 말

지금까지 우리는 한국 교회의 신뢰도 하락 해결의 과제로 공동체 교육의 필요성과 그 사회학적, 성경적, 신학적 근거, 나아가 그것의 실제 가능 모델로서의 소그룹 구조 중심의 교회 구조 혁신에 대해 논의했다. 공동체 교육은 하나님이 먼저 주문하셨지만, 이제는 사회의 공교육도 관심이 있는 형편이다.

이스라엘 백성과 신약의 코이노니아공동체가 경험한 것을 우리가 안다면 이제는 교회가 먼저 그 구체적 실천의 모범을 보여 공교육에 알려 줄 수도 있다. 하지만, 불행하게도 한국 교회는 여전히 개인 중심의 신앙을 방치 내지는 고무시키고 있고, 개교회주의는 사그라질 기미를 보이지 않는다. 그래서 미래의 한국 교회는 더 암담하다.

하지만, 이 글에서 우리는 한국 교회의 미래 비전을 그리려 노력했다. 그것은 바로 교회의 소그룹 중심의 목회 구조를 통한 한국 교회 구조의 혁신이다. 우리는 이것이 전형적인 유교의 폐쇄적 가족주의 세계관으로 무장된 한국 교회를 바꿀 능력이 있는지에 관해 논의했다. 공동체 교육의 필요성을 공감한다면 유대인의 '하브루타' 교육을 접목하는 소그룹 중심의 교회 구조를 도입할 것을 제안한다.

소그룹 구조 교회로의 혁신적 전환을 통해 교회들은 성도 교육의 뛰어난 효과를 경험하는 것은 물론 성도 간의 상호 존중과 신뢰, 상호 의존성을 뿌리내리게 하여 공동체 중심의 신앙을 세워 나가게 할 것이다. 더 나아가 교회 안의 집단이기주의와 한국 교회의 개교회주의를 극복하는 데 그 길잡이 역할을 할 것이다.

그러면 소그룹 교회 구조가 우리의 개인주의적 신앙과 개교회주의적 사고를 어떻게 바꿀 수 있는지, 구체적인 방법을 마련할 차례가 되었다. 그것은 얼마나 우리가 소그룹의 내구성 강화에 초점을 두고 방안을 모색할지에 관심을 두는지와 관계가 있다. 그리스도 안에 한 가족으로서 소그룹원들이 어떻게 결속력을 강화할 수 있는지에 달려 있다는 말이다. 이에 대해 우리는 다음 장에서 논의하기로 한다.

제8장

공동체의 결속력 강화를 위한 소그룹 운영 방법[1]

교회의 성인 신앙 훈련에 있어서 최근에 주목받는 것이 있다면 바로 소그룹을 통한 성도 훈련일 것이다. 그래서 교회마다 소그룹 형식을 도입하는 데 주저하지 않는다. 그런데 문제는 교회에 여러 소그룹이 있지만 그 결속력이 어느 정도인가에 따라 소그룹의 성공적 운영이 결정된다는 사실에 관해서는 관심을 덜 둔다.

실제로 어떤 소그룹의 경우에는 언제나 떠날 기회만 엿보는 사람들이 있을 수 있고, 다른 경우에는 자기가 속한 소그룹에 남고 싶어 하는 사람들이 있을 수도 있을 것이다. 모든 사람은 후자의 소그룹을 기대한다. 따라서 어떤 식으로든 소그룹을 시작하는 것이 중요한 것이 아니라 그 소그룹을 얼마만큼이나 지속해서 유지해 줄 내구성이 있느냐가 더 중요하다는 의미다. 결과적으로 교회마다 소그룹이 없는 곳은 없겠지만, 아마도 최대의 과제는 어떻게 하면 소그룹의 결속력을 강화할 것이냐는 문제가 최대의 과제가 되는 것이다.

우리는 성령이 충만하고 출중한 기독교 리더십을 통해 생동감 넘치는 소그룹을 만들 수 있다고 믿는다. 누구도 이러한 영적 준비와 훈련이 소

---

[1] 이 글은 다음의 논문과 기고문을 수정, 보완하여 작성되었다. "소그룹을 통한 교회의 성인 교육: 소그룹에서의 결속력 강화를 위한 신학적, 사회학적, 심리학적, 문화인류학적 탐구", 「개혁신학」 25 (2014), 17-39. "소그룹의 성공, 결속력 강화에 달렸다", 「목회와 신학」 (2014년 12월호), 142-147.

그룹을 활발하게 운영하고 증식, 발전시킨다는 것을 지지하지 않는 사람은 없을 것이다. 하지만, 구체적이고 현실적인 그러나 사회문화적, 귀납법적, 경험적 사실에 근거하여 소그룹의 동력을 최대치로 끌어올리는 실질적 효과에도 주목할 필요가 있다.

물론, 영적 능력의 지속 여부가 근본적으로 소그룹의 성패를 좌우한다는 것을 전제한 상태에서 논의한다. 그래서 이 글에서도 이 점을 절대 간과하지는 않는다. 아니 이러한 영적 상태의 지속을 통해 소그룹의 결속력이 강화되는 실례들을 제시함으로써 소그룹의 결속력 강화가 전적으로 인간적 노력에만 의존한다는 유치한 주장을 불식시킬 것이다.

하지만, 이러한 고상한 영적 능력은 우리의 인내와 협력, 교제 등 건강한 인간관계가 동반될 때 그 빛을 더욱 발한다는 것이 강조되어야 할 것이다. 이런 의미에서 우리는 여기에서 소그룹의 역동성 지속과 결속력 강화를 위해 실제적이고 기술적인 방법을 요하는 문제를 진지하게 제안한다.

이러한 논의를 위해 우리는 우선 소그룹의 결속력을 강화할 성경적·신학적 근거에 주목하고 이어서 구체적이고 현실적인 방법론을 탐색할 것이다.

1. 성경적·신학적 근거

우리는 이 책 앞부분에서 살펴본 바와 같이, 소그룹 중심의 교회를 이루는 것이 성경적이고 신학적으로도 올바른 공동체적 교회론에서 출발한다고 확신한다.[2] 소그룹을 교회의 가장 중요한 한 축으로 여기는 여러 성

---

2   다음을 참고하라: Gareth W. Icenogle, 『소그룹 사역을 위한 성경적 기초』; Bill Donahue & Russ Robinson, 『소그룹 중심의 교회를 세우라』, 25-190; 권문상, 『성경적 공동체: 삼위일체 하나님을 닮은 가족교회』, 206-293; 권문상, "개혁신학적 교회 구조: 소

공적인 교회를 국내외에서 충분히 발견하고 있고, 오늘날 한국 교회에서는 이를 벤치마킹하면서 그 실효를 경험하고 있기 때문이다.

여기서는 이에 더 나아가 소그룹이 생동감이 넘치면서 그 결속력을 강화하는 데도 성경적이고 신학적으로 타당한 여러 중요한 개념을 발견할 수 있는지 살펴본다.

1) 공동체 의식

성경에서는 하나님을 믿는 백성이 개인적으로 존재하는 것이 아니라 공동체적으로 존재한다는 사실을 말해 주고 있다. 진정한 주의 자녀들은 이미 주 안에서 한 가족이기 때문에 자기만을 위해 살지는 않는다. 교회가 이를 허용하지 않기 때문이다. 그러나 인간이 원래 여전히 죄 가운데 있어서 성도라 할지라도 교회에서나 소그룹에서 이기적이고 자기중심적인 사고와 행동을 하도록 유혹받는다. 그래서 하나님은 신구약 여러 곳에서 우리가 서로 인내해야 하고 용납해야 함을 자주 명령하고 있다.

이러한 사랑 안에서 상호 작용을 하는 행위는 바로 하나님이 우리에게 공동체 의식을 심어 주셨기 때문이다.[3] 주 안에서 하나 된 주의 자녀가 상호 의존적으로 사는 것은 당연할 뿐만 아니라 사랑 안에서 서로를 용서하고, 칭찬하고, 인정하며, 높이는 삶을 살아야 하는 것은 성도의 의무이다.

나아가 성도들이 이 땅에서의 여러 환난과 어려움을 겪더라도 하나님은 이들이 종말론적 공동체로서 피차 형제의식을 가지고 서로 살아갈 수 있도록 훈련하셨다. 하늘에 소망을 두고 살아가는 주의 자녀들은 궁극적 행복과 기쁨을 영생의 삶 안에서 찾게 되므로 현실적으로 부딪히는 모든

그룹", 『애굽에서 약속의 땅 가나안까지』 (서울: 웨스트민스터출판부, 2007), 622-641. 이 글은 이 책 제3장을 참고하라(위 논문을 수정 보완했음).

3 권문상, 『성경적 공동체: 삼위일체 하나님을 닮은 가족교회』, 178-210.

불편한 상호 간의 관계를 충분히 감내할 수 있는 것이다.

이러한 공동체적 인간관계는 모두 하나님의 형상을 닮은 형태로서 이는 하나님이 인류를 처음에 창조하시면서부터 의도하셨던 일이었다. 영원한 사랑 안에서의 페리코레시스적 삼위일체 하나님의 상호 의존적인 삶은 당연히 우리가 닮아야 할 모델이 되었다.[4] 하나님은 바로 자신의 삶을 닮은 우리의 모습을 기대하신다. 그리고 그러한 기대는 바로 교회. 특히, 소그룹 중심의 교회에서 더욱 실현 가능성을 높인다.[5]

성인 성도들에 대한 기독교적 진정한 교육에 관심이 있다면 그러한 소그룹 중심의 교회를 만드는 것은 당연할 것이다. 그런 교회는 역동적이고 생동감 넘치는 결속력이 강한 소그룹을 생성하여 하나님이 기대하시는 공동체적 가치가 더 확대할 것이다.

2) 이스라엘 백성의 공동생활

공동체적 교회를 이루게 하시려는 하나님의 관심은 기대 차원에 머물지 않고 실현이 가능한 제도를 주셨다. 예를 들어, 하나님은 이스라엘 백성이 한 가족 의식을 공고하게 유지하도록 또는 공동체 의식을 강화하기 위해 상호 의존적 공동체를 제도화시켜 주셨다.

이스라엘 백성은 공동생활을 했다. 이 공동생활은 광야 생활에서 그 실체를 경험할 수 있다. 만나와 메추라기 음식은 '일용할 양식'이 되어 이스라엘 백성 모두가 굶지 않도록 하셨다. 주의 백성 모두는 하나님의 사랑과 양육의 대상이 되는 것이다. 아울러 안식년과 희년 제도를 제정하셔서 가난과 종살이하곤 했던 동족에게는 회복과 회생의 기회를 얻도록 만들

---

4 권문상, 『성경적 공동체: 삼위일체 하나님을 닮은 가족교회』, 237-252.
5 Bill Donahue & Russ Robinson, 『소그룹 중심의 교회를 세우라』, 25-69.

어 가난과 낮은 지위의 삶이 영속적이지 않게 함은 물론, 미래에 이루어질 풍요와 자유를 희망하며 살도록 하셨다(신 15:1-15; 레 25:40-41).

이스라엘 백성의 공동체 생활은 이러한 하나 된 민족의식을 심화시켜 주기에 충분했다. 이러한 공동체 생활은 이스라엘 백성에게 가족적 결속력을 강화해 오늘에 이르기까지 형제의식을 지속시키고 있다. 이러한 결속력을 지속시키는 공동체 문화는 현대의 유대인들에게도 형제의식이 생활화되어 있어서 유대인으로 인정되는 그 누구도 사회적, 경제적으로 고립되거나 소외되지 않게 한다.[6]

이른바 '하베림 고르 이스라엘', 즉 '모든 유대인은 한 형제'라는[7] 의식을 갖고 전 세계에 걸쳐 유대인의 결속력을 과시하고 있다. 한 사람의 범죄가 곧 유대인 전체가 같은 범죄 의식을 갖는다든지 한 유대인의 가난이 전체 유대인의 가난으로 여기는 것이 그 실례이다. 이는 곧 유대계 사회에 대한 상호책임의식과 상호 의존적 의식을 갖게 하여 유대인의 결속력을 강화하게 만들고 있다.

그래서 지금도 이스라엘에 전쟁이 발발할 경우, 전 세계 유대인은 자발적으로 참전한다. 최근 사례를 보면, 2023년 하마스의 이스라엘 민간인 테러 이후, 전개된 전쟁에 전 세계에 흩어져 살던 유대인이 참전을 위해 이스라엘로 몰려든 것을 우리는 알고 있다.

---

6   다음의 책을 참고하라: 강신권,김형종,정관창,『유대인의 천재교육 프로젝트』; 전성수, 양동일,『질문하는 공부법, 하브루타: 유대인 아버지들이 수천 년간 실행해 온 자녀교육의 비밀』; 전성수, 양동일,『유대인 하브루타 경제교육: 유대인 자녀들은 어떻게 경제를 공부했을까』.
7   강신권,김형종,정관창,『유대인의 천재교육 프로젝트』, 57-61. "유대인의 집에는 손님이 많이 찾아온다. 손님 중에는 아는 사람도 있지만 처음 보는 사람들이 더 많다. 그 이유는 다른 국가나 지방에서 온 유대인이 유숙을 원할 때는 유대인의 율법에 의거해 서로 재워주고 식사를 제공해야 하기 때문이다. 그들은 어느 나라에 있든지 유대인은 한 가족이라고 생각한다. 유대인들은 이것은 히브리어로 하베림 고르 이스라엘이라고 말하는데 그 뜻은_모든 유대인은 한 형제다_라는 것이다"(위의 책, 57-58).

나아가 하나님의 선민으로서의 자부심, 절대적 유일신 신앙을 갖고 하나님의 구원하심을 바라며 긍정적 세계관을 가지고 살도록 교육받는다. 이러한 신앙적 공동체 의식이 유대인들에게는 성공하지 못하는 사람이 없도록 만들었다. 예를 들어, 이민자로 새로운 삶을 시작하는 유대인은 유대인공동체로부터 자립할 때까지 지원받는다.[8] 고난을 받아도 이들은 유대인 동포로부터 도움을 받으며 견딘다.

특히, 유대인 특유의 쉐마교육은 유대인공동체 사회를 영적으로 건강하게 만들 뿐 아니라 토론식 교육을 가능하게 하여 세계에서 가장 창조적 능력을 갖춘 사람들을 만들었다. 이 책 제7장에서 우리가 다룬 바와 같이, 역대 노벨상 수상자 가운데 유대인의 비율은 약 22퍼센트에 이르며, 2013년 12명의 개인 노벨상 수상자 중 6명이나 유대인이었음이 이를 방증한다. 소위 '하브루타', 곧 "짝을 지어 질문하고 대화하며 토론하고 논쟁하는"[9] 교육 방식이 세계의 과학과 경제 등 거의 모든 분야에서 유대인이 최고의 권위자가 되도록 했다.

그런데 하브루타 교육 방법은 토론과 대화 그리고 놀이를 통해 주어지는데 상대를 존중하고 서로의 다름을 인정하는 공동체 의식을 가진 유대인 가정에서 자연스럽게 생성된 것이다.[10] 이를 통해 창의성이 계발되어 유대인공동체는 경제, 사회, 과학, 정치 등 여러 분야에서 출중한 리더십을 보여 주었다.

---

8 강신권,김형종,정관창,『유대인의 천재교육 프로젝트』, 60-61.
9 전성수, 양동일, 『질문하는 공부법, 하브루타: 유대인 아버지들이 수천 년간 실행해 온 자녀교육의 비밀』, 115.
10 전성수, 양동일, 『질문하는 공부법, 하브루타: 유대인 아버지들이 수천 년간 실행해 온 자녀교육의 비밀』, 26-131.

2. 결속력 강화의 실제

소그룹을 교회에 도입한 후 대부분 이 시스템이 모든 문제를 해결할 것으로 기대한다. 그리고 얼마 후에는 그 기대가 환상이었음을 깨닫고 깊은 자괴감과 패배 의식에 젖는다. 소그룹의 시작은 누구에게나 가능하지만, 그 완성도는 누구에게나 주어지지 않는다. 이는 소그룹의 생래적 구조를 파악하지 못해서이다.

소그룹 제도는 인간이 참여하는 한 그 한계가 없는 것은 아니다. 인본주의, 이기주의, 자기중심성, 등 인간의 원죄적 부산물로 인해 소그룹은 그 내구성을 잃은 위험에 처하게 되고 결속력은 늘 깨어질 위기를 맞는다. 우리는 우선 소그룹의 생래적 구조를 파악하여 그 한계를 인식하고, 그 대안으로서 제도화된 구체적 훈련 혹은 연습을 개발해야 한다.

1) 한계와 극복

소그룹의 구성원은 비록 '의인'들이지만 원죄의 영향 아래 놓여 있는 '죄인'들이기도 하다. 그러므로 교회 안에는 물론 소그룹 안에도 가라지가 있을 수 있으며, 그것이 종종 나 자신일 수도 있다. 초대 교회가 갈등은 겪었던 것도 이런 의미에서는 '자연스러운' 현상이었다. 소그룹은 어떤 의미에서 "갈등의 잠재적인 영역"인 것이다.[11]

이 땅에서는 완전한 교회와 완전한 소그룹은 없다. 그래서 하나님은 앞에서 우리가 확인한 바와 같이, 안식년, 희년 제도를 비롯하여 여러 의식법과 도덕법을 제정해 주셔서 공동체 훈련과 연습을 반복하게 하셨다. 이

---

11 Joel Comiskey, 『사람들이 몰려오는 소그룹 인도법』, 편집부 편역, (고양: 도서출판 NCD, 2003), 119.

를 통해 잊었던 자기들의 공동체 의식을 새롭게 하여 이들의 결속력을 다시 새롭게 다질 수 있었다.

그러므로 구약의 이스라엘 백성의 삶은 물론 현대의 유대인공동체를 보아서도 우리의 소그룹이 활성화되고 결속력을 다지게 되는 길은 단순히 소그룹을 만들어 놓고 잘 되기를 기대만 해서는 안 되고, 어떻게 해서든 우리가 모두 서로 '훈련'하고 '연습'해야 할 것이다.

예수께서 열두 제자를 훈련하신 것은 인간의 연약함을 인지하셨기 때문이다. 예수님은 우리처럼 '1주일에 1회' 만나서 말씀 나누고 그의 공생애 사역에 동참하도록 하지 않으셨다. 제자들의 헌신도와 충성도가 남달랐던 이유, 그것은 바로 예수와 3년간의 '합숙 훈련' 혹은 공동생활에 있었다. 제자도는 간헐적으로 만나서는 이루어지지 않는다. 그런데 오늘날 우리의 현실은 이천 년 전의 예수님과 제자들이 함께한 시간과 나눔의 삶에 턱없이 미치지 못한다. 그래서 우리의 소그룹은 나약함, 긴장, 나아가 붕괴에까지 이르는 등 현실적 한계에 부딪히곤 한다.

심리적으로도 현대 문명의 자기중심적 사고와 행동 방식이 소그룹 구성원의 생각을 지배하고 있다. 공동체적 의식, 가족의식, 이타주의적 사고 등은 현대인의 보통 사람의 세계관과는 거리가 멀다. 더욱이 현대인의 사회생활, 직장문화 자체가 성도들 사이에 충분한 시간을 갖지 못하게 하고 있다. 특히, 한국인의 경우, 늦은 퇴근 문화와 폐쇄적 가족주의 의식이 소그룹원들 사이에 공동체적 삶을 거의 불가능하게 만든다. 당연히 우리의 소그룹은 그 결속력이 약화한 상태를 반복하게 되고 마침내는 기대했던 소그룹에 실망하고 패배주의에 빠지고 만다.

어떻게 하면 이러한 문화적, 심리적 한계를 극복하고 하나님이 기대하고 성경적·신학적으로 건실한 공동체성이 살아 있는 소그룹을 만들 것인가?

결국, 답은 다시 성경으로 돌아간다. 이스라엘 백성을 훈련하신 하나님의 방법과 주님이 이 땅에 오셔서 이를 몸소 행하시고 보여 주신 공동체 훈련 방식이 그것이다. 이러한 공동체 훈련이 소그룹을 존속하게 만드는 것이며 나아가 생동감이 넘치고 많은 성도가 갖고 싶고, 따르고 싶은 소그룹이 되게 한다. 이제 그 구체적 '훈련'과 '연습'을 논의해 보자.

2) 정체성 훈련

정체성 훈련과 관련하여 소그룹의 결속력 강화를 위한 방법으로 다음 두 가지를 소개하고자 한다.

첫째, 가장 근본적이고 중요한 것으로 바로 **소그룹의 철학과 정신**을 **반복하는** 것이다.

앞에서 언급한 바와 같이 인간은 자기중심적 사고와 행동에 익숙하여서 하나님의 지시와 명령에 소극적일 수밖에 없다. 신앙으로 이를 극복한다고 하지만 현실적으로 이 땅에서는 한계가 있다. 그래서 이스라엘 백성과 교회가 정로를 이탈할 때 주의 징계가 주어지고 명령이 다시 반복되었다. 마찬가지다. 소그룹의 결속력 강화의 첫 번째 훈련은 정체성의 반복적 선언이다. 행동이 지속하기 위해서는 의지력을 요구할 것이 아니라, '습관'이 되어 무의식적으로 행동할 수밖에 없도록 '반복'시키는 것이 필요하다.

> 의지력 자제력이 실제로 만들어지는 장소는 우리 뇌다. … 하지만 뇌가 사용할 수 있는 에너지 양은 제한적이다. … 의지력은 운동할 때 필요한 근력과 비슷하다. 근력을 사용할수록 점점 힘이 고갈되듯 의지력도 사용하면 사용할수록 줄어든다. 의지력에 필요한 에너지가 소모되기 때문이다. … 습관이 돼야 행동이 지속되고 행동이 지속되야 변화가 임계치를 넘어

새로운 문화로 정착한다. … 조직 문화 개선 활동의 성패는 구성원들이 변화된 행동을 무의식적으로 반복하게 만드는데 달려 있다. … 여기에 효과적인 방법이 환경 설계다. 구성원들의 의지에 호소하는 것이 아니라 행동할 수밖에 없는 환경을 만들어 주자. 인간은 무의식적으로 주변 환경을 통해 본 대로 행동한다. 그렇게 하는 것이 우리 뇌가 에너지 소모를 최소화하는 방법이기 때문이다.[12]

두 가지를 여기서 제안하고자 한다. 우선 케리그마의 능력을 재확인하게 하는 것이다. 복음의 능력, 구원의 확신은 물론, 종말론적 신앙 혹은 확고한 소망의 신앙이 끊임없이 소그룹에서 반복되어야 한다.[13] '개방적 가족' 의식과 철학 정신 그리고 이에 해당하는 말씀을 탐구해야 한다. 이 주제에 관해서는 이 책 앞부분에서 많이 강조했다. 이것이 지성주의로 흘러가서는 안 되지만, 그렇다고 복음과 공동체 정신에 관한 깊은 탐구를 하지 않은 상태에서는 실제적 적용이 이루어질 수는 없다. 적용만 강조하는 것은 도덕적 재무장을 어느 정도 가능하게 할 수는 있지만 소그룹의 결속력이 강화될지는 의문이다.

오히려 반지성주의는 교회와 말씀에 대한 몰이해를 조장하여 일반 사교모임으로 전락하든지 아니면 이단들의 좋은 '먹잇감'의 대상이 되게 만들기도 한다. 진정한 케리그마에 대한 확신과 이해는 적용의 진정성을 낳는다. 교회 안에 소그룹의 결속력이 약화하지 않게 되는 것은 바로 자신이 속한 교회의 에토스에 얼마나 충실하냐에 달린 것이다. 포사이쓰

---

12 이수민, "조직문화 혁신? 성급함 먼저 버려라", 「동아비즈니스리뷰 DBR」 298 (2020년 6월). 2024년 1월 10일 접속. https://dbr.donga.com/article/view/1201/article_no/9639/ac/magazine

13 Dan W. Forsyth, "Tolerated Deviance and Small Group Solidarity," *Ethos*, Vol. 16, No. 4 (Dec., 1988), 415.

(Forsyth)는 이를 '사회문화적'이라 표현하면서, 정확히 말하면 '기독교 문화적' 의미라 할 수 있는 '사회문화적 맥락'(sociocultural context)에서 인간에게 '무의식적 판타시'가, 곧 기독교적 근본정신이 창조될 때, 이를 통해 기독교인이 부딪히는 소그룹 내에서의 심각한 문제를 근본적으로 해결할 수 있다고 했다.[14]

포사이쓰는 정신분석학적, 심리학적 해석의 도움을 받아 소그룹 내에서의 기독교적 근본정신, 진정한 신앙, 특히 소망의 신앙이 소그룹의 결속력을 강화하는 요소임을 사례 연구를 통해 증명했다.[15] 이 논문에서 그는 특별히 이 소그룹이 여러 분쟁과 긴장의 요소가 있음에도 불구하고 결속력이 살아 있게 만든 요소로서 기독교 정신 중 '관용'에 주목했다. 상대에게 관용의 마음을 가짐으로써 소그룹 내에서 유발될 수 있을 긴장을 희석하게 하여 궁극적으로 결속력이 있는 소그룹이 생기게 되었다는 것이다.

그런데 이 관용의 정신을 가능하게 했던 것이 기독교의 핵심 가치인 사랑과 소망의 신앙 정신임을 제시하고, 이러한 정신이 구성원들에게 내부에서 말썽을 피울 수 있는 사람을 용납하고 언젠가 올바른 행동을 하여 모범적 신앙인으로 거듭날 것을 기대하게 했다는 것이다. 나아가 궁극적으로 비정상적인 인물 혹은 괴짜로 여겨질 사람이 그 모든 행동 양식에서 변화와 갱신이 이루어지게 되었다고 말한다.

"괴짜라고 할 이 사람에게 소그룹 구성원들이 관용을 베풂으로써 이 사람이 기적적으로 새로운 사람이 되도록 하여 ⋯ 진정으로 새로운 기독교인이 되게 했다."[16]

---

14 Dan W. Forsyth, "Tolerated Deviance and Small Group Solidarity," 415-416.
15 Dan W. Forsyth, "Tolerated Deviance and Small Group Solidarity," 398-420.
16 Dan W. Forsyth, "Tolerated Deviance and Small Group Solidarity," 416.

이것이 가능하게 한 것이 바로 그가 표현하듯이 "문화적이고 무의식적인 과정들"(즉, 기독교의 근본적 정신)에 의한 것이라고 했다.[17] 포사이쓰는 이 논문의 결론에서 무의식 과정이 소그룹의 역동성에 영향을 미쳤다고 하고, 소그룹이 얼마나 역동적인지 알기 위해서는 그 안에 있는 구성원들의 무의식 상태에 관해 상당한 연구 조사가 필요할 것이라고 했다.[18]

둘째, 소그룹 안에서의 **자기들만의 '헌장'을 만들고** 이를 **반복하여 읽는 것**이다.

이것은 단순 명료하면서도 길지 않게 만들 것을 권한다. 실제로 도이쳐(Verda Deutscher와 Irwin Deutscher)는 실제 사례 연구를 통해 이러한 '헌장' 혹은 '선언문'을 만듦으로써 소그룹이 분열의 논쟁에 휘말리지 않고 결속력을 다질 수 있었다고 했다.[19] 이 그룹에서는 인종 차별 금지에 대해 동의하고 행동은 비폭력적으로 할 것을 명문화하여 이에 동의하지 않는 사람은 아예 들어오지 못하게 했고, 결과적으로 이 소그룹에서는 분열 논쟁이 없었다는 것이다. 이를 통해 이 그룹에서는 모든 구성원이 지속해서 참여하고 헌신적으로 활동할 수 있었던 것이다.

도이쳐는 이 소그룹을 평가하면서 다음과 같이 확고하게 선언했다.

> 이 소그룹이 왜 조직되었고 어떻게 그 목표를 달성해야 할지를 각각의 구성원 모두가 정말 아주 명료하게 이해하게 함으로써 결속력을 강화하게 하는 요인이 생긴다며, 이 점에 대해 강조하는 것은 전혀 지나치지 않다.[20]

17　Dan W. Forsyth, "Tolerated Deviance and Small Group Solidarity," 416.
18　Dan W. Forsyth, "Tolerated Deviance and Small Group Solidarity," 417.
19　Verda Deutscher & Irwin Deutscher, "Cohesion in a Small Group: A Case Study," *Social Forces*, Vol. 33, No. 4 (May, 1955), 338.
20　Verda Deutscher & Irwin Deutscher, "Cohesion in a Small Group: A Case Study," 338.

이 연구에서 보듯이 소그룹이 결속력을 다지기 위해서는 모든 구성원이 소그룹이 갖는 '헌장'에 명백하게 모두 동의하는 것이 우선이라 하겠다.

위 사례의 소그룹은 어떤 면에서는 독특했다. 보통의 일반적인 소그룹의 전형적인 특징을 많이 갖고 있어서 분열될 위험도 있었기 때문이다. 구성원들의 배경이 완전히 서로 다른 모임이었던 것이다. 하지만, 도이처는 소그룹이 비록 "극단적으로 서로 완전히 다른 구성원들로 모인 소그룹이라도, 심지어 (종교) 의식을 정기적으로 갖지 않는 경우라도, 결속력을 극대화할 수 있음을 보여 주었다"라고 결론을 맺는다.[21] 놀라운 것은 이 소그룹이 교회의 소그룹이 아닌 일반 사회의 소그룹이었다는 사실이다. 이 연구에서 우리는 형태상으로 소그룹 결속력 강화의 모델로서 소그룹 '헌장' 혹은 '선언문'을 만드는 게 중요하다는 사실을 확인할 수 있다.

나아가 소그룹 헌장의 반복적 읽기가 필요하다. 소그룹 모임을 시작할 때마다 이 헌장을 반복하여 읽거나 재확인하게 하는 절차를 갖는 것이다. 이는 자칫 잊힐 수도 있고 무시되기도 했던 자신이 속한 소그룹의 정체성을 확인하도록 도움을 줄 것이다. 이는 곧 마치 하나님이 반복적으로 이스라엘 백성에게 말씀을 들려주었던 것과 같다.

이러한 공동체 정신 선언문을 반복해서 읽는 것은 자칫 개성이 강한 사람들이 모인 경우, 소그룹 운영에 문제점을 일으켜 궁극적으로 결속력을 약화할 가능성을 차단하는 효과를 거둘 수 있다. 예를 들어, 소그룹 모임에서 소그룹 헌장이나 선언문에 상대를 존중해야 한다는 동의, 대답을 독점하지 않겠다는 약속, 대답은 돌아가면서 하되 5분을 넘지 않는다는 약속, 남이 대답할 때는 존중한다는 약속 등이 그것이다. 이러한 약속 선언을 모일 때마다 반복하면 지나치게 말이 많은 사람이나 모임을 독점하려는 사람이 어느 정도 자제력을 갖게 하는 데 효과적일 것이다.

21　Verda Deutscher & Irwin Deutscher, "Cohesion in a Small Group: A Case Study," 341.

따라서 빌 도나휴가 지적한 다음의 내용은 매우 중요하다.

> 소그룹 선언문 혹은 언약을 늘 재확인하고, 다시 제시하고, 다시 확립하고, 도전하고, 재정의하라. 어떤 방법으로든지 그룹 참여에 대해서 합의된 사항을 모든 사람에게 상기시키라. 모임의 목적과 가치를 확실히 하기 위해 모든 구성원과 함께 이 기준에 대해 이야기하라.[22]

3) 공동생활-공동체 훈련

공동체 헌장을 반복하고 케리그마를 진정성 있게 확인함으로써 영적, 지적 능력을 강화하는 것은 공동체 혹은 소그룹의 결속력을 강화하는 기본적 요소이지만, 소그룹이 공동체적-인격적 교제를 통한 긴밀한 관계망 형성 작업이 동반할 때 그 결속력의 내구성과 항구성 그리고 효율성을 극대화할 수 있다. 이 작업의 모멘텀 혹은 유비는 이스라엘 백성의 공동생활과 예수의 공동생활이다.

공동생활 훈련은 가장 결속력이 강한 민족 중의 하나인 이스라엘을 지금까지 존속하게 한 정신을 만든 것이며, 예수께서 헌신적으로 제자들을 훈련하신 덕택에 교회가 엄청난 박해를 받으면서도 제자들이 교회를 지켜내고 오늘에까지 그 생명력이 이어지게 된 것이다. 따라서 소그룹 안에서 우리는 구약의 공동체 의식을 생활화한 이스라엘 백성과 예수께서 제자들과 함께한 3년 동안의 공동생활을 어떤 식으로든 벤치마킹하는 것은 상당한 의미가 있다.

후자의 경우, 현대교회에서 성도 간의 관계에 대해 아이스노글(Gareth W. Icenogle)이 비판적 견해를 피력한 것은 우리가 소그룹의 결속력 강화

---

22 Bill Donahue, 『삶을 변화시키는 소그룹 인도법』, 191.

를 위한 공동생활의 방법론을 추론하도록 도움을 준다. 그는 예수께서 제자들과 친밀한 3년의 동행 기간과 현대교회에서 1주일에 1번, 2시간 정도 만나는 기간을 대조하면서, 현재의 이러한 소그룹 운영 구조에 만족하는 한 영향력이 있는 소그룹을 만들 수 없다고 주장했다.[23] 그러므로 우리가 예수의 공동생활 훈련으로부터 소그룹의 역동적이고 결속력을 강화할 소재를 발견하려고 노력하는 것은 성경적이기도 한 것이다.

이제 여기서는 이러한 소그룹 내에서의 결속력을 효과적으로 다지게 할 구체적인 소그룹원들과의 공동체 생활에 관한 실제 두 가지를 살펴본다.

첫째, 소그룹의 공동식사다.

비록 현대의 바쁜 사회생활을 고려할 때 실제로 소그룹 구성원들이 공동생활을 할 수 없다고 하더라도, 우리는 어느 정도 그 정신을 실현할 좋은 방법을 찾아야 한다. 이러한 목적을 구현시킬 방법으로써 소그룹의 공동식사는 매우 실제적이고 효과적이므로 우리가 진정성을 가지고 적극적으로 발전시킬 필요가 있다.

물론, 어느 소그룹이든지 공동식사 모임이 없지는 않다. 하지만, 공동식사가 소그룹의 결속력 강화를 위해 얼마나 중요한 사회학적, 민속학적 의미가 있는지 아는 사람은 많지 않을 것이다. 왜냐하면, 오늘날 교회 및 소그룹 안에서의 공동식사는 '축제'보다는 '부담'으로 여겨지기도 하여, 이 행사를 형식적 과정으로 생각하곤 하기 때문이다. 그래서 부엌에서 음식을 만들고 설거지하는 것을 고통스러운 혹은 수고로운 일로 여겨서 간혹 주방이 불평과 불만으로 가득하곤 한다. 집에서 직접 공동식사를 조달하는 것을 번거롭게 느낀 나머지 '외식'으로 공동식사의 '행사'를 치른다. 물론, 이러한 의례적 공동식사라도 소그룹의 결속력 유지에 제한적이나마

---

23   Gareth W. Icenogle, 『소그룹 사역을 위한 성경적 기초』, 269.

도움이 안 되는 것은 아니다. 하지만, 왜 우리가 식사를 준비하는 수고를 마다하지 않는 게 훨씬 더 소그룹의 결속력 강화에 나을지는 다음의 논의에서 확인할 수 있다.

원래 공동식사는 '성만찬'에서 그 의미의 진정성을 찾을 수 있다. 그리고 초대 교회의 성만찬은 예수와 제자가 공동생활을 하면서 마주한 마지막 만찬에서 그 원형을 발견한다. 그리고 이 마지막 만찬은 이스라엘 공동체가 가졌던 유월절 만찬을 모형으로 하고 있다. 여기서 중요한 것은 아이스노글이 간파한 것과 같이 '집'에서 만찬을 행했다는 것 그리고 이 만찬은 '기억', '회상', '재현', '기념'의 실천이었다는 점이다.[24]

만찬, 즉 공동식사는 '밖'에서 외식하는 것으로 치부되어야 할, 형식적 소그룹 혹은 교회의 행사가 아니어야 한다는 것이다. 다른 사람의 방해 없이 소그룹 참여자들만 모여 열린 소통의 관계를 나누는 데는 집에서 모여 식사하는 것이 가장 좋은 것이다. 서로 마음을 열고 편안한 상태에서 형제애적 깊은 교제를 나눌 수 있게 하기 때문이다.

실제로 아무리 밖의 음식이 훨씬 맛이 있더라도 집에서 먹는 것보다는 마음이 편하지 못할 것이다. 식당의 낯선 다른 손님이 옆자리에 있는데 성도의 교제가 깊이를 더할 수 없는 것이다. 아울러 식당 주인의 눈치를 의식하여 가능한 한 속히 자리를 비워야 한다는 부담도 없지 않을 것이다. 이런 불편한 분위기 속에서 소그룹 모임을 하는 것은 아무리 공동체 혹은 소그룹 헌장을 반복하고 잘 준비된 케리그마가 있어도 소그룹 구성원들이 얼마나 속 깊은 대화를 나눌 수 있을지 회의적이며, 이러한 모임은 당연히 그 결속력의 기대치를 밑돌게 할 것이다.

따라서 공동식사는 집에서 갖는 것을 원칙으로 여김으로써 여기서 제시하는 이스라엘과 예수의 공동생활 원리를 따라 소그룹의 결속력을 극

24　Gareth W. Icenogle, 『소그룹 사역을 위한 성경적 기초』, 361-62.

대화하는 방법을 모색하는 게 바람직하다고 하겠다.

　소그룹의 결속력을 다지는 매우 유용하면서도 중요한 그리고 매우 효과적인 방법은 집에서 상호 간의 '헌신적' 준비를 통해 '떡을 떼는' 순서를 진지하게 갖는 것이라 하겠다. 호스트 혼자서 준비할 경우라고 해도 다른 소그룹 구성원들을 위해 기쁨으로 '봉사'한다면 그 이상의 진지한 사랑의 전달 행위도 찾기 힘들 뿐만 아니라 대접받는 이들은 감동과 감격, 감사를 표하지 않을 수 없게 되어 소그룹의 결속력이 강화되도록 크게 이바지할 것이다. 우리가 다른 사람을 주 안에서 한 가족으로 여기고 이들에 대해 사랑을 실천하고자 한다면, 우리는 기꺼이 우리 집을 개방하고 이들을 공동식사로 초대하는 것이 마땅하다.

　다음의 태도로 소그룹원들을 맞이하면 금상첨화다.

> 누군가 문을 열고 들어오는 그 순간부터 관심을 보여 줌으로써 시작하십시오. 미소를 보내거나 포옹을 해 주어도 좋습니다. … 음료수를 대접하십시오 … 이들은 환영받는다는 느낌에 매우 기분이 좋을 것이고 이들은 당신이 진정한 돌봄과 관심을 보여 준다고 믿을 것입니다.[25]

　이러한 소그룹을 누가 떠나고 싶겠는가?

　공동식사에로의 초대는 공동체를 더욱 강화해 '사랑받는' 존재로 모든 구성원의 자존감을 높일 것이다. 더욱이 불신자 혹은 교회에서 거의 완전히 소외된 자를 초대할 경우, 사랑과 관심에 '굶주린' 이들이 그 소그룹을 매력적으로 느끼는 것은 당연하다. 궁극적으로는 이들을 진정한 그리스도인이 되게 할 것이다.

---

[25] Joel Comiskey, 『사람들이 몰려오는 소그룹 인도법』, 123.

공동식사는 유월절 만찬과 성만찬에서와 같이 소그룹 구성원들 사이의 깊이 있는 신앙적 교제를 나누고 서로 사귐의 깊이를 더하며 상호 용납하고 서로 격려함으로써 천국 백성으로서의 자의식 회복과 믿음으로 하나가 되는 가족 의식의 재현을 확인하는 자리가 되어야 할 것이다. 유월절에 '가족'이 모여서 구별된 혹은 구원받은 하나님의 백성으로서의 만찬을 나누듯이, 신앙으로 한 가족을 이룬 '신앙적 민족의식'을 재현시키는 것이다. 이를 성만찬에서 주님은 더 구체화해 주셨다. 주님의 죽음을 통해 비로소 혈연과 인종, 성별과 나이를 떠나 모두 한 가족의 천국 민족이 됨을 '기념'하도록 하신 것이다(눅 22:19; 고전 11:24-25).[26] 그러므로 공동식사는 가족 의식을 확인하고 이를 이루게 하신 주님을 기뻐하며 하나 된 공동체 의식을 확인하는 모임이 되어야 한다.

나아가 공동식사는 사회학적 의미에서 소그룹 구성원들이 '상호 의존적' 존재임을 알려 주는 것이다. 공동식사는 공동체를 강화하는 소그룹의 주요 과제이다. 이를 아이스노글은 다음과 같이 잘 서술했다

> 함께 먹는 것은 그룹이 경제적으로나 육체적으로 지탱하기 위한 상호 의존의 중요성을 일깨워 주었다. 이들은 더 이상 다른 이들과 관계를 맺지 않고, 책임을 나누지 않는 분리된 개인으로 남을 수 없었다. 이들은 인간 공동체와 음식, 돈, 교제, 생존, 구원, 성장, 지상 사역을 위한 준비 등을 위해서 함께 묶인 사람이다. 음식을 나누는 것은 전적으로 공유하는 삶을 보여 주는 데 필수적이며 중심적인 것이었다. 만약 그룹의 한 구성원이 음식이 없고, 또 음식을 살만한 돈도 없다면, 그룹의 나머지 사람들이 자신들이 가진 돈과 음식을 나누었던 것이다. 모든 양식은 하나님으로부터 왔

---

26 cf. 권문상, "장애인 세례와 성찬", 「개혁신학」 제22권 (2010), 28-34.

기 때문의 개인의 양식은 공동체의 양식이 되었다.[27]

민속학적으로 볼 때도 공동식사는 인간 실존에 관한 질문과 응답의 역할을 하여 식사 참여자들 사이에 친밀도를 높여 연합을 이루게 하는 일종의 '가족 의식'을 의미한다.[28] 인간은 혼자서 살아가게 되어 있지 않고, 자신을 알아 주고 또한 다른 사람을 의지하는 공동체적 존재인 것을 공동식사로 확인하게 된다는 의미다.

이러한 공동체적 실존 의식은 공동식사라는 매개체를 통해 한 가족이 된다는 의식을 갖게 하여 참 자유와 행복의 장을 구현시키게 된다. 구성원들 사이에 소통이 강화되어 상호 작용 비율이 증가하게 되면서 상호 이해와 관용, 도움 등의 경험을 하여, 소그룹 밖 각각의 고유한 사회적 환경에서 더욱 안정적으로 자아를 실현하도록 힘을 얻게 되는 것이다. 따라서 공동식사는 단순한 식사 모임이 아닌 "일종의 종교적 의식이 되는 것이다."[29]

미국의 음식 섭취를 연구하여 섭취 행동과 소속 집단에서의 사회적 상호행동에 대한 통찰력을 제시한 연구 결과에 따르면, 공동식사는 일종의 심미적 규범의 역할을 하여, 입으로 표현하는 행동과 구체적으로 표현하는 행동 사이의 관계에 대한 이해를 강화하는 데 궁극적으로 도움을 줄 수 있다고 했다.[30] 그만큼 사회학적으로도 공동식사는 상대에 대한 이해를 충분히 갖게 하는 데 도움이 되어 상호 간에 소통을 매우 원활하게 한다는 것이다.

---

27 Gareth W. Icenogle, 『소그룹 사역을 위한 성경적 기초』, 363.
28 Linda T. Humphrey, "Small Group Festive Gatherings," *Journal of the Folklore Institute* Vol. 16, No. 3 (Sep. 1, 1979), 191.
29 Linda T. Humphrey, "Small Group Festive Gatherings," 192.
30 Linda T. Humphrey, "Small Group Festive Gatherings," 192.

험프리(Linda T. Humphrey)는 미국의 공동식사를 통한 교제가 소통을 강화하는 중요한 수단임을 증명하기 위해 미국의 공동식사 교제를 역사적으로 분석하여 네 가지 부류로 다음과 같이 구분했다.[31]

- 달력에 따른 식사 교제
- 일 중심에 따른 식사 교제
- 기금 모금에 따른 식사 교제
- 사교적 목적만을 고려한 식사 교제

첫 번째, 달력에 따른 식사 교제에는 추수감사절, 부활절, 크리스마스, 노동절, 독립기념일, 현충일 등이 있는데 이 중에서도 미국인들은 추수감사절을 매우 중요하게 생각한다고 말하면서 이 절기 축제를 위해 온 가족이 각기 음식을 준비하여 함께 식사한다고 했다.

두 번째, 일 중심에 따른 음식 교제에서는 흥미로운 점이 발견되는데 그것은 바로, 일터에서 미국인들이 공동식사와 관련한 내용을 반드시 아주 자세하게 기록했다는 점이었다. 이 기록이 의미하는 것은 이들이 음식을 나누며 즐기는 행동 그 자체가 중요한 일임을 말해 주는 동시에 그것이 일의 현장 일부였음을 말하는 것이라고 험프리는 주장했다. 그만큼 공동식사가 갖는 일터의 공동체적 결속력 강화를 암시한다는 의미이다.

세 번째, 기금을 모금할 때도 음식 교제가 필수적으로 그리고 매우 재미있는 순서를 차지했음도 확인했다. 주로 학교와 교회를 위해 필요한 기금을 모으기 위해, 점심이나 저녁에 먹을 갖가지 음식을 박스 형태로 가져와서 진열해 놓고 팔면서 서로 즐겁게 교제를 나눈다.

---

31 Linda T. Humphrey, "Small Group Festive Gatherings," 193-196.

네 번째, 사교적 목적만을 고려한 식사 교제는 친구나 가족, 직장 동료, 교회 모임 등에서 나들이 하면서 이루어진다. 미국에서는 일터 혹은 공식적 모임에서 정해진 공식적 예의가 있기는 해도, 격식 없이 서로 교제하는 일이 흔하다. 그래서 공원에 가서 각자 도시락을 가지고 와서 교제하든지 아니면 바베큐를 함께한다.

결론적으로, 이상의 네 가지 종류의 교제에서 확인할 수 있는 바와 같이, 집과 교회와 사회 여러 모임에서의 공동식사는 아마도 미국인들이 소통을 원활하게 하여 상호 간에 믿음을 공고하게 다지고 공동체적 결속력 강화를 도모하게 하는 데 유용하게 사용되었음을 보여 주었다고 하겠다.

어느 조직체에서나 소통의 중요성은 아무리 강조해도 지나치지 않다. 교회 안의 소그룹에서 역시 소통은 매우 중요한 역할을 한다. 구성원 사이의 믿음과 이해 그리고 상호 의존은 원활한 소통에 의해서만 가능하다. 그런데 공동식사만큼 이러한 소통을 훌륭하게 만들어 주는 매개체는 없을 것이다.

나아가 이러한 원활한 소통의 통로로서 기독교 소그룹의 공동식사는 구성원들의 평등 의식을 고취한다. 소그룹 리더라고 해서 다른 소그룹 구성원보다 곱빼기 먹거나 고기반찬 더 가져가는 게 아니다. 오히려 그 반대일 경우가 더 많다. 정량의 음식을 사회적 지위나 직분의 차이와 관계없이 자신이 먹을 만큼 모두가 동등하게 가져간다.

열린 소통은 이러한 평등한 식사 배분에서 시작된다. 그렇지 않다면 그 소통은 닫힌 소통이 되어 공동식사를 하지 않는 것만 못하게 된다. 그러므로 공동식사는 소그룹 안에 자연스럽게 수평적 직제 구조를 공고히 다지게 하여 혈육과 친척 이상의 참 가족공동체를 세워 나간다. 우리가 이 책에서 주제로 다루는 수직적 직제 혁신을 위한 효과적 수단을 소그룹 안의 공동식사가 제공하는 셈이다.

한편, 앞에서 언급한 바와 같이 '집'에서 이 교제를 갖는 것이 공동체의 결속력 강화를 이루는 최상의 장소이지만, 공동식사를 오늘날 복잡다단한 현대(특히 도시) 사회에서 반드시 '집'에서만 이루어야 할 것인지는 논쟁의 소지가 있을 것이다. 바쁜 현대인의 직장 생활과 맞벌이 부부가 상당수 가정인 상태에서, 집에서만 공동식사를 제한하는 것은 비현실적일 수도 있어서이다.

이것과 관련해서는 앞에서 비판적으로 언급했지만, 집에서 식사할 수 없는 불가피한 경우라면, 제한적으로나마 집 밖에서 간단하게 식사하는 것도 아예 공동식사를 하지 않는 것보다는 훨씬 나을 것이다. 이런 이유로 오늘날 반드시 집 밖의 식사를 부정적으로만 볼 수는 없겠다.

다만, 이 경우 제한적으로 허용하되, 오늘날 우리의 일터에 상당 시간 매어 사는 우리에게는 종종 비정기적으로 '약식 형태'의 공동식사를 고려할 수 있을 것이다. 가능한 독립된 야외 공간 확보를 권장하고, 불가피하게 집 밖 공동식사를 주로 해야만 한다고 해도 적어도 1년에 계절별, 휴일 혹은 방학을 이용해서 몇 번은 반드시 집 안에서 여유 있게 공동식사하는 것을 제안한다. 만일 집 밖의 공동식사 혹은 다과 모임을 할 경우에라도, 원칙적으로 집 안에서의 모임과 같이 소그룹 구성원 전체가 참여하는 것이 좋다.

어떤 경우, 대부분 전체가 모이기 어려워서 식당이나 카페에서 공동식사를 하곤 한다. 직장 혹은 서로 멀리 떨어진 지역에 거주할 경우가 여기에 속한다. 비록 전체가 모이지 못해도 정한 일시에 반드시 모임을 하며 식사를 함께할 필요가 있다. 불참하는 해당 소그룹의 다른 구성원이 소외감을 느끼는 한이 있더라도, 정한 모임은 지켜야 할 필요가 있다. 이런 경우 아마도 '비공식' 모임일 가능성이 크다. 제한적이나마 비공식적 모임을 하는 것이기는 하지만 활용하기에 따라서 매우 매력적이며 효율적일 수도 있다.

같은 소그룹에서라도 친밀도가 남다르게 강한 구성원이 있을 수도 있고, 아니면 정반대로 관계가 소원하거나 소외된 구성원이 있을 수 있다. 이들을 지역적 접근성 혹은 직업적 동질성을 이유로 직장 근처의 카페나 작은 음식점으로 초대하여 교제를 나눌 수 있는 것이다.

코미스키는 다음과 같이 이와 같은 '밖에서의 만남'을 매우 적극적으로 권장한다.

> 소그룹 모임 밖에서 소그룹원들을 만나십시오. 전화나 감사의 쪽지, 함께 커피를 마시는 것이나 방문 등을 이야기하는 것입니다. … 그렇게 함으로써 여러분은 소그룹원들과 더욱 공고한 신뢰를 쌓아갈 수 있을 것입니다.[32]

이처럼 상호 구성원 사이에 신뢰를 보다 공고하게 만들 수만 있다면 집밖에서 공동식사를 제한적으로 허용할 수 있다.
다음 히브리서의 말씀을 무시할 수는 없는 것이다.

> 서로 돌아보아 사랑과 선행을 격려하며 모이기를 폐하는 어떤 사람들의 습관과 같이 하지 말고 오직 권하여 그 날이 가까움을 볼수록 더욱 그리하자(히 10:24-25).

둘째, 소그룹 구성원과의 1박 2일의 공동생활 체험이다.

공동생활을 통한 이스라엘의 공동체 의식 훈련과 주님의 제자 훈련을 오늘날 산업 사회에서 그대로 수용하는 것이 불가능하지만,[33] 적어도 1달 혹은 분기별 1박 2일의 야영이나 여행은 소그룹의 결속력을 다지는 데에 매우 큰 도움을 줄 것이다. 주 5일제가 시행되면서 이러한 1박 2일(금, 토) 행사는 충분히 가능할 것이다.

---

32 Joel Comiskey, 『사람들이 몰려오는 소그룹 인도법』, 125.
33 이상적 공동체 생활, 즉 한 큰 집 혹은 큰 건물에 여러 가구가 경제적 공동체 생활을 하는 것은 엄밀히 말해 비성경적이고 신학적으로도 옳지 않다. 이에 대한 논의를 위해서는 다음을 보라: 권문상, 『성경적 공동체: 삼위일체 하나님을 닮은 가족교회』, 193-95.

이 경우, 교회 지도부에서 소그룹별로 나누어 금요일에 돌아가면서 1박 2일의 소그룹 모임을 하도록 허용할 것을 제안한다. 교회의 금요일 정기 기도회 모임이 있더라도 소그룹 '중심의' 교회를 지향한다면, 이 정도의 행정적 배려는 필요하다. 소그룹 구성원들이 대가족을 이루며 여행하고 자연휴양림 같은 곳에서 야영하거나 펜션에 같이 기거하면서 위에서 우리가 제안한 공동식사를 나누는 것은 공동체적 일체감을 다지는 데에 매우 효과적이기 때문이다.

그리고 1박을 같이 하면서 함께 '떡을 떼는' 만찬도 중요하지만, '놀이' 준비를 잘하는 것이 필수이다. 행사를 잘 준비할수록 그 효과는 배가 되므로 소그룹 참여자들이 행사 전 여러 음식 재료와 각종 교제 도구를 서로 분담함으로써 공동생활 체험의 기쁨을 더 크게 기대하게 해야 한다. '재미'를 즐기자는 것이다. 종일 같은 얼굴을 맞대면서 특별한 주제 없이 대화하는 것은 자칫 지루함을 줄 수 있기 때문이다.

그런데 문제는 우리에게는 '놀이 훈련' 경험이 거의 없다는 것이다. '놀 줄 모른다'라는 말이다. 이는 노는 것이 우리에게는 시간 낭비요, 비생산적이며, 때로는 천박한 것으로 여겨서이다. 심리학자 김정운은 그래서 이러한 놀 줄 모르는 한국인을 향해 쓴소리한다. "노는 만큼 성공한다"라고.[34] 이른바 '놀이의 심리학'을 깨우친 것이다. '놀이의 심리학'를 제창한 김정운은 우리의 '놀이의 불편함'을 잘 간파했다.

> 우리 세대는 행복하고 재미있게 살면 끊임없이 죄의식을 느끼도록 '의식화'되었다. 그러다 보니 삶의 재미와 행복에 대해서는 아주 가증스런 이중적 태도를 취할 수밖에 없다. 재미와 행복은 내 삶의 본질과는 전혀 다른 세계의 일이어야만 한다는 무의식적 억압이 우리를 짓누른다.[35]

---

34   김정운, 『노는 만큼 성공한다』(파주: 21세기북스, 2005).
35   김정운, 『노는 만큼 성공한다』, 15.

그러나 잘 노는 게 행복한 것이다. 서양에서는 가족이 둘러앉아 노는 것이 매우 자연스럽다. 게임을 하면서 대화하고 상호 소통을 즐긴다. 하지만, 우리는 한가할 때는 '독서'나 하는 것이지 노는 것은 '일을 안 하는 게으른' 행위라 여긴다. 잘 놀아야 창의성도 만들어지고 의사소통도 원활하게 됨에도 불구하고 말이다.[36]

요즈음 미국의 가정에서 즐겨하는 놀이 게임, 일명 '보드게임'을 우리나라 가정에서도 따라 하고 있는데, 이렇다 할 놀이 문화가 없는 우리에게 얼마나 큰 재산이 되어가고 있는지 평가할 만하다. 1박 2일을 지내면서 가족들 사이에 서로 이러한 보드게임을 하면, 소그룹에 합류한 지 얼마 되지 않은 가족들도 단번에 소통을 가능하게 할 것이다.

이 밖에 여건이 되면, 족구, 농구, 축구 등 구기 종목을 마련하든지, 등산을 같이 할 수도 있다. 소그룹 구성원이 친해지고 하나가 되는 믿음의 한 가족을 만들게 하는 놀이 소재는 얼마든지 주위에 산재해 있다.[37] 이러한 놀이 문화를 잘 선용해서 1박 2일의 행사를 통해 이스라엘 백성이 광야에서와 같은 하나님의 은혜를 공동체적으로 같이 맛보고 주님의 제자들처럼 공동 운명체 의식을 다지는 것은 소그룹이 역동성을 갖게 하는 데 일조할 것이다.

놀이의 핵심은 재미이다. '잘 노는' 가정은 모든 가족이 함께하는 것이 재미날 것이고 행복할 것이다. 마찬가지로 '잘 노는' 소그룹은 모든 구성원이 함께하고 싶고 행복해할 것이다. 소그룹에서 바른 교육이 이루어지길 원한다면, 1박 2일과 같은 일상에서 벗어난 재미를 만들어야 한다. 재미있는 모임이라고 여겨져야 그 소그룹에 내구성과 지속성이 따르기 때문이다.

---

36 김정운, 『노는 만큼 성공한다』, 76-187.
37 예를 들어, 다음의 책을 참고하라: 전재국, 『놀이와 공동체: 집단상담 기법에 기초한 놀이』 (서울: 예영커뮤니케이션, 2001), 37-207. 여기서 소그룹 모임에 적용하기에는 좀 '큰 놀이'가 될지 모르겠지만, 리더의 능력에 따라 잘 적용하면 유익하리라 생각한다.

놀이는 소그룹 구성원의 마음을 열게 하고 리더십을 강화하며 친밀도를 극대화한다. 이는 모두 소그룹의 가족적 공동체 의식을 공고하게 만들게 할 것이다. 성경 공부에만 매달린다고 소그룹이 성공을 거두지 않는다. 때로는 머리를 비워야 소그룹의 가치를 확인한다. 이게 유대인공동체가 깨달은 '비밀'이다.

그래서 유대인은 아이 교육의 핵심을 '놀이'에 두었다.[38] 유치원 교육이란 것이 노는 게 전부였다.[39] 그리고 '하브루타' 교육 방식을 도입하여 공부를 짐으로 여기지 않고 놀이로 여기게 했다. 식사 후 부모와 2시간의 대화를 통해 밥상에서 시작된 '묻고 대답하고 토론하는' 교육이다. 여기서 모든 주제에 관해 묻고 답하며 토의한다. 이는 다른 사람과의 대화를 통해 지식을 습득하는 '열린 소통'의 습관을 만들게 한다.

앞 장에서 이미 언급한 바와 같이, 유대인의 교육 방식이 실제적으로도 우리의 주입식 교육과 '혼자 공부'하는 것보다는 그 효과가 월등히 높다. 이 사실을 최근의 EBS 방송에서 입증한 바 있다. 놀이는 개방적 소통을 만들어 지식 습득의 효율성을 높일 뿐만 아니라 창의성 발달을 이루게 한다.[40] 그래서 유대인에게 공부는 놀이처럼 여겨질 정도로 '쉬운'(?) 것이다. 그렇게 많은 노벨상 수상자가 유대인인 것은 다 이유가 있다.

유대인공동체가 결속력을 다지는 데에는 아마도 이러한 '놀이' 교육이 큰 몫을 차지했을 것이다. 놀이를 통해 관계성을 심화시켜 사회성과 통합 의식을 고무시켰다. 가정에서의 행복과 하나됨, 소그룹에서의 기쁨과 매력 그리고 하나됨과 항구적 결속력을 기대한다면 소그룹의 1박 2일과 같

---

[38] 전성수, 양동일, 『질문하는 공부법, 하브루타: 유대인 아버지들이 수천 년간 실행해 온 자녀 교육의 비밀』, 86-102.

[39] 전성수, 양동일, 『질문하는 공부법, 하브루타: 유대인 아버지들이 수천 년간 실행해 온 자녀 교육의 비밀』, 97-99.

[40] 전성수, 양동일, 『질문하는 공부법, 하브루타: 유대인 아버지들이 수천 년간 실행해 온 자녀 교육의 비밀』, 89-90.

은 일상 탈출과 놀이 프로그램을 도입하라.

3. 나가는 말

지금까지 우리는 소그룹의 결속력을 강화하는 방법을 논의했다. 우선 소그룹 헌장 혹은 선언문을 만들어 소그룹 구성원들이 이를 숙지하게 하고 나아가 모임이 있을 때마다 이를 반복해 읽으면서 자신이 속한 소그룹의 정체성을 확인하는 것과 아울러 케리그마 혹은 기독교 진리, 신앙의 본질 등을 철저하게 심화 학습하는 것의 중요성을 살펴보았다. 이는 소그룹의 효율적 운영은 물론 결속력 강화의 기본이 되는 것이다.

그리고 이러한 소그룹 결속력 강화의 기본이 되는 소그룹의 이러한 정체성 확인과 신앙의 기본 정신 재정립이 그 기대치와 효율의 극대화를 실제로 이루기 위해서는 반드시 공동체 훈련이 뒤따라야 할 것을 제안했다. 그 실례로서 공동식사와 1박 2일의 소그룹 여행 프로그램을 제시하고 그것들의 효율성을 여러 연구 사례를 통해 증명했다.

소그룹이나 공동체 모임이 구성원들 사이에 신뢰를 얻게 하는 데, 음식 및 다과 교제가 얼마나 큰 영향력을 발휘하는지, 신학적, 민속학적, 사회학적 근거를 확인했다. 집에서 소그룹 구성원들과의 식사는 성만찬과 유월절 식사의 연장으로서 공동체 의식을 심화시키게 될 것이고 소그룹의 1박 체험은 공동식사와 여러 놀이를 통해 소그룹의 가족 의식과 결속력을 강화하는 데 크게 이바지할 것이다. 이렇게 소그룹의 결속력이 강화되어 가족 의식을 깊게 다진 자들은 위기를 만날 때 그 진가가 빛난다.

최근 우리가 겪은 코로나19(COVID-19) 팬데믹 위기 속에서 공동체성을 잘 구현한 소그룹이 얼마나 큰 능력을 발휘하는지 확인할 수 있다.

다음 장에서는 이 주제와 관련하여 논의한다.

제9장

소그룹의 실력 발휘: 재난 중의 교회와 평신도 리더십[1]

최근 한국 교회는 코로나19(COVID-19) 팬데믹(전 세계 전염병)으로 심각한 도전을 맞았다. 이에 따라 우리는 예배실 공간에서 '성도 없는' 온라인 예배를 드려야 하는 '강요 아닌 강요'를 받았다. 지금까지 겪어보지 못한 예배 경험이었다. 그런데 실제적 예배 '모임'이 없는 상태에서 성도의 '교제' 상실은 교회 정체성에 대한 심각한 질문을 초래하게 했다.[2] 단순히 예배의 소중함에 대한 의식이 퇴화하는 것을 넘어, 상당수 성도에게 일어나는 신앙의 약화 우려를 넋 놓고 바라보아야 했기 때문이다.

하지만, 일부 교회는 이러한 시련을 잘 견디고 있었을 뿐만 아니라, 팬데믹 이전과 비교하여 목회자가 걱정하는 것만큼 큰 위기를 겪고 있지 않다. 최근 통계 자료에 의하면 공동체성이 살아 있는 소그룹이 잘 운영되는 교회는 그렇지 않은 교회와 달리 비대면이 일상화된 오늘의 현상이 그렇지 않았던 과거와 비교할 때 큰 차이가 없었다는 것이다.[3]

---

[1] 이 글은 다음의 기고문을 수정, 보완하여 작성되었다. "코로나19 시대, 소그룹과 리더십", 「목회와신학」 381 (2021년 3월), 50-55.

[2] 이 주제에 대해서는 다음을 참고하라. 권문상, "코로나 시대 '성도의 교제'와 성육신 모델", 『교회통찰: 코로나 뉴노멀 언택트 시대 교회로 살아가기』, 안명준 편, (서울: 세움북스, 2020), 134-140.

[3] 이 자료는 2020년 8월 20-31일까지 가정교회를 실시하는 국제가정교회사역원 소속 교회와 나들목네크워크 소속 교회의 협조를 얻어 '㈜지엠컴리서치'가 조사를 진행하고 목회데이터연구소에서 조사 결과를 분석한 결과다. 목회데이터연구소, "교회공동체성 분석: 일반 교회 vs 가정교회 비교 조사 - '비대면 시대, 교회의 공동체성은 소그룹 활동

그 비결은 바로 잘 갖춰진 소그룹 평신도 리더십이었다. 이 글에서 우리는 평상시에는 물론 팬데믹 상황과 같은 특별한 위기의 때에 이를 극복할 유용한 교회 구조, 즉 공고한 소그룹 평신도 리더십을 확인하고자 한다. 이를 통해 잘 훈련된 평신도 리더십이 전례 없는 팬데믹의 위기에서도 교회가 어떻게 역동적일 수 있을지 그 방법론을 살펴본다.

1. 소그룹 평신도 리더십의 약화

다소 의아해할지 모르겠지만, 우리에게는 평신도 리더십이 살아 있는지 회의적이다. 물론, 이미 셀 교회, 가정교회 소그룹 구조를 설치한 일부 교회에서는 평신도 리더십이 활발하게 운영되고 있는 것이 사실이다. 한국의 대부분 교회가 채택하고 있는 구역제도 역시 잘 갖춰져 있기는 하다. 하지만, 이런 교회 중 상당수는 여전히 '목회자 중심'의 소그룹이다. 특히, 구역과 같은 제도를 가진 대부분 교회의 평신도 리더는 교역자의 지도로 수동적인 교회 사역을 시행할 뿐이다. 당연히 소그룹 평신도 리더십이 매우 취약할 수밖에 없다.

1) 소그룹의 유용성과 평신도 리더십

대부분 사람은 소그룹이 교회 안에 꼭 필요한 시스템인 것으로 인정하는 듯하다. 신학적으로도 충분히 옹호되었을 뿐만 아니라 한국의 저명한 목회의 선각자 상당수가 자신의 사역을 통해 소그룹의 유용성을 증명했기 때문이다. 구역제도가 없는 교회가 없을 뿐만 아니라, 교회의 공동체

에 달려있다'", 「목회데이터주간리포트」 66호 (2020.10.09.), 2-10.

성을 강화하며 성도들 사이와 목회자와 성도 사이의 유기적 관계를 지향하는 셀 교회나 가정교회 형식을 도입하는 교회가 늘고 있는 것도 주요 증거이다.

사회적으로도 소그룹 시스템은 조직의 건강과 성숙을 위해 필요조건임이 증명되었다. 이미 교회 밖 다른 집단에서도 상당한 기간 스포츠, 군사, 미디어, 교육 현장에서 소그룹을 적극적으로 활용하여 그 효용적 가치를 입증했기 때문이다.[4] 특히, 팬데믹을 겪으며 사람들은 사회적으로 고립된 삶에서 최소한의 사람과 교제하려고 하는 '극소수 모임 생활'(몰라큘 라이프, Molecule Life)을 찾았다고 한다. 교제가 거의 불가능한 악조건 아래에 있었지만, 현대인들은 진정한 공동체성을 갈망했기 때문이다.

> 목회데이터연구소의 지용근 대표는 소그룹 활동을 하는 응답자들의 경우 비활동자 대비 신앙생활지표가 2~4배 정도 뛰어났다며, '몰라큘 라이프'(Molecule Life)의 시대에 '소그룹'의 중요성을 강조합니다. "큰 교회일수록 교회의 소속감을 느끼지 못하는 이유로 '소속된 모임이 없기 때문"이라는 이유입니다. 또한, 지 대표는 "아우슈비츠 생존의 기본단위는 강인한 개인이 아닌 '안정된 짝'이었다"며 "이 시대도 안정된 사람이 살아남는 시기가 아닌가 한다"는 말을 덧붙입니다.[5]

따라서 소그룹을 교회에 도입하기를 거부하는 것은 사회학적 문맹일 뿐만 아니라 신학적 무지에 가깝다. 다만, 소그룹이 '있는' 것과 소그룹을

---

[4] 목회데이터연구소, "교회공동체성 분석: 일반 교회 vs 가정교회 비교 조사- '비대면 시대, 교회의 공동체성은 소그룹 활동에 달려있다'", 2-3.

[5] 국제제자훈련원, "[소그룹] 578호-몰라큘 라이프(Molecule Life) 시대의 대안", (2022년 11월 13일). 2024년 2월 10일 접속. https://www.disciplen.com/View.asp?BID=3094&PageNo=1

'중심에 두는' 목회만 다를 뿐이다. 후자는 전자에 비해 소그룹 평신도 리더십이 훨씬 더 강화된 구조이다.

소그룹의 유용성 극대화는 평신도 리더십의 구축과 밀접한 관련이 있다. 소그룹의 형태와 구조만 갖춘 교회는 어느 정도 성도들 사이의 영적, 인격적 교제를 갖도록 한다. 하지만, 세속적인 의미에서의 교제 곧 '사교'의 의미를 지닌 지인 사이의 사적인 펠로우십(fellowship)에 그칠 확률이 높다. 소그룹 멤버들 사이의 헌신과 봉사를 즐겨하는 적극적 교제와 교회 밖 섬김과 봉사공동체 나아가 전도공동체로 발전하는 데에는 한계가 있다. 특히, 최근의 코로나19 팬데믹 비상 상황 같은 경우, 이러한 소그룹은 역동적으로 활용되지 않았다. 이렇게 된 가장 큰 이유는 고도로 훈련된 평신도 리더십의 부재에 있다.

소그룹의 유용성을 극대화하려면 위와 같은 소극적인 평신도 리더 시스템이 아닌 적극적인 평신도 리더십 체제를 구축하는 것이 필요하다. 잘 훈련된 정예 평신도 소그룹 리더를 보유한 교회가 얼마나 소그룹이 효율적이었는지 이번에 증명되었다. 앞에서 언급한 최근의 자료 "교회공동체성 분석: 일반 교회 vs 가정교회 비교 조사-'비대면 시대, 교회의 공동체성은 소그룹 활동에 달려있다'"(목회데이터연구소, 2020. 10. 9.)에서 그 실례를 잘 보여 주고 있다.

몇 가지 예를 들어 보면 다음과 같다.[6]

- 코로나19 상황에서도 가정교회 소그룹 중심의 교회는 일반 교회 성도들보다 상대적으로 소그룹 식구와 소그룹 리더가 자신의 신앙 성장에 도움을 준 사람이라고 했다.

---

6   목회데이터연구소, "교회공동체성 분석: 일반 교회 vs 가정교회 비교 조사-'비대면 시대, 교회의 공동체성은 소그룹 활동에 달려있다'", 4-6.

- 가정교회가 일반 교회에 비해 소그룹 구성원들의 섬김과 교제가 일반 교회보다 3배 이상 높게 나타날 정도로 비교가 되지 않았다.
- 일반 교회에서는 오늘의 비상 상황에서 SNS 교제가 주를 이루었다면 가정교회 소그룹에서는 어떤 방식으로든 대면 모임 방식을 훨씬 더 가진 것으로 나타났다. 성도들 사이의 적극적인 교제를 희구하고 있음을 현실로 증명했다.
- 일반 교회에 비해 가정교회는 소그룹 만족도는 물론, 교회 만족도에서도 훨씬 더 높은 것으로 나타났다. 대부분 교회가 심각한 위기를 겪을 때 가정교회 소그룹은 소그룹 형태만 갖춘 일반 교회보다 성도들의 숫자나 헌금이 줄지 않았다. 소그룹 참여도는 물론 예배 참여도와 봉사와 섬김에 더 헌신적이었다. 소그룹 평신도 리더가 중심이 된 교회를 제외한 나머지 대부분 교회에서는 상대적으로 교회의 무기력함이 드러난 것이다.

2) 폐쇄적 평신도 리더십

왜, 대부분의 교회는 팬데믹과 같은 위기에 무기력한가?

앞에서 언급한 바와 같이 성도들 사이에 네트워크가 없는 것도 아니었다. 구역이나, 셀 등이 없지도 않았다. 그러나 어떤 의미에서는 공동체성이 강화되지 않은 구조로서는 소그룹이 있어도 그 자체가 위기 상황의 생명줄 역할을 하는 데에는 제한적이다. 심지어 위기의 때만이 아닌 평상시에도 큰 도움이 되지는 않는다.

결국, 소그룹이 활성화되어 교제가 풍성해지지도 않을 뿐만 아니라 새신자 혹은 갓 회심한 자가 합류할 수 있는 등 열린 소통이 가능하게 되어 있지 않아서 지속적 성장과 번식을 할 수 있지도 않다. 그래서 소그룹이 있다고 해도 일부 교회만 성숙한 그리스도인 혹은 그리스도의 제자를 배

출하는 것이다. 우리만이 아닌 미국도 마찬가지다.[7]

무엇이 문제인가?

리더십 구조의 문제이다. 폐쇄적이냐, 개방적이냐가 관건이다. 소그룹 구조의 설치만으로는 부족하다. 리더십 구조를 얼마나 평신도 지도자에게 상당한 자율권을 주는지가 관선이다. 목회자 중심의 소그룹 구조라면 교회 안에 소그룹 수백 개가 있어도 위기 상황에 능동적으로 대처하지 못한다. 전투가 벌어졌을 때 지휘권이 없는데, 그런 리더가 전쟁에서 승리하도록 지휘하며 적과 싸울 수는 없는 것이다.

목회자 중심의 리더십은 소그룹 중심의 교회를 만들 수 없다. 소그룹 평신도 리더십 체계를 만들기는 했으나, 평신도 리더가 능동적으로 움직이지 못하게 만들기 때문이다. 그 구조가 폐쇄적이어서 그렇다. 평신도 리더십을 구축하되 개방형으로 제도화할 때 평소에는 물론 비상시에도 교회는 활성화될 것이다. 그리고 이 제도는 목회자가 평신도 리더를 '동역자'로 대우하는 것에서 출발한다. 그런 평신도 리더를 또 다른 '목회자'로[8] 대우하면서 말이다.

2. 소그룹 평신도 리더십 신학

개방형 소그룹 평신도 리더십 구조는 신학적 정통성과 성경적 이해에 기초하여 수립될 수 있다. 그것은 인간의 사회적 교제 혹은 공동체적 삶의 연장에서 받아들여질 수 있다.

---

7   박정식, "효과적인 평신도 소그룹 리더에 대한 연구: 미주한인교회를 중심으로", 「복음과 교육」 10 (2011), 75.
8   송인설 "4차 산업혁명 시대 미래 교회의 구조에 대한 연구: 성도 사역자를 중심으로", 「선교와 신학」 48 (2019), 263.

'우리의' 형상과 모양을 따라 인간이 피조 되었다고 말씀하는 창세기 1:26-27에서 인간은 삼위일체 하나님의 삼위 구별과 공동체적 하나됨의 사회적 교통과 삶의 '형상'을 따라 살도록 계획되었다. 이와 마찬가지로 교회 안에 목회자와 평신도들 사이에 서로 구별되면서도 유기적으로 하나를 이루고 있다. 목회자 혼자서도 목회할 수 없고 평신도들만 중심이 되어서도 건강한 교회가 되지 못한다.

우리의 하나님은 삼위 하나님이 각기 독특한 지위를 지니면서도 계급적 구분이 없이 신성에 있어 동등한 속성이 있는 가운데 영원한 사랑 안에서 상호 의존적으로 상호 내주하시면서 하나를 이룬다.[9] 교회도 같은 방식으로 그렇다는 말이다. 바울은 몸 비유를 통해 삼위일체 하나님의 존재 방식을 반영한 공동체적 교회 구조를 잘 제시하고 있다.

신약성경(고전 12:12-31; 롬 12:4-8)에서 보듯이 모든 주의 자녀는 지체이다. 서로 유기적으로 하나를 이루는 것이다. 모든 각각의 지체는 본질적으로 하나의 머리인 그리스도 아래 평등하되 독립적이지 않으면서 항상 상호 의존적이다. 이런 공동체 방식으로 하나를 이룬다. 모든 교인은 각각 다른 역할을 할 뿐이다.

교회 역시 목회자와 평신도 사이의 유기적 연합을 기초로 구성되어 있다. 그러므로 교회 안의 리더십 구조는 각 직분 자 사이에 구별(difference)은 있어도 계급적 구분(division)은 없다. 그리스도만 머리이고 나머지 모두는 각기 다른 역할만 수행하는 수평적 지체이기 때문이다. 목회자와 평신도 리더는 각자의 역할을 존중하는 자세가 필요하다. 그러나 이 둘은 유기적으로 하나이므로 삼위일체 하나님처럼 상호 의존적으로 상호내주(perichoresis)한다. 이 주제에 관한 내용은 이 책 제1장에서 자세하게 언급했다.

---

9 이 주제에 대해서는 다음을 보라. 권문상, 『성경적 공동체: 삼위일체 하나님을 닮은 가족교회』, 236-252. 또한, 이 책 제1장의 내용, 특히 그림 3, 4를 보라.

또 하나 살펴볼 것은 이 둘 사이에 구별이 자칫 구분으로 오해하게 하는 '문화적' 맥락이 우리에게 있다는 사실이다. 한국의 유교적 폐쇄주의 사회적 구조가 목회자와 평신도 사이를 계급적 이해관계로 보게 하는 것이 그것이다. 우리가 어떤 문화 구조 가운데 살고 있는지를 파악하는 것은 매우 중요하다.

유교의 효(孝)와 제(悌) 문화는 인간관계를 어른과 나이 어린 순으로, 선배와 후배의 기수 순으로 수직적 구조 아래 사회생활을 하도록 규정해 놓았고, 이것이 소통 부재나 단절, 불투명한 회계, 각종 부정과 불법, 기업의 생산성 저하, 조직의 폐쇄성으로 인한 기업과 학교와 같은 조직의 경쟁력 약화 등을 낳았다.[10]

그런데 좋은 소그룹 이론이면 교회 성장을 위한 만능열쇠라고까지 할지 모르지만, 우리 문화권 아래에서는 소위 '패러다임의 전환'(paradigm shift)를 거치지 않고서는 그것의 성공적인 정착이 쉽지 않다. 서양의 소그룹에서는 자신의 약함(심지어 죄악)을 고백하고 어떤 주제에 대해 격의 없이 서로 토론하는 것이 우리보다는 상대적으로 쉽다.

이미 우리가 이 책 제4장에서 살펴본 바와 같이, 웨슬리의 속회(class meeting)와 신도반(band)은 이러한 소그룹을 출발시킨 역사적 이정표를 놓았다. 하지만, 우리의 체면 문화와 장유유서라는 사회적 불문율 혹은 규범적 문화라는 장벽 때문에 소그룹이 역동적으로 활성화되기 어렵다. 문화 구조가 바뀌기는 쉽지 않겠지만, 목회자는 평신도 리더들이 소그룹의 능력을 충분히 발휘하도록 자신의 고정 관념과 습관을 바꾸어야 한다. 평신도를 평등한 관계로 보고 자신의 파트너 혹은 동역자로 보려는 '파괴적 혁신'(disruption)의 자세가 요구된다고 하겠다.

---

10 이에 대해서는 다음을 보라. 권문상, 『성경적 공동체: 삼위일체 하나님을 닮은 가족교회』, 122-173.

예수님의 섬김의 리더십을(예: 막 10:45) 체득한다면 이러한 변혁이 불가능하지만은 않다. 우리의 위계적 문화권에서 목회자가 실제로 평신도를 동역자로 대우하기가 쉽지는 않지만, 예수님을 본받는다면, 우리의 유교적 권위주의와 신분제 문화를 혁신할 수 있다. 이런 자세를 갖고 파괴적으로 혁신하는 목회자가 자기 복제 또는 '목사 클로닝'(cloning)을 통해 소그룹 평신도 리더를 '생산'할 수 있다. 목회자 자신 만큼의 헌신도와 지적 능력과 리더십을 가진 평신도 리더가 탄생 될 수 있다는 말이다.

다시 말하지만, 이러한 신학적 확신과 고정 관념에 대한 파괴적 혁신 없이는 '소그룹 중심의 목회', '소그룹으로 이루어진 교회' 구조는 불가능하다. 아무리 좋은 소그룹 평신도 리더를 훈련하는 프로그램을 도입해도 소그룹의 효율성을 극대화할 수 없다. 자기 혁신을 이루지 않은 한 명의 목회자가 아무리 많은 수의 훈련된 평신도 소그룹 리더와 함께한다고 해도 소그룹의 효율성을 극대화하는 데에는 한계가 있다.

반면에 자기 변신을 완성한 한 명의 목회자는 아무리 작은 수의 평범한 평신도라도 '쉽게' 정예화한 리더로 만들어 전체 교회를 역동적으로 변화시키는 완성도 높은 소그룹 중심의 교회가 되게 할 수 있다.

3. 평신도 리더십 강화 방법

이제 우리는 소그룹 평신도 리더들을 어떻게 정예화해야 성공적인 소그룹 중심의 목회가 가능하며, 코로나19 팬데믹이라는 비상 상황에서도 교회가 흔들리지 않고 더욱 견실해질 수 있는지 살펴본다.

1) 목회자의 혁명가 의식

앞에서 이미 언급한 것을 또 강조한다. 목회자의 자기 변신이 최우선 전제 조건이다. 소그룹 중심의 목회 철학이 빈곤하면 아예 소그룹 구조의 목회를 하지 말 것을 권한다. 득보다 실이 크다. 섣부르게 시도하다가 교회가 분열될 수 있기 때문이다. 소그룹 목회학에 대한 성경적·신학적인 깊은 연구에 힘을 쏟아야 한다(이 주제에 관해서는 이미 이 책 앞부분에 여러 번 논의했다).

문화적 패러다임 전환도 필수다. 이미 존재하는 것을 바꾸는 일은 혁명이며 그 일은 유능한 평신도 리더십을 제공하는 것이고 이는 곧 옳은 일을 하는 것이다.[11] 혁명 대상의 1순위는 유교적 권위주의 습관이다. 이미 거의 천 년 동안(고려시대까지 포함하면) 지배해 온 유교는 기존의 가부장적 사회와 수직적 계급 의식 구조를 사회적 불문법으로 규범화했기에 이 문화가 사라지게 하는 것은 쉽지 않을 것이다. 심지어 21세기 초연결 시대라 할 제4차 산업혁명 시대의 젊은 세대에도 이런 문화가 남아있기도 해서 그렇다.

대부분 목회자는 '문화의 위력'에 둔감하다. 우리의 수직적 계급 혹은 신분제 문화는 오랜 세월을 걸쳐 형성되었기에 우리 문화의 정체성에 대해 무지할 수 있다. 마치 물고기가 물을 의식하지 못하는 것과 같다. 그러나 이 문화는 성경적이지도 않고 우리가 추구하는 소그룹 중심의 리더십을 세우는 데 있어 신학적으로도 용납되지 않는다.

이 주제와 관련한 내용은 이 책 제2장에서 자세하게 논의했다.

---

11   George Barna, 『레볼루션: 교회 혁명』, 김용환 역, (서울: 베이스캠프, 2008), 127.

2) 장기적 전략

단기간에 성과를 기대하는 것은 금물이다. 그러므로 성공적인 소그룹 운영과 평신도 리더십을 공고하게 만드는 일은 적어도 5년 혹은 10년 동안 철저하게 준비할 것을 권한다. 이 기간에 리더와 예비 리더들이 자연스럽게 만들어진다. 유능한 리더의 탄생은 은사와 소명보다 오랜 기간의 훈련이라는 연구보고서도 있다.[12]

대부분 교회는 셀 교회와 가정교회가 유행하니까 하루아침에 수백 개의 소그룹을 만든다. 그리고 수년 동안 시행착오를 겪는다. 단기간에 소그룹의 성공적인 결과를 목표로 한 나머지 화를 자초해서이다. 견고한 리더십을 세우는 데 오랜 시간을 보낸 후에 소그룹을 점진적으로 세워 나가도 늦지 않다. 이 일은 이미 이 책 여러 군데에서 언급한 '교회 학교' 커리큘럼을 통해 시행할 수 있다. 그리고 소그룹 구성 후 5~10년 이상을 지난 다음에 성공의 열매를 거두길 기대한다.

3) 평신도 리더 교육 시스템

교육만큼 위대한 무기는 없다. 문제는 어떤 교육인지, 어떻게 교육할 것인지, 얼마 동안 교육할 것인지, 그리고 누가 교육하는지이다. 이를 위해 다음과 같은 요소가 필요하다.

첫째, 담임목회자가 교육의 최고 책임자가 되어야 한다.

그러려면 본인이 소그룹 중심의 철학에 대한 확신이 있어야 한다. 앞에서 말한 목회자의 변신이 이루어진 후 성도들을 설득해야 한다.

---

12 박정식, "효과적인 평신도 소그룹 리더에 대한 연구: 미주한인교회를 중심으로", 84.

둘째, 단기 속성의 교육은 금물이다.

최소 6개월~1년의 잠재적인 평신도 리더를 훈련하여 마지막까지 견딘 자로 세워야 한다. 코미스키(Joel Comiskey)가 말한 바와 같이 이런 종류의 리더십 훈련은 "상비군이라기보다는 특수 임무를 띤 특공대를 준비시키는 것과 흡사하다."[13] 그래서 그는 최소 3~9개월 동안 훈련해서 떨어져 나갈 자를 거르고 최종적으로 남은 자를 얻어낼 것을 제안했다.[14]

셋째, 교육 내용으로 성경은 물론, 소그룹 신학, 문화인류학, 서번트 리더십, 상담 이론과 실제, 컴퓨터와 인터넷(SNS 운영) 사용법, 다양한 액티비티 과목(스포츠, 꽃꽂이, 뜨개질, 레크레이션, 요리 등), 소그룹 운영 테크닉, 모범적 소그룹 중심의 교회 탐방, 실제 소그룹 임상 실험 등으로 구성하되 각 방면의 전문가로부터(담임 목회자 포함) 철저한 가르침을 받도록 한다.

교육의 최종 목표는 목회자와 같이 평신도 리더들의 '변신'이다. 앞에서 언급한 패러다임의 전환이 그것이다. 이에 대해서는 김광건 교수가 제안한 '수평적 문화간 이동'을 기초로 하는 수정된 서번트 리더십을 참고하면 좋을 것이다.[15]

옛 서번트 리더십은 기계적 섬김만 의식하게 하여, 섬김을 받는 것을 '당연히' 여기는 등 이제는 감동이 덜하게 되었다. 자신을 섬김받는 주체로 인식하는 게 탈권위주의 시대에 우리 안에 "문화적 내성"[16]으로 자리 잡았기 때문이다. 물론, 이러한 '위에서 아래로' 일방향적 섬김 받는 문화는 잘못된 것이다. 앞에서 우리가 이 책 앞부분에서 살펴본 바와 같이 기독교적 섬김 문화는 '쌍방향'이다.

---

13   Joel Comiskey, 『셀그룹 폭발』, 박영철 역, (일산: NCD, 2000), 97.
14   Joel Comiskey, 『셀그룹 폭발』, 99-100.
15   김광건, "새로운 섬김의 리더십 모델의 제안",「신학과 실천」제57호 (2017), 93-94.
16   김광건, "새로운 섬김의 리더십 모델의 제안", 94.

교회는 급속한 탈권위주의 시대에 '아래에서 위로'의 '인정'이라는 또다른 의미의 섬김 교육을 하지 못해서이다. 기독교식 서번트 문화는 과거의 권위주의 문화에 대한 반동에 따른 하향식 섬김만 정당화하지 않는다. 상향식 존중과 인정의 문화 역시 '즉시' 정당화되기 때문이다. 김광건의 표현도 이와 비슷하다.

"'위에서 아래'로의 이동에 의한 겸손보다 '옆'으로의 이동에 의한 겸손과 감동이 보다 설득력이" 있으며, 궁극적으로 "그 수평적 이동은 또 다른 '낮은 곳'으로서의 타문화를 향한다."[17]

문화적 내성이 된 '일방향' 섬김은 삼위일체 하나님의 공동체적 삶과 그것의 닮은 꼴인 교회에 대한 충분한 이해가 없어서 생긴 역반응이며 부작용이다. 그래서 교회 학교에서 '쌍방향' 섬김의 공식을 명료하게 가르쳐야 한다. 그러나 먼저 고쳐야 할 점은 위로부터의 변신임은 틀림없다. 목회자의 자기 혁신이 소그룹을 살리는 최우선의 과제라면 모든 교인이 체감할 과감한 '내려놓음'을 마다하지 않아야 할 것이다.

같은 논리로 교회 지도부 구성원들도 위에서 아래로 섬김 혹은 '손해 봄'까지도 요구된다. 단순히 도덕적 차원의 섬김을 넘어서 문화적 차원의 섬김이 교인들에게 체득되어야 한다. 예를 들어, 나이 든 기성세대의 리더라면 젊은 청년 대학생에게 자율권을 주는 것이 그것이다. 이들의 문화를 '섬김의' 차원에서 존중하는 것이다.

4) 비상 상황 맞춤형 리더십 훈련

팬데믹과 같은 비상 상황에서 우리는 예배와 소그룹의 영적 효율의 극대화를 위해 보다 적극적이고 창의적인 리더십 훈련이 필요하다. 근본적

---

[17] 김광건, "새로운 섬김의 리더십 모델의 제안", 94.

으로 가상 세계에서의 소그룹 모임은 '뉴노멀'(new normal, 새로운 기준)이 될 수 없다. 왜냐하면, 접촉하지 않는 모임은 접촉이 이루어지는 모임보다 감동이 덜하고 진정성이 떨어지기 때문이다. 하나님과의 영적인 소통은 물론 구성원들과의 교제에 한계를 지닌다. 그래서 우리는 더 자주 SNS 활동, 줌(Zoom)이나 구글(Google)을 통해 영상으로 소통할 수 있도록 기술적 습득의 고도화를 목표로 훈련해야 한다.

또 다른 방식의 소그룹 활성화 방식으로는 변형된 식탁 교제가 하나의 실례이다. 리더가 소그룹 구성원들과의 식사를 위해 배달 음식 서비스를 활용하여 기존의 실제 모임과 유사하게 화상으로 대화하면서 식사 교제 하는 것도 좋다. 아니면 소그룹 멤버가 가까운 지역에 모여 있으면 직접 음식을 배달해서 위와 같은 방식으로 식사를 함께할 수도 있다(요리 훈련은 이런 경우를 대비한다).

더 중요한 것은 영상을 통해 함께 할 수 있는 액티비티 컨텐츠를 확보하는 것이다. 이는 앞에서 말한 리더 교육 과정에서 훈련받는다. 이를 통해 영상으로 함께 요리하는 것, 어떤 작품을 주제로 함께 만들기(예를 들어 털 목도리를 소그룹 모임에서 손수 만들어 노숙자 혹은 전도할 대상자들에게 전달하기), 택배 서비스를 이용해서 선물(혹은 자신이 소장한 물건 기부)하기 등이 있다.

그러나 앞에서 말한 바와 같이, 진정한 소그룹은 실질적 모임을 할 때야 비로소 그 능력이 효과적으로 활성화된다. 아무리 비상 상황이지만, 가능한 방역 수칙을 준수하면서도 정부의 모임 허용 정도에 따라 실제 모임을 하는 것을 목표로 해야 한다. 이를 위해 교회에서는 소그룹 모임방에 투명 칸막이를 설치하고, 식사를 위해서 식당 테이블에 칸막이를 설치하면서 2미터 간격을 두고 식사한다든지 가능한 실제 소그룹 대면 모임을 하도록 준비하는 것이 좋다.

앞에서 언급한 조사 자료에 따르면 일반 교회보다 가정교회 소그룹에서는 훨씬 더 자주 법적 테두리 안에서 소그룹 모임을 했다고 한다.[18] 그만큼 활성화된 소그룹은 어떤 일이 있더라도 대면하여 소통하려 한다는 것이다. 그것이 또한 소그룹과 교회를 더욱 견실하게 하는 등 선순환이 이루어지게 한다.

4. 나가는 말

팬데믹과 같은 위기는 오히려 '기회'일 수 있다. 장기간 팬데믹이 지속되면서 사회적 거리두기에 지쳐있는 이때 인간은 실제적 만남을 더 간절하게 원하기 때문이다. 소그룹 구성원 사이의 가상이 아닌 실제 현장 교제의 갈망 욕구를 해소할 수 있다. 일반 사람들도 역시 대면 만남을 기대하기에, 관계 전도에 유리할 수도 있다. 이를 위해 평신도 리더들에게 이런 위기를 복음 전도의 기회로 만들 대책을 앞에서 열거한 방식대로 준비할 필요가 있다.

기후변화는 이미 현실이어서 앞으로도 이러한 종류의 팬데믹은 계속 찾아올 수 있다(이 내용은 다음 장 초반부에서 언급한다). 우리는 팬데믹 외에 다른 재난도 겪을 수 있다. 미래에 있을지도 모를 위기의 시대에도 교회가 살아 있기 위해서는 소그룹 중심의 목회만큼 가장 효율적인 무기는 없다. 이에 대해서는 다음 장에서 논의한다.

---

18 목회데이터연구소, "교회공동체성 분석: 일반 교회 vs 가정교회 비교 조사 - '비대면 시대, 교회의 공동체성은 소그룹 활동에 달려있다'", 6.

제10장

악조건 시대와 소그룹 목회 능력: 세이비어교회의 '소그룹 사역공동체'[1]

우리는 최근 코로나19 팬데믹의 악조건을 경험하면서 성도들이 신앙생활을 유지하는 데 큰 어려움을 겪었다. 어느 교회는 이 전염병이 거의 해소된 지금도, 떠난 성도들 상당수가 돌아오지 않고 있다고 한다. 전문가에 따르면 앞으로 이러한 자연재해는 반복될 수 있기도 하거니와 초연결 시대로 돌입하여 비대면 생활이 일상화되는 등, 교회 존립 위협의 잠재적 악조건이 우리 앞에 놓여 있다. 우리는 이러한 현재 진행형이면서도 미래의 현실이 될 수 있는 교회 존립의 위기를 돌파하기 위해 어떤 해결안을 마련할지 심각하게 고민해야 한다.

이 책에서 이미 위기 극복의 대안으로서 소그룹 중심이 되는 교회 구조에 관한 이론적인 원리와 실제적인 방안들을 소개한 바 있지만, 악조건의 현시대를 지혜롭게 극복할 문제 해결의 키는 각 교회가 어떻게 소그룹 중심의 공동체성을 강화할지에 달려 있기 때문에 여기에서는 특별히 한 교회를 모델로, 항구적인 교회의 역동적 신앙공동체 생활 확보 안을 마련하고자 한다.

---

[1] 이 글은 다음의 논문을 수정, 보완한 것이다. "팬데믹과 온라인 시대의 영적 생명력 공동체로서의 교회 회복과 세이비어 교회의 사례", 「조직신학연구」 40 (2022), 12~50.

먼저는 21세기 초연결의 시대와 기후변화로 인한 전염병의 창궐 등 글로벌 자연재해라는 목회 사역의 악조건을 이겨낼 방안으로써, 철저하게 준비된 소그룹 중심의 교회를 통한 공동체적 교회 구조를 확고하게 다지는 길을 제시하려고 한다.

그리고 팬데믹과 온라인 시대에 성도의 영적 생명력 제고를 위해 교회의 공동체성을 가장 강력하게 확보한 미국 워싱턴의 세이비어교회(Church of the Savior, Washington D.C.)의 소그룹공동체 활동을 소개함으로써 교회 안에 내면적 영적 성장과 외적인 섬김의 사역을 동시에 추구하는 소그룹 중심의 공동체를 온라인-오프라인의 연합 시스템의 all-line 목회 아래 구축할 것을 제안한다.

최근 겪은 팬데믹 시대는 4차 산업혁명의 온라인 시대를 미리 맛보는 것이므로, 온라인 신앙생활의 불가피성을 전제하면서 그 대책을 세울 필요가 있다. 다만, 온라인을 특징으로 하는 새로운 시대는 공동체성 상실의 위험이 존재한다는 것과 온라인 예배자들이 느끼는 신앙생활 만족도 저하 역시 엄연한 현실임을 자각하고, 팬데믹과 온라인 문명 시대에 영적 생명력을 확보할 구체적 대안을 마련하고자 한다.

물론, 오늘의 악조건 제반 상황과 소그룹 중심의 세이비어교회가 직접적인 관련은 없는 것은 사실이다. 그러나 세이비어교회의 목회 사역을 벤치마킹한 교회는 미래에 어떤 위기가 오더라도 잘 이겨낼 수 있으리라 믿는다. 세이비어교회와 유사하게 평상시에 공동체성이 잘 확보된 교회는 팬데믹과 같은 위기에도 잘 견뎌 냈기 때문이다.

1. 팬데믹 시대와 제4차 산업혁명

우리가 경험한 비대면 삶은 앞으로도 우리 삶의 일부가 될 것이다. 우리가 팬데믹으로 인해 전국민적 그리고 전교회적으로 경험한 온라인 삶의 시대는 4차 산업혁명이 이미 출발시킨 초연결 사회를 가일층 진보시킬 것으로 예상한다. 팬데믹의 주기적 지속 가능성과 온라인의 새로운 기술 문명의 삶은 현대인의 일상이 될 것이다.

1) 팬데믹의 지속 가능성

생물학자 최재천 박사에 의하면 팬데믹 현상이 일시적이 아닐 것이라고 한다.[2] 미국의 영향력 있는 미래학자인 제러미 리프킨(Jeremy Rifkin)도 비슷한 주장을 했다. 그는 바이러스가 기후재난을 피해 탈출하여 인간 곁으로 오게 된 것이므로 온난화가 계속되는 한 앞으로 더 많은 감염병이 창궐할 것이고, 팬데믹이 올 때마다 1년 반 정도는 지금처럼 봉쇄될 것을 예상해야 할 것이라고 말했다.[3] 이런 암울한 미래를 염두에 둔 듯, 최근 세계보건기구(WHO)가 기후변화는 "인류가 당면한 최대 보건 위협"이라

---

2 〈CBS 김현정의 뉴스쇼〉(2021. 7. 22.)에서 최 박사는 21세기의 전염병은 20세기의 수십 년 주기가 아닌 2~3년 주기로 나타난다고 말하고 실례로 2002년 사스로부터 시작하여 몇 년 단위로 메르스, 에볼라, 지카, 신종 풀루, 조류독감, 돼지독감 그리고 오늘날 코로나19가 일어나게 된 것을 말하고 있다. 지금의 코로나19는 기후변화에 따라 열대지방 서식의 박쥐 40여 종이 각각 2~3개의 코로나 바이러스를 지닌 채 중국의 우한이 있는 온대지방으로 이동해서 발생하게 된 것이고, 이 코로나19 바이러스는 온대지방으로 옮겨온 약 100여 종류의 코로나 바이러스 중 한 개일 뿐, 앞으로도 나머지 코로나 바이러스가 인간을 또 감염시킬 수도 있다는 것이다.
3 안희경, 『오늘부터의 세계: 세계 석학 7인에게 코로나 이후 인류의 미래를 묻다』(서울: 메디치, 2020), 20-21. 리프킨은 다음과 같이 과학자들의 끔찍한 예언을 소개하고 있다. 지구 온난화와 팬데믹, 생태계 파괴로 인해 과학자들은 지구 멸종을 예고했다고 전하면서 이들은 "인간은 머지않아 멸종할 것이고, 10년 안에 지구의 생물 종 반이 사라진다는 암울한 전망"을 내놓았다고 경고했다(위의 책, 23).

고 경고하면서 각국 정부가 "당장 행동에 나서라"라고 촉구하기도 했다.[4]

지금 우리는 4차 산업혁명이 가져다준 초연결 사회를 온라인 예배와 종교 활동을 통해 짧은 시간 동안 집중적으로 경험하는 중이다. 이러한 '온라인 속성 체험'은 팬데믹이 시공간을 초월하는 초연결 시대를 열었음을 교회가 확실하게 인정하도록 만들었다. 온라인을 떠나서는 교회와 성도 그리고 목회자들도 상상할 수 없는 세상이 된 것을 인식하게 된 것이다. 이미 위드 코로나(With Corona, 단계적 일상 회복) 시대에 돌입했고, 특별한 상황 외에는 마스크도 벗고 생활하는 날을 맞이했음에도, 팬데믹 시기에도 상당수 성도는 교회에 온라인 예배가 가능한 시스템을 요구했던 것은[5] 물론, 팬데믹 이후 2024년 지금도 교회에서는 팬데믹 기간 중 적지 않은

---

[4] 조선일보, "WHO '기후변화는 인류가 당면한 최대 보건 위협'", (2021.10.13.). 이러한 경고에 응답하는 것 중 하나로서 리프킨이 제시한 지역공동체의 자치 형식은 고려해 볼 가치가 있다. "우리는 앞으로 더욱 우리의 일상을 통제할 수 있어야 하고, 그러기 위해 지역적이어야 합니다. … 전체 공동체가 협력하는 수평적으로 분산된 새로운 통치가 요구됩니다. 저는 피어 어셈블리 peer assembly(참여자가 동일한 자격을 갖는 동배[同輩] 의회)를 꼽습니다"(안희경, 『오늘부터의 세계: 세계 석학 7인에게 코로나 이후 인류의 미래를 묻다』, 35). 아울러 각 나라는 앞으로 자주 발생할 팬데믹에 대응하고 피해를 최소화하기 위해 긴급 대응팀을 정부 차원에서 마련해야 할 것이다. 미국에서는 최근 팬데믹 예방 전략(American Pandemic Preparedness)에 따라 과거 달 탐사를 위한 아폴로 작전에 준하는 별칭 '아폴로 계획'(Apollo Plan)을 마련, 10년 내 코로나19와 같은 팬데믹이 재발할 것으로 예상하고 인명 및 경제적 피해를 최소화하기 위해 향후 7~10년 동안 총 653억 달러를 투입, 백신·치료제 등 의약품과 진단기기 개발, 감염병 모니터링 강화, 응급처치 개선, 보호장구 추가 등에 사용하도록 한다고 한다(팜뉴스, Pharmnews, "미국, '미래 팬데믹' 대비 대규모 투자. 'Disease X' 중장기 대응책 시급", 2021. 9. 9.).

[5] 2020년 7월 21일~7월 29일에 19세 이상 개신교인들을 대상으로 코로나19 이후 교회와 신앙관에 대한 인식 조사를 한 바에 따르면, 코로나19 이후 교회가 중점적으로 강화해야 할 사항으로는 '온라인 시스템 구축/온라인 컨텐츠 개발'이 46.9퍼센트로 가장 많이 선택되었다(한국기독교사회문제연구원, "2020 주요 사회 현안에 대한 개신교인의 인식조사 통계분석 온라인 발표회", [2020.10.14.], 140). 2021년 상반기에 목회자와 성도들을 대상으로 여론 조사한 2021년 상반기 한국 교회 코로나19 변화 추적 조사 2(목회자 대상)에서도 같은 결과가 도출되었다. 코로나19 이후 교회의 중점 사항으로 성도들은 온라인 시스템 구축/온라인 컨텐츠 개발이 38퍼센트로 1위를 차지했다. 목회자들이 주일 현장예배 강화(45%)를 제일 우선으로 꼽은 것과 상반된다(목회데이터

예산을 투입하여 설치 운영되던 온라인 예배 시스템을 쉽게 포기하지 못해 온라인 예배를 현장 예배와 함께 드리고 있다.

2) 제4차 산업혁명과 온라인 시대

4차 산업혁명은 인공지능과 빅데이터를 활용한 사물 인터넷을 통해 직장과 가정, 나아가 유비쿼터스 모바일 인터넷을 통해 어디에서든 연결하게 해 상호 작용을 가능하게 함으로써 '초연결' 라이프 시스템을 이루어, 생활의 편리는 물론 인간의 노동력을 대신하게 하여 업무 생산성을 향상하게 해준다.[6] 이제 인간은 노동에서 자유롭게 되어 여가생활과 건강 증진에 더 많은 시간을 할애하는 완전히 다른 새로운 세상을 즐기게 된다. 과학기술과 디지털화가 기존의 사회 관습과 개인의 라이프 스타일을 파괴하는 등 기존 사회와 삶의 시스템을 붕괴시키고 완전히 새로운 세계를 만들어 내므로 이러한 새로운 산업혁명을 파괴적 혁신(disruption)이라 부를 수 있다.[7]

그리고 이러한 파괴적 혁신을 통해 이루어지는 초연결 사회는 이론적으로는 그 영역을 교회까지도 포함한다. "언컨택트 사회로의 전환이 종교만 예외로 두고 가지 않을 것"이기 때문이다.[8] 2021년 상반기 한국 교회 코로나19 추적 조사에 따르면 한국 교회가 '4차 산업혁명 시대 대응 잘 못한다'가 61퍼센트로 새로운 문명에 뒤처진 한국 교회의 현주소를 잘 드러

연구소, "2021년 상반기 한국 교회 코로나19 변화 추적 조사2(목회자 대상)",「Numbers」109 (2021. 8. 27.), 6-7.

[6] 권문상, "4차 산업혁명 시대와 기독교 인간론: 인공지능을 이기는 공동체적 인간성",「조직신학연구」30 (2018), 115-116.

[7] Klaus Schwab, *The Fourth Industrial Revolution*, 송경진 역,『클라우스 슈밥의 제4차 산업혁명』(서울: 새로운현재, 2016), 4, 29.

[8] 김용섭,『언컨택트』(서울: 퍼블리온, 2020), 256.

내고 있으며, 예배 시간에 4차 산업혁명 기술을 '활용해야 한다'라는 의견을 제시할 필요가 있다는 의견이 71퍼센트로, 가능한 한 빨리 교회가 초연결 기기 문명을 도입해야만 하는 압박을 받고 있었다.[9]

이러한 설문조사의 온라인 활용 제안은 큰 교회에만 해당하지 않고 99명 이하에서도 65퍼센트나 지지할 정도로[10] 그만큼 이 사회가 얼마나 4차 산업혁명의 삶이 생활화되었는지를 잘 말해 준다. 이미 우리 사회는 디지털 문명화, 사물인터넷으로 연결된 상태이기에 곧 온라인, 오프라인을 구분하는 이분법적 프레임은 낡은 관점이라 여겨야 할 것이다.[11] 온라인은 이미 우리의 삶의 일부가 된 것이다.

특히, 어려서부터 인터넷 이용이 가능한 이동식 기기(스마트폰, 태블릿 PC)를 접한 'Z세대'의 젊은이(대략 1995~1997년부터 시작하여 2010~2012년까지의 시기에 태어난 세대, 2021년을 기준으로 약 9~26세)들과의[12] 소통에 관심을 두는 것은 필수다. 이들과의 소통을 위해 이들에게 익숙한 온라인 신앙생활 환경 곧 미디어 목회 능력을 잘 갖출 필요가 있다. 예수님도 당대 문화권의 "삶의 현장에서 다양한 도구와 방법을 활용하는 교육"을 하셨듯이,[13] 현대의 4차 산업혁명의 이기라 할 미디어를 도구로 활용하여 젊은이들을 놓치지 않을, Z세대와-함께하는-목회를 적극적으로 고려할 필요가 있다.

9　목회데이터연구소, "2021년 상반기 한국 교회 코로나19 추적 조사", 「Numbers」 108 (2021.8.20.), 10-11.
10　목회데이터연구소, "2021년 상반기 한국 교회 코로나19 추적 조사", 11.
11　안선희, "예배 연구 주제로서의 '온라인예배 실행'", 「신학과 실천」 69 (2020), 9.
12　나무위키. https://namu.wiki/w/Z세대
13　민장배, "미디어를 통한 신앙 교육 활성화 방안", 「신학과 실천」 48 (2016), 508.

2. 온라인 시대의 현대교회의 대응

온라인을 통한 초연결 시대에 우리는 살고 있다. 따라서 현대교회가 온라인 시대에 걸맞은 신앙 훈련에 관심을 두는 것은 4차 산업혁명 시대와 '함께'한다는 의미에서 매우 중요하다. 이제는 누구도 온라인 환경에 대한 이해 없이 살아가는 것이 거의 불가능하기 때문이다.

1) 온라인 예배와 언택트(untact, 비대면) 신앙

초연결 사회에 무감각한 아날로그 세대까지도 온라인 문화의 삶을 체험하도록 철저하게 '계몽'시킨 것은 팬데믹이었다. 팬데믹 상황은 대부분 교회에 '불가피하게' 온라인 예배를 시작하게 하여 언택트(untact) 신앙 훈련 시스템 구축의 첫걸음을 내딛게 했다. 처음에는 교회의 온라인 예배 시도가 낯설었지만, 점차 교인들의 만족도가 향상되면서 정착되어 갔다. 최근 온라인 예배에 대한 교인의 만족도 조사가 이를 증명한다. 현장 예배(89%) 못지않게 온라인 예배의 만족도는 83퍼센트로 매우 높은 것으로 확인되었다.[14]

왜, 성도들은 현장 예배나 다름없이 온라인을 통해 영적 소통의 진정성을 경험하게 되는가?

---

14 목회데이터연구소, "2021년 상반기 한국 교회 코로나19 추적 조사", 7. 심지어 마스크를 벗고 일상을 회복한다고 해도, 현장 예배와 실제의 소그룹 모임 참여에 적지 않은 수가 소극적으로 대응할 것이라고 할 정도다. "2020 주요 사회 현안에 대한 개신교인의 인식조사 통계분석 온라인 발표회"에 따르면 코로나19 종식 이후의 예배 행태 예상에 관한 질문에, 현장 예배 출석 행태가 73.4퍼센트, 온라인/기독교방송으로 예배 또는 가정예배 참석 행태가 16.9퍼센트를 차지하고 있다고 한다(한국기독교사회문제연구원, "2020 주요 사회 현안에 대한 개신교인의 인식조사 통계분석 온라인 발표회", 136). 4차 산업혁명 시대의 온라인 중심 생활을 예상한다면 아마도 비대면 신앙생활 선호도가 줄어들 가능성이 없을 것으로 보인다.

그 이유는 온라인 또는 언택트(비접촉)의 '접촉'이라는 역설적인 의미에 있다. 우선 온라인 예배가 언컨택트(uncontact) 혹은 언택트 시대라는 디지털 문명 아래에서 이루어지고 있음에 주목해 보자. 과거의 온라인 예배는 단순히 예배의 초시간 및 초공간성에 초점을 둔 대형 교회의 '영토 확장'의 성격을 지니고 있었다.

그러나 지금의 온라인 예배는 4차 산업혁명의 초연결 시대와 팬데믹 현상이 가져다준 일종의 '영토 연장'의 의미가 짙다. 현장에서 경험하는 사회적 관계 유지의 '연장'으로서 온라인 또는 언컨택트라고 보아야 한다는 것이다. 언컨택트 시대란 단순히 고립과 단절을 의미하는 것이 아닌, 상호 의존과 상호 존중을 요구하는 '다른 종류의 컨택트'인 것이다.

> 언컨택트는 단절이 아니라 컨택트 시대의 진화인 것이다. 우리가 더 안전하고, 더 편리하고, 더 효율적으로 연결되기 위해서 사람이 직접 대면하지 않아도 연결과 교류가 되는 언컨택트 기술을 받아들이는 것이다. 결국, 언컨택트 사회가 되어도 우리의 공동체는 유효하다. 우리가 사회적 동물이란 것도 유효하다. 다만, 사회적 관계를 맺고 교류하고 연결되는 방식에서 비대면, 비접촉이 늘어나고, 사람 대신 로봇이나 IT 기술이 사람의 자리를 일부 채울 수 있다. 우린 혼자서 살 수 없다. 다만, 공동체의 연결과 교류 방식에서 폐해를 걷어내는 과정이 나타날 것이다.[15]

온라인이라고 해도 여전히 오프라인에서 유지되는 공동체적 관계를 요구하는 것이다. 따라서 온라인 예배는 현장 예배 못지않게 상호 관계가 유지되는 것을 무시하는 것이 아님을 교회에서나 온라인 예배에 참여하는 성도들 모두 확실하게 인식할 필요가 있다. 현장 예배와 달리 온라인

15　김용섭, 『언컨택트』, 263.

예배가 곧 예배 집례자와 참여자 그리고 하나님과의 관계가 단절되는 것은 아니다. 비대면 소통의 가능성을 인정하는 것을 넘어, 어느 정도는 교회의 하나됨을 느낄 수 있게 하기 때문이다. 온라인 신앙생활 형태는 교회라는 공동체 안에서 새로운 방식의 유기체적 교제이다.

이러한 측면에서 예배 공간이 모호성을 지닌 것이며 이런 이유로 현장이든 온라인이든 성령 안에서 서로 연결된 하나의 공동체성을 이루는 신비적 초월성을 경험할 수 있다.[16] 공동체에 대한 전통적인 정의가 지리적 영역을 전제하지만, 현대에는 집단 안에 사회적 상호 작용이 작동하면 그것으로 충분히 공동체가 된다고 보기 때문이다. 현대인들은 복잡한 관계 안에 존재하여 그 삶의 방식이 다양하고 변화무쌍하기에 장소를 초월하여 자기의 삶을 영위한다.[17] 이런 이유로 '사이버공동체' 혹은 '온라인공동체'라 불릴 수 있는 것이다.

2) 온라인 예배의 문제점

그러나 현실적으로 온라인 예배가 갖는 부작용이 없지는 않다. 이론적으로는 온라인 예배가 앞에서 우리가 논의한 바와 같이, 현장 예배 못지않게 영적, 정서적, 관계론적 의미를 제공한다는 점을 부인할 수 없다. 하지만, 디지털 환경 변환은 개인의 심리적 소진과 사회성 부재로 인한 다양한 갈등 문제를 야기하고,[18] 특히 사람을 만나야 해결되는 일의 경우 소통의 상

---

[16] 민장배, 김병석, "포스트 코로나19 뉴노멀 시대, 예배의 시공간성에 관한 연구", 『코로나19 뉴노멀 시대, 교회의 변화와 대응』, 한국실천신학회 편 (서울: 스토리zip, 2021), 80-81.

[17] Jacqueline Scherer, *Contemporary Community: Sociological Illusion or Reality?* (London: Tavistock Publications Limited, 1972), 24-25.

[18] 박복원, 김찬선, "코로나19 팬데믹 환경과 스마트러닝 언택트문화에 대한 인식도 분석", 「융합과 통섭」 4/2 (2021), 151.

당한 제약을 받는 등 공동체적 일체감을 이루는 데 효율성이 현저하게 떨어질 수 있다. 실제로 온라인 예배가 공동체성의 약화와 소통의 어려움으로 인해, 개인 소외 문제가 두드러졌다는 기윤실 조사 결과도 있다.[19]

현실적으로 온라인 예배에 대해 예배의 만족도가 적지 않기는 하지만, 인간은 육체적 대면 관계 안에서 정서적 일체감과 안정감을 극대화할 수 있는 동물이기 때문에 현실적으로 온라인으로만 개인의 신앙생활 증진은 물론 성도의 교제를 통해 얻어지는 영적 성장 만족도는 오프라인에서와 같은 정도로 기대하기 어렵다. 자칫 디지털 영지주의(digital gnosticism)의 위험에[20] 빠질 수 있다. 실제로 코로나19 이후 신앙 수준 변화에 관한 질문과 응답 통계에 따르면, 온라인 예배를 드린 자들의 경우, 본인의 신앙이 더 약해졌다고 답한 비율이 39퍼센트나 되었다.[21]

온라인 예배가 공동체성의 약화를 가져올 수 있다는 우려는 자연스럽게 다음과 같은 구체적인 문제점을 일으킨다.

첫째, 온라인 신앙 훈련의 일방성이다.

모든 온라인 예배가 일방적 정보를 전달하는 것은 아니다. 그러나 대부분 온라인 예배는 일방성 극복이 중요한 과제임에 주의할 필요가 있다. 교회의 공동체성 유지는 쌍방성을 특징으로 하기 때문이다. 그러므로 "교회가 온라인을 통해 예배 영상과 신앙 콘텐츠를 일방적으로 전달하는 방식은 지양해야 하며, 온라인 매체의 특성을 고려하여 이를 창조적인 방식으로 전달해야

---

[19] 기윤실, "2020년 교회의 사회적 신뢰도 조사 결과 발표", 『기독교윤리실천운동』, 2020. 2. 7, https://cemk.org/resource/15704 (2021년 2월 10일 접속). 재인용. 최성훈, "포스트 코로나19 시대와 한국 교회의 공공성 : 예배와 공동체성을 중심으로", 「ACTS 신학저널」 47 (2021), 76.
[20] 김영한, "언택트시대의 교회론", 한국복음주의조직신학회 기조강연 (2021년 5월 15일), "온택트(Ontact) 시대의 개혁주의 목회", 제24회 개혁주의생명신학회 정기학술대회 기조강연 (2021년 11월 27일), 28.
[21] 목회데이터연구소, "2021년 상반기 한국 교회 코로나19 추적 조사", 8.

하고, 교인들이 함께 참여할 수 있도록 사려 깊게 구성해야 한다."[22]

둘째, 예배 자체가 "불가피하게 물질적이며 육체적"이기에[23] 온라인 예배는 제한적 의미에서만 유효하다.

이 주장이 설득력이 전혀 없는 것이 아님은 실제 우리의 현장 예배와 온라인 예배 경험이 증명하고 있다. 성만찬 예진의 경우가 그 실례이다. 성만찬을 온라인 예배를 통해 진행하기는 매우 어려운 것이 사실이어서 팬데믹 이후 성찬식을 거의 거행하지 못한 교회가 많았다. 따라서 대부분 성도는 현장 예배가 온라인 예배보다 더 현실적으로 영적 임재를 경험하기 때문에, 온라인 예배에 대한 만족도가 상당함에도 불구하고, 앞의 조사에서 확인했듯이, 온라인으로만 신앙생활을 할 경우, 영적 능력은 더 약해진다고 할 수 있다.

셋째, 온라인 예배가 자칫 소위 '가나안 교인'을 양성화하는 데 일조할 수 있다는 비판이다.

물론, 교회가 교회답지 않아서 교회에 출석하지 않는 그리스도인들에게 예배드릴 사이버 '공간'이라도 제공할 수 있지 않으냐고 항변할 수도 있다. 그러나 교회가 온라인 예배의 일방성 구조에만 머무를 경우, 그래서 실제로 가나안 교인이 항구적인 '가나안의 삶'을 양성화시킬 수도 있다는 점에 유의할 필요가 있다.

넷째, 온라인 예배는 궁극적으로 '온라인 교회'로 가는 중간 단계가 될 수 있다.

---

22 최성훈, "포스트 코로나19 시대와 한국 교회의 공공성 : 예배와 공동체성을 중심으로", 89.
23 James Smith, 『하나님 나라를 욕망하라』 (서울: IVP, 2016), 210. 재인용. 박영돈, "코로나19 사태와 예배", 『전염병과 마주한 기독교』, 노영상 외 2인 편 (군포: 도서출판다함, 2020). 214.

온라인 교회는 일반 교회에서보다는 '노출 부담'에서 훨씬 자유롭고, 익명성을 보장하기도 한다는 측면에서 교회의 행사와 봉사 및 실제 교제에 있어 소극적일 수 있다. 나아가 이런 습관이 결국 그러한 교회 참여 당사자에게는 교회 자체가 허구로 인식하게 할 가능성이 크다. 그래서 온라인 예배에만 만족하거나 현장 예배의 대안으로 여기게 되면 이러한 행동이 '온라인 예배 습관'을 낳고 이러한 습관이 '온라인 정통 신학'(?)을 낳아 궁극적으로 온라인 교회를 정당화하는 잘못을 전개할 수 있다.

물론, 온라인 교회 지지자들은 이러한 비판에 대해 가상과 실제 사이를 이원론적으로 구분하는 것이라고 반론을 제기한다.[24] 이들은 사이버 공간이 더는 기계적 공간이 아닌 심리적 공간이어서 충분히 교회적 기능을 할 수 있다고 주장할 것이다. 오히려 사이버 공간은 "종교의례를 위한 매우 적절한 매체"라고 말하기도 한다.[25]

그러나 정통 교회에서는 온라인 교회가 성도의 교제로서의 교회 본질과 공동체성의 실제적 발현을 거의 불가능하게 하므로 신학적으로 지지할 수는 없을 것이다. 상호내주적 교제를 통한 상호 의존적인 인격적 공동체가 거의 이루어지기 힘들어서 온라인 교회를 정통 교회에서 받아들이기는 어려울 것이다.

다만, 온라인 예배를 오늘날 불가피한 것으로 수용하되, 쌍방적 소통을 기반으로 하는 온라인 예배의 도입을 고려할 필요는 있다. 나아가 온라인 '중심의' 예배가 아닌 현장 예배와 '함께'하는 온라인 예배를 도모할 필요가 있다. 왜냐하면, 가급적 성도들의 인격적인 공동체적 교제를 극대화하여 성도의 영적 활성화를 제고할 필요가 있기 때문이다. 이런 방식의 예

---

[24] 윤영훈, "포스트코로나 시대 온라인 교회의 가능성에 대한 연구", 「대학과 선교」 46 (2020), 220.

[25] 윤영훈, "포스트코로나 시대 온라인 교회의 가능성에 대한 연구", 222.

배로서 소위 온라인(online)과 오프라인(offline)의 융합인 all-line[26] 목회가 요청된다. 4차 산업혁명이 시작한 초연결 사회에서 온라인 활용의 필요성과 편의성 그리고 현장의 전인격적인 공동체적 교제를 가능하게 하는 on-offline의 융합형 목회이다.

그러나 무엇보다도 그것이 성경과 신학에서 제시하는 공동체 기준에 얼마나 충실하며 앞에서 지적한 바와 같이 성도의 교제로서의 교회 본질에 실제로 부합 가능한지를 냉정하게 판단할 때, 온라인 예배라는 온라인 공동체는 제한적으로 적용될 필요가 있다.

3. 교회의 공동체성과 영적 생명력 회복: 예수처럼 살기와 세이비어교회의 실례

온라인 시대의 영적 생명력 유지 및 강화를 위해 교회의 공동체성을 실질적으로 확보하는 것은 절대적으로 필요하다. 여기에서는 이 책에서 여러 번 살펴보았기 때문에 간단하게나마 공동체로서의 교회에 대한 신학적 논의를 규명하고, 이것을 기초로 미국의 세이비어교회(Church of the Savior)의 사례를 통해 예수처럼 살기의 실천이 오늘날 팬데믹과 온라인 시대에도 유효한 영적 생명력 확보의 방법이 될 수 있는지 찾도록 한다.

---

[26] 신형섭, "재난과 교육목회, 위기의 한복판에서 혁신의 길을 발견하다", 『재난과 교회』, 박경수, 이상억, 김정형 편 (서울: 장로회신학대학교출판부, 2020), 230-232. 주상락, "포스트 코로나 시대의 전도와 선교: 총체적 공간선교, 전도", 『코로나19 뉴노멀 시대, 교회의 변화와 대응』, 한국실천신학회 편 (서울: 스토리zip, 2021), 151, 156.

1) 교회와 공동체적 교제

인간은 본래 공동체적 삶을 살아가게 되었다. 인간은 하나님의 형상으로서 '연합된 하나'(united one)로 살도록 창조되었고, 그것의 현실적 모델은 남자와 여자가 '한 몸'으로(창 2:24) 살도록 명령을 받은 최초의 인류인 아담과 하와였다. 여기에서(창 2:24) '한'은 신명기 6:4의 "하나의" 또는 '유일한'과 같은 단어인 에하드(אחד)로서 숫자적, 물리적, 양적인 의미에서의 하나가 아닌 내용적, 관계적, 질적인 의미에서의 하나이다. 부부가 '연합해서' 한마음을 갖고 하나를 이루듯이 삼위 하나님이 '연합하여' 한뜻으로 하나를 이루시는 것이다.

이러한 방식의 '하나됨'은 인간이 하나님의 형상을 따라(창 1:26-27) 창조되었다는 것을 보충 설명한다. 인간이 어떤 형태의 존재론적 삶을 누리도록 창조되었는지 잘 지시해 준다. 곧 인간은 공동체적으로 존재한다는 것이 그것이다. 이런 의미에서 인간은 '삼위일체' 하나님과 "같은" 형상의 존재이다.[27] 인간은 '독립된 하나'로서 각각 살도록 창조된 것이 아니라, 생리적, 정서적, 생물학적 그리고 외형적으로 서로 다른 인격이지만, 사랑 안에서 상호내주(페리코레시스, περιχώρησις)의 방식으로 상호 의존적 '연합을 이루어 하나'의 삶을 살도록 창조되었다는 말이다.

인간이 사회적 동물이라고 말한다면, 그 개념은 바로 이러한 삼위일체 하나님의 인류 창조 원리로부터 기원한다. 인간은 상호 의존적 관계의 공동체적 존재인 것이다. 이런 의미에서 "공동체는 항상 존재해 왔었고 앞으로도 계속 그럴 것인데, 그 이유는 바로 인간이란 독립적으로 살 수 없는, 근본적으로 사회적 피조물이기 때문이다."[28]

---

[27] Anthony A. Hoekema, *Created in God's Image*, 류호준 역, 『개혁주의 인간론』 (서울: 기독교문서선교회, 1999), 28.
[28] Jacqueline Scherer, *Contemporary Community: Sociological Illusion or Reality?* 2.

관계적 존재로서의 인간이 잘 구현된 곳이 바로 교회이다. 교회란 하나님의 형상으로 지음을 받은 인간이 삼위일체 하나님과 같이, 존재론적으로 구별된 개별 실체로 있으면서 사랑 안에서 공동체적으로 하나를 이루는 인간의 모범적 사회적 삶의 실제 현장이다. 이런 의미에서 교회의 성도는 삼위일체 하나님의 형상을 따라 창조된 인간의 전형인 것이다.

이처럼 교회가 공동체임은 성경적-신학적 근거로 입증된다. 하나님의 백성으로서의 교회는 삼위일체 하나님이 구별된 삼위로 계시면서도 영원한 사랑 안에서 상호 내주함으로써 유기적 하나를 이루어 사시는, 존재론적 공동체의 모습을 모형으로 세워진다. 하나님의 독특한 은사와 인격을 부여받은 여러 성도가 그리스도를 머리로 하는 지체로서 상호 의존적 관계를 지닌 한 몸으로(고전 12:12-27) 살아간다.

교회란 '여러' 구별된 그리스도인으로 구성되지만 믿음의 조상인 아브라함의 영적 후손으로서 믿음 안에 '한' 가족이 되며(갈 3:28-29) 서로 사랑 안에서 상호 인정, 존중, 배려를 통해 하나를 이룬다. 성도들은 한 교회에서 상호 간에 가족적 관계로 존재하는 것이다. 교회가 가족적 공동체이기에[29] 이들은 시공간의 변화 속에서도 소속감과 유대감 그리고 한 몸의 지체 의식을 유지하려는 욕구를 잃지 않는다.

이런 의미에서 팬데믹 기간 중 현장 예배와 성도들과의 실질적 사랑의 교제를 충분히 갖지 못하지만, 여전히 공동체적 교제를 갈망하고 있으며, 위드 코로나 이후 또는 코로나19 종식 후에는 실질적인 성도의 교제를 과도하리만큼 '보복적으로' 감행할 가능성이 클 것이라 예상했다. 실제로 이 현상은 외식과 여행객의 급증으로 나타났다. 영적 생명력이 유지되거나 소진되는 것은 개인에게 달려있기보다는 공동체적 활동의 부재가 큰 영

---

29 권문상, 『성경적 공동체: 삼위일체 하나님을 닮은 가족교회』 (용인: 킹덤북스, 2013), 204-234.

향을 주기 때문이다.

사실 팬데믹과 세이비어교회는 상호 직접적인 관계가 없다. 그러나 우리는 팬데믹과 온라인 시대든지 일상생활이 여유 있었던 보통의 시대이든 교회의 생명력 강화를 위한 원리는 같다고 생각한다. 왜냐하면, 건강한 교회의 경우 이러한 외풍에도 거의 흔들림이 없었기 때문이다. 2020년 코로나19의 팬데믹 상황에서도 소그룹(특히 '가정교회 소그룹') 안에서 섬김과 사랑이 활발한 '공동체성이 강한' 교회는 건재했다는 통계가 이를 증명한다.

이러한 가정교회 소그룹 교회들은 온라인의 다양한 종류의 방법을 통해 정기적으로 만나는 것은 물론 1:1 만남 등 여러 형태의 실제 소그룹 만남을 지속해서 가짐으로써 팬데믹에서도 교회 출석이나 헌금 참여도, 신앙생활 만족도 등이 일반 교회보다 월등하게 높았다는 것이다.[30] 핵심은 공동체성의 강함에 있었다. 그것은 바로 팬데믹 발생 이전부터 교회 안에 수평적 상호 관계 중시, 상호 섬김 훈련 강화, 상호 내주적 모임과 삶의 활성화 등이 활발하게 이루어진 것을 의미한다.

우리는 왜 온라인 예배 만족도와 팬데믹 이후에도 온라인 신앙생활을 희망하는 사람이 많아졌는지 주목할 필요가 있다. 앞에서도 다룬 바와 같이 팬데믹과 이에 따른 온라인 예배의 보편화, 나아가 온라인 예배의 만족도와 팬데믹 이후에도 온라인 예배 선호도 증가, 특히 온라인 공동체의 매력이 높아지게 된 것은 기존 교회의 권위주의적 목회와 교회 리더십에 대한 불신 등 전반적으로 교회의 공동체성 부재에 대한 불만에서 비롯되었다는 점에 유의할 필요가 있다.

그리고 이러한 불만이 곧 온라인 교회를 낳았다는[31] 주장도 설득력이 있다는 측면을 중시해야 한다. 오늘의 팬데믹에 따른 온라인 예배의 선호

30　목회데이터연구소, "교회공동체성 분석 : 일반 교회 vs 가정교회 비교 조사: '비대면 시대, 교회의 공동체성은 소그룹 활동에 달려있다'",「Numbers」66 (2020.10.9.), 3-6.
31　윤영훈, "포스트코로나 시대 온라인 교회의 가능성에 대한 연구", 214-216.

도 상승은 교회공동체성의 소실을 노골적으로 드러낸 것임을 가볍게 보아서는 안 된다는 말이다. 이런 의미에서 우리는 가장 공동체적 교회의 모범을 보인 세이비어교회와 이 교회의 소그룹공동체를 살펴보는 것은 의미가 있다. 오늘날 우리의 상실된 공동체성을 회복시키고 온라인 시대에 영적 생명력을 제고시킬 방안을 확인할 수 있을 것이기 때문이다.

2) 세이비어교회의 예수 따라 사는 삶

고든 코스비(Gordon Cosby, 1917~2013) 목사는 1947년 30세에 세이비어교회(Church of the Savior)를 설립했다. 그가 꿈꾸었던 교회는 예수님의 인격과 삶을 그대로 따라 사는, 내적인 성화와 외적인 섬김 사역을 함께 이루어 세상에 영향을 주는 공동체였다. 코스비 목사는 하나님이 사랑이라 말하고 기독교는 바로 이러한 사랑의 삶을 살아가는 것이라고 보았다. 이런 의미에서 기독교는 그동안 존재했던 그 어떤 종교보다 본질적으로 가장 단순한 종교, 곧 '사랑의 종교'인 것이다. 그래서 그는 "'하나님은 사랑이라. 사랑하는 자마다 하나님에게서 낳고 하나님을 안다'. 계속 따르고, 계속 기도하고, 계속 사랑"하라고 말한다.[32]

그런데 우리가 어떻게 사랑해야 하는지에 대해 고민하지 않으면 대부분 반쪽짜리 사랑에 그칠 것이다. 그가 소천하기 3년 전에 인터뷰한 글에 따르면 "단순히 사랑할 만한 것들을 사랑하는 게 아닌, 사랑 그 자체가 되는 것"이어야 하며, 그것은 곧 "자신을 굴복시키는 것, 곧 자신의 삶을 하나님께 드리는 것을 의미한다"라고 했다.[33] 그리고 코스비에게 그러한 사

---

32 Gordon Cosby, *Seized by the Power of a Great Affection*, 유성준 역, 『위대한 사랑의 힘에 사로잡힌 삶』(서울: 평단, 2015), 178.

33 Gordon Cosby, "An interview with Gordon Cosby: The Descending Ladder," *Christian Century*, 127/4 (Feb 23. 2010), 29.

랑은 하나님에게서 그 원형을 찾는데, 곧 그 사랑의 현현인 그리스도 예수였고, 따라서 우리가 '사랑한다면' 곧 예수의 삶을 그대로 따라 사는 것이라 믿었다. 그래서 그가 "할 일은 그저 하나님과 동행하고, 예수님의 멍에를 함께 메는 것뿐"이었다.[34]

세이비어교회 비전에 대해 글을 쓴 핼리(William R. S. Haley) 역시 코스비 목사의 목회 철학을 다음과 같이 잘 요약했다.

> 세이비어 공동체는 철저하게 예수님 중심입니다. 그것은 단순하게 가장 문자적인 방식으로 예수님을 따르는 것에 대한 소명을 더욱 진지하게 취하는 것입니다.[35]

이것이 바로 코스비와 그와 함께한 교회 성도 모두의 핵심 가치관이다. 그런데 여기서 말하는 예수 따라 사는 삶이란 성도의 영적인 삶의 변화는 물론, 세상을 향한 외적인 헌신을 포함한다. 세이비어교회에서 40년 이상 핵심 스태프로 활동한 엘리자베스 오코너(Elizabeth O'Connor)의 표현대로 이 교회의 가치관은 '내적인 여정'(inward journey)과 '외적인 여정'(outward journey)을 함께하는 것으로서 이 둘 중 어느 하나도 빠트릴 수

---

34 Gordon Cosby, 『위대한 사랑의 힘에 사로잡힌 삶』, 32.
35 William R. S. Haley, *The Radical Vision of the Church of the Savior*, (Washington DC: Tell the Word, n.d.), 6. 재인용. 유성준, 『미국을 움직이는 작은 공동체 세이비어교회』 (고양: 평단, 2005), 15-16. 코스비 목사가 예수님 닮은 삶을 신앙의 가치관으로 삼게 된 동기는 제2차 세계대전 군목 근무 시절에 부대 집단 세례 예식과 전투병 한 명에게서 받았던 충격이었다. "세례 받기 전이나 후나 그들의 삶에 전혀 변화가 없는 것을 보면서 정말로 충격을 받았지. 그런데 말이야. 더 기가 막힌 일이 벌어졌어" … "한밤에 적진에 투입되는 공정대원 중 한 명이 이러는 거야. '목사님 저는 오늘 밤 전투에 나가 죽을지도 모릅니다. 지금 나에게 5분의 시간이 있는데 예수님에 대해 말씀해 주세요'라고 …" Elizabeth O'Connor, *Call to Commitment*, (Washington DC: Potter's House Book Service, 2003), 10-12. 재인용. 유성준, 『미국을 움직이는 작은 공동체 세이비어교회』, 17.

없었다는 점이다.

"교회가 내적 여정을 밟지 않고서도 외적 여정을 밟을 수 있다고 생각한다면 중대한 실수를 범하는 것이다. 교회가 외적 여정을 밟지 않고서도 내적 여정을 밟을 수 있다고 생각해도, 참담하기는 마찬가지다."[36]

올바른 신앙의 삶이란 내적 여정과 외적 여정, 이 둘의 종합이다. 사랑으로 점철된 내면적 거룩의 삶과 외적인 이웃 섬김 사역이 균형을 이루어, 사랑 안에서 성도들 사이에 하나됨을 추구하여 성화의 삶을 이어가고 주님이 섬기셨던 가난한 자, 버림받은 자, 소외된 자들을 섬기며 용기와 희생적인 삶을 통해 세상을 변화시키는 데 헌신하는 것이다.[37]

여기서 외적 사역에의 여정은 예수님이 소외된 자에게 관심을 가지신 것처럼, 우리도 주기도문의 '뜻이 하늘에서 이루어진 것 같이 땅에서도 이루어지이다'라는 기도의 내용에 기초를 두고 예수님과 같은 마음으로 살아가는 것이었다.[38]

코스비가 말하는 내적인 여정은 자신과의 싸움을 의미한다. 자신을 괴롭힌 사람을 예수의 사랑 안에서 "나를 위한 특권과 선물로" 보는 것이어서 "우리를 오해하거나 우리를 죽이는 사람까지도 사랑해야" 하는 것이다.[39] 이러한 자신의 마음속에서의 영적인 투쟁이 일어날 수밖에 없는 것은 자신을 포함한 보통 사람은 기본적으로 자기중심적이어서 자신이 좋아하고 남도 자신을 받아들일 비슷한 사람과 즐기기를 원하기 때문이다.

그러나 진정한 신앙인은 몸 안에 있는 두 자아의 싸움에서 이겨야 한다. 그래서 나와 전혀 "다른 사람을 우리의 가슴과 상상 속에 들어오도록 허

---

36 Elizabeth O'Connor, *Journey Inward, Journey Outward*, 전의우 역, 『세상을 위한 교회, 세이비어이야기』 (서울: IVP, 2016). 36.
37 유성준, 『참된 교회를 이끄는 작은 공동체 세이비어교회』 (서울: 평단, 2006), 102.
38 Gordon Cosby, "An Interview with Gordon Cosby: co-founder of the Church of the Saviour," *Family and Community Ministries*, 130/8 (2007), 33-34.
39 Gordon Cosby, 『위대한 사랑의 힘에 사로잡힌 삶』, 81, 91.

용하고", 그러한 사람의 "고통을 내 영혼으로" 갖는 것이다.[40] 코스비에게 사랑은 기독교인의 내적인 여정의 기초였다. 그에게 사랑이란 "어떤 사람에 대해 어떤 것도 고치거나, 해결하려고 시도하지 않는" 것이고 사랑은 "행위가 아니라 존재"이기에, 모든 사람에 대하여 "오직 있는 모습 그대로를 사랑"하라고 말한다.[41]

이러한 사랑으로 예수님의 말씀대로 '내가 너희를 사랑한 것 같이 너희도 서로 사랑하라'고 말하면서 "사랑의 존재가 되는 것에 실패하는 것은 인생에 실패하는 것"이요, "참 사람이 되는 것에 실패하는 것을 의미"한다고 했다.[42] 그는 예수님의 말씀에 순종하여 원수까지도 사랑하는 마음을 갖고 모든 사람과 화해하려 했고 다른 사람을 모욕하기보다 차라리 고통받기를 원했다.[43]

이러한 내적인 여정은 그것이 진정성이 있는 한 항상 적극적인 외적 사역으로 인도했다. 행함이 없는 믿음은 죽은 믿음이기에 그렇다. 그래서 예수님이 친히 함께했던 가난한 자, 고통당하는 자, 노숙자, 정신 장애인과 같은 억눌린 자, 포로가 된 자, 압제당하는 사람들을 섬기며 봉사하는 삶을 추구하게 되는 것이다.[44]

이러한 코스비 목사의 목회 철학에 동의하는 작은 수의 사람 약 150명은 7개 분야에 75가지의 섬김의 봉사 사역[45]을 진행하면서 연간 1,000만

---

40 Gordon Cosby, 『위대한 사랑의 힘에 사로잡힌 삶』, 105, 118.
41 Gordon Cosby, 『위대한 사랑의 힘에 사로잡힌 삶』, 99.
42 Gordon Cosby, 『위대한 사랑의 힘에 사로잡힌 삶』, 97.
43 Gordon Cosby, 『위대한 사랑의 힘에 사로잡힌 삶』, 43.
44 Gordon Cosby, 『위대한 사랑의 힘에 사로잡힌 삶』, 116.
45 예를 들어, 워싱턴 지역의 빈민 지역인 아담스 모르간 지역을 중심으로 운영되는 카페와 서점, 저임금 가족을 위한 주택보급 사업, 실업자, 노숙자, 마약중독자, 알콜중독자 등을 위한 병원 그리고 이들이 사회에 나가 재활할 수 있도록 돕는 희년사역(Jubilee Ministries) 등이 있다(유성준, 『미국을 움직이는 작은 공동체 세이비어교회』, 22). 대표적인 외적 사역에 대한 요약본 설명은 다음에서 확인할 수 있다.: Paul Wilkes, "The Vision of Seekers Church: Mission Accomplished," *Christian Century* 118/12 (04 11,

달러(120억 원, 2022년 3월 환율 기준) 이상의 예산을 집행하는 역동적인 교회로 전 세계 교회와 세상에 큰 영향을 끼쳐왔다.[46]

3) 세이비어교회의 공동체 의식

기독론에 근거한 코스비의 성화와 헌신의 신학은 공동체적 인간론과 교회론의 도움을 받아 그 기초가 더욱 견고하게 되었다. 내적인 여정과 외적인 여정의 연합을 교회의 공동체적 본질과 함께 고려하면서 이 두 여정과 이 둘의 연합의 당위성이 더욱 명료해졌다. 그에게 개인은 원래부터 없었다.

"본래 개인주의라는 것은 존재하지 않습니다. … 우리는 서로 연결되어 있습니다. 그것도 단지 몇몇 사람에게만 그런 것이 아니라 모든 것에 연결되어 있습니다. 이것이 원래의 우리입니다."[47]

인간은 서로 분리된 상태로 존재하는 것이 아니라 모든 사람이 기본적으로 다 연결된 공동체로 존재한다는 것이다. 이런 의미에서 우리 주위에 소중하지 않은 사람은 하나도 없게 된다. 특히, 우리 기독교인에게는 내적

2001), 6-8.

[46] 유성준, 『미국을 움직이는 작은 공동체 세이비어교회』, 28. 현재 활발하게 활동하는 사역공동체는 다음과 같다. Academy of Hope, Becoming Church, Inc., Bethany, Inc. / Good Hope House, Bokamoso Life Centre, Christ House, Columbia, Road Health Service, Cornelius Corp, Cornerstone, Dayspring Earth Ministry, Dayspring Retreat Center, Dayspring Permaculture Gardens, Emmanuel House, Faith and Money Network, The Family Place, The Festival Center, For Love of Children, Hope and a Home, Joseph's House, Jubilee Housing, Jubilee Jobs, Jubilee Jump, Kairos Program, L'Arche, Life Asset Financial Center, Manna, Inc., New Community Art, New Community for Children, Overlook Retreat House, Imago Center, The Potter's House, Recovery Café, Recovery Café, DC, Reunion, Samaritan Inns, Sarah's Circle, Sitar Arts Center, Soteria Community School (Servant Leadership School), Tell the Word / Speaking Truth to Power, Wellspring. 참고: (2021.10.25. 접속) https://inwardoutward.org/ministries/

[47] Gordon Cosby, 『위대한 사랑의 힘에 사로잡힌 삶』, 51.

인 여정의 삶을 성실하게 영위할 때, 교회 밖의 사람 모두가 사랑의 대상이 됨을 더 명료하게 확인할 수 있게 된다. 모든 사람이 신적인 관계 안에 있어서 서로에 대한 실천적인 삶을 근원적으로 가능하게 한다는 것이다.

> 우리가 의식적으로 우리 속에 계신 하나님께서 흘러 역사하시도록 하고, 다른 사람 속에 계신 하나님과 연결되도록 할 때, 우리는 우리가 서로에게 속해 있을 뿐 아니라 신적인 관계 안에서 서로 연합되어 있음을 경험하게 됩니다. 우리는 전체 안에서의 '개별성'을 경험하고, 그 결과 영원한 영역에 속한 영생의 물결이 지금, 이 세상으로 확장되어 흘러오는 것을 경험하게 될 것입니다. 우리는 바로 이 소속됨을 통해 느끼는 클라이맥스를 위해서 우리의 영혼을 준비하는 것이다.[48]

이러한 공동체주의적 사고는 참된 기독교 또는 참된 교회에서 자연스럽게 조성되는 것이어서 사회봉사 나아가 사회적 고통을 제도적 지원을 통해 섬김의 활동을 하여, 일반 교회에서 볼 때 급진적인 교회론으로 여겨질 만큼, 매우 다양한 범위의 75개의 섬김공동체 사역을 하도록 했다.

철저한 내적인 여정은 다른 말로 표현하면 참된 의미에서 공동체로서의 교회가 되는 것이다. 공동체란 앞에서도 살펴본 바와 같이 삼위일체 하나님과 같이 구별된 삼위가 사랑 안에서 상호내주적으로 상호 의존하면서 하나를 이루는 것이다. 교회는 바로 이러한 삼위일체 하나님에게서 그 모형을 갖는다. 코스비의 공동체론은 삼위일체 하나님을 모형으로 잘 구축되었다. 그에게 공동체란 삼위 하나님의 구별됨과 같이 사람들의 구별된 각기 다른 실체, 곧 다양성을 존중하면서 서로의 다름을 인정하고, 이에 따라 그리스도 예수의 사랑으로 서로 용납하고 용서하면서 상대와

---

[48] Gordon Cosby, 『위대한 사랑의 힘에 사로잡힌 삶』, 53.

함께, 상대 안에서, 양보와 협력을 통해 하나를 이루는 것이다(이 책 제1장의 그림 3 참조).

그는 다양성에 대해 다음과 같이 말한다.

> 만일 우리가 하나님이 나에게로 보내 주신 사람들의 다양함을 사랑하는 법을 배울 수 있다면, 우리 자신은 인류 가족의 전체성 totality에 대해 마음이 열리고 반응할 수 있을 것이다.[49]

그래서 교회 안과 밖 어디에서도 나와 다른 외모, 생각, 문화를 인정하게 되며, 흑인, 백인, 동양인에 대한 편견을 갖지 않게 되는 것이다. 이런 의미에서 "참된 교회가 되기를 원한다면, 지나칠 만큼 다양성을 유지하는 것이 필수적이다."[50]

문제는 앞에서 잠시 언급한 바와 같이, 인간의 본성이 자기중심적이고 또한 동일 집단과 어울리는 것을 선호하는 데 있다. 그래서 다양성 인식은 "대부분 저절로 이루어지는 것이 아니다. 우리는 본성적으로 서로 비슷한 사람들끼리 모이려는 경향이 있다. 깊이 뿌리내려 있는 이러한 성향을 우리는 의도적으로 깨뜨려야 한다."[51]

여기서 우리는 공동체로 부르신 하나님께서 우리에게 다양성을 전제한 하나됨을 요구하시는 명령에 굴복해야 한다.

"어떤 면에서 우리는 서로를 이해하거나 신뢰하기 어려운 부분이 있다. 그렇지만 우리는 하나님께서 하나가 되도록 부르신, 한 가족이다."[52]

---

49 Gordon Cosby, 『위대한 사랑의 힘에 사로잡힌 삶』, 39.
50 유성준, 『참된 교회를 이끄는 작은 공동체 세이비어 교회』, 57.
51 유성준, 『참된 교회를 이끄는 작은 공동체 세이비어 교회』, 57.
52 유성준, 『참된 교회를 이끄는 작은 공동체 세이비어 교회』, 59.

우리는 다르지만 한 '가족공동체'인 것이다.[53]

코스비 부부를 인터뷰한 기사(*Sojourner Magazine*, 1997년 11~12월 호)에서 그는 하나됨의 중요성에 대해 다음과 같이 말했다.

> 교회를 이룬다는 것은 우리가 생각하는 것처럼 교회의 일을 하는 것이 아니라 서로가 서로에게 속하여 진정한 교회가 되는 존재의 물음입니다. 여럿이 연합하여 하나의 완전을 이루는 것이 바로 예수님이 원하는 것이었습니다.[54]

4) 참된 영적 생명력: 영적 훈련과 이웃 섬김의 유기적 연합

내적인 여정은 절대 쉽지 않다. 이 여정은 "좁은 문"이어서[55] 기독교 교인이라고 해서 누구나 감당할 수 있는 평범한 영적 훈련은 아니다. 그만큼 세이비어교회의 교인이 된다는 것은 철저한 자기 부인의 삶을 살기로 서약하고 출발하여, 매년 말에 다시 서약해야 할 만큼 계속하여 세이비어교회에 속하기는 쉽지 않다.

코스비는 교회를 설립할 때 공동체 앞에서 세 가지 소통(engagement)을 제시했다고 한다.[56] 자기와의 소통, 하나님과의 소통 그리고 다른 사람들과의 소통이다. 자기 점검을 하고 하나님을 알려고 노력해야 하며 이웃에 헌신해야 하는 것을 조건으로 교회의 교인이 된다는 것이다.

교인이 되기 위해 모든 사람은 그리스도인의 삶을 위한 학교(School of Christian Living)에 입학해서 예수를 따르는 삶을 훈련받아 자신이 섬길 소

---

53 cf. 권문상, 『성경적 공동체: 삼위일체 하나님을 닮은 가족교회』, 204-234.
54 유성준, 『미국을 움직이는 작은 공동체 세이비어 교회』, 256.
55 Elizabeth O'Connor, 『세상을 위한 교회, 세이비어이야기』, 36.
56 Elizabeth O'Connor, 『세상을 위한 교회, 세이비어이야기』, 39-58.

그룹을 선택하고 매일 한 시간 기도하는 것은 물론, 성경 공부, 균형 잡힌 헌금 생활, 매년 행하는 침묵 수련, 자기 삶 전체를 개방하여 동료 교인과 함께 깊은 공동체적 삶을 살아가는 것을 동의해야 하며 지속해서 소명을 확신해야 한다.[57]

이러한 내적 여정이 다른 교회의 교인이 되는 것과 큰 차이가 있어서 이 교회 교인이 되는 것은, 전적으로 자기를 내려놓지 않으면 거의 불가능하다. 이러한 방식의 제자 훈련은 세속 문화의 안락함의 유혹으로부터 자신을 계속하여 비우게 하여 하나님의 뜻에 순종할 준비를 하게 한다.[58]

이런 의미에서 내적 여정을 "교회 갱신"이라[59] 부를 만하다. 궁극적으로 외적인 여정에로 나아가게 하며 이는 곧 교회가 '참된 교회'가 되는 것을 의미하기 때문이다. 참된 교회는 화해의 사역을 중요하게 여기고 자기 삶의 범주 밖에 있는 사람들과 삶을 나누며 하나님의 정의와 소외된 사람들을 위한 정의를 구현하고 가난한 사람들을 위해 행동하고 비폭력적인 사랑의 방법을 통해서 정의롭지 못한 이 세상의 사회 구조에 영향을 끼치는 것이다.[60]

실제로 "세이비어교회가 운영하는 '사마리아인의 집'(Samaritan Inns)에서 실시되고 있는 마약중독자와 알코올 중독자 치료를 위한 프로그램은 그 성공률이 매우 높아서 중독 치료에 있어서 국가 차원에서 모델로 삼고 있을 정도이다."[61] 세이비어교회의 내적-외적 여정이 참된 교회를 가능하게

---

57   유성준, 『미국을 움직이는 작은 공동체 세이비어 교회』, 44-45.
58   유성준, 『미국을 움직이는 작은 공동체 세이비어 교회』, 60-62.
59   Elizabeth O'Connor, 『세상을 위한 교회, 세이비어이야기』, 36.
60   유성준, 『참된 교회를 이끄는 작은 공동체 세이비어 교회』, 29-31.
61   유성준, 『미국을 움직이는 작은 공동체 세이비어 교회』, 43. 오늘날 당연하게 여기는 사회복지 사역은 대부분 기독교에서 비롯된 것이다. 이교도들에게는 이러한 문화가 없었다(Tom Wright, God and the Pandemic, 이지혜 역, 『하나님과 팬데믹』 [파주: 비아토르, 2020], 17). 아마도 이러한 교회의 사회적 영향력의 기원은 2-3세기 팬데믹 시대에 기독교인이 죽음을 무릅쓰고 물론 비기독교인 전염병 환자까지도 간호한 후, 이

하는 것이다. 이것이 바로 진정한 의미에서 교회의 영적인 생명력이다.

칼빈 역시 제네바의 가난과 궁핍의 현실을 교회가 외면하지 않도록 했다. 교회의 외적 헌신은 다음의 구원론적 원리에 기초했기 때문이다. 칭의가 성화의 기초를 이루는 한, 그 행위는 정당하며 이에 더 나아가 그 행위가 그 의를 증명하게 된다.[62] 이는 곧 코스비가 말하는 내적인 여정과 외적인 여정의 불가분리를 말하는 것이리라.

그래서 칼빈은 제네바의 가난한 사람과 피난민을 위한 구제를 담당하는 구빈원을 교회의 집사가 맡아서 고아, 노인, 병자들을 돌보고, 특히 부유한 사람들에게 자신의 부가 형제를 돕기 위한 '하나님에게서 나온 것'임을 강조하여 이들이 선행을 위해 재산을 아끼지 않는 등 선한 일을 하도록 강력하게 권했다.[63] 성화와 사회 윤리의 유기적 연합은 참 교회가 갖는 모습인 것을 잘 보여 준다.

이러한 두 여정의 연합은 공동체적 교회에서 항구적으로 발현한다. 공동체성이 매우 강한 교회가 되어 교회 안과 밖으로부터 인정받게 함으로써 빛과 소금의 역할을 다할 수 있다. 예를 들어, 오늘날 팬데믹 시대에 사회적 거리두기 강화로 경제적 어려움을 겪는 가난한 사람들과 자영업자들을 구제하고, 가능한 환자들을 직간접적으로 돕는 일을 할 뿐만 아니라, 방역조치를 준수하여 '확진자 수'가 현저하게 낮은 교회가 되게 할 수도 있는 것이다. 마치 2-3세기 팬데믹 상황에서 교회에 전염병 환자도 훨씬 적고 자신을 핍박하던 이교도 환자들을 교회 성도들이 잘 간호하여 후

교도들의 폭발적인 개종 인구 증가가 이루어진 것과, 지속적으로 기독교인이 매일의 삶 속에서 사랑과 구제의 실천을 하는 등 교회의 여러 미덕을 로마 정부가 인정한 것 등에 있을 것이다(Rodney Stark, *The Rise of Christianity*, 손현선 역, 『기독교의 발흥』 [서울: 좋은 씨앗, 2016], 118-135).

62 John Calvin, 『기독교 강요』 III.xvii.9-12.
63 W. Fred Graham, *The Constructive Revolutionary John Calvin*, 김영배 역, 『건설적인 혁명가 칼빈: 사회와 경제에 끼친 영향』 (서울: 생명의말씀사, 1986), 90-103, 151-154.

에 기독교로 개종 인구가 현저하게 늘어나게 된 것과 같을 수 있다.[64] 팬데믹과 온라인 시대에는 오히려 공동체성이 강한 교회가 돋보이게 된다. 이것이 영적 생명력이 살아 있는 진정한 교회의 모습이다.

앞에서 말한 바와 같이 세이비어교회는 영성 훈련과 이웃 섬김의 삶을 '동시에' 추구했다. 내적 여정이 외적 여정의 기초를 이루기는 하지만 내적 여정이 완성된 후 자동적으로 외적 여정이 이루어지지는 않기 때문이다. 이것은 사실이다. 실제로 미국의 사회학자 우쓰노우가 잘 증명한 같이, 현대인은 자신의 소그룹 안에서 영성의 내면화에 만족하기를 즐겨한다.[65] 소그룹 안에 서로 영적 교제를 깊이 나누면서 심리적 감정적 치유도 경험하면서 내면의 영성을 더 강화하게 된다.

그래서 현대의 소그룹 운동은 실제의 개인 생활 치유 자체를 새로운 영성으로 재정의 하고 있다. 다만, 코스비가 문제시하는 대로, 영성을 개인 중심적 내면의 삶 회복과 동일시하려는 움직임이 우려가 되는 것은 사실이다. 내적 여정이 외적 여정의 안내 역할을 하지 않는 것이다.

이 점에 대해 미국의 사회학자 우쓰노우도 다음과 같이 잘 간파했다.

> 지난 20년 동안 '(소그룹) 운동'이 거둔 성공을 감안할 때, 이 운동은 쉽게 현 상태를 유지할 수 있으며, 수백만 명의 참가자가 자신에 대해 좋은 느낌이 들게 하고 내면화된 영성 곧 실용적인 영성을 개발하도록 장려함으로써 수백만 명의 참가자를 끌어들일 수 있다. 그러나 (소그룹)의 숫자가

---

64 Rodney Stark, 『기독교의 발흥』, 118-119. 100년 경에는 8천명, 전염병 창궐 직후 4세기 초 약 300년 경에 200만~300만 명으로, 4세기 말에는 3천만 명에 이르렀으니, 약 400년 경, 당시 로마제국 6천만 명 중 약 50퍼센트를 차지하기까지 어마어마하게 팽창한 것이다(Bart D. Erhman, *The Triumph of Christianity: How a Forbidden Religion Swept the World*, 허영은 역, 『기독교는 어떻게 역사의 승자가 되었나』 [서울: 갈라파고스, 2019], 238-262).

65 Robert Wuthnow, "Small Groups Forge New Notions of Community and the Sacred," *The Christian Century*, 110 no 35 (Dec 08 1993), 1237-1239.

늘어나는 성공보다는 소그룹의 질적인 가치에 더 집중할 수도 있다. 그렇게 함으로써 이 소그룹 운동은 소그룹원들에게 더 깊은 수준, 즉 도움이 필요한 다른 사람들에게 더 진정한 마음으로 헌신을 다하고, 다양한 여러 공동체에 봉사하고, 나아가 이러한 경건한 일들에 대해 하나님을 경배하는 마음과 경외심을 품고 도전하도록 만들게 하는 것이다.[66]

다른 소그룹 운동과 달리 세이비어교회는 우쓰노우가 현재의 실용주의적 내면화된 영성 개발보다는 미래의 소그룹 과제를 갖는 것의 의미를 두도록 도전한 것과 같이, 소그룹의 양적 성장보다 질적 성장에 적극적인 관심을 두기를 택했다. 앞에서 말한 바와 같이 내면화된 영성을 보통 사람은 외면화된 영성으로 발전시키지 못하기 때문이다.

코스비의 고백에 따르면,[67] 실제로 영적 훈련 목적의 성장그룹 혹은 소그룹을 구성한 후 성공적으로 양육을 마치면 이후에 실천을 위한 사역으로 연결될 수 있다고 기대했지만 그런 일은 일어나지 않았다고 한다. 왜냐하면, 기질상 영적인 훈련(inward journey)이 주어졌다고 해도, 성도들이 외적인 실천(outward work)을 하면서 불편하게 되는 것을 원치 않으며 더욱이 가난한 사람을 위해 손이 더럽혀지는 것을 원하지 않기 때문이었다.

그래서 코스비는 이 두 가지를 한 소그룹공동체에서 모두 동시에 갖추도록 했다고 한다. 처음부터 성화의 삶이 강화되도록 하는 '동시에' 외적인 섬김의 봉사 사역이 이루어지도록 두 가지 방식의 삶의 변증법적 관계를 인식하도록 했다. 이 둘 사이의 긴장 관계 속에서 어느 한쪽으로 치우

---

66 Robert Wuthnow, "How Small Groups Are Transforming Our Lives: A Three-year National Research Project Reveals How Small Groups Are Dramatically Changing Communities and Churches--for Better and for Worse," *Christianity Today*, 38/2 (02. 07. 1994), 24. Robert Wuthnow, "Small Groups Forge New Notions of Community and the Sacred," *The Christian Century*, 110 no 35 (Dec 08 1993), 1240.
67 유성준, 『미국을 움직이는 작은 공동체 세이비어 교회』, 252-253.

치지 않도록 했다.

> 교회가 내면과 외면 간의 긴장을 유지하지 못하면 구제 프로그램과 인권 시위와 지역 조직에 성급하게 참여하고, 세속 도시에서 일하시는 하나님을 숨 가쁘게 찾게 된다.
> 세상일에 발을 빼는 데서 참여하는 대로 강조점이 이동하면서, 교회의 외향적 움직임에서 바로 이런 일이 일어나고 있지 않은가?
> 여기저기서 칼의 기도를, 내적인 삶을, 수양의 시간을, 하나님을 위협하지 않는가?
> 내면이 절대로 외면에 희생되어서는 안 된다. 외면도 절대 내면에 희생되어서는 안 된다. 변화는 결코 이런 식으로 일어나지 않는다.[68]

이웃 섬김의 활동을 한다고 해서 교회가 영적 기관임을 포기하고 사회 기관이 되는 길로 나아갈 수는 없는 것이다.

반면에 외적인 여정을 시도하지 않는 것은 진정한 의미에서 내적인 여정을 수행하지 않는 것이다. 교회 출석 잘하고 신앙 훈련을 성실하게 잘 받고 교사와 성가대 봉사 그리고 성도들과의 교제에 충실하면서 이웃의 고통과 아픔에 참여하지 않는 것은, 진정한 의미에서 성화의 삶을 사는 사람이 아니다. 이웃을 위한 종이 되어야 비로소 예수를 따르는 사람인 것이다.

"참된 교회는 우리가 이 세상에 서번트 리더로 헌신하기 위해 부르심을 받았다는 것을 중요하게 생각한다. 세이비어교회에서는 그러한 리더들을 양성하기 위해 대안 신학교를 개설했다."[69]

---

68 Elizabeth O'Connor, 『세상을 위한 교회, 세이비어이야기』, 67.
69 유성준, 『참된 교회를 이끄는 작은 공동체 세이비어 교회』, 91.

리더십 학교(School of Servant Leadership)가 그것이다. 세이비어교회의 섬김의 리더십 학교가 추구하는 섬기는 리더의 의미는 다음과 같다.[70]

- 영적인 훈련을 통해서 점점 예수님의 형상 닮는 것
- 예수님의 긍휼하심을 실천하는 것
- 지역 사회를 위해 헌신하는 것
- 구체적으로 가난하고 소외된 사람들과의 관계 개선에 헌신하는 것
- 더 나아가서 용기 있는 희생적인 삶을 통해서 세상을 변화시키는데 헌신하는 것

물론, 예수의 마음으로 나와 '다른' 이웃을 위한 헌신의 삶(doing)을 살기 위해서는 먼저 내적으로 예수님처럼 사랑으로 충만한 '존재'(being)가 되어야 할 것이다. 참된 내적인 성숙은 외적인 헌신에서 그 진정성이 입증되기 때문이다. 예수님처럼 진정한 의미에서 '낮은 자리'에 내려오게 되는 것이다. 내적-외적 여정의 연합된 삶을 추구하여 예수님이 섬기는 종으로 사신 것과 같이 참 교회의 성도는 소외된 자들과 함께하는 세상의 종으로 헌신하게 된다.

5) 온라인 시대의 소그룹공동체와 영적 생명력 제고

세이비어교회는 설립 초기부터 소그룹공동체 중심의 훈련을 시행했다. 교회를 시작하면서 코스비는 소그룹을 만들어 현재의 사역공동체가 활성화되도록 했다. 소그룹 사역은 생명을 살리는 영적 생명 운동에 적합한

---

70 유성준, 『미국을 움직이는 작은 공동체 세이비어 교회』, 72-73.

목회 구조이다.[71] 코스비는 아마도 존 웨슬리에게서 이 목회 원리를 배운 듯하다.[72]

교회 설립 초기에 만들어진 소그룹들은 '교회 안의 작은 교회들'로서 다양한 사역에 맞춘 구별된 신앙공동체들이었고, 성도들은 이 소그룹에 속하여 지역사회에 봉사하게 하여 세상을 바꿀 수 있는 새로운 비전을 갖도록 했다.[73] 소그룹 안에서 내적인 여정에 서로 도움을 주고받게 하여 하나님과 교회 성도 사이의 영적 생명력을 강화하도록 했다.

나아가 교회 밖 '낯선' 사람을 섬기는 외적인 여정으로까지 확대하도록 하여, 세상에 대한 영향력이 바로 이 소그룹공동체라는 조직으로부터 나올 수 있도록 했다. 소그룹의 공동체적 의식과 활동이 이 교회에서는 "교회가 교회 자체만을 위해 존재하는 것이 아니라 '세상 속의 교회'보다 큰 공동체로서의 '사회와 세상을 섬기는 교회'로 자리매김할 수 있다는 점에서 유익"했기 때문이다.[74]

이 교회 소그룹공동체의 네 가지 영역은 변화, 증거(증인), 양육, 활동으로 기존 교회의 셀, 속회, 구역, 순 모임, 목장 등의 모임이 더욱 체계적으로 발전된 모습이라고 할 수 있다.[75] 사역공동체 소그룹들은 각각 2~3명부터 12명으로 구성하되 성도들은 자발적으로 본인의 관심에 적합한 소그룹에 참여하여 구성한다.

71　양병모, "개혁주의생명실천신학의 실천적 목회 패러다임으로서의 소그룹 사역과 그 적용 연구", 「생명과 말씀」 7 (2013), 92.
72　유성준, 『미국을 움직이는 작은 공동체 세이비어 교회』, 252.
73　유성준, 『미국을 움직이는 작은 공동체 세이비어 교회』, 81.
74　오현철, "예수 생명이 약동하는 공동체, 소그룹", 「성경과 신학」 65 (2013), 197.
75　유성준, 『참된 교회를 이끄는 작은 공동체 세이비어 교회』, 104. 4가지 영역은 각각 하나님의 초자연적 은혜로 근본적 변화를 경험하여 예수 그리스도가 중심이 되는 공동체의 일원이 되고 이후 그리스도의 증인이 되며 다른 성도를 위한 영적 길잡이 역할을 하고 고통과 고난에 처한 이들의 치유를 위한 봉사 활동을 하는 것을 의미한다 (위의 책, 104-105).

여기의 소그룹은 앞에서 설명한 코스비의 공동체론에 따라 인종과 학력, 경제력 구분 없이 다양성을 기초로 하여 '우리'가 되도록 했다. 이 공동체에서는 자신과 정반대의 사람이 오기를 기대하는 대신 오히려 소외된 자가 있는지 확인하려 하는 등 적극적으로 구성원들을 찾아 나서고 집에 초대하며 심지어 전에는 알고 싶지 않았던 다른 사람들에게까지 '우리'라는 범위를 넓혀가서 '다양한 한 몸'을 이루기 위해 노력한다.[76]

세이비어교회의 교인이 된다는 것은 이러한 소그룹공동체의 구성원이 되는 것이다.

> (왜냐하면) 교회의 공동체성을 실천할 수 있는 가장 중요한 도구가 소그룹 (이기 때문)이다. 소그룹 사역공동체가 중심이 되는 세이비어교회 사역의 핵심 철학은 영적인 삶을 통해 주님을 닮아가는 삶을 추구하고, 주님이 보여 주신 긍휼의 마음으로 지역사회를 섬기며, 주님이 섬기셨던 가난한 자, 버림받은 자, 소외된 자들을 섬기는 일에 헌신하며, 용기와 희생적인 삶을 통해 세상을 변화시키는데 헌신하는 것이다. 이것이 세이비어교회가 시작되면서부터 가졌던 핵심적인 목회 철학이다.[77]

그러므로 사역공동체 소그룹인 Mission Group의 멤버가 되어야 비로소 온전한 이 교회의 교인이 되는 것이다. "소그룹 사역공동체(Mission Group)가 영성을 바탕으로 모여 삶을 나누고(Sharing), 서로 돌보고(Caring), 함께 사역에 동참하여(Ministering) 세상을 변화시키는 일, 주님을 닮아가는 삶을 이루고 있는 소그룹 사역의 모델이 될 만한 공동체인 것"[78]이다.

---

76 유성준, 『참된 교회를 이끄는 작은 공동체 세이비어 교회』, 56.
77 유성준, "고든 코스비의 영성과 세이비어 교회의 사회봉사", 「교회와 사회복지」 13 (2010), 15.
78 유성준, "고든 코스비의 영성과 세이비어 교회의 사회봉사", 15.

소그룹 사역공동체는 "영성과 사역이 균형을 이룬 공동체"로서, 웨슬리의 소그룹(속회, 밴드, 선발신도회 등)이 "상호 책임적인 섬김의 공동체로서 사회를 변혁시키는 공동체" 역할을 한 것과 유사하다.[79]

이 사역공동체가 인상적인 것은 교회에서 주도적으로 만들고 교인을 일방적으로 배치하는 방식이 아닌 공동 관심사를 확인하여 함께 한 사람들이 '스스로' 소그룹을 구성한다는 것이다.

"누군가 어떤 특정한 도움을 필요로 할 때 그것에 관심 있는 사람들이 모여 소그룹을 만들게 되며 이러한 그룹의 가장 우선된 사역은, 필요한 곳에 우선적으로 도움을 주는 일이다."[80]

만일 보통의 교회에서 하듯이 성도 중심이 아닌 목회자 혹은 전문 사역자 중심의 소그룹 배정 방식이라면 그것은 사실상 공동체적 소그룹 운영과는 거리가 멀다. 공동체는 자발성을 기초로 구성되기 때문이다.[81] 공동체의 구성 원리에 반하는 구조는 구성원들 사이에 내면적 소통에 방해를 가져와 하나됨을 이루기 힘들게 되어 궁극적으로 그러한 소그룹은 성공하기 어렵다.

"어떤 그룹은 만든 후에 그 안에서 공통된 하나의 사역만을 찾으려고 하면, 그러한 시도는 그 그룹 안에 있는 여러 개인의 깊은 내면적 부르심을 모두 채워주지 못하기 때문이다."[82]

세이비어교회의 소그룹 중심의 공동체는 오늘날 팬데믹과 온라인 시대의 교회 존립은 물론 팬데믹을 경험했던 기독교 초기의 교회가 급격한 성장을 이룬 것과 비슷하게 성도들의 영적 생명력 제고에 유의미하게 적용될 교회 구조이다. 소그룹공동체 안에서 강력한 공동체성을 확립하여 예

---

79   유성준, "고든 코스비의 영성과 세이비어 교회의 사회봉사", 17.
80   유성준, 『미국을 움직이는 작은 공동체 세이비어 교회』, 175.
81   권문상, 『성경적 공동체: 삼위일체 하나님을 닮은 가족교회』, 186-187.
82   유성준, 『미국을 움직이는 작은 공동체 세이비어 교회』, 175.

수 따르는 삶을 내재화하고 하우어워스(Stanley Hauerwas, 1940~)가 말하는 "예수 이야기"에 충실한 덕의 공동체를[83] 이루어 상호 섬김과 용인, 용서와 화해를 통해 하나를 이루도록 하며 각각의 소그룹이 자발적으로 외적인 섬김의 공동 관심사를 구체화하는 외적인 여정을 가능하게 만드는 것이 그것이다.

이러한 사역공동체 소그룹에서는 다양성을 존중하면서 탈권위주의적 수평적 관계를 지향하는 것이 중요하다. 우리나라 교회의 경우 유교의 가부장적 권위주의 문화가 여전히 지배적이어서[84] 쉽게 자신의 '지배권'을 내려놓기 힘들다. 이런 의미에서 공동체와 소그룹은 세이비어교회와 같이 그 구조의 파괴적 혁신으로 새롭게 되지 않는 한 소그룹 '중심이' 아닌 소그룹이 '있는' 교회로만 남게 되어 무기력한 오늘의 교회 모습은 계속될 것이다. 이것은 신학적으로 뒷받침되지도 않지만 성경적이지도 않다.

바울은 초대 교회의 최고 지도자였지만 교회 지도권을 공유하도록 허용하는 등 지배권을 내려놓았던 사실을 보라![85]

---

[83] Stanley Hauerwas, *A Community of Character*, 문시영 역, 『교회됨』 (서울: 북코리아, 2010), 84; 문시영, "하우어워스와 '덕의 공동체'로서의 교회", 「기독교사회윤리」 23 (2012), 181. 세이비어 교회의 교회 밖 소외된 사람 섬김의 사역은 스택하우스(Max I. Stackhouse, 1935-2016)의 공공신학의 실례인지 아니면 하우어워스의 사회윤리의 전형인지는 여기서 지면상 논의하기가 어렵지만, 간단하게나마 답한다면, 그는 이 두 공공신학자 중 하우어워스에 가까우리라 생각한다. 그 근거는 다음과 같다. (1) 코스비가 내적인 여정의 성숙을 전제한 외적인 섬김 사역을 허용하고 사회봉사 자체가 예수 따라 사는 삶 안에 포함되는 것으로 본다는 점, (2) 그의 75개 섬김의 공동체 사역은 적극적인 사회변혁의 일환이라기보다는 내적/외적 여정의 연합을 통해 세상에의 영향력 증대 및 이를 통한 세상의 변화를 목적으로 시행되고 있다는 점 그리고 (3) 코스비는 스택하우스처럼 내재주의적 신관에 기초한 교회의 세상으로의 진입을 적극적으로 주장하지 않고, 오히려 하우어워스처럼 예수님의 '이야기'에 집중하여 성화의 삶을 더 강조할 뿐 사회와 정치 구조 개편 등에 관한 언급은 거의 하지 않고 있다는 점이다. cf. 권문상, "공동체적 교회와 공공신학", 「성경과 신학」 101 (2022), 63 - 97.

[84] 권문상, 『성경적 공동체: 삼위일체 하나님을 닮은 가족교회』, 136-148.

[85] 김주한, "바울의 공동 사역의 리더십(Leadership)의 두 가지 양상: 교회 지도권 공유와 성도 지배권 포기", 「생명과 말씀」 28/3 (2020.12), 88-117. 팀 목회 사역을 한 바울의

바울의 한 몸으로서의 공동체적 교회 개념에 충실해지려면 우리는 유교의 수직적 관계의 벽을 넘어설 필요가 있다. 이 책 제2장에서 이 주제와 관련하여 깊이 논의한 바와 같이, 한국 교회의 소그룹은 모든 지체 사이의 수평적 관계 회복을 통한 수직적 직제에 대한 파괴적 혁신이 이루어질 때 우리가 기대하는 성경적 교회됨을 이루어 낼 수 있다.

온라인 시대에 온라인 문화를 수용하여 온라인 예배와 신앙 훈련을 하되 앞에서 말한 바와 같이 온라인의 한계를 극복하기 위해 오프라인의 신앙 훈련과 소그룹 교제의 모임은 지속되어야 한다. 앞에서 이미 통계 조사에서 확인했듯이, '가정교회 소그룹' 중심의 교회 성도들은 휴대전화의 메시지와 카톡 등 여러 SNS를 활용해서 서로 소통하며 나눔의 시간을 갖기도 했지만, 오프라인에서도 적극적으로 2~4명 정도 정부의 사회적 거리두기 방침을 준수하면서 소그룹 모임을 활성화함으로써 교회의 공동체성을 약화하지 않도록 노력했다.[86] 이들의 신앙생활은 팬데믹 이전과 다름없이 모든 교회의 목양이 정상적 혹은 그 이상으로 매우 역동적이었다.

앞에서 말한 바와 같이 온라인 모임 자체가 갖는 공동체성을 부정하고 4차 산업혁명 시대에 주어지는 온라인 문화의 일상을 거부한다면, 이는 스스로 고립시키는 교회 소멸의 출발점이 되므로, 오히려 우리는 적극적으로 첨단 온라인 시스템, 예를 들어 줌(ZOOM)의 온라인 예배와 소그룹 모임 가능 기술, 메타버스 온라인 예배와 소그룹 모임을 도입할 필요가 있다.

목회 방식은 목회(지도)권의 공유와 위임이다. 선생과 제자의 권위주의적 관계가 일방적인 고대 사회에서 서신서를 작성하면서 제자들을 '형제'라고 호칭한 점과 서신의 감사 단락을 사용한 것에서 동역자들의 기여를 인정하여 편지 작성시 자신의 권위가 아닌 공동체 의식을 보여 주었으며 고대 사회에서는 생소한 실천인 성도들에게 자신이 위로받았다고 말하거나 기도를 부탁하는 등 여러 말씀에서 바울은 자신의 지배권을 내여놓았음을 확인할 수 있다(위의 글, 97, 103, 107, 108, 115-117).

[86] 목회데이터연구소, "교회공동체성 분석 : 일반 교회 vs 가정교회 비교 조사: '비대면 시대, 교회의 공동체성은 소그룹 활동에 달려있다'", 6.

이미 앞의 여론 조사를 확인한 바와 같이 코로나 이후 온라인 예배를 드릴 의향이 있는 사람이 많아졌고, 심지어는 코로나19 종식 후에라도 '온라인 교회'에 다닐 의향이 '없다'가 55.5퍼센트에서 '있다'가 27.2퍼센트로 나타난 것[87]은 매우 놀랄 일이다. 그 원인은 교회의 공동체성 약화임은 이미 논의한 바 있다. 이런 온라인 문화 호감도 상승에 우리는 '교회다운 교회'를 만들 준비를 해야 한다.

물론, 위드 코로나로 전환되어 궁극적으로 팬데믹 상황이 지금은 종식되었지만, 앞에서 언급한 바와 같이 지구 온난화 또는 기후변화가 계속되는 한 팬데믹은 앞으로도 수년을 주기로 반복될 수 있어서 오늘의 코로나 상황 진정에 만족하지 말고, 속히 all-line의 온오프라인 목회를 위한 준비를 해야 한다. 온라인 신앙생활 외에 현장 소그룹 모임이 절대 필요하다. 온라인에만 의존하는 현재의 교회 시스템으로는 신앙생활의 어려움이 있으며, 특히 성도 간의 교제하지 못하는 것에 대한 불만이 최고인 것을 보면,[88] 보통의 성도들은 실제의 '만남'을 적극적으로 요청하고 있음을 알 수 있다.

실제 소그룹 모임을 통해 영적인 성숙이 이루어지고 성도들 사이에 사랑의 교제가 이루어지는 것은 이 세상에서 미리 맛보는 하나의 작은 천국이기 때문에, 팬데믹 시대가 다시 도래한다고 해도 반드시 실제 '만남'을 갖게 하는 것을 적극적으로 권장한다. 실제로 앞에서 예를 든 '가정교회 소그룹' 교회는 팬데믹 상황에서도 법이 허용하는 범위 내에서 적극적으로 실제 소그룹 '만남'을 가졌다. 대면적 만남을 통해 이미 경험한 천국을 팬데믹 가운데에서도 반복하고자 애쓰는 것은 역동적인 소그룹 안에서는

---

[87] 한국기독교사회문제연구원, "2020 주요 사회 현안에 대한 개신교인의 인식조사 통계 분석 온라인 발표회", 137.
[88] 한국기독교사회문제연구원, "2020 주요 사회 현안에 대한 개신교인의 인식조사 통계 분석 온라인 발표회", 139.

자연스러운 것이기 때문이다.

그러므로 온라인 신앙 교육 시스템에 투자하면서도 동시에 실제 만남을 사회적 거리두기 안에서 적극적으로 추진해야 한다. 이 책 제9장에서 이미 언급한 바와 같이, 교회 예배실을 이동형 투명 칸막이를 설치하고 소그룹 방과 식당에 겹 자형 칸막이 설치, 방역시스템 완비, 대화 중 마스크 착용, 예방 수칙 준수 생활화 홍보 등 방역 활동 등을 철저히 하여 감염 확진의 진원지가 되지 않도록 조심할 필요는 있다.

팬데믹이 악화할 경우의 소그룹 모임은 온라인과 오프라인의 융합형 모델도 추천한다. 예를 들면, 변형된 식탁 교제, 곧 온라인 모임 중 배달 음식으로 함께 식탁 교제를 하는 것, 또는 영상으로 함께할 액티비티 컨텐츠, 이를테면 영상으로 함께 요리하기, 난민과 노숙자를 위한 털목도리 만드는 일, 생일이나 기념일에 택배를 이용해서 전달한 선물을 나누며 모임 갖는 것,[89] 그런 다음에 일정한 날을 정하여 실제 사회적 거리두기 안에서 만남을 동시에 추구하는 것 등이다. 이렇게라도 해서 어떻게 해서든 온라인이든 현장에서든 아니면 온-오프 융합형이든 대면 '모임의 시간' 갖는 것은 우리의 영적 생명력 유지에 매우 유익하다.

교회다운 교회 곧 공동체성이 강화된 소그룹 중심의 교회는 위와 같은 all-line 목회 방식을 적극 선택할 필요가 있다. 당연히 세이비어교회와 같은 내적/외적 여정이 균형을 이루는 소그룹 중심의 공동체적 교회를 이룬다면, 위의 all-line 목회를 더욱 강화할 것이다. 세이비어교회와 같이 소외된 교회 밖 사람들과 사회적 약자들을 섬기는 사역공동체 중심의 소그룹을 구성하는 목회 방식이 그것이다.

이를 통해 교회는 오늘의 팬데믹 시대에 영적 생명력 유지와 증진을 가능하게 할 것이다. 이러한 공동체적 교회는 자생 능력이 극대화되어 있으

---

[89] 권문상, "코로나19시대, 소그룹과 리더십", 「목회와 신학」 381 (2021년 3월호), 54.

므로 영적 생명력 유지는 물론 재난의 시기에 공동체성이 강화되는 등 영적 생명력이 더 증진될 수 있다.

4. 나가는 말

지금까지 우리는 팬데믹과 온라인 시대에 교회의 영적 생명력을 어떻게 유지 및 증진할 수 있을 것인지 논의했다. 팬데믹은 일시적이지 않을 가능성이 크다는 것과 4차 산업혁명이 가져온 초연결 사회로 인한 온라인 문명이 우리의 일상을 지배하여 궁극적으로 성도들이 온라인 신앙생활을 기대하게도 한다는 사실 그리고 이는 곧 불가피하게 교회가 온라인 예배와 온라인 신앙 훈련을 적극적으로 고려하지 않을 수 없을 것임을 확인하게 되었다.

그러나 이는 필연적으로 대면 사회에서 경험하는 공동체성을 상당 부분 희석하게 할 가능성이 크고, 나아가 팬데믹의 장기화로 인한 신앙생활 만족도 하락에 더하여, 결과적으로 공동체로서의 교회의 특성이 위협받게 하며 성도 수의 감소 현상도 함께 겪게 할 가능성을 배제하지 못할 것이다. 한편, 교회가 공동체적이라는 사실은 신학적, 성경적, 사회학적으로 충분히 규명되므로, 4차 산업혁명 시대의 초연결 시대에 이전과는 완전히 다른 성격의 공동체 곧 '온라인 공동체' 문화에 미리 대비할 필요가 있다.

이에 대한 교회의 구체적 대비책은 all-line, 즉 온라인-오프라인 연합의 예배와 신앙 훈련을 잘 기획하여 교회의 공동체성을 유지 및 강화하도록 노력할 필요성이 있음을 확인했다. 그리고 그에 대한 구체적인 실천 방안으로서 교회의 공동체성을 가장 잘 구현시킨 미국의 세이비어교회를 모델로 삼아 신앙생활을 유지하는 데 악조건인 팬데믹 시대에도 충분히 영적인 생명력을 잃지 않을 시스템 구축 방안에 대해 논의했다.

세이비어교회는 성화공동체로서 예수님과 같은 마음을 가지고 예수를 진정으로 따르는 삶을 살면서 상호 간에 다양성을 인정하되 사랑 안에 용서와 화해를 도모하면서 하나를 이루는 동시에, 사회적 약자를 위한 공동관심 사역 소그룹을 구성, 자발적으로 소그룹 사역공동체에 참가함으로써 세계의 교회와 미국 정부로부터 인정받게 되었다.

이러한 내적인 여정과 외적인 여정의 연합을 이룬 소그룹 '중심의' 교회가 진정한 의미에서 교회됨의 전형임을 확인했다. 또한, 이 세이비어교회와 같이 소그룹으로 '이루어진' 교회 안에서 비로소 참된 의미에서 영적인 생명력을 지닌 교회가 되기에, 팬데믹 같은 목회의 악조건을 만나도 소그룹 목회의 능력으로 위기를 이겨낼 수 있다는 확신을 갖게 되었다.

왜냐하면, 세이비어교회는 공동체성 확보의 항구적인 원리가 되기 때문에, 어떤 외적인 조건도 교회를 무너뜨릴 수 없다. 따라서 이러한 교회를 벤치마킹하는 교회라면, 앞으로 있을지 모를 다양한 목회 사역에 방해가 되는 팬데믹과 같은 악조건을 만나더라도 능히 극복할 것이라 믿는다.

에필로그

우리는 모두 살아 있는 교회를 꿈꾼다. 성도들이 기쁨에 겨워 펄펄 날아다니는 꿈을 꾼다. 이 책을 끝까지 읽는다면 그 꿈을 실현할 자신감을 가질 것이다. 물론 부담도 있을 것이다. 그러나 다행히 그 꿈을 이룰 길은 멀리 있지 않다.

지금까지 우리는 그 꿈을 이룰 방식을 찾았다. 소그룹을 통해 교회를 참되게 만드는 구조가 그것이다. 그것은 소그룹의 기원과 무엇이 소그룹의 원리인지 그리고 그 목적은 무엇인지 아는 것에서 시작한다. 그런 다음에 비로소 소그룹이 '있는' 교회가 아닌 소그룹으로 '이루어진' 교회가 만들어진다. 소그룹 안에서 열린 소통이 이루어져 상호내주적 교제를 통한 친밀도가 극대화되며, 영적 갱신과 헌신과 봉사가 자연스럽게 이루어지는 역동적인 교회가 된다. 성도들은 가족적 공동체를 이루어 교회가 하나 되는 신약 교회의 회복을 경험한다.

이러한 소그룹으로 '이루어진' 교회 구조란 신분화된 위계의 수직적 직제를 혁신하여 수평적 형제애를 실현하는 '의도적인' 장치나 다름없다. 이 방식은 의례적이지 않을 것이기에 힘들게 훈련받는다고 생각하게 만들 수도 있다. 어느 한국(인) 교회든지 이러한 시도는 '문화적' 도전이 될 것이다. 그러나 소그룹이 '중심'이 된 교회라면 이러한 도전을 기꺼이 받아들일 것이다. 왜냐하면, 그것이 성경적이고 신학적으로도 올바르기 때문이다. 공동체적 가족교회 혹은 신약의 코이노니아를 실현하는 데 이 기재만큼 더 효과적인 것은 없을 것이다.

우리가 논의한 방식대로 소그룹을 만드는 것은 아마도 혁명을 일으키는 것으로 생각할 수 있다. 그래서 여기서 말하는 소그룹으로 '이루어진' 교회 구축 행위는 한국(인) 교회를 위한 제2의 종교개혁 운동이라 부를 수 있다. 그러나 그것이 점진적으로 일어나도록 만들고 이런 소그룹 안에서 모두가 최고의 행복을 누린다면, 실제 느낌으로는 혁명이라기보다는 여행하는 기분일 것이다. 이제 교회는 이전보다 훨씬 사랑이 넘치고 활력이 솟아날 것이다. 다툼이 사라지고 자발적 섬김이 무수해질 것이다. 이것이 바로 소그룹의 능력이다.

우리의 꿈은 이루어질 수 있다. 다만, 꿈을 '꾸어야' 한다. 비록 힘들더라도.

참고문헌

강대기. 『현대 사회에서 공동체는 가능한가』. 서울: 아카넷, 2001.
강신권, 김형종, 정관창. 『유대인의 천재교육 프로젝트』. 서울: 플레이온콘텐츠, 2007.
계재광. "위드코로나 상황 속 디지털 미션필드 사역에 대한 연구". 「신학과실천」 79 (2022): 531-558.
_____. "코로나 상황 속 디지털 미션 필드(Digital Mission Fields)사역에 대한 연구: 새들백교회의 온라인 소그룹 사역을 중심으로". 「제79회 한국실천신학회 정기학술대회 발표논문집」 (2021.2.5.): 11-26.
공자. 『論語』. 김형찬 역. 서울: 홍익출판사, 1999.
구병옥. "공동체를 통한 전도: 역사적·현대적 사례 연구". 「신학과 실천」 43 (2015.02): 539-561.
국제제자훈련원. "[소그룹] 578호-몰라큘 라이프(Molecule Life) 시대의 대안". 2024.2.7. 접속. https://www.disciplen.com/View.asp?BID=3094&PageNo=10
권문상. "4차 산업혁명 시대와 기독교 인간론: 인공지능을 이기는 공동체적 인간성". 「조직신학연구」 30 (2018): 112-147.
_____. "공동체적 교회와 공공신학". 「성경과 신학」 101 (2022): 63-97.
_____. "교회 연합의 원리: 어거스틴의 교회관을 중심으로". 「개혁신학」 14 (2003): 105-127.
_____. "교회의 성인교육: 소그룹 결속 강화에 대한 신학적 연구". 「개혁신학」 25 (2014): 17-39.
_____. "삼위일체의 공동체성: 인간의 존재 방식을 통한 하나님의 존재 양식 증거 그리고 교회에의 적용". 「개혁신학」 18 (2005): 203-37.
_____. "소그룹의 성공, 결속력 강화에 달렸다". 「목회와 신학」 (2014년 12월호): 142-47.
_____. "장애인 세례와 성찬". 「개혁신학」 제22권 (2010): 11-38.
_____. "코로나 시대 '성도의 교제'와 성육신 모델". 『교회통찰: 코로나 뉴노멀 언택트 시대 교회로 살아가기』. 안명준 편. 서울: 세움북스, 2020, 134-140.

_____. "코로나19시대, 소그룹과 리더십". 「목회와 신학」 381 (2021년 3월호): 50-55.

_____. "한국 장로교회와 장로직: 장로임기제 도입에 대한 개혁신학적 탐구". 「한국개혁신학」 35권 (2012): 47-85.

_____. 『부흥 어게인 1907: 유교적 가족주의를 극복할 공동체 교회가 답이다』. 성남: 브니엘 출판사, 2006.

_____. 『성성석 공동제: 삼위일체 하나님을 닮은 가족교회』. 용인: 킹덤북스, 2013.

_____. 『비움의 모범을 보이신 예수 그리스도』. 서울: 새물결플러스, 2008.

금장태. 『유교사상의 문제들』. 서울: 여강출판사, 1990.

기독교윤리실천운동. "2010년 한국 교회의 사회적 신뢰도 여론조사 결과발표 세미나". (2010): 7-61.

_____. "2020년 교회의 사회적 신뢰도 조사 결과 발표". (2020.2.7.).

김광건. "새로운 섬김의 리더십 모델의 제안". 「신학과 실천」 57 (2017): 85-108.

김명호. "제자훈련과 가정교회 운동의 비교 연구". 「신학정론」 26/1 (2008년 6월): 164-187.

김병훈. "'가정교회'에 대한 장로교 교회론적 비평". 「신학정론」 26/1 (2008년 6월): 47-84.

김상욱. 『김상욱의 양자 공부』. 서울: 사이언스북스, 2017.

김순성. "가정교회 소그룹 구조와 기능의 실천신학적 의의". 「개혁신학과 교회」 21 (2008): 94-116.

김영선. 『존 웨슬리와 감리교 신학』. 서울: 대한기독교서회, 2002.

김영한. "코로나 언택트시대의 교회론: 사이버 공간 속 그리스도 주권적 현존 교회론". 제40차 한국복음주의조직신학회 논문발표집. 기조강연 (2021.5.15.): 11-28.

_____. "온택트(Ontact) 시대의 개혁주의 목회". 제24회 개혁주의생명신학회 정기학술대회 기조강연 (2021.11.27.): 21-41.

김용섭. 『언컨택트』. 서울: 퍼블리온, 2020.

김재식. "공동체 의식 함양을 위한 초등 도덕과 교육의 전략 탐색". 「초등도덕 교육」 45 (2014): 29-52.

김정운. 『노는 만큼 성공한다』. 파주: 21세기북스, 2005.

김주한. "바울의 공동 사역의 리더십(Leadership)의 두 가지 양상: 교회 지도권 공유와 성도 지배권 포기". 「생명과 말씀」 28/3 (2020.12): 83-124.

김한옥. "디이트리히 본훼퍼의「신도의 공동생활」에서 발견하는 소그룹 목회의 원리". 「신학과 실천」 26/2 (2011.2): 163-190.

나무위키. https://namu.wiki/w/Z세대

노치준. "한국 교회의 개교회주의에 관한 연구". 「기독교사상」 329 (1986.5.): 80-105.

목회데이터연구소. "2013년 한국 교회의 사회적 신뢰도 여론조사 결과발표 세미나". (2014): 7-58.

＿＿＿. "2021년 상반기 한국 교회 코로나19 변화 추적 조사2(목회자 대상)".「Numbers」 109 (2021.8.27.).

＿＿＿. "2021년 상반기 한국 교회 코로나19 추적 조사".「Numbers」 108 (2021.8.20.).

＿＿＿. "교회공동체성 분석 : 일반 교회 vs 가정교회 비교 조사: '비대면 시대, 교회의 공동체성은 소그룹 활동에 달려있다'".「Numbers」 66 48 (2020.10.9.).

＿＿＿. "기독교 통계(219호)- 한국 개신교인의 외로움". (2023년 12월 12일).

문병구. "존 웨슬리의『기독자의 완전에 대한 해설』에 나타난 완전 성화의 성서적 기초에 관한 소고". 「신학과 선교」 52 (2018): 121-149.

문시영. "하우어워스와 '덕의 공동체'로서의 교회". 「기독교사회윤리」 23 (2012): 159-186.

문화체육관광부.「한국의 종교현황」(2008): 38-55.

민장배, 김병석. "포스트 코로나19 뉴노멀 시대, 예배의 시공간성에 관한 연구".『코로나19 뉴노멀 시대, 교회의 변화와 대응』. 한국실천신학회 편. 서울: 스토리zip, 2021: 64-97.

민장배. "미디어를 통한 신앙 교육 활성화 방안". 「신학과 실천」 48 (2016): 495-518.

박미경. "소그룹을 통한 살아 있는 교회 교육".「교육교회」 382 (2009): 27-32.

박복원, 김찬선. "코로나19 팬데믹 환경과 스마트러닝 언택트문화에 대한 인식도 분석". 「융합과 통섭」 4/2 (2021): 134-154.

박영돈. "코로나19 사태와 예배".『전염병과 마주한 기독교』. 노영상 외 2인 편. 군포: 도서출판 다함, 2020: 204-217.

박정식. "효과적인 평신도 소그룹 리더에 대한 연구: 미주한인교회를 중심으로". 「복음과 교육」 10 (2011): 73-111.

박진숙. "가정예배를 세우기 위한 교회의 교육적 방안". 「성경과 신학」 68 (2013): 1-26.

박찬호. "관계성의 신학으로서의 삼위일체론의 부흥".「개혁신학」16 (2004): 13-49.
박현호, 류길호. "COVID-19 팬데믹에 대한 시민들의 인식도 분석: 국가 정책 방향을 중심으로".「융합과 통섭」4/2 (2021): 61-72.
박호성.『공동체론: 화해와 통합의 사회·정치적 기초』. 파주: 효형출판, 2009.
배광식.『장로교 정치사상사』. 서울: 이레서원, 2008.
변종길. "가정교회는 성경적인가?"「개혁신학과 교회」21 (2008): 33-69.
보렌 스캇.『톡톡 튀는 소그룹 아이디어 백과사전』. 서울: 소그룹하우스, 2005.
설 한. "공동체주의: 협동, 책임, 참여의 정치사회학".『도시공동체론』. 한국도시연구소 편. 서울: 한울, 2003.
손봉호. '한국 교회와 개교회주의, 그 문제와 대책'.「목회와 신학」(1995년 3월호): 87-93.
송인설. "4차 산업혁명 시대 미래 교회의 구조에 대한 연구: 성도 사역자를 중심으로".「선교와 신학」48 (2019): 245-271.
송제근.『오경과 구약의 언약신학』. 서울: 두란노, 2003.
시선뉴스. "싫은 것도 존중하는 '싫존주의' …다양성과 개성 인정하는 사회". (2018.07.27.). http://www.sisunnews.co.kr/news/articleView.html?idxno=87076,
신형섭. "재난과 교육목회, 위기의 한복판에서 혁신의 길을 발견하다".『재난과 교회』. 박경수, 이상억, 정형 편. 서울: 장로회신학대학교출판부, 2020: 220-236.
심창섭. "장로교 정치제도의 기원은 무엇인가?(I)".「신학지남」251 (1997, 여름호): 66-95.
안선희. "예배 연구 주제로서의 '온라인 예배 실행'".「신학과 실천」69 (2020): 7-33.
안희경.『오늘부터의 세계: 세계 석학 7인에게 코로나 이후 인류의 미래를 묻다』. 서울: 메디치, 2020.
양병모. "개혁주의생명실천신학의 실천적 목회 패러다임으로서의 소그룹 사역과 그 적용 연구".「생명과 말씀」7 (2013): 75-117.
오광석. "전통의 사람 존 웨슬리: 기독교 전통 안에서의 웨슬리 교회론 이해".「한국교회사학회」24 (2009): 179-218.
오대영. "이스라엘 유대인의 창의성의 사회문화적 배경".「교육종합연구」제12/2 (2014): 103-13.
우익도. "이슈 돌아보기 : 스마트폰을 활용한 온라인 예배와 소그룹 모임".「활천」798/5 (2020): 118-122.

유성준. 『참된 교회를 이끄는 작은 공동체 세이비어 교회』. 서울: 평단, 2006.
유해무. "개혁교회론과 가정교회". 「개혁신학과 교회」 21 (2008): 11-32.
윤영훈. "포스트코로나 시대 온라인 교회의 가능성에 대한 연구". 「대학과 선교」 46 (2020): 205-237.
윤지옥. "신앙공동체 중심의 교육연구: 도날드 밀러와 웨스터호프를 중심으로". 논문정보. 2015.
윤형철. "칼빈의 교회직분개혁을 통해 본 기독교적 형성". 「조직신학연구」 32 (2019): 122-159.
이광규. 『한국 문화의 심리인류학』. 서울: 집문당, 1997.
이기로. "존 웨슬리의 속회와 영성훈련에 관한 고찰". 김홍기 편. 『역사신학연구 I』. 서울: 성서연구사, 1996.
이상화. 『건강한 교회성장을 위한 소그룹 리더십』. 서울: 소그룹하우스, 2021.
이성덕. "독일 경건주의가 존 웨슬리에게 끼친 영향과 신학적인 관계". 「한국 교회사학회지」 16 (2005): 113-143.
이성희. 『미래목회 대예언』. 서울: 규장문화사, 1998.
이수민. "조직문화 혁신? 성급함 먼저 버려라". 「동아비즈니스리뷰 DBR」 298 (2020년 6월). https://dbr.donga.com/article/view/1201/article_no/9639/ac/magazine (2024년 1월 10일 접속).
이영훈. 『성령과 교회』. 서울: 교회성장연구소, 2013.
이오갑. "칼뱅의 공동체 사상". 「신학논단」 75 (2014.3): 209-244.
이종성. 『교회론1』. 서울: 대한기독교출판사, 1989.
이철승. "입시경쟁 교육에 대한 평가와 기독교적 대안". 「개혁주의 이론과 실천」 4 (2014): 93-124.
임낙형. "21 세기 한국 교회의 과제: 복음적 기독교윤리의 교육과 실천". 「성경과 신학」 29 (2001): 283-308.
장기영. "조직신학-자유의지와 노예의지, 그 분기점으로서 웨슬리의 선행은총론". 「신학과 선교」 45 (2014): 137-182.
전성수, 양동일. 『유대인 하브루타 경제교육 : 유대인 자녀들은 어떻게 경제를 공부했을까』. 서울: 매일경제신문사, 2014.
_____. 『질문하는 공부법, 하브루타: 유대인 아버지들이 수천 년간 실행해온 자녀교육의 비밀』. 서울: 라이온북스, 2014.

전재국. 『놀이와 공동체: 집단상담 기법에 기초한 놀이』. 서울: 예영커뮤니케이션, 2001.
정재영. "한국 교회 소그룹 운동의 필요성과 그 역할: 종교사회학의 관점". 「교육교회」 382 (2009): 14-19.
_____. 『소그룹의 사회학: 현대 사회에서 교회 소그룹의 사회학적 의미』. 서울: 한들출판사, 2010.
정창균. "목회적 관점에서 본 가정교회의 가능성과 한계성". 「신학정론」 26/1 (2008): 123-163.
정철민. "교육목적으로서 잘삶: 공동체주의를 중심으로". 「교육철학」 51 (2013): 149-71.
조선일보. "WHO '기후변화는 인류가 당면한 최대 보건 위협'". (2021.10.13.).
조영재. "수업에서의 메타버스 활용에 대한 사범대학 교수의 인식과 경험 탐색". 「교육정보미디어연구」 29/4 (2023): 981-1006.
조진모. "가정교회에 대한 다양한 역사 이해 연구". 「신학정론」 26/1 (2008): 85-122.
주상락. "포스트 코로나 시대의 전도와 선교: 총체적 공간선교, 전도". 『코로나19 뉴노멀 시대, 교회의 변화와 대응』. 한국실천신학회 편. 서울: 스토리zip, 2021: 136-167.
주화식. "웨슬리의 선행은총과 책임적 인간론". 「조직신학연구」, 19 (2013): 197-221.
채이석, 이상화. 『건강한 소그룹 사역 어떻게 할 것인가?』. 서울: 소그룹하우스, 2005.
채이석, 이상화 편. 『아이스브레이크 모음집』. 서울: 소그룹하우스, 2006.
채이석. 『소그룹의 역사』. 서울: 소그룹하우스, 2010.
_____. "필립 야콥 슈페너의 "Collegium Pietatis"에 대한 교회사적 의미 고찰". 「개혁논총」, 26 (2013): 333-369
_____. 『소그룹의 역사』. 서울: 소그룹하우스, 2010.
채종성. "소그룹 목회의 시작과 진행에 관한 고찰". 「개혁주의교회성장」 7 (2013): 339-372.
최봉영. 『한국사회의 차별과 억압: 존비어체계와 형식적 권위주의』. 서울: 지식산업사, 2005.
최상진, 한규석. "교류 행위를 통해 본 한국인의 사회심리." 국제한국학회 편. 『한국문화와 한국인』. 서울: 사계절, 1999, 159-93.
최상태. 『21세기 新교회론, 이것이 가정교회다』. 서울: 국제제자훈련원, 2002.

최상태. 『제자훈련 이후의 제자훈련: 제자훈련으로 꽃피운 가정교회 목회 매뉴얼』. 서울: 국제제자훈련원, 2014.
최성훈. "포스트 코로나19 시대와 한국 교회의 공공성 : 예배와 공동체성을 중심으로". 「ACTS 신학저널」(구 ACTS Theological Journal) 47 (2021): 69-97.
최영기. 『구역조직을 가정교회로 바꾸라』. 서울: 나침반 출판사, 1996.
최영숙. "함께 어울리는 '네게드'". 「성경과 이스라엘」 8 (2020, 여름): 78-82.
최홍석. 『교회론: 자기피로 사신 교회』. 서울: 도서출판 솔로몬, 1998.
크리스천투데이. "한국 교회 개교회주의, 구조의 계급화와 교권 때문". 2012.4.9.
팜뉴스(Pharmnews). "미국, '미래 팬데믹' 대비 대규모 투자.. 'Disease X' 중장기 대응책 시급". (2021.09.09.).
한국기독교사회문제연구원. "2020 주요 사회 현안에 대한 개신교인의 인식조사 통계분석 온라인 발표회". (2020. 10. 14).
한국일. "종교권력과 개교회주의". 「본질과 현상」 10 (2007년 겨울): 88-99.
Anderson, Ray S. "The Old Commandment which is also a New Commandment." In *On Being Family: A Social Theology of the Family*. Eds. Ray S. Anderson & Dennis B. Guernsey. Grand Rapids: Eerdmans, 1985.
Augustine. *On Baptism*, *Against the Donatists* (Ed.). Philip Schaff. Trans. J. R. King. Grand Rapids: Ederdmans, 1956.
Baab, Lynne M. 『MBTI로 보는 교회공동체』. 문희경 역. 서울: 솔로몬, 2005.
Banks, Robert John. *Paul's Idea of Community: The Early House Churches in their Historical Setting*. 장동수 역. 『바울의 그리스도인 공동체 사상: 초대 교회 가정교회와 그 배경』. 서울: 여수룬, 1991.
Barna, George. 『레볼루션: 교회 혁명』. 김용환 역. 서울: 베이스캠프, 2008.
Barrett, Lois. *Building the Family Church*. 임종원 역. 『가정교회 세우기』. 서울: 미션월드 라이브러리, 2002.
Bavinck, Herman. 『바빙크의 개혁교회의학 개요』. 고양: 크리스챤다이제스트, 2004.
Bilezikian, Gilbert. *Community 101*. 두란노 출판부 역. 『공동체』. 서울: 두란노, 1998.
Bird, Warren. "The Great Small-Group Takeover: Small Groups Continue to Multiply, But Are They Helping the Church Pass on the Faith?" *Christianity Today* 38 no 2 (Feb. 07 1994): 25-29.

Bunton, Peter. "300 Years of Small Groups: The European Church from Luther to Wesley." *Christian Education Journal* Series 3 Vol. 11/1 (2014): 88-106.

Calvin, John. *Institutes of the Christian Religion*. 김종흡 외 3인 역.『기독교 강요』. 서울: 생명의말씀사, 1986.

Chomsky, William. "The School and Community in Jewish Education." *Reconstructionist* 10/2 (Mr. 3, 1944): 15-19.

Cloud, Henry & John Townsend. *Making Small Group Work*. 윤종석 역.『성장하는 소그룹의 비밀 55가지』. 서울: 좋은씨앗, 2008.

Collins, Kenneth J. *John Wesley: A Theological Journey*. 이세형 역.『존 웨슬리 톺아보기: 그의 삶과 신학 여정』. 서울: 신앙과지성사, 2016.

Collins, Kenneth J. *The Theology of John Wesley: Holy Love and the Shape of Grace*. 이세형 역.『존 웨슬리의 신학: 거룩한 사랑과 은총』. 서울: 도서출판 kmc, 2012.

Comiskey, Joel.『사람들이 몰려오는 소그룹 인도법』. 편집부 편역. 고양: 도서출판 NCD, 2003.

_____.『셀그룹 폭발』. 박영철 역. 일산: NCD, 2000.

Cosby, Gordon. "An Interview with Gordon Cosby: co-founder of the Church of the Saviour." *Family and Community Ministries* 130/82 (2007): 32-34.

_____. "An interview with Gordon Cosby: The Descending Ladder." *Christian Century*. 127/4 (Feb 23. 2010): 29.

_____. *Seized by the Power of a Great Affection*. 유성준 역.『위대한 사랑의 힘에 사로잡힌 삶』. 서울: 평단, 2015.

Deutscher, Verda & Irwin Deutscher. "Cohesion in a Small Group: A Case Study." *Social Forces* Vol. 33 No. 4 (May, 1955): 336-34.

Donahue, Bill & Russ Robinson. *Building a Church of Small Group*. 오태균 역.『소그룹 중심의 교회를 세우라』. 서울: 국제제자훈련원, 2004.

Donahue, Bill. *Leading Life-Changing Small Group-Revised*. 김주성 역.『삶을 변화시키는 소그룹 인도법: 윌로우크릭교회 소그룹 이야기 개정판』. 서울: 국제제자훈련원, 2006.

Edge, Findley. *The Greening of the Church*. Grand Rapids: World Books, 1975.

Erhman, Bart D. *The Triumph of Christianity: How a Forbidden Religion Swept the World*. 허영은 역.『기독교는 어떻게 역사의 승자가 되었나』. 서울: 갈라파고스, 2019.

Erickson, Millard J. *God in Three Persons: A Contemporary Interpretation of the Trinity*. Grand Rapids: Baker Books, 1995.

Feynman, Richard P. *Six Essay Pieces*. 박병철 역. 『파인만의 여섯가지 물리 이야기』. 서울: 승산, 2003.

Forsyth, Dan W. "Tolerated Deviance and Small Group Solidarity," *Ethos* Vol. 16, No. 4 (Dec., 1988): 398-420.

George, Carl. *New Directions for Small Group Ministry*. 한국소그룹목회연구원 역. 『소그룹 사역의 새로운 방향』. 서울: 소그룹하우스, 2004.

Gonzalez, Justo L. 『종교개혁사』. 서영일 역. 서울: 은성, 1987.

Graham, W. Fred. *The Constructive Revolutionary John Calvin*. 김영배 역. 『건설적인 혁명가 칼빈: 사회와 경제에 끼친 영향』. 서울: 생명의말씀사, 1986.

Gregory of Nazianzus. *The Oration on Holy Baptism*, XL, Lxi. https://catholiclibrary.org/library/view?docId=/Synchronized-EN/npnf.000377.SaintGregoryNazianzen.TheOrationonHolyBaptism.html;chunk.id=00000085 (2024년 2월 10일 접속).

Guernsey, Dennis B. "A Social Theology of Family." In *On Being Family: A Social Theology of the Family*. Eds. Ray S. Anderson & Dennis B. Guernsey. Grand Rapids: Eerdmans, 1985.

Haley, William R. S. *The Radical Vision of the Church of the Savior*. Washington Dc: Tell the Word, n.d.

Hauerwas, Stanley. *A Community of Character*. 문시영 역. 『교회됨』. 서울: 북코리아, 2010.

Henderson, D. Michael. *A Model for Making Disciples: John Wesley's Class Meeting*. 이혜림 역. 『존 웨슬리의 소그룹 사역을 통한 제자 만들기』. 서울: 서로사랑, 2011.

Hoekema, Anthony A. *Created in God's Image*. 류호준 역. 『개혁주의 인간론』. 서울: 기독교문서선교회, 1999.

Humphrey, Linda T. "Small Group Festive Gatherings." *Journal of the Folklore Institute* Vol. 16, No. 3 (Sep. 1, 1979): 190-210.

Hunsicker, David. "John Wesley: Father of Today's Small Group Concept?" *Wesleyan Theological Journal*, 31/1 (Spr. 1996): 192-211.

Icenogle, Gareth Weldon. *Biblical Foundations for Small Group Ministry*. 김선일 역. 『소그룹 사역을 위한 성경적 기초』. 서울: SFC, 2007.

Larson, Mark J. "John Calvin and Genevan Presbyterianism." *Westminster Theological Journal* 60 (1998): 43-69.

Leslie, Gerald R. *The Family in Social Context*. 2nd. New York: Oxford University Press, 1973.

Macmurray, John. *The Self as Agent: Being the Gifford Lectures Delivered in the University of Glasgow in 1954*. London: Faber and Faber Limited, 1957.

McAllister, Edward. "A Community Orientation for Religious Education." *Religious Education* 76/5 (Sept.-Oct., 1981): 525-529.

Miller, Basil. *John Wesley*. Grand Rapids: Zondervan Publishing House, 1943.

Miller, D. E. *Story and Context- An Introduction to Christian Education*. 고용수/장종철 역. 『기독교교육개론』. 서울: 대한예수교장로회총회출판국, 1988.

Moxnes, Halvor. *Constructing Early Christian Families: Family as Social Reality and Metaphor*. London and New York: Routledge, 1997.

Mulhall, Stephen & Adam Swift. 『자유주의와 공동체주의』. 김해성, 조영달 역. 2판. 서울: 한울아카데미, 2001.

Niebuhr, Richard. *The Social Sources of Denominationalism*. 노치준 역. 『교회분열의 사회적 배경』. 서울: 종로서적, 1991.

Nisbett, Richard. *The Geography of Thought*. 최인철 역. 『생각의 지도』. 파주: 김영사, 2004.

O'Connor, Elizabeth. *Journey Inward, Journey Outward*. 전의우 역. 『세상을 위한 교회, 세이비어이야기』. 서울: IVP, 2016.

Outler, Albert C. ed. *The Works of John Wesley*. vol. 104. *Sermons*. Nashville: Abingdon Press, 1984-87.

Outler, Albert C. *Evangelism and Theolgy in the Wesleyan Spirit*. 전병희 역. 『웨슬리 영성 안의 복음주의와 신학』. 서울: 한국신학연구소, 2008.

Pinnell, Gay Su. "Communication in Small Group Settings." *Theory into Practice* Vol. 23, No. 3 (Summer, 1984): 246-254.

Plantinga, Cornelius Jr. "Perfect Family: Our Model for Life Together is Found in the Father, Son, and Holy Spirit." *Christianity Today* 32 no. 4 (March 1988): 24-27.

Price, Dennis L., W. Robert Terry & B. Conrad Johnston. "The Measurement of the Effect of Preaching and Preaching Plus Small Group Dialogue in One Baptist Church." *Journal for the Scientific Study of Religion* 19 no 2 (June 1980): 186-197.

Scherer, Jacqueline. *Contemporary Community: Sociological Illusion or Reality?* London: Tavistock Publications Limited, 1972.

Schutz, W. C. *FIRO: A Three Dimensional Theory of Interpersonal Behavior*. N. Y.: Holt, Rinehart and Winston, 1958.

Schwab, Klaus. *The Fourth Industrial Revolution*. 송경진 역. 『클라우스 슈밥의 제4차 산업혁명』. 서울: 새로운 현재, 2016.

Sikora, Pat. *Small Group Bible Studies: How to lead them*. 한국소그룹목회연구원 역. 『소그룹 성경공부, 어떻게 인도할 것인가?』. 서울: 소그룹하우스, 2003.

Smith, James. 『하나님 나라를 욕망하라』. 서울: IVP, 2016.

Snyder, Howard. *Community of the King*. 김영국 역. 『그리스도의 공동체』. 서울: 생명의말씀사, 1987.

_____. *The Problem of Wineskins*. 이강천 역. 『새포도주는 새 부대에』. 서울: 생명의말씀사, 1981.

Stanley, Andy & Bill Willits. *Creating Community*. 이중순 역. 『소그룹으로 변화되는 역동적인 교회: 노스포인트 교회의 성장 비결』. 서울: 디모데, 2006.

Stark, Rodney. *The Rise of Christianity*. 손현선 역. 『기독교의 발흥』. 서울: 좋은 씨앗, 2016.

Van Huet, Edmund. "Christian Community and Religious Education." *African Ecclesial Review* 19/5 (1977): 307-16.

Volf, Miroslav. *After Our Likeness: The Church as the Image of the Trinity*. 황은영 역. 『삼위일체와 교회』. 서울: 새물결플러스, 2012.

Walker, G. S. M. & Donald K McKim ed. *Readings in Calvin's Theology*. 이종태 역. "칼빈과 교회". 『칼빈신학의 이해』. 서울: 생명의말씀사, 1991.

Walker, Williston. *A History of the Christian Church*, 3rd. ed. N.Y.: Charles Scribner's Sons, 1970.

Warren, Rick. *The Purpose Driven Life*. 고성삼 역. 『목적이 이끄는 삶』. 서울: 디모데, 2003.

Webber, George. *God's Colony in Man's World*. New York: Abingdon Press, 1960.

Weber, Otto. 『칼빈의 교회관』. 김영재 역. 서울: 이레서원, 2001.
Wesley, John. *Journal of John Wesley*. Standard Edition. Ed. Nehemiah Curnock. vol. 2. London: The Epworth Press, 1938.
_____. *Journal of John Wesley*. 김영운 역.『존 웨슬리의 일기』. 고양: 크리스챤다이제스트, 2010.
_____. *The Sermons of John Wesley*. 조종남, 김홍기, 임승안 외 공역. 한국웨슬리학회 편.『웨슬리 설교전집』. vol. 4, 서울: 대한기독교서회, 2006.
_____. "그리스도인의 완전". "예정에 관하여". 웨슬리사업회 편. 송홍국, 이규준, 김광식 역.『존 웨슬리 총서』. vol. 9 논문집. 서울: 유니온 출판사, 1983.
Wiley, H. Orton. *Introduction to Christian Theology*. 전성용 역.『웨슬리안 조직신학』. 도서출판 세복, 2002.
Wright, Tom. *God and the Pandemic*. 이지혜 역.『하나님과 팬데믹』. 파주: 비아토르, 2020.
Wuthnow, Robert. "Small Groups Forge New Notions of Community and the Sacred." *The Christian Century* 110 no 35 (Dec 08 1993): 1236-1240.
_____. "How Small Groups Are Transforming Our Lives." *Christianity Today* 38/2 (1994): 20-24.
Wynkoop, Mildred B. *Foundations of Wesleyan-Arminian Theology*. 한영태 역.『칼빈주의와 웨슬레신학』. 서울: 생명의말씀사, 1987.